住房和城乡建设部"十四五"规划教材
高等学校工程管理专业系列教材

工程税务管理

叶晓甦　主　编
单雪芹　副主编

中国建筑工业出版社

图书在版编目（CIP）数据

工程税务管理 / 叶晓甦主编. — 北京：中国建筑工业出版社，2020.12

住房和城乡建设部"十四五"规划教材. 高等学校工程管理专业系列教材

ISBN 978-7-112-25773-7

Ⅰ.①工⋯ Ⅱ.①叶⋯ Ⅲ.①建筑企业－税收管理－中国－高等学校－教材 Ⅳ.①F812.423

中国版本图书馆 CIP 数据核字（2020）第 256011 号

本教材是高等学校工程管理和工程造价专业主干创新型课程教材。共分七章，主要包括：第一章总论；第二章工程项目税种管理；第三章建筑工程项目税务管理；第四章房地产开发项目税务管理；第五章政府工程项目税务管理；第六章国际工程项目税务管理；第七章工程税务方案设计案例。

本教材适用于国内普通高等学校工程管理专业，并可作为土木工程、建筑学、城市规划等本科专业学生的教学用书，也可作为政府、企业和事业单位广大从事工程管理、工程税务管理和工程财务管理实际工作者的学习用书。

为更好地支持相应课程的教学，我们向采用本书作为教材的教师提供教学课件，有需要者可与出版社联系，邮箱：jckj@cabp.com.cn，电话(010)58337285，建工书院http://edu.cabplink.com。

* * *

责任编辑：张　晶　牟琳琳
责任校对：张　颖

住房和城乡建设部"十四五"规划教材
高等学校工程管理专业系列教材
工程税务管理
叶晓甦　主　编
单雪芹　副主编

*

中国建筑工业出版社出版、发行（北京海淀三里河路9号）
各地新华书店、建筑书店经销
北京红光制版公司制版
廊坊市海涛印刷有限公司印刷

*

开本：787毫米×1092毫米　1/16　印张：21¼　字数：621千字
2022年1月第一版　2022年1月第一次印刷
定价：**56.00**元（赠教师课件）
ISBN 978-7-112-25773-7
（37025）

版权所有　翻印必究
如有印装质量问题，可寄本社图书出版中心退换
（邮政编码100037）

出 版 说 明

党和国家高度重视教材建设。2016年，中办国办印发了《关于加强和改进新形势下大中小学教材建设的意见》，提出要健全国家教材制度。2019年12月，教育部牵头制定了《普通高等学校教材管理办法》和《职业院校教材管理办法》，旨在全面加强党的领导，切实提高教材建设的科学化水平，打造精品教材。住房和城乡建设部历来重视土建类学科专业教材建设，从"九五"开始组织部级规划教材立项工作，经过近30年的不断建设，规划教材提升了住房和城乡建设行业教材质量和认可度，出版了一系列精品教材，有效促进了行业部门引导专业教育，推动了行业高质量发展。

为进一步加强高等教育、职业教育住房和城乡建设领域学科专业教材建设工作，提高住房和城乡建设行业人才培养质量，2020年12月，住房和城乡建设部办公厅印发《关于申报高等教育职业教育住房和城乡建设领域学科专业"十四五"规划教材的通知》（建办人函〔2020〕656号），开展了住房和城乡建设部"十四五"规划教材选题的申报工作。经过专家评审和部人事司审核，512项选题列入住房和城乡建设领域学科专业"十四五"规划教材（简称规划教材）。2021年9月，住房和城乡建设部印发了《高等教育职业教育住房和城乡建设领域学科专业"十四五"规划教材选题的通知》（建人函〔2021〕36号）。为做好"十四五"规划教材的编写、审核、出版等工作，《通知》要求：（1）规划教材的编著者应依据《住房和城乡建设领域学科专业"十四五"规划教材申请书》（简称《申请书》）中的立项目标、申报依据、工作安排及进度，按时编写出高质量的教材；（2）规划教材编著者所在单位应履行《申请书》中的学校保证计划实施的主要条件，支持编著者按计划完成书稿编写工作；（3）高等学校土建类专业课程教材与教学资源专家委员会、全国住房和城乡建设职业教育教学指导委员会、住房和城乡建设部中等职业教育专业指导委员会应做好规划教材的指导、协调和审稿等工作，保证编写质量；（4）规划教材出版单位应积极配合，做好编辑、出版、发行等工作；（5）规划教材封面和书脊应标注"住房和城乡建设部'十四五'规划教材"字样和统一标识；（6）规划教材应在"十四五"期间完成出版，逾期不能完成的，不再作为《住房和城乡建设领域学科专业"十四五"规划教材》。

住房和城乡建设领域学科专业"十四五"规划教材的特点，一是重点以修订教育部、住房和城乡建设部"十二五""十三五"规划教材为主；二是严格按照专业标准规范要求编写，体现新发展理念；三是系列教材具有明显特点，满足不同层次和类型的学校专业教学要求；四是配备了数字资源，适应现代化教学的要求。规划教材的出版凝聚了作者、主审及编辑的心血，得到了有关院校、出版单位的大力支持，教材建设管理过程有严格保障。希望广大院校及各专业师生在选用、使用过程中，对规划教材的编写、出版质量进行反馈，以促进规划教材建设质量不断提高。

住房和城乡建设部"十四五"规划教材办公室
2021年11月

前　言

《工程税务管理》是根据高等学校工程管理和工程造价学科专业指导委员会的"本科指导性专业规范"，面向"新工科"建设需要而编撰。教材以适应我国经济高质量发展，国家"一带一路"倡议，面向未来人才培养目标，坚持立德树人，家国情怀，培养大国工匠不仅具备扎实的工程技术管理能力，而且富有工程税务管理能力，造就具有综合知识、技术、能力和素养的工程管理人才，实现工程强国的伟大实践。

本教材共分七章，主要包括：第一章总论；第二章工程项目税种管理；第三章建筑工程项目税务管理；第四章房地产开发项目税务管理；第五章政府工程项目税务管理；第六章国际工程项目税务管理；第七章工程税务方案设计案例。

本书特点：第一，跨界性。本教材结合了工程技术、工程经济、工程财务和税务管理理念、理论和能力的需要，突显出工程税务管理领域对资源配置的重要性，特别适用学生跨界工作思维与能力培养。第二，新颖性。本教材为工程管理本科专业教育增补了崭新的知识体系，满足了学生对财税领域知识探究的愿望。第三，系统性。本教材将税务系统与工程系统、管理系统有机结合，落实在工程项目管理实践，突显了创造工程价值的重要作用。第四，实践性。本教材以国家法律法规为准绳，工程项目创造价值为逻辑，通过实践案例回答税务管理是什么、为什么和如何做，在工程大数据、信息化、智能性革命中，实现税务管理课程学习。第五，阅读性。本教材提供了税务专业知识、理论与方法，备有工程实践案例，编写语言精炼易懂，适应阅读。

教材适用于国内普通高等学校工程管理专业；并可作为土木工程、建筑学、城市规划等工科专业学生的教学用书；也可作为政府、企业和事业单位广大从事工程管理、工程税务管理和工程财务管理实际工作者的学习用书。教材由重庆大学管理科学与房地产学院叶晓甦教授主编，并编写第一章、第三章、第五章、第六章和第七章；单雪芹副教授担任副主编，编写第二章和第四章。此外，都静、曾慧娟、高洋洋、陈娟、安妮和张德琴等研究生参与各章资料整理工作。

教材的编写过程中，完成国内建筑企业、房地产开发企业专题调研时融入了国家自然科学、社会科学等基金研究成果和实践案例，在本书所附参考文献中列出，在此谨向他们表示最真挚的谢意。

目 录

| 第一章 总论 | 1 |

【学习指引】 ... 1
【学习目标】 ... 1
【重要术语】 ... 1
第一节 工程税务管理概述 ... 1
第二节 工程税务管理的原则 ... 15
第三节 工程税务管理内容 ... 17
第四节 工程税务管理环境 ... 34
第五节 工程税务管理的基础知识 ... 38
第六节 我国税务管理制度 ... 54
【习题与案例】 ... 59

第二章 工程项目税种管理 ... 60
【学习指引】 ... 60
【学习目标】 ... 61
【重要术语】 ... 61
第一节 增值税 ... 61
第二节 土地增值税 ... 76
第三节 房产税 ... 81
第四节 契税 ... 84
第五节 城镇土地使用税 ... 86
第六节 印花税 ... 87
第七节 企业所得税 ... 90
【习题与案例】 ... 103

第三章 建筑工程项目税务管理 ... 104
【学习指引】 ... 104
【学习目标】 ... 104
【重要术语】 ... 104
第一节 建筑工程项目税务管理概述 ... 104
第二节 建筑工程税务管理原则 ... 111
第三节 建筑工程税务规划 ... 112
【习题与案例】 ... 146

第四章 房地产开发项目税务管理 ... 147
【学习指引】 ... 147

【学习目标】……147
　【重要术语】……147
　第一节　房地产开发项目税务管理概述……147
　第二节　房地产开发项目税收制度……150
　第三节　房地产开发项目税务规划……154
　第四节　房地产开发项目税务规划风险管理……180
　【习题与案例】……187

第五章　政府工程项目税务管理　188
　【学习指引】……188
　【学习目标】……188
　【重要术语】……188
　第一节　政府工程税务概述……188
　第二节　基本建设工程税务管理……202
　第三节　PPP项目税务管理……213
　【习题与案例】……237

第六章　国际工程项目税务管理　238
　【学习指引】……238
　【学习目标】……238
　【重要术语】……238
　第一节　国际工程税务管理概述……238
　第二节　国际工程税制管理……244
　第三节　国际工程税务规划……261
　第四节　国际工程税务风险管理……277
　【习题与案例】……291

第七章　工程税务方案设计案例　292
　【学习指引】……292
　【学习目标】……292
　【重要术语】……292
　成都××酒店项目税务管理方案……292
　【习题与案例】……330

参考文献……331

第一章 总 论

【学习指引】

税收是我们为文明社会付出的代价。

Taxes are what we pay for civilized society.

——（美）奥利弗·温德尔·霍姆斯

Oliver Wendell Holmes, Jr.

【学习目标】

本章为全书提供工程税务管理的概念、基础。

掌握工程税务管理的基本概念、原则和原理；理解建设项目特征及工程税务特点，掌握工程税务管理的途径；熟悉工程税务管理目标的重要性；熟悉工程税务管理环境对工程项目的税源产生、税务预测和税务规划具有重要的影响；辨析税务与税收、税收筹划与税务管理以及相关税收法律概念，对于正确掌握工程税务管理本质特征，开展工程税务管理工作和建立工程税务组织机构，具有重要指导意义；理解工程税务管理流程，对于开展工程税务科学规划，选择工程税务管理方案，保障工程项目最佳税负，创造工程项目价值具有重要意义。

【重要术语】

税务与税收；税务管理；税收管理；工程税务管理；税务环境；税务管理目标；工程价值；税务主体

第一节 工程税务管理概述

一、工程项目的价值

在社会主义市场经济体制下，经济越发展，税务越重要。市场在资源配置（Resource Allocation）中起着决定性作用且能更好发挥政府作用。税收作为国家财政范畴，是政府用以弥补市场缺陷的重要工具之一，具有促进资源有效配置的积极作用。税收法规和税收政策体现着政府对市场经济主体行为的引导，通过税收的收入效应和替代效应，鼓励或限制着市场主体的投资、融资、消费和生产经营活动，促进企业参与市场资源有效配置。因而，税收代表了国民经济发展的"晴雨表"。

（一）商品价值

马克思在其商品价值基本理论中科学提出了商品价值的基本构成，即商品价值是由商品生产中所消耗的物化劳动的转移价值和活劳动新创造的价值组成：

$$W = C + V + M \tag{1-1}$$

式中 W——商品的价值。

C——商品生产中物化劳动消耗的转移价值,包括商品生产中所消耗的原材料、燃料、劳动工具和固定资产耗用等转移的价值。

V——商品生产中活劳动创造的价值(体力劳动和脑力劳动)中属于劳动者个人所有部分的价值,企业支付给劳动者的薪酬。

M——商品生产中新创造的价值,即企业的毛利润,包括企业的净利润和应缴纳的税金。

在市场经济活动中,传统的商品价值理论并不能代表商品的全部价值结构,还包括如生产商品而消耗的环境价值、社会成本价值、产品质量价值以及无形资产消耗的隐性价值等。因此,商品的价值可以扩展为以下公式:

$$W = C + V + M + S \qquad (1-2)$$

式中 S——商品生产中所消耗的环境价值、社会成本价值、隐性价值等。

建筑工程项目与一般商品属性相同,具备商品的价值和使用价值。从理论上讲其价值由 $C+V+M+S$ 组成,是建筑工程项目税务管理的出发点,奠定了工程税务管理的理论基础。

(二)工程价格

从经济学角度解释,价格泛指买卖双方就买卖商品订立的兑换比率,或者说,价格是价值的货币表现。价格的本质是一种从属于价值并由价值决定的货币价值形式。价值的变动是价格变动的内在的、支配性的因素,是价格形成的基础。但是,由于商品的价格既是由商品本身的价值决定的,也是由货币本身的价值决定的,因而商品价格的变动不一定反映商品价值的变动。例如,在商品价值不变时,货币价值的变动就会引起商品价格的变动;同样,商品价值的变动也并不一定就会引起商品价格的变动,真正能引起的主要因素是市场的供求关系。

建筑工程项目的价格,一般称为工程造价,是指建造某工程项目从开工到竣工验收交付使用的整个过程所消耗的全部费用,亦称为建筑产品的生产价格。理论上解释工程项目价格组成为:

$$P = C + V + P + T \qquad (1-3)$$

式中 $C+V$——建筑工程项目社会平均生产成本。

P——劳动者为社会创造的利润。

T——为建造工程项目而为社会创造的税金。如图1-1所示。

因而,工程项目价值是投资时的价格和工程交换价值所产生的利润与税金。工程项目投资、融资和建造活动所发生的税金总额形成了交换价值的组成部分。

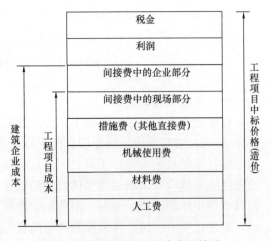

图1-1 工程价格与工程成本的关系

(三)工程项目特点

建设工程项目(Construction Project),简称为工程项目,是指由建筑业向社会提供的具备特定功能、用途、使用对象,经过勘察设计、建设施工、设备安装及构配件制作等主要生产活动而最终形成的产品。在我国，一般将建设工程项目分为土木工程、建筑工程、线路管道和设备安装工程及装修工程等。

土木工程项目包括：房屋建筑物、道路、桥梁、水利、防洪等基础设施工程项目。

建筑工程项目包括：各类房屋建筑及其附属设施的建造和与其配套的线路、管道、设备的安装活动所形成的工程实体，一般指狭义的土木工程项目。

工程项目与工业产品相比，具有产品与生产活动两个基本方面的特点，如图 1-2 和图 1-3 所示。

图 1-2　广州市电视塔

图 1-3　中央电视台总部大楼

1. 唯一性

唯一性亦称为单件性，是工程项目由于功能、用途和使用目的的特定性，具备工程的独立的建筑形式和建筑结构，必须独立投资、融资和建造直至验收合格投入使用。因此，特定工程项目的税金结构及税负量是不同的，必须单独组织税务管理。

2. 固定性

固定性是指建筑工程项目在特定区域、城市和地点的土地之上建造，不可移动。建筑工程项目的基础工程必须固定在特定的规划地块。因而，按特定投资主体的要求，依据工程项目所在国家或地区的税务法律、政策和税务环境实施税务管理。

3. 体积庞大

体积庞大是指建筑工程项目不仅表现在工程外形的巨大，更重要的是建造周期长、投融资金额大和建造施工活动复杂，如图 1-4 和图 1-5 所示。例如我国的"青藏铁路"工程，从 2001 年年初国务院批准开工建设到正式通车，建设期长达 6 年；"长江三峡水利枢纽工程"计划投资达到 500 多亿元，从 1992 年 4 月第七届全国人民代表大会第五次会议

图 1-4　国家体育场"鸟巢"建设工地

图 1-5　"三峡工程"发电站建设工地

通过《关于兴建长江三峡工程决议》，到 2003 年第一期工程并网发电，经历了 11 年。其工程税务管理时间长、结构复杂和环境变动大。因此，无论是投资业主还是建造承包方都必须做好工程项目全生命周期过程的税务管理工作。

4. 多样性

多样性是指建筑工程项目的物理特性，即外观、结构、功能和用途等因应着不同的社会需求，建筑工程产品在设计与组织建造过程中，具有多种组织形式，因而工程项目需要按资源消耗和资源组织，预测发生的工程税费，实现最佳的税务管理目标。

5. 契约性

契约性是指建筑工程项目活动具有典型的法律和社会属性。工程项目建设过程是依据工程契约或合同实现订单式建造，由于其建造周期长和涉及复杂的经济关系，市场环境的变化给工程建设带来了诸多的不确定因素。因此，工程项目的税务管理一方面依据所在国的税收法律法规的约束，另一方面还受到工程项目各方签订的各种工程合同、经济契约和政府税务政策等的影响，应遵守契约精神，合法合理地做好税务规划和日常税务的管理工作。

总之，工程项目属性和生产的特点，决定了必须全面、系统和综合地组织工程的税务管理，制定最佳的工程税务管理方案，实现经济利益的目的。

二、工程税务管理的概念

正如前文所述，建设工程项目的投资、融资和建造经营活动是产生于市场经济体制下的资源配置，其目的是为了在工程项目建造中获得最佳的经济效益。

（一）工程税务

工程税务（Engineering Taxation）是指在建筑工程项目活动中发生的各种涉税活动及形成的税务关系。工程项目全生命周期活动包括工程的投资活动、融资活动、建造活动和经营管理活动等，生产经营活动必然引发税务活动，存在着纳税人行使各自的纳税权利和义务，以及发生的税费分配关系。因此，通常将建筑工程税务简称为工程税务。工程税务活动是税务管理的本质，工程税务关系是协调税务利益分配的关系，代表了税务活动的现象。纳税人根据各种税务活动所发生的经济利益分配，目的是依法纳税和科学纳税，实现工程价值最大化。

（二）工程税务管理

任何管理都离不开管理者和管理对象，也就是管理的主体和客体，是管理的基本要素。工程税务管理（Construction Engineering Tax Management）是工程纳税主体依据税法及相关税收法规和税收政策，以工程项目及其发生的经营活动为客体，运用科学管理原则和方法，对工程项目建设全生命周期的投资活动、融资活动、生产活动和经营管理活动产生的税务活动和形成的税务关系，实施预测、规划、计量、决策、考核评价、税赋缴纳等的管理过程。工程税务管理的工作实质是解决工程项目依法纳税、科学纳税和平衡税收负担问题。因此，工程税务管理是针对应纳税主体在工程项目建造活动中所发生的税务活动和税务行为的管理工作，是企业追求利润最大化、实现工程项目价值最优的重要手段。

工程税务管理概念的基本要点是：

（1）税务管理的主体是从事工程项目建设的企业或企业集团，也可以是工程项目管理公司或个人。

(2) 税务管理的客体是建筑工程项目。

(3) 税务管理的内容主要包括税务制度（Tax System）、税务规划（Tax Planning）、纳税管理（Pay Taxes）和税务风险防范（Tax Risk）等。

因此，工程税务的管理者是工程建设的纳税企业及税务专业人员，是纳税管理活动的发动者、组织者和执行者；管理对象是管理活动涉及的目标物，即工程项目活动中的人、财、物、信息和时间等。工程税务管理的要素是否协调，发挥的作用如何，直接影响税务管理工作的效果。因此，在市场经济中，管理者的作用日益突出。

（三）工程税务管理的产生与发展

随着我国加入世界贸易组织，逐步建立与完善社会主义市场经济体制，中国经济已成为全球市场中重要的组成部分。遵循经济与税收的基本规律，即经济越发展，税收越重要，提升企业税务管理思想和管理能力，成为亟待解决的问题。

目前，在我国无论是理论界还是实业界，普遍存在"税务"与"税收"的概念混用及内涵解释不一、"税务筹划"或"税收筹划"的解释与应用不尽一致的现象，严重影响了税务管理科学的发展，制约了企业科学实施税务管理。

在1935年，国际上发生第一例对纳税人的税务筹划行为进行法律认定的事件。英国上议院议员汤姆林爵士针对"税务局长诉温斯特大公"一案，作出了如下声明：任何一个人都有权安排自己的事业，依据法律这样做可以少缴税，此案例成为在税收筹划研究领域最著名的法律案例之一。具有代表性的专业释义有：国际财政文献局（International Bureau of Fiscal Documentation，IBFD）编写的《国际税收词汇》（International Tax Glossary，Amsterdam，1988）翻译为"税收筹划"，解释是"使私人[①]的经营活动及（或）私人缴纳尽可能少的税收的安排"[②]；美国注册会计师协会（American Institute of Lertified Public Accountants，简称AICPA）从税务代理的角度在《对〈税务咨询标准公告1号——纳税申报立场〉的解释1-2号——税务筹划》中定义为："税务筹划是针对预期的或完成的交易，对一项纳税申报立场或由会员、纳税人或第三者制定的特定纳税计划发表建议或表述观点。"这里第一次表述了"税务筹划"的概念。

1994年，在我国的唐腾翔和唐向两位税务专家出版的第一部专著《税收筹划》（中国财政经济出版社，1994）中，提出了"税收筹划"的概念[③]，其概念及解释在我国得到广泛的应用。2003年天津财经大学盖地教授出版的《税务筹划》（高等教育出版社）中也进行了定义，他认为"税务筹划是纳税人依据所涉及的现行税法（不限于一地一国），遵循税收国际惯例，在遵守税法、尊重税法的前提下，运用纳税人的权利，对企业组建、经营、投资、筹资等活动进行的旨在减轻税负、有利财务目标实现的谋划与对策"。两者概念内涵的差异在于，盖地教授明确地提出了企业是税务筹划的主体，企业对税务进行管理是企业理性的经济行为，形成的税费是企业产品成本或费用的性质；税务不仅包括了狭义的税务筹划，而且还包含了企业税务制度、纳税流程和处理企业与政府、企业与企业间的

---

① "私人"既包括法人也包括自然人。
② 国家税务总局税收科学研究所，译. 国际税收词汇[M]. 北京：中国财政经济出版社，1992：198.
③ "税收筹划指的是在法律规定许可的范围内，通过对经营、投资、理财活动的事先筹划和安排，尽可能地取得'节税'的税收收益"。引自：唐腾翔，唐向，著. 税收筹划[M]. 北京：中国财政经济出版社，1994：1.

税务关系。他因此，将税务筹划纳入企业理财活动，是企业财务管理工作中的一个分支，即运用专业的税务知识、理论和方法完成企业最优纳税的事务管理活动。

然而，在中文词典里"税收"（Taxation）与"税务"（Tax）的解释是两个不同的概念。税收通常是从政府征税角度出发，是国家为满足社会公共需要，凭借公共权力，按照法律所规定的标准和程序，参与国民收入分配，强制地、无偿地取得财政收入的一种方式[①]，这里的"税收"指的是财政收入。税务则是涉及税收的一切事务或从事税的事情。按主体不同可以分为：国家税务管理，即制定税法、税制、征税、税务管理、税务评估、纳税服务和设置税务机构等；企业税务管理，即企业税务制度、税务规划（筹划）、纳税事务和税务评估等管理行为；个人税务管理，即自然人对自身涉税事情的选择与决策行为。

因而，工程税务管理是以市场经济条件下的企业为主体，以建设的工程项目为客体，依据国家法律及规章制度，对工程项目全生命周期的投资活动、融资活动和经营管理活动实施税务预测、税务规划、防范税务风险和完成纳税结算等事项，实现工程价值最大化目标而实施的一种管理行为。它既可以归属于狭义的企业理财活动，也可独立地成为企业税务事项管理的专门活动。

三、工程税务管理目标

目标就是努力的方向，就是希望达到的标准或境地。目标往往与任务相联系，即所谓"目标任务"。工程税务管理的目标是指企业对工程建设中发生的税务活动及形成的税务关系，希望达到工程价值最大化的基本目的，它决定着工程税务活动管理的根本任务。工程税务管理目标分为基本目标和具体目标，还可以与工程财务目标融合，共同实现工程价值的最优和企业经济利益的最大。

（一）基本目标

企业作为理性经济人，其基本目标是实现利润最大化，进而达到企业价值最大化，这就要求企业以最小的成本投入换来最大的收益产出。因此，工程税务管理的基本目标是在遵守国家税收法律及相关法规的前提下，依法履行纳税义务，充分运用纳税人的权利，协调工程项目税务活动及税务关系最优化。从税务管理的角度，通过对工程项目筹资、投资、建设、运营和盈余分配等财务活动的科学规划，充分实现纳税人权利，防范工程财税风险，降低工程税负，实现工程利润最大化或工程价值最大化。

尽管工程税务管理目标与企业财务管理目标最终一致，但税务管理是从税务专业的角度或充分考虑税费成本因素和所处的税务环境，通过对工程税务活动的科学规划，建立合理的工程税务制度、税务流程和税务管理组织，处理好工程税务关系，促进纳税人工程税后收益最大化，而不是简单地缴税最少或缴税最晚。正如萨莉·M·琼斯，谢利·C·罗兹-盖特纳奇在其所著《高级税收战略》一书中写道："经营和财务决策的目标是税后价值最大化。"说明不能忽视税务管理对公司经营和财务决策目标的影响。

（二）具体目标

具体目标是建立在基本目标的基础上，所希望达到的目的或取得的具体结果。税务管

[①] 中华人民共和国税务总局网 http://www.chinatax.gov.cn/n810351/n810901/n848183/c1161494/content.html.

理的具体目标是在遵守基本目标的前提下，根据工程项目的全生命经营活动要求，按工程进度、管理对象和管理内容制定出的量化任务，可以体现多元化、针对性和可操作性。①按治理机制划分，工程税务管理具体目标包括了建立依法纳税的制度体系、科学安排纳税税务方案、建立规范的纳税流程及和谐的纳税关系，其中科学安排纳税税务方案是工程税务管理的重点，因为它容易计量，可直接影响工程项目取得的经济绩效，影响工程税务管理实务。②按全生命周期阶段划分为：投资阶段税务目标、融资阶段税务目标、建造阶段税务目标、运营阶段税务目标；③按税务管理内容划分为：资产税务目标、负债税务目标、收入税务目标、费用税务目标等。由于企业或工程项目产权结构、组织形式、管理水平等方面存在差异，其税务管理实现的目标也应该有所不同。

（三）工程税务管理特点

1. 系统性（Systemics）

工程税务是遵从工程项目全生命周期管理活动的价值衡量与表现。对工程活动中的投资、融资和经营管理发生的税负活动进行系统的、全面的和准确的计量、计算、规划和缴纳，处理好涉税活动中政府、业主、客户和消费者的税务关系，降低税务成本和税务风险，实现工程项目建造活动中最佳的经济利益。

2. 复杂性（Complexity）

工程财务管理不仅是工程项目管理客体的全面管理，而且需要对参与工程项目的各方主体的经济利益及形成的财务关系、契约关系、税务关系以及所处的法律、政治、经济和生态环境等进行评估、规划、协调和使之可持续。

3. 风险性（Risk）

工程税务不仅关注参与各方税务活动及税务关系可能出现的税务成本风险，更重要的是根据工程项目的政治风险、经济风险、市场风险、汇率及利率风险、资金成本风险和工程技术风险等进行全面衡量，基于工程项目管理目标，通过专门的税务规划，预防税务风险。

4. 特殊性（Particularity）

工程税务管理的主体是企业纳税人，客体是工程项目，本质是对特定的工程项目内在的资金价值及其运动实施税务政策、税务预测、税务计划和税务决策。因而，工程项目的特殊性，决定了每个工程项目税务管理方案的个性化，甚至税务方案内在本质上的差异性。

（四）工程税务管理意义

1. 依法履行纳税义务

依法履行纳税义务是工程税务管理的基本出发点。其旨在规避纳税风险、规避任何法定纳税义务之外的纳税成本（损失）的发生，避免因涉税而造成的信誉损失，做到诚信纳税。为此，纳税人应做到纳税遵从[1]，即依法进行税务登记，依法建账并进行票证管理，依法申报纳税，在税法规定的期限内缴纳该缴的税款。如果偏离了纳税遵从，工程项目建设纳税人将面临涉税风险。

---

[1] "遵从"有自律遵从、他律遵从、强制遵从与指导遵从之分，税法遵从可以分为自律遵从、他律遵从、指导遵从和强制遵从等，这里主要指自律遵从。

在市场经济中，工程项目建设涉税活动的多样性，涉税关系的复杂性和涉税税制的层次性，决定着纳税人义务不能自动履行，纳税可能会给企业带来或者加重企业的经营成本、投资扭曲和纳税支付能力不足等风险，纳税人必须正确掌握所涉税境的税法，尽可能地避免纳税风险带来的潜在机会成本发生。

2. 降低纳税成本

纳税人为履行纳税义务，必然会发生相应的纳税成本。在应纳税额不变的前提下，纳税成本的降低意味着纳税人税后收益的增加。纳税成本包括直接纳税成本和间接纳税成本。直接纳税成本容易确认和计量，间接纳税成本则需要估计或测算。税制越公平，纳税人的心理越平衡；税收负担若在纳税人的承受能力之内，其心理压力就小；税收征管越透明、越公正，纳税人对税收成本的恐惧感、抵触感便越小。另外，税务管理作为企业的一项理财活动，其本身也有成本，除直接成本外，还有间接成本，也称非税成本①。纳税人纳税成本的降低，不仅会增加企业的账面利润，同时也会增加企业的应税所得额，从而增加政府的税收收入。但纳税成本的高低往往不能完全取决于纳税人，税制设计合理与否、征管效率的高低，均会影响纳税人的纳税成本，从税务管理的目标分析，降低纳税成本取决于企业自身努力的结果。

3. 获取资金时间价值

货币经过一定时间的投资或再投资所增加的价值，称为资金的时间价值，说明资金它不产生于企业生产领域，而是出现于流通阶段。通过科学的税务管理实现工程递延纳税，相当于从政府方取得一笔无息贷款，其金额越大、时间越长，对企业应用资金就越有利。在信用经济环境下，企业一般都是负债经营，而负债经营既有成本又有风险，要求企业负债规模要适度，负债结构应合理。通过税务管理实现递延纳税，对改善企业的财务状况是非常有利的。

4. 降低工程税费负担

基于经济学、财务学观点，企业向国家支付税费构成商品成本费用。因此，当实施某项工程税务管理方案而使税费负担最低与其税后收益最大呈正相关时，税费负担最低就是税务筹划的目标；当实施某项工程税务管理方案而使税费负担最低与税后收益最大呈负相关时，税务管理的目标应该以企业财务目标为其最终目标，即税务管理要服从、服务于企业的总目标。从这个角度上说，税费负担最低是手段而不是目的。工程建设的任何一项经济活动，可能会涉及复杂的税种，工程税务管理不是简单地考虑个别税种税负的高低，而应从工程全生命周期角度，系统分析，整体评估工程经济活动及存在的各方税务关系，保证工程活动中整体税负最轻或实现的工程价值最大，即使缴纳税收的绝对值增加了，甚至税负也提高了，但从长期看，如果工程资本回收率能够增加，实现了最优的税务管理目标，还是可取的，而不是纳税最少。

四、工程税务管理分类

依据工程项目的经济性质、工程建造活动的客观规律和工程管理目标，一般将工程税

---

① 对纳税人来说，其纳税成本中有一部分是不可控成本即税收遵从成本。而"遵从成本"的高低，则主要取决于国家税制的公平程度。解释引用于：盖地. 税务筹划的主体、目标及学科定位［J］. 郑州航空工业管理学院学报，2006，24（5）：89.

务管理划分为以下 3 种类型。

（一）按工程投资主体分类

主要包括公共项目税务管理、房地产项目税务管理和施工项目税务管理。

（1）公共项目税务管理是指由政府投资或政府与企业合作（PPP）项目投资、建设和运营的工程项目所发生的税务活动及税务关系。

（2）房地产项目税务管理是指由房地产企业或个人投资、建设和经营管理的房地产开发项目所发生的税务活动及税务关系。

（3）施工项目税务管理是指因承包建筑工程项目的建筑施工企业及项目公司在工程项目建造活动中所发生的税务活动及税务关系。

（二）按工程价值运动分类

主要包括融资活动税务管理、投资活动税务管理和经营活动税务管理。

（1）融资活动税务管理是指纳税主体在对工程项目资金筹集、资金运用和资金偿付活动中产生的税务活动及其税务关系。

（2）投资活动税务管理是指纳税主体在工程项目投资活动中以及相关投资活动所发生的税务活动及税务关系。

（3）经营活动税务管理是指纳税主体在工程建造活动中发生的材料、固定资产、无形资产、负债、权益、收入和盈余分配等税务活动及税务关系。

（三）按工程属性分类

主要包括国内工程税务管理和国际工程项目税务管理。

（1）国内工程项目税务管理是指纳税主体在我国境内投资建造的工程项目，依据中华人民共和国税法法律及相关法律法规、政府政策和规章，对工程项目全生命周期活动中产生的税务活动及税务关系的管理行为。

（2）国际工程项目税务管理是指纳税主体在中国境外的国家投资、融资和经营建造活动中，依据所在国法律及国际工程相关法规、合同和国际惯例，对工程项目全生命周期活动中产生的税务活动及税务关系的管理行为。

（四）按工程税务活动分类

主要包括经营活动税务管理和日常税务管理。

（1）经营活动税务管理是指纳税主体在工程项目的全生命周期建造活动中所发生的各类专项业务税务活动及其税务关系。

（2）日常税务管理是指纳税主体依据税法及相关法规要求，按纳税主体的权益及义务，遵从纳税管理工作流程开展税务登记、办理税务计算，实施税务规划和实现税务缴纳等项工作，从而降低纳税成本，提升企业税务管理工作效率的行为。

五、工程税务关系

税收是一个古老的范畴。它是一个国家的政府或公共部门通过政治权力，采取强制手段，向政治权力所及范围的公民、企业、机构等经济主体征收国家所需的人、财、物的一种社会分配方式。税收性质是强制性、无偿性、固定性。税收概念与国家相伴，税收关系是因国家组织税收收入所发生的社会关系，包括了税收经济关系、税收服务关系和税收监管关系，其核心是一种经济关系，以它组成了税收关系的出发点和归属点。

税务概念通常与税事项相关，涉及税的活动或事项，按主体分为国家税务、企业税务和个人税务。在市场经济体制下,基于税法法理,体现为国家与企业或个人税法上的债权与债务关系,其中,享有课税权的国家是法定的债权人,企业或个人即税法上的纳税人,是法定的债务人。因而,企业形成了从事工程项目投资、融资、建造和经营管理的纳税主体,它与国家形成了纳税债务的经济关系,企业之间在工程建造活动中形成了均与税赋承担、分配权利与义务的经济关系。工程税务关系是指企业在工程建设活动中形成的向国家依法纳税的经济关系,企业管理税务的权利与义务的事务关系。

（一）工程项目与国家（政府）税务关系分类

在市场经济体制下,从事工程建设无论是政府投资方,还是建筑施工企业、房地产开发企业,都存在着与税务管理的必然关系。根据工程项目投资性质,一般可以将工程税务关系分为：政府投资项目税务关系、建筑施工项目税务关系和房地产开发项目税务关系。

政府投资项目的工程税务关系是指政府项目中符合税法应纳税形成的纳税与政府征收形成的税务关系,如图1-6所示。

图1-6　政府投资项目与国家征收关系

房地产开发项目的工程税务关系是指商业开发项目活动中依法纳税与政府征收税收形成的税务关系,如图1-7所示。

图1-7　房地产开发项目与国家征收关系

建筑施工项目的工程税务关系是指施工项目活动中依法纳税与政府征收税收形成的税务关系,如图1-8所示。

图1-8　施工项目与国家征收关系

（二）房地产项目与各利益相关方税务关系

房地产项目与各利益相关方税务关系是指房地产投资方和承包商,参与房地产开发项目过程中,组成了与政府征税部门、采购商、供应商和购房消费者等复杂的税务成本和税收利益分配关系。由于房地产开发项目具备投资规模大、建造时间较长和建设组织多样性等原因,房地产开发商与各利益相关方的缴纳税款、税费结算的市场资源配置关系,科学规划、准确计量和有序协调税务关系,是实现房地产开发项目价值分配的经济关系。

例如,可以根据某企业的税务识别号建立起税务关系网络图,见表1-1～表1-3、图1-9（a）、图1-9（b）。

公司法人税务关系表　　　　　　　　　　表1-1

公司流水号	公司识别号	公司名称	法人证件号码	法人名称
397010021	370202964	某置业集团	32152219＊＊＊＊＊5520	王某
352152385	370251522	某物流公司	32152219＊＊＊＊＊5520	王某
397010028	3702021	某置业集团分公司	32152219＊＊＊＊＊1254	韩某

公司总分税务关系数据表　　　　　　　　　　　　　　　　　　　表1-2

总公司流水号	总公司识别号	总公司名称	分公司流水号	分公司识别号	分公司名称
397010021	370202964	某置业集团	397010028	370202163	开发置业分公司

投资关系数据表　　　　　　　　　　　　　　　　　　　　　　　　表1-3

公司流水号	投资方证件号码	投资方名称
397010021	65030019＊＊＊＊＊0017	李某
352152385	65030019＊＊＊＊＊0017	李某
7010028	65030019＊＊＊＊＊0017	李某

注：表1-1为法人和公司的拥有关系数据表，其中公司流水号和公司识别号为公司标识；从表1-1中可以看出王某为两家公司的法人；表1-2为公司总分关系数据表，表中为几家公司的总分关系；表1-3为投资关系数据表，数据显示一个投资方投资了多家公司。

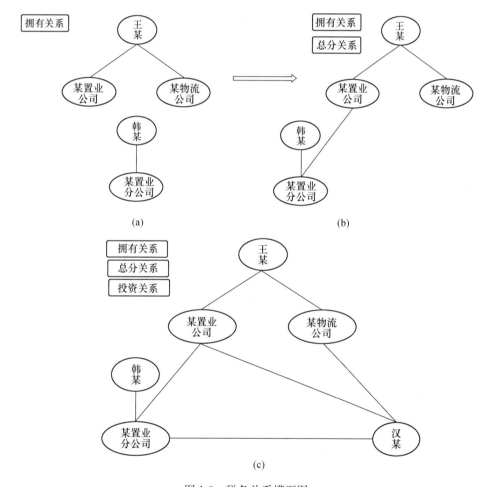

图1-9　税务关系模型图

针对表1-1～表1-3所示的填入数据，首先建立了图1-9（a）所示税务关系网络模型，使公司和法人连接成为网络税务关系；第二，根据总分关系数据表，依据公司的总分关系，连接公司节点与公司节点的网络税务关系，如图1-9（b）所示；最后，依据投资关系数据表1-3，完成工程项目投资税务关系，如图1-9（c）所示。

（三）施工项目与利益相关方税务关系

其概念是建筑施工项目的总承包商与参与工程项目分包商及市场合作商在工程活动中形成了复杂的税务成本和税收利益分配关系。由于工程项目在总承包规模、承包模式和分包组织等结构上的复杂性，因而构成了总包商与其利益相关方的税务网络权利与义务的资源配置关系。主要内容有税务成本、税务收益、税务风险和税务合同等，科学规划、准确计量和有序协调与处理好税务利益关系，是实现建筑施工项目税务价值分配的重要内容。

例如，在建筑工程管理中，业主、总承包商与分包商之间的工程税务关系如图1-10所示；在EPC交易模式下，形成业主与总承包商的工程税务关系，总承包商与市场利益相关方之间的工程税务利益关系，如图1-11所示。

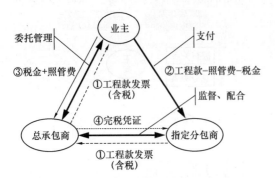

图1-10　业主、总承包商与分包商之间的工程税务关系

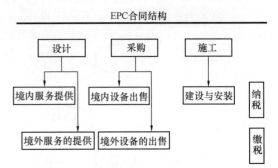

图1-11　EPC交易模式下的各方关系

以上说明，企业实施工程税务管理十分重要。工程税务关系与一般市场商业交易的税务关系具有工程属性、工程性质和工程组织形式的特殊性。

（四）PPP项目的税务关系

PPP即Public-Private-Partnership，国外称为公共部门与私人部门合作伙伴关系，我国将PPP项目称为政府和社会资本合作模式[①]或政府和企业的合作伙伴关系[②]。PPP项目是实现公共项目建设资金的融资模式，也是公共产品的一种供给方式。PPP模式是伴随着公共项目需求的多元化而产生的私人部门和公共部门合作。早在17世纪英国领港公会和私人投资者合作建造灯塔[③]，就开始了公共项目公私合作的实践。英国财政大臣肯尼思·克拉克为了提升基础设施水平、解决公共服务的资金匮乏和公共部门管理缺乏有效性及资金效率等问题，率先提出"公私合作"的概念。1984年我国以BOT（Build-Operate-Transfer，建设—运营—移交）方式建设的深圳沙头角B发电厂，是我国首次出现的PPP项目实践基础设施公私合作的标志。

PPP项目的主要功能是：

（1）项目融资。政府通过特定的PPP模式，以工程项目为融资载体，实行有限的资

---

① 《关于印发政府和社会资本合作模式操作指南（试行）的通知》财金〔2014〕113号。
② 叶晓甦，徐春梅．我国公共项目公私合作（PPP）模式研究评述［J］．软科学，2013，27（6）：6-9．
③ 叶晓甦．工程财务管理［M］．北京：中国建筑工业出版社，2011．

金融通，并以项目后期经营管理的收益偿还本金，维系项目运营。

（2）关系复杂。在PPP项目中存在着多类型的组织模式，形成了较为复杂的经济利益、管理责任和有效监督关系，参与项目经营管理的市场主体多，形成了复杂的经济关系，如图1-12所示。

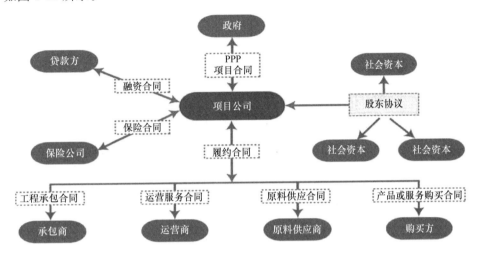

图1-12　PPP项目合作伙伴关系及运营管理

（3）契约执行。如图1-12所示中PPP项目是合作契约合同的集合体，其中PPP项目以特许权合同为核心，包含工程技术合同体系、经营管理合同体系、投融资合同体系、采购合同体系和监管合同体系等，其中工程税务合同也是重要的内容。

（4）公共利益最大。公共项目不同于企业的盈利项目追求利润最大化，PPP项目是政府为了满足公众需求而发起的，其追求的是公共利益，其治理目标不能局限于某一方的利益，而应为公共项目众多利益相关者的利益服务，以达到利益相关者之间关系的协调和利益的趋同，从而最终实现项目价值的目标。

因此，PPP项目的工程税务关系具有自身特有的形式，在PPP项目决策之初，必须开展科学的工程税务管理，在建设运营管理全寿命过程中实施工程税务规划，处理好政府、企业投资人、项目合作各方的税务关系分配。

（五）国际工程的税务关系

国际工程是指中国参与其他国家或组织投资兴建的工程项目，根据国际惯例，从事国际工程承包的企业，必须作为工程所在国的纳税主体向该国纳税。因此，国际工程承包企业与所在国家及参与的国外企业形成了工程税务关系，称为国际工程税务关系。

国际工程税务关系的本质是国际税收。所谓国际税收（International Taxation）是指两个以上的国家和地区，在对跨国纳税人行使各自的征税权力的过程中所发生的税收分配关系。国际工程税务的根本目标是税收管辖权，其要解决的是国家间的双重征税问题，实现平等税收负担。国际工程税务管理的内容主要有国际税收协定、国际双重征税的缓解和消除、纳税主体和征税对象、税收饶让和法人居民身份评定等。

国际工程税务关系的特点是：

（1）复杂性。即来自于工程特征投资巨大、建设周期长、工程涉及复杂、组织经济体多等，既包括技术合同税负，又融入了服务贸易协定税收，还涉及货物贸易的税收等，因而，国际工程税务管理十分重要。

（2）守法性。遵守所在国税法是国际工程税务管理的基本特征，因而必须对所在国的税法、政府法规和税收政策等予以廓清，在遵守各项纳税义务的前提下，做好工程税务管理，从而避免各类国际纳税风险，实现工程项目的可持续性。

（3）系统性。国际工程税务关系与工程载体具有最为紧密的内在关系，实施国际工程税务管理，必须遵从工程管理客观规律、国际贸易规律和所在国纳税及国际税收双边或多边协议，基于工程全寿命周期的时间维度，从国际工程合同体系化的角度实施国际工程税务管理行为，科学、合理地处理好工程税务关系。

（4）契约精神。从事国际工程既是一项工程建设活动，也是一项社会服务的要求。因而，国际工程税务关系是工程纳税人与所在国家及企业经济利益分配关系，也是遵守所在国社会纳税道德的契约。因而，开展国际工程税务管理一方面是实现国际工程经营税负最低，企业利益最大；另一方面是提升企业税负的社会价值，实现企业的可持续经营目标。

六、工程税务管理定位

工程税务管理是一门新兴的、复合性的和应用性的专门学科。学习工程税务管理知识，需要理解它与相关学科的联系与区别。

（一）税务管理与财务管理

工程税务管理是对工程资源（人、财、物）开展科学规划，进行资源配置的分配活动，是纳税人处理其与国家（政府）、与市场环境和谐、与各方利益相关者税务契约协调的一种利益分配关系。因此，工程税务管理既可归属于财务管理知识领域和管理活动，也是一项专门知识领域或管理活动，特别是工程项目所在国家不同、地域不同和工程性质不同，其税务管理的科学性、精细化将发挥其独特的、有效的和实用的管理作用。

（1）相同点：目标一致性，即工程税务管理与财务管理目标均为实现工程价值的最大，企业价值的最优；性质上，均表现为实现工程项目的价值；环节上，均包括了事前、事中和事后管理，属于对利益分配的管理；职能上表现为预测、计划和决策功能。

（2）不同点：知识与能力复合性，即在运用财务信息的基础上，结合税法、税务管理专门知识，对工程管理活动中的工程客体及环境，进行工程税务方案预测、计划和决策；工程税务管理的重点不仅是税务规划或税务筹划，更重要的是处理好工程各方的税务关系，建立工程纳税机制和实现纳税风险防范，从而依法纳税。

（二）税务管理与会计学科

（1）相同点：面对的工程经济活动客体一致；运用的财务信息相同；纳税主体即是会计主体。

（2）不同点：法规不同，工程税务管理主要是依据税法及相关法律法规，而会计学主要依据会计法规及会计准则；目的不同，税务管理的重点实现工程纳税最优，会计学则是实现企业会计信息的真实、可靠和准确；功能不同，工程税务管理是实现税务方案的预测、计划和决策，会计学则是保障财务信息真实、有效。

（三）税务管理与工程管理

（1）相同点：管理客体对象相同或一致，即都是针对特定的工程项目；管理时间相同，即每个工程项目的全寿命周期，从工程项目估算、概算、可行性研究、实施建设结算，直至竣工决算。

（2）不同点：目标不同，工程管理是实现工程建设的质量、成本、进度、安全和环境目标，而工程税务管理则是达到工程项目税后利益最大；功能不同，工程管理是实现工程建设项目的投资、融资和建造与经营管理活动的技术目标及经济目标，而税务管理的重点是工程项目活动中的税务利益分配及税务关系；管理内容不同，工程管理的重点是工程项目的技术性、安全性、工程效率和工程质量，传统的工程成本管理对于税费主要是狭义上的金额测算与缴纳，工程税务管理则不仅要处理好与各方的税务关系，还要系统地、专门地和科学地规划税务方案。

它们具有紧密的联系，税负始终是工程成本的重要内容之一，规划好工程项目与各方的税务关系是降低工程建设风险的重要内容，也是提升工程价值的组成部分。

第二节 工程税务管理的原则

工程税务管理是纳税人的一项基本权利，但它并非同时就是税收征管方的义务（双方的权利与义务不对等）。因此，为了提升工程税务管理工作效益，降低税务管理风险，实现税务管理目标，必须遵循一定的管理原则。工程税务管理的原则主要有以下几点。

一、依法管理原则

依法管理是指企业开展税务管理必须遵守国家的各项法律、法规及规章制度等。依法纳税是企业和公民的义务，也是税务管理必须坚持的首要原则，属于合法行为或守法行为。纳税人对工程项目的投资、融资和建造经营活动的涉税事务建章立制，科学规划，履行纳税义务和规避税务风险，运用法规与政策规定开展免税、减税和低税率等管理；正确处理企业纳税人与政府的税收关系，投资人与承包人因工程项目客体发生的税务关系，项目业主与各参与方的税务关系，提升税务管理关系质量，即诚信纳税或履行纳税义务。从时间维度、主体维度和方法维度科学地对工程税务进行预测、规划、计划和决策，主动地履行工程税务管理职能。从而廓清税务管理定位、边界和范围；明晰工程税务管理目标、原则和内容；划清工程税务管理活动中产生的纳税、避税、偷税和逃税等概念界线。因此，工程税务管理是工程主体合法的或不违反税法的专业管理行为。

引例：（来自《中国税务报》，2008年8月31日第六版）美国毕马威会计事务所利用各种手段帮助客户逃税或避税，其中包括资产收益税以及个人所得税，总金额高达25亿美元。美国国税局（IRS）局长埃弗森则表示，毕马威的行为超出了"正当避税"的界限，已经构成了"盗窃"。因此，依法管理是工程项目税务管理的基本原则，纳税人及纳税项目应该严格遵守。

二、公平效率原则

公平效率原则是指工程税务管理活动从客观上能正确反映对各方利益主体的税务活动及形成的税务关系，纳税主体依法管理既是符合税法的立法、税收征管的必然要求，同时又是实现工程项目经济行为有效的选择，降低了纳税成本与税务风险，优化了纳税义务，提升了工程总体经济效益，提高了企业的竞争能力。因此，工程税务管理符合国家、企业和社会的各方利益需求。

从管理学原理解释，税收的公平与效率原则既矛盾又统一。矛盾性表现在：在具体的税收制度中往往很难兼顾公平与效率；公平性强调量能负担；效率性强调税负应尽量避免对工程效益产生影响，公平纳税是前提，税负效率为公平纳税提供了条件。实现工程资源的有效配置，才能优化工程税务管理。

三、成本效益原则

成本效益原则是指在开展税务管理活动和实施税务管理行为时，确保其取得的税务管理效益大于发生的管理成本，要从"投入"与"产出"的对比分析来看待税务管理的必要性、合理性，即考察税务成本高低的标准是产出（收入）与投入（成本）之比，该比值越大，则说明成本效益越高，反之，相对成本效益越低。税务效益划分为当前利益和未来利益，税务成本则是税费成本和非税成本，非税成本指企业因实施工程税务管理所产生的经济行为的经济后果。非税成本包括代理成本、交易成本、机会成本和组织协调成本等。

税务代理成本是工程税务管理中由于信息不对称产生的必然结果。在税务管理中，为了降低税负选定专业税务咨询公司为企业开展税务管理所产生的费用如拟定纳税方案、税务筹划和完成纳税行为等，统称代理成本。

交易成本在制度经济学中被定义为"在人们靠市场来交易产权时运用资源的成本。"它们包括信息搜集成本、谈判成本、缔约成本、监督成本、强制履约成本等。因此，实施工程税务管理都需要发生这些成本费用，称为交易成本。

机会成本是认为工程税务管理过程本身是一个决策过程，即在众多方案中选择某个可行且税负较低的方案，但选定一个方案必然要舍弃其他方案。这样，在选择具有税务优势方案的同时，可能会牺牲另一方案的非税优势。因此，牺牲的非税优势就是此项税务筹划的机会成本。

树立成本效益观念，以付出合理的、必要的税务管理成本，以产生的管理收益为标准，成本绝对数并非越低越好，关键看一项成本的发生产生的效益（收入或引起的企业总成本的节省）是否大于该项成本支出。成本效益观念是税务管理的重要基础，税务管理的方法均体现了成本效益观念。

四、全生命周期原则

全生命周期原则是指工程税务管理必须以工程生产经营的客观规律为前提，遵循不同属性工程项目的契约约定，基于建筑工程决策-建设-运营的时间维度，实施税务管理行为。工程税务管理是在一定的法律环境下，在既定经营范围、经营方式下进行的，有着明显的针对性、特定性和时间性。随着时间的推移，社会经济环境、税收法律环境等各方面情况不断发生变化，企业必须把握时机，灵活应对，以适应税收的法规和政策导向，不断制定或调整税务管理对象、种类和方案，以确保企业持久地获得税务管理带来的收益。全生命周期原则也体现在充分利用资金的时间价值上，同时，程序性税法与实体性税法如有变动，应遵循"程序从新、实体从旧"的原则，就是时效性原则。例如，政府独立投资工程项目，从时间维度来讲主要是投融资、建设和移交；而房地产项目则是经历了决策-规划-投融资-采购-建设-销售或经营环节；而建筑工程项目则是签订合同-建造-竣工验收和决算。这就是时间维度不同，则税务管理的内容与周期不同。

五、系统性原则

系统性原则是指工程税务管理从工程建造经营活动及形成的税务关系看作为一个总体,将其涉及的利益主体、工程客体、税务法规及政策、税务环境和税务管理等划分为不同的子系统,通过树立系统观,进行的工程税务管理行为。例如,工程项目实体就包括工程规模和结构、工程投资与融资效益、工程组织与管理和工程时间维度等,可看作为一个有机的系统。在开展工程税务管理时,既要考虑工程直接相关的税种的税负效应,还要科学规划间接相关的税负效应,既要分析税务管理的环境影响,又要考虑与征税税种的税负效应,进行体系管理、综合预测,以求工程建设经营整体税负合理有效、工程税后利润(价值)最大,防止顾此失彼、前轻后重,也不能只考虑某个税种或税负高低,而导致工程总收益降低或发生损失,因而要着眼于工程项目客观生产经营的整体税负。

六、风险收益均衡原则

风险收益均衡原则是指实施工程税务管理行为的同时认为税务管理在产生收益的同时也面临着税务风险,它是指导税务管理的综合反映。所谓风险是指在一定时期、一定条件、一定环境下,通过税务管理可能发生的各种结果的变动程度,某一事项的实际结果与预期结果的偏差。在工程税务管理中,可能存在经济波动风险、市场风险、政策风险与企业经营风险,既有外部风险,也有内部风险。因此,实施税务管理时应当遵循风险与收益适当均衡的原则,采取法律的、政策的和管理的手段及措施,明确税务风险的必然性,从而分散与化解工程税务风险的实际情况发生。

第三节 工程税务管理内容

工程税务管理是基于企业纳税人为主体,工程项目为客体,以协调各利益方的税务活动和税务关系为内容的一项管理工作。工程纳税主体的税务管理工作,主要包括政府工程项目的税务管理、建筑施工项目的税务管理和房地产开发项目的税务管理,在此基础上还包括按工程税种管理、按税务治理机制管理和按纳税人税务制度管理等。

一、政府项目税务管理

工程税务管理的内容是指工程建设活动及形成的税务关系。从工程建设活动划分主要包括政府主体税务管理、建筑施工企业承包工程项目和房地产投资与开发主体税务管理。从工程建设活动形成的税务关系划分,主要包括工程纳税人与政府的关系,工程纳税主体之间的税务关系,工程纳税人与工程建设活动中供应商之间的税务关系等。

(一)政府投资项目概念

政府投资项目的概念是随着我国建立市场经济体制,深化政府在基础设施或公用事业领域投资体制改革而逐步形成的概念,到目前为止,不仅在法学上没有明晰的定义,而且在相关的工程法律法规中也鲜有准确的解释。

在我国投融资体制改革实践中,"政府投资项目"或简称为"政府项目""政府工程"(以下简称为政府项目),又被称为"公共财政投资项目"或者"公共项目"等。所谓"公共财政投资项目"从广义上说是"政府为实现其职能,将政府财政资金投入到社会再生产过程的各个环节"建设的工程项目;从狭义上说是"政府为保证社会再生产的顺利进行,对固定资产再生产和流动资金按最低限额而投入财政资金"的建设项目。"公共财政投资项目"一般又被称为"财政资金基本建设项目"（根据中华人民共和国财政部令《基本建设财务规则》2016年第81号第八条规定解释），是指"经政府职能部门批准立项，由各类财政性基本建设资金投资或部分投资的项目"。政府财政资金包括：①一般公共预算安排的基本建设投资资金；②财政预算内其他各项支出中用于其他专项的建设资金；③政府性基金预算安排的建设资金；④政府依法举债取得的建设资金；⑤国有资本经营预算安排的基本建设项目资金等。

（二）政府投资项目的税务制度

随着我国社会主义市场经济体制不断深化改革，我国政府项目投融资体制的深化改革，对政府投资项目的税制、税种、税率及税务征收的相关政策规定也在不断地调整、修改和完善。政府工程项目税务制度管理分为税收法律法规、政府部门专项税务规章和工程建设规章制度。税收法律法规有《中华人民共和国税收征收管理法》《中华人民共和国企业所得税法》《中华人民共和国增值税暂行条例》和《中华人民共和国耕地占用税条例》等；政府部门税务规章有《基本建设财务规则》（中华人民共和国财政部令）和《财政部关于印发〈基本建设项目建设成本管理规定〉的通知》等；工程建设规章有地方税收规章和税收部门规章等，例如《关于加快推进健康与养老服务工程建设的通知》（发改投资[2014]2091号）等。因此，必须对我国及国际上的政府项目的税务法律法规、政府政策和相关规章制度同时完成修订、变更和更新，做到对政府独资投资项目、政府与社会资本投资人合作项目的税务进行有效和正确的管理。

例如，《财政部关于印发〈基本建设项目建设成本管理规定〉的通知》（财建[2016]504号）中第4条"税金支出包括：土地使用税、耕地占用税、契税、车船税、印花税及按规定缴纳的其他税费"等，为政府投资项目规定了缴税的税种及内容。

（三）政府投资项目的税务规划

政府项目税务规划（Tax Planning），亦称为工程项目税务筹划，即依法律法规及相关投融资项目模式为基础，对工程投资、融资和建设经营全寿命周期活动过程中，因工程项目必然发生的税务活动及形成的税务关系等内容，依据科学理论和方法展开科学预测、计划和决策的过程。工程税务规划的目的是实现税负的公平合理负担，预防税务风险，协调各方税务关系。

政府项目税务规划的主要内容分为：按工程项目综合税务方案规划和按工程建设所涉税税种专题方案规划。综合税务方案规划主要是建设项目投资、项目融资、项目建设和项目经营管理等阶段的方案；专题税务方案规划则是针对特定税种如所得税、增值税、土地增值税等的税务规划方案。

例如，根据《基本建设财务规则》（中华人民共和国财政部令2016年第81号）第21条和第24条、第25条的相关规定解释，建设成本中的"待摊投资支出是指项目建设单位按照批准的建设内容发生的，应当分摊计入相关资产价值的各项费用和税金支出"；建设收入是"项目所取得的基建收入扣除相关费用并依法纳税后，其净收入按照国家财务、会计制度的有关规定处理。"两者均含有"税金"规定，因而必须对此展开税务规划的管理内容。

（四）政府投资项目的税务关系

政府投资项目按投资比例构成不同主要分为政府独资投入的工程项目和政府和企业合

作（PPP）投资的工程项目，如图 1-13 所示。无论两种形式结构如何，它们都形成税务关系。

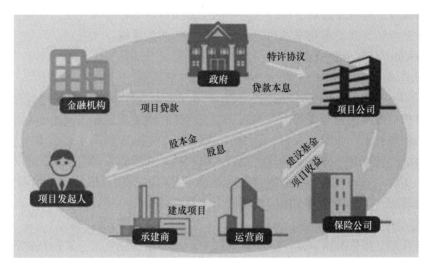

图 1-13 政府工程项目税务关系

1. 政府投资项目与政府监管部门的税务关系

政府投资项目是中国境内使用预算安排的资金进行固定资产投资建设活动，包括新建、扩建、改建、技术改造等。政府采取直接投资方式、资本金注入方式投资的工程项目，实行项目法人责任制，严格按现代企业制度要求进行经营管理，确保投资者的利益和风险约束机制得到落实。政府投资监管部门是指对政府投资项目在行政管理权限范围内实施监督与管理的部门，如财政部门、税务部门和审计部门等。在项目推进过程中，政府投资项目存在着税务经济关系，例如免税、减税、低税率优惠等，需得到政府监管部门的认可并受到其监督和管理，因此构成税务关系。

2. 政府和企业合作（PPP）项目的税务关系

在 PPP 项目中，政府和企业长期（PPP）合作建设公共项目，客观上存在着投资、融资、建设和经营管理的全过程，双方在共同推进 PPP 项目的过程中形成了紧密的税务经济关系，具体包括：PPP 项目公司与政府税务部门的债权与债务关系；项目公司纳税主体和企业投资人纳税主体的税务关系；以及参与 PPP 项目的各方社会投资人之间的税务关系。

3. 政府投资项目与征税部门的税务关系

政府投资项目在投资、融资、建设和经营活动过程中形成了依法计税、纳税、缴纳、结税和税务凭证管理等的事项，因此，政府投资项目公司应遵循政府投资项目的纳税程序，及时开展税务登记、取得税务凭证、按时纳税申报、准确税款缴纳和主动接受税务检查。

4. 政府投资项目与经营管理主体的税务关系

由于 PPP 项目的公共利益性质，因此 PPP 项目运营不仅包括商业运营中的税务活动和税务关系，同时还包括项目公共利益的税务活动和税务关系，公共项目运营中的政府优惠税收政策、免税政策或减税政策等，因而 PPP 项目既有政府税务管理，也有企业的税务管理。

二、房地产开发项目税务管理

房地产开发企业主要是从事房产与地产的工程项目全寿命周期开发与管理活动的商业企业,其开发与经营涉及商业项目的建造与交易流通两大领域。

(一)房地产开发项目概念

1. 房地产概念

"房地产"(Real Estate 或 Real Property)是房产和地产的总称[①]。在我国,按照土地资源状况和土地利用总体规划,将土地分为农用地、建设用地和未利用地;房产是指土地上的居民住房、工商业用房、办公用房等建筑物及其构筑物,在经济学上称不动产。《国家税务总局关于印发〈营业税税目注释〉(试行稿)的通知》(国税发〔1993〕149号)对房产的定义为"不动产,是指不能移动,移动后会引起性质、形状改变的财产,包括:建筑物、构筑物、土地和其他土地附着物。"

2. 房地产开发

房地产开发是指依据国家法律,在取得国有土地使用权的土地上进行基础设施和房屋建设的行为[②],或是在特定地段上所进行的具体的房地产项目的规划设计和建设、施工和竣工验收等建造和管理活动。房地产开发可以分为五个阶段:投资决策阶段、前期工程阶段、建设施工阶段、竣工验收阶段和房屋租售、物业管理阶段,每个阶段项目管理的侧重点是不同的。

房地产开发与管理是随着城市住宅商品化的推行、工商用房建设事业的发展,以及城市土地使用制度改革的深化,逐步从建筑业分离出来的新兴产业,主要涉及房地产的投资、开发、建设、销售、出租等生产经营环节,是房地产开发企业商品经济活动的组成部分。

3. 房地产开发项目

房地产开发项目是指以商品经营服务性质为主的房产商业项目与地产商业项目。从经济学的角度讲,房地产开发项目是指房地产开发企业通过投入资源,包括土地、资金、人力等生产要素,对土地或土地上的建筑物进行生产与销售的劳动产品,目的是用于交换的商品,满足房地产开发企业获得利润最大化的目的。

4. 房地产开发市场

房地产开发市场是从事房产、土地的出售、租赁、买卖、抵押等交易活动的场所或领域的总称。房地产开发市场具体可按房产市场和土地市场进行分类。所谓房产市场可细分为商品住房市场和非住房市场,商品住房市场是指满足人们居住目的的住房交易场所,它是房地产市场的主体,根据商品住房的对象不同,可细分为商品住房和保障型住房两类市场。非住房市场按使用功能及用途可分为办公、商业、工业和仓储等用房交易市场。

5. 房地产开发流程

房地产项目的开发与管理具有一定的客观规律,它集企业资金流、信息流和资源流为一体,主要形成了房地产开发与管理的价值链,如图1-14、图1-15所示。

---

① 施建刚. 房地产开发与管理[M]. 上海:同济大学出版社,2004.
② 《中华人民共和国城市房地产管理法》第二条第三款。

第三节 工程税务管理内容

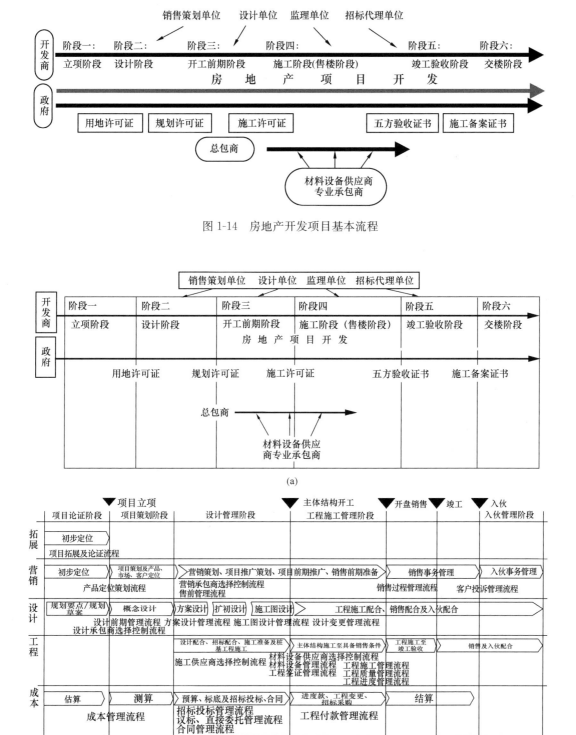

图1-14 房地产开发项目基本流程

(a)

(b)

图1-15 房地产商品开发与管理价值流程

房地产运营流程管理是以项目开发价值链（Value Chain）为主导展开的，跨部门、横向交叉的运营流程管理，目的是促进作业标准化，提高工作效率，成本管理的运营流程管理是其中的重要组成部分，如图1-16所示。

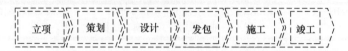

图1-16 房地产项目开发阶段

(1) 立项阶段：是房地产项目经过房地产公司决策，通过产品规划初步概算，确立为公司新产品。

(2) 策划阶段：是房地产项目进入全流程的价值预算阶段，确立项目投资、融资、成本预算、施工组织、销售方案、税务方案和预售方案等。

(3) 设计阶段：组织房地产开发项目的建设设计、景观设计、环境设计和装饰装修方案设计等，同时落实房地产项目开发成本预估方案，包括税务方案等。

(4) 发包阶段：是对房地产项目组织、参与和协商的招标投标，选择最佳的承包与发包模式，降低交易成本、纳税成本等。

(5) 施工阶段：是房地产项目的建造实施过程，重点是各项成本控制、税务成本控制和竣工验收等。

(6) 竣工阶段：项目的竣工与移交。从实质性完工（Substantial Completion）开始，房地产商品与一般商业产品一样，需要对商品质量、技术、安全和环境等进行检验与验收，符合商品质量的"三包"要求；同时，对产品成本、资金和各项税费进行划清结算和决算后，进入实质性销售阶段。

因此，房地产开发项目的税务管理必须遵循开发项目的全生命周期规律，遵守开发项目的商品价值交换规律，根据开发经营流程，依法计税、纳税和结税的税务管理流程，房地产开发企业必须落实税务制度、税务规划、税务成本、税务风险和税务关系等事务管理，从而实现房地产开发项目的价值最大化。

(二) 税制管理

税制管理是研究和设计企业税务制度的一门科学，主要包括税务制度概念及征税对象、纳税人、税率等税制要素，税制的建设原则，税制结构和税制分类，以及税收征收制度等。开展房地产项目全生命周期的税务管理，必然从项目全经营过程所涉及的税务法规和制度着手，全面、准确和系统地归集项目所涉税制度，这是房地产项目税务管理的基本前提。

1. 房地产项目的税制

房地产项目涉及的税务制度具有复杂的、多样的和阶段性的特点，以下基于房地产项目开发阶段及经营过程，列示所涉税制，见表1-4~表1-6。

房地产项目涉税税制表　　　　　　　　　　　　　　表1-4

阶段	经营环节	涉及税种	计税依据	税率
开发与管理阶段	取得土地使用权	契税	契约价格	3%~5%
		耕地占用税	实际占用的耕地面积	1~10元/m²（一次性征收，最高不得超过15元）

续表

阶段	经营环节	涉及税种	计税依据	税率
开发与管理阶段	委托施工	印花税	合同金额	0.03%
	自营工程	个人所得税	应纳税所得额	—
	销售期房（现房）	增值税	按增值额，实行进项税额和销项税额	13% 9% 6% 征收率3%
		城市建设税	缴纳的增值税税额	市区7%，县城、镇5%，其他1%
		教育附加费	缴纳的增值税税额	3%
		企业所得税	土地或房地产的所得（净收益）	25%
		土地增值税	增值额与扣除项目金额的比例： 未超过50%； 50%～100%； 100%～200%； 超过200%	30% 40% 50% 60%
		个人所得税	应纳税所得额	按七级超额累进税制
		印花税	房地产交易价格	0.05

房地产项目销售环节税制　　　　　　　　表1-5

阶段	经营环节	涉及税种	计算依据	税率
租售管理阶段	销售房屋转让土地使用权	增值税、城市建设税、教育费附加、企业所得税、土地增值税、个人所得税、印花税	同表1-4中"销售期房（现房）"	按9% 按七级超额累进税制 按25%
	出租房屋或土地	增值税、城市建设税、教育费附加、企业所得税、土地使用税、个人所得税、房产税、印花税	增值税按"服务业—租赁业"税目	按9% 按七级超额累进税制 按25%
	自用房屋或土地	房产税	—	见表1-4
	赠与房屋或土地	—	视同"销售不动产"	见表1-4
	代收费款	增值税、城市建设税、教育费附加	代收费用、手续费用合并营业收入计税	见表1-4
	房屋抵押贷款（抵债）	—	按销售不动产纳税	见表1-4
	股利分配	个人所得税	个人股东所得税按股息红利所得计税	见表1-4
	对所建房屋的物业管理以及餐饮、娱乐等服务	增值税、城市建设税、教育费附加、企业所得税、个人所得税	增值税按"服务业"税目，适用相应的税率	见表1-4

房地产项目保有阶段涉及税制　　　　　　　　　　表 1-6

阶段	经营环节	涉及税种	计算依据	税率
保有管理阶段	以自用或出租的形式持有	房产税	房产余值（自用）租金收入（出租）	1.2%（自用）12%（出租）

房地产项目税制特点：

（1）全生命周期税制。即房地产项目开发与流通环节涉及税种多、税率复杂，且具有阶段性特点。

（2）税收体系完整。根据房地产开发项目生产经营规律，主要涉及税收基本法律，如《中华人民共和国企业所得税条例》《中华人民共和国增值税条例》，及税收征管法规和税收执行法规等。

（3）税务关系清晰。税法或税收制度表现了国家与企业、单位及个人之间的税收法律关系，即以征与纳税为内容的权利与义务关系。因此，房地产项目与企业应当依税法实施税务管理，理清纳税权利与义务，明晰项目税务关系，准确计量税务成本和防范税务风险。

2. 房地产项目所涉税务关系

根据税法的基本法理，房地产开发项目主要的税务关系包括：开发企业纳税与政府征税关系、开发项目与企业利益相关方税负关系、开发项目与企业员工的税务关系、开发项目与购房者的税务关系和项目内部独立核算部门的纳税关系等。

（三）税务规划

1. 税务规划概念

税务规划亦称为"税务筹划"或"税收策划"等，房地产开发项目税务规划是指房地产项目纳税人依据税法及税收政策，遵循房地产项目开发全生命周期规律，运用科学理论及方法，为基于市场经济法则，维护项目的权益，通过自行或第三方的拟定税务方案，基于企业经营决策、计划、控制和组织结构等经济行为，预测和决策地选择适用税种、纳税义务、纳税地位，最终达到项目税务关系和谐，减轻税务负担，降低税务风险，维护项目合法权益的目的，最大限度地实现企业价值最大化。其特点表现为：

（1）税务规划的主体是纳税人。纳税人是指税法规定的负有纳税义务、直接向政府缴纳税款的自然人和法人。房地产企业因房地产开发项目全寿命周期而发生的税务活动及税务关系，构成了房地产开发项目的课税主体，房地产项目则是课税客体，如房产税是以房屋为课税客体，拥有房产所有权的企业或个人则是课税主体。

（2）税务规划的本质是遵循税收法律。企业为实现房地产项目价值最大化或股东权益最大化，在法律许可的范围内，通过对经营、投资、理财等事项的安排和策划，以充分利用税法所提供的包括减免税在内的一切优惠。

（3）税务规划的目标是企业价值最大化。房地产企业价值受各种因素影响，贯彻实施纳税方案将引起其他因素变动，从而引起企业价值的变动。但是税负降低不一定带来企业总体收益增加，因此房地产项目单件性，决定了对每个计税项目开展税务规划，其目标是实现房地产项目价值最优，从而做到依法纳税、科学纳税、合理纳税，保证项目价值最优，实现房地产企业价值最大。

（4）税务管理理念融入经营管理。无论是否存在税收优惠，纳税义务贯穿于企业整个经营过程，并影响企业的资金运作及损益状况，实施税务管理时应充分考虑税收成本，把税务规划理念融入项目经营管理。

2. 税务规划的原则

1) 系统性

系统性是指税务规划基于房地产开发项目的客观过程，既做好全房地产项目开发的建设决策领域，又包括项目经营管理活动的所有方面。税务规划要兼顾短期利益与长期收益，局部利益与整体利益协调，通过加强综合管理，实现企业价值最大化。

2) 成本性

税务规划需要消耗的成本费用包括资金成本、时间成本、机会成本。无论是由企业内部人员还是聘请企业外专家进行筹划都需要资金投入，规划方案的设计、执行需要付出时间代价，规划方案的取舍包含了机会成本。通过成本与收益对比，决定税务规划方案的优劣。

3) 目标性

税务规划目标是使纳税人的税收利益最大化，其核心是熟练掌握我国的税收政策。税收法规变动频繁，不少税收法规的规定不够明确，这些情况给实际操作带来许多困难。成功的税务规划方案需要税收专业人员和房地产企业管理人员合作完成。

4) 风险性

税务规划应当符合税收政策法规的导向，必须是在生产经营和投资理财活动之前。纳税人如何选择、实施规划方案完全取决于纳税人的主观判断，包括对税收政策的理解与判断、对税务筹划条件的认识与判断等。因此，企业在开展税务规划时存在着征纳双方的认定差异，税务规划方案和税法规定，能否成功，能否给纳税人带来税收上的利益，很大程度上取决于税务机关对纳税人税务规划方法的认定。

5) 预测性

预测性是房地产项目纳税人运用综合知识、经验和智慧对涉税活动或事物预先作出的估计、分析、推测和判断的全过程。税务规划具有预见性，需要对资金运作、经营计划、税目选择等作出事前安排。在经济活动中，纳税义务滞后于应税行为，这提供了纳税人在经济活动前作出筹划的可能性；纳税义务的发生具有不可逆转性，这决定了纳税人在经济活动前作出税务规划。

3. 税务规划内容

1) 税种规划

税种规划是指以房地产项目计税税种为内容实施科学的计划、计量、计算和分析的过程，运用税务、经济学、管理学和财务学等原理，结合税务管理实际，在计税经营活动中预测税费负担，选择合理的、可行的税负规则，达到规则许可的状态的过程。如土地增值税筹划、营业税筹划和企业所得税筹划等。

这种方法的优点是条目清晰，实用性强；缺点是在税法变动频繁时，操作困难，由于是针对各税种单独设计筹划方案，因而其综合的预测运作性较差。

2) 全流程规划

全流程规划是指以房地产项目营运全流程规律为内容实施开发项目立项、方案设计、建造施工、营销策略等，按流程的各个阶段重点内容如投资活动、融资活动、采购活动、建造活动、销售活动和经营成果分配等开展系统性、联系性的活动，将税务成本、财务利润和项目价值目标进行比较、筛选,从中优选出最佳方案的过程,从而最大程度地降低总体税负。

3) 税务关系规划

税务关系规划涉及房地产项目的业务活动广泛,对房地产企业而言,涉及企业设立时的税务注册登记,如注册地点、企业性质、组织形式、人员结构、出资方式等;涉及项目的投资关系、融资关系、开发方式、承包模式、销售策略等;涉及各个政府部门关系和社会文化、生态环境及人与人关系,因而项目必须成立专门的规划小组对具体内容进行梳理、整理和归纳,从房地产项目的市场定位入手,制订并调整税务关系方案。

(四) 税务成本

税务成本可分为征税成本和纳税成本,征税成本是指政府相关部门根据税法的规定,执行税款征收任务所发生的各种社会资源的耗费。这是在税收立法过程完成之后,由税务等政府部门征收税款的行为而引发的成本。纳税成本的主体是纳税人,它是指纳税人为履行纳税义务而发生的额外的资源耗费,即税收的遵从成本(Compliance Costs)。在上述定义中,之所以加上"额外"两个字,是因为对纳税人而言,税款本身就形成了其直接的成本,但税款本身并非税务成本内含,纳税成本的概念仅指纳税人为其正确地履行纳税义务而消耗的人、财、物。显然,纳税成本的直接目标是"正确履行纳税义务"。

在税收的征纳过程中,为正确地履行纳税义务,纳税人不仅要熟悉和了解现行的税收法律规定,包括税收实体法和税收程序法的相关规定,而且要按照征税有关税务管理的要求进行税务登记、账簿设置、纳税申报、税款缴纳等一系列活动,还要根据企业自身的情况或者纳税过程中的具体情形聘请税务代理、应对税务审计或稽查等。这些成本既包括可以用货币计量的直接成本,也包括时间成本和智力成本等无形成本。

(五) 税务风险

1. 税务风险概念

风险就是"损失发生的可能性"[①]。1921 年,经济学家奈特在其经典名著《风险、不确定性和利润》一书中首次明确提出:概率型随机事件的不确定性就是风险。由此可见,只有当某项活动有两种或两种以上的可能性时就产生了风险。

税务风险是指房地产项目在所有涉税活动中所面临的一种不确定性,比如企业被税务机关检查,承担过多的税务责任,或是引发补税、罚款的责任。对于企业的生产、经营来讲,就是追求盈利而可能带来的损失等。

2. 税务风险分类

(1) 从风险产生的关系划分,分为外部税务风险和企业内部税务风险。企业外部税务风险体现在税收立法风险、税务政策风险、税务执法风险、交易对象税务风险和经济环境风险等;企业内部税务风险分为纳税人遵从度风险、税务规划风险、会计计量风险和专业人员风险等。例如,房地产项目的经营活动和会计处理频频触发税务风险。如外购原料,由销货方负责运输,接受对方提供运费发票时,财务没有按照流程复核,造成接收假发票被补税百万元。

(2) 从风险产生的阶段划分,分为事前风险、事中风险和事后风险。事前的税务风险

---

① 石洋. 税务:创造价值还是控制风险[J]. 国际融资,2005 (8).

主要是指没有实施有效的计划、安排,导致企业不必要的损失。事中的税务风险是指缺失相应的内部控制,增加企业的无谓支出,比如票据管理混乱、税务关系处理不当和税务时间维度差错等,导致进项税额过期而无法抵扣。事后的税务风险表现在未能及时、准确纳税,遭到税务机关处罚,进而影响企业信誉的可能性。如某房地产项目的账簿凭证未按照要求装订成册、提前计提会议费、以限额扣除费用挤占非限额项目、将超行业标准发放的福利分散于各项费用中等,经税务机关认定不符合相关税法规定,导致产生事后税务风险。

(3)从开发经营环节划分,分为项目并购风险、投资税务风险、融资税务风险、采购税务风险和销售税务风险等。例如,房地产项目发生重大并购、重组和国际交易中时常产生税务风险。管理层对税务风险认识不足、知识缺乏、计划不细、重视不够,在重大交易中往往产生税务风险。

三、建筑工程项目税务管理

(一)建筑工程项目

1. 建筑工程项目概念

建筑工程项目(Construction Project)是指为人类生活、生产提供物质技术基础的各类建筑物和构筑物的统称。具体包括:房屋建造工程;铁路、道路、隧道、桥梁和城市轨道交通工程;水利、电力和港口工程;工矿、管道工程;建筑安装工程;建筑装饰工程等,如图1-17~图1-20所示。

图1-17　房屋建筑工程

图1-18　建筑装饰工程

图1-19　交通工程

图1-20　水利工程

2. 建筑工程项目建造流程

建筑工程项目建造流程如图 1-21 所示。

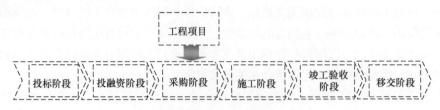

图 1-21 建筑工程项目建造流程

工程项目资金流、成本流和管理流程规律如图 1-22 所示。

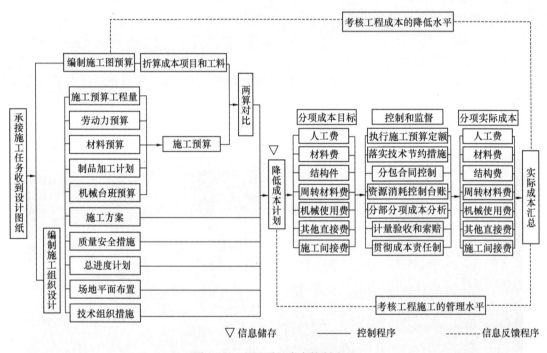

图 1-22 工程项目成本控制流程

建筑工程项目成本，也称为工程成本，在工程项目成本投标中工程概算与预算必须对工程成本中的材料费、机械使用费、其他直接费和间接费用均包括增值税的预测，另外人工费中包含可能产生的增值税、个人所得税等，工程项目的税务管理十分重要。

（二）税制管理

建筑工程项目的税制管理是指对工程承包商承揽施工项目的全寿命周期建设活动涉及的税务活动和形成的税务关系进行的制度管理，主要有施工项目税制管理、税务规划、税务成本和税务风险等管理行为。

1. 税制管理概念

工程项目的税制管理是指建筑承包商依据税法的要求，运用系列的科学方法，展开对施工活动涉及的税务关系进行符合国家政策法规、企业税务制度、企业纳税制度和税务关系的管理。

2. 税制管理内容

建筑工程项目所涉及的税制包括：税种、税率、税基和税务公共关系等。

根据以上流程，工程成本所涉税费见表1-7。

建筑工程项目所涉税种表　　　　　　　　　　　　　　　表1-7

阶段	税费项目	内容	计税依据	税率
采购阶段	一、增值税 1. 期初未交数 2. 销项税额 3. 出口退税 4. 进项税额转出 5. 进项税额 6. 已交税金	按增值额，实行进项税额	—	13% 9% 6% 征收率3%
	二、消费税	消费品的流转额作为征税对象的各种税收的统称	从价和从量两种计税方法	《中华人民共和国消费税暂行条例》《消费税税目税率表》
建筑施工结算阶段	三、城乡建设维护税	以纳税人实际缴纳的增值税、消费税的税为计税依据，依法计征的税	缴纳的增值税税额	市区7%，县城、镇5%，其他1%
	四、增值税	按增值额，实行进项税额和销项税额	按增值额，实行进项税额和销项税额	13% 9% 6% 征收率3%
	五、教育费附加	凡缴纳消费税、增值税、营业税的单位和个人	缴纳的增值税税额	市区、县城、镇3%
	六、土地增值税	转让国有土地使用权、地上建筑物及其附着物并取得收入的单位和个人	四级超率累进税率	—
分配阶段	七、项目（企业）所得税	以企业或组织所得额为课税对象的总称	利润总额	25%
	八、印花税	经济活动和经济交往中订立、领受具有法律效力的凭证的行为所征收的税	合同金额	0.03%
	九、个人所得税	以个人或自然人所得额为课税对象的总称	—	—

建筑工程项目税制特点：

（1）系统性。工程项目主要是基于采购、投融资、建造活动和工程结算等环节，涉及税种多、税负重及税务关系复杂。

（2）针对性。工程项目具有固定性、单件性和周期长等特点，纳税人根据特定项目，依据税法政策，重点在工程概算、预算、投融资、采购等环节做好税务方案规划。

（3）利益性。工程项目税制相对单一，税种差异不大，处理好与政府征管的税务关系和各利益相关方的税务关系，特别是总承包商与分包商之间的税务关系是十分重要的。

（4）周期长。工程项目建设价值链条长，环节多，特别是在建设项目的施工过程中，有勘察设计、桩基、土建、水电暖气、内外部装修、装饰灯光、消防、楼梯等众多环节，因而重点在处理好税务票据管理、工程款结算管理和利润分配管理中的税务内容。

(三) 税务规划

建筑工程项目的税务规划是指建筑施工项目纳税人依据税法及政策，遵循建筑工程项目的全生命周期建造流程，运用税务学、经济学、工程学、管理学和财务学等知识、理论和方法，系统、全面和动态地预测、工程项目适用税种、纳税义务、纳税地位，计量纳税金额，缴纳各项税费，完成税务方案比选，实现纳税人承担税负的最优化，工程项目税后利润的最大化。

建筑工程项目税务规划与房地产项目规划的不同点是：

(1) 规划主体是建筑施工企业。在市场经济条件下，建筑施工企业承包工程项目是建筑市场中的主体，工程项目建设全生命过程中完成项目的融资活动、施工活动、部分采购活动和成本控制活动，最后完成项目移交。

(2) 规划的客体是工程施工项目。工程项目的建造与移交过程，基于业主方达成的工程承包合同及客户的采购合同，由于承包组织模式不同，因而还存在着总包与分包的交易关系；由于工程项目建造技术的复杂性、工业化程度不同和工程管理组织不同，存在着多样的工程税务关系。

(3) 规划的目标是工程项目税负的最优。组织施工工程项目从管理学角度，实现工程项目"进度、成本、质量、安全和环境"五大目标综合性优化。如果其中某一项出现问题，将导致工程建设与交易的改变，进而直接影响到工程税务负担及税务关系的改变，如图1-23所示。

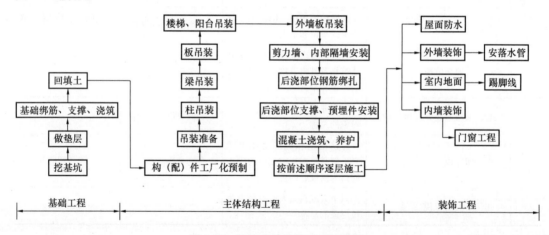

图1-23 装配式建筑施工项目流程

首先，装配式施工将增加建筑工程装配构件、设备和机械的采购，不同于原材料的采购，产生了税率差异；第二，工程施工现场重点是干作业，不同于湿作业，导致传统工程项目概预算与装配工程的概预算存在很大差异，计税客体差异较大；第三，工程项目的总承包与承揽装配企业的分包行业差异，影响客体的增值税税率、税负和税额的变动。因此，工程项目税务规划十分重要。

(4) 税务规划内容。建筑工程项目的税务规划重点在以下几个方面：第一，按建筑工程项目的建筑管理组织模式，依据承包合同，实现工程项目全寿命周期的系统税务方案规划；第二，按照建筑工程项目施工组织模式，重点税种与建筑施工周期结合规划；第三，按照建筑工程"五大管理目标"与分包企业税务关系规划；第四，依据建筑工程项目承包企业与政府征税部门税务关系规划等。其中，第一种属于综合税务规划方案，其他属于专题税务规划方案，同时它们又可以组成实际需要的税务规划方案。

（四）税务风险

建筑工程项目的税务风险是指建筑施工企业或项目部在建造工程项目全寿命周期所有涉税活动中所面临的不确定性，比如针对工程项目税种、税基、税率法规或政策变动风险，工程项目税务规划方案风险，工程合同变更的税务风险，工程项目被税务机关检查，承担过多的税务责任，或是引发补税、罚款的责任。对于承包工程项目的企业生产经营来讲，都面临着可能带来的损失等。

因此，建筑工程项目的主要税务风险有以下几方面。

1. 政策风险

工程项目的税收政策风险包括政策选择风险和政策变化风险。政策选择风险是指建筑企业针对性质不同的工程项目承揽建造时，遵从相关税法及政策制定纳税方案、纳税计划或实施税务决策对税务政策选择正确与否的不确定性。该种风险的产生原因主要是税务管理人对法规政策理解、掌握和运用出现偏差、理解不透、把握不准所致。即管理人自认为采取的行为符合国家的政策精神但实际上不符合国家的法律法规。政策变化风险是指政策时效的不确定性。为了适应市场及时调整经济结构，国家的税收政策不可能是固定不变的，总是要随着经济形势的发展作出相应的变更，对现行的税收法律、法规进行及时的补充、修订或完善，不断废止旧政策，适时推出新规章。

2. 税务方案风险

税务方案风险是指企业税务规划方案制定者的素质、知识、方法和信息存在局限性，导致税务规划方案存在不确定性。税务规划人员不仅要具备财务会计、税收政策、企业管理、经济法律等方面的专业知识，而且要具有工程管理、工程技术和施工经验及能力，统筹谋划、综合分析、专业判断，同时还要求企业目标的总体控制，就容易脱离企业实际情况，引发税务关系的偏差，导致税务方案违规引发工程经济损失。

3. 财务风险

财务风险是指由于房地产企业采用不同的融资方式所形成的风险，特别是指建筑施工企业举债所产生的融资风险。导致工程项目企业财务风险的主要因素有以下两方面：

（1）举债规模过大。举债使企业背上沉重的利息负担，对该企业的工程项目建设资金带来偿债压力，同时还给项目按时纳税带来不好的影响。由于企业的负债过高，财务风险过大，金融机构将对企业的贷款更为慎重，融资条件更为苛刻，融资成本更高。

（2）负债结构不合理。从时间上考察工程项目的负债结构，包含两个方面的含义，一方面是指短期负债和长期负债的安排；另一方面是指取得资金和归还负债的时间安排。工程项目的资金需求应与工程建设周期波动相匹配，资本结构不合理将导致资金大量的限制或无偿债能力，发生财务危机。工程项目如果债务融资过多、融资成本过高而产生财务危机，就可能致使无法及时、足额筹集到税务所需的资金，导致无法实现税负目标。

四、国际工程税务管理

（一）国际工程税务管理概述

随着经济全球化发展的不断深入，各国工程承包商将目光移向海外，国际工程承包市场日益活跃，我国自 1978～1979 年开始组建对外工程公司，正式进入国际工程承包市场，经过 40 多年的奋力开拓与拼搏，对外承包工程和劳务合作已扩展到 200 多个国家和地区。国际工程项目税务管理成为国际工程项目管理中的重要内容之一。

1. 国际税收概念

国际税收（International Taxation）是指两个以上的国家和地区，在对跨国和跨地区纳税人行使各自征税权力过程中所发生的税收分配关系。国际税收的本质是税收管辖权，重要的是解决国家间双重征税，实现平等税收负担。

2. 国际税务管理

国际税务管理是指跨国纳税人在国际税收环境下，为了保证和实现最大的经济利益，利用公开合法的手段，预先制定的用于减少国际纳税义务的税务活动及税务关系的经营管理制度安排，达到规避或减轻纳税负担的经济目的。国际税务管理已经成为国际工程承包及海外投融资纳税人追求利润最大化的重要手段。

3. 国际工程税务管理

国际工程税务管理是国际工程承包企业在不同国家的税务环境下，为了保证和实现工程项目的经济利益，运用国际税收法律和各国间税务政策不平衡条件，预先作出的用于减少工程项目纳税义务或履行纳税责任的经营管理制度安排，达到规避或减轻纳税负担的经济目的。

4. 国际工程承包

国际工程总承包是指国际工程承包行业普遍采用的一种建设组织模式。工程总承包的概念在国际上还没有统一的定义。我国建设部 2003 年颁布的《关于培育发展工程总承包和工程项目管理企业的指导意见》中对于国际工程总承包的定义如下："工程总承包是指，通过投标或议标的形式，接受业主委托，按照合同的规定，对项目的设计、采购、施工、试运行全过程实施承包，并对工程的质量、安全、工期与费用全面负责的一种项目建设组织模式。"在国际上，工程总承包的典型形式主要有单独承包、总承包和联合承包三种模式。①单独承包是指承包公司从国外业主独自承揽某项工程的建设模式，承包公司对整个工程项目负责，工程竣工后，经业主验收合格实施移交。②总承包是指由一家承包公司总承揽一项工程的承包模式，一般国际上普遍运用"设计—采购—施工"（Engineering Procurement-Construction，EPC）模式，又称"交钥匙"（Turnkey）工程，即公司受业主委托，按照合同约定对工程建设项目的设计、采购、施工、试运行等实行全过程的建设模式，分包商只对总承包商负责，而不与业主直接发生经济联系，如图 1-24 所示。③联合承包是指多个工程公司，包括国内外的工程公司根据各自的优势，按照合同约定，共同承包工程的建设模式。

（二）国际工程税务管理特点

由于国际工程税务管理涉及两个以上国家的税收管辖权，而世界各国的税务法律和税收制度又存在很大差异。因此，不能简单地将国际工程税务管理看作国内税务管理的延伸。因而，国际工程税务管理具有以下几个特点。

1. 国际性

国际性是指工程承包公司涉及多个国家的工程承包经营模式，既包括所在国的税收政策规定，也涉及跨国公司之间的联合经营与管理，不同国家在税收法律、税收政策、税收

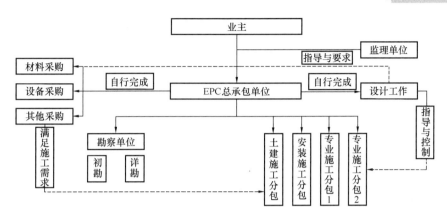

图 1-24 国际工程承包的 EPC 结构

协定和税务关系等方面都有着极大的差异。因此,国际工程税务管理的工程项目具有税务国际化的客观性。

2. 系统性

系统性是指国际工程承包的项目经营管理内容的各个方面系统组成。主要有投融资系统:一般国际工程涉及范围广、合同资金大,具有复杂的金融体系组织和结构。工程内容系统:包括设计、勘探、施工和人员培训、后期经营等,因而要求公司的各项体系完整。工程技术系统:国际工程由于工程建设周期长,不同国家对于工程的技术规范、技术要求有差异,因而需要工程公司的技术、知识产权和人才素质高。工程风险系统:国际工程承包一般要求公司集商务、设计、施工、管理于一体,不仅考虑国际的法律、金融、外汇、税收等政策因素变动,而且受国际政治、经济、军事和外交等特殊环境影响,需要综合的抗风险能力。

3. 复杂性

复杂性是指国际工程税务管理的系统性决定了其管理的复杂性。国际工程项目承包受国际经济、政治环境复杂多变,特别是工程所在国的政治、经济、国际地位、政府管理,以及生态、环境和人文风俗的影响,在国际工程税务管理中,不仅只考虑不同国家税收种类、税基和税收优惠政策的差别,更重要的是从宏观与微观两个方面做好国际工程税务管理。

4. 风险性

风险性是指国际工程税务管理不仅是在海外的特定环境,更进一步的是环境下的各项目可能发生的各项损失。主要包括:外部风险和内部风险两类。外部风险有政府风险、金融风险、外汇风险、技术风险、劳务风险、战争风险等;内部风险主要有税务管理风险、税务方案风险、人员素质风险和组织管理风险等。

(三) 国际工程税制管理

国际工程税制管理是指按照征税的性质和作用,划分的税务管理的内容,即包括本国的税制、国际税制和所在国税制。我国的税制按流转税、所得税、资源税、财产税和行为税划分;国际税制是按国家间贸易往来相互税收待遇达成的多边或双边税收协定;所在国家税制是按照工程所在国家的税收法律或政策划分的规定。

一般国际工程所涉及的税制包括流转税和所得税等。流转税包括增值税、关税、消费税、营业税等;所得税主要有企业所得税和个人所得税。

（四）国际工程税务规划

国际工程税务规划是指根据国际建筑工程项目的建造流程，运用法学、税务学、经济学、管理学和财务等知识和方法，利用跨国间税务税法的差异性和国际税收协定，通过对工程项目全寿命周期的生产经营活动的科学统筹安排，对自身纳税身份或税收管辖权归属的选择，进行系统、全面和动态的预测、计量、方案比选，实现其税负最小化，达到工程项目税务活动及税务关系的价值最大化目标。

国际工程税务规划的主要内容有以下几点。

1. 国际税制管理

主要是通过对国际税收协定、所在国税务法律法规及税务政策的梳理，对工程项目所涉及税种、税率和税基及其纳税征税规则进行规划。

2. 国际工程税务方案比选

运用科学的理论与方法，按国际税种的要求，对工程项目进行系统的纳税方案预测，从而明确工程项目最优税负的计划。

3. 税务风险分析

国际工程的复杂性要求进行税务方案比较时，全面知道所在国的各方利益相关者的税务关系，完成对税务风险的控制，包括：税务环境、风险评估、控制活动、信息沟通和内部监督等主要内容。

4. 税种规划

按税种规划是指以国际工程项目为对象，运用税务原理、经济学、管理学和财务学等原理，实施科学的计划、计量、计算和分析的过程，主要在计税经营活动中预测税收负担，选择合理的、可行的税负规则，达到规则许可的状态的过程。如增值税规划、营业税规划、个人所得税规划和企业所得税规划等。

第四节 工程税务管理环境

实现工程税务管理目标一定是与工程项目所处的政治、经济、法律等环境具有必然的关系。工程税务管理环境是指直接或间接影响工程税务活动及其税务关系的关键因素的总和，它是实施工程税务管理质量和效率的基础。主要分类有以下方面。

一、法律法规环境

税法是税务管理的依据，是国家税收征收机关和纳税人履行纳税义务的依据和行为规范。同时，税务管理又是贯彻执行税法的手段。工程税务管理的法律环境是在市场经济体制下，规范税务管理的法律制度体系及其法律组织、法律设施以及执法行为所构成的有机整体，税务管理要适应法律环境的变化，不断创造税务管理人和纳税人遵守法律的意识和维护法律环境的氛围。工程税务管理所面临的法律环境主要包括税收法律制度和税收执法环境。

（一）税收法律制度

税收法律内容十分丰富，涉及范围也极广泛，各单行税收法律结合起来，形成了完整配套的税法体系，共同规范和制约工程税务管理的全过程，是实现工程税务管理法治的前提和保证。

一个国家的税收制度是指在既定的管理体制下设置的税种以及与这些税种的征收、管理有关的，具有法律效力的各级成文法律、行政法规、部门规章等的总和。换句话说，税法体系就是通常所说的税收制度。

《中华人民共和国税收征收管理法》第三条明确规定：税收的开征、停征以及减税、免税、退税、补税依照法律的规定执行；法律授权国务院规定的，依照国务院制定的行政法规的规定执行。任何机关、单位和个人不得违反法律、行政法规的规定，擅自作出税收开征、停征以及减税、免税、退税、补税和其他同税收法律、行政法规相抵触的决定。

1. 税收制度内容

我国的税收制度的内容主要分为三个层次：一是不同的要素构成税种。构成税种的要素主要包括纳税人、征税对象、税目、税率、纳税环节、纳税期限、减税免税等。二是不同的税种构成税收制度。构成税收制度的具体税种，国与国之间差异较大，但一般都包括所得税（直接税），如企业所得税、个人所得税；商品课税（间接税），如增值税、消费税及其他税种，如财产税（房地产税、车船税）、关税、社会保障税等。三是规范税款征收程序的法律法规，如税收征收管理法等。

2. 税收制度分类

一个国家的税法一般包括税法通则、各种税法（条例）、实施细则、具体规定四个层次。其中，"税法通则"规定一个国家的税种设置和每个税种的立法精神，税种的设置及每个税种的征税办法，一般是以法律形式确定的，这些法律统称为税法。各个税种的"税法（条例）"分别规定每种税的征税办法；"实施细则"是对各种税法（条例）的详细说明和解释；具体规定则是根据不同地区、不同时期的具体情况制定的补充性法规。目前，世界上只有少数国家单独制定税法通则，大多数国家都把税法通则的有关内容包含在宪法和各种税法（条例）之中，我国的税法就是属于这种情况。

我国各税收制度主要分为四类。

1）按照基本内容和效力的不同，分为税收基本法和税收普通法

税收基本法也称税收通则，是税法体系的主体和核心，起着税收母法的作用，包括税收制度性质、税收机构、税收立法与管理、纳税人的基本权利与义务、征税机关的权利与义务和税种设置等。税收普通法是根据税收基本法的原则，对税收基本法规定的事项分别立法实施的法律，如个人所得税法、税收征收管理办法等。

2）按照税法职能和作用不同，分为税收实体法和税收程序法

税收实体法主要指确立税种立法，具体规定各种税种的征收对象、征收范围、税目、税率、纳税地点等，例如《中华人民共和国企业所得税法》和《中华人民共和国个人所得税法》。税收程序法则是税务管理方面的法律，主要包括税收管理法、纳税程度法、发票管理法、税务机关组织法和税务争议处理法等，如《税收征收管理法》。

3）按照征税对象不同，分为五种类型

（1）商品和劳务税税法。主要包括增值税、消费税等税法，其特点是与商品生产、流通、消费密切联系，对商品经济活动都有直接调节的影响，易于发挥对经济的宏观调控作用，对工程税务管理的预测、规划和决策有直接影响。

（2）所得税税法。主要包括企业所得税和个人所得税，其特点是可以直接调节纳税企业或个人纳税收入，也是工程税务管理的主要内容。

（3）财产、行为税税法。主要是对财产价值或某种行为课税的法律法规，主要包括房

地产税、印花税等。

(4) 资源税税法。主要包括资源税、城镇土地使用税等法律规范。

(5) 特定目的税税法。包括城市维护建设税（简称城建税）、烟草税等税法，其目的是对某些特定对象和特定行为发挥调节作用。

4) 按照主权国家行使税收管辖权不同，分为国内税法、国际税法、外国税法等

国内税法一般是按照属人或属地原则，规定一个国家的内部税收制度；国际税法是指国家间形成的税收制度，主要包括双边或多边国家间税收协定、条约和国际惯例等，其法律效力一般高于国内税法；外国税法是指外国各个国家制定的税收制度。

(二) 税收执法环境

税法的实施即税法执行。它主要包括税收执法及守法两个方面：一方面要求税务机关及税法人员正确运用税收法律，并对违法者实施制裁；另一方面要求税务机关、税务人员、公民、法人、社会团体及其他组织严格遵守税收法律。

工程税务管理工作必须遵循国家的各项法律：如《中华人民共和国民法典》《中华人民共和国建筑法》《中华人民共和国公司法》《中华人民共和国会计法》《国票据法》等。

税收执法权和行政管理权是国家赋予税务机关的基本权力，是税务机关实施税收管理和系统内部管理的法律手段，其中税收执法权是指税收机关依法征收税款，依法进行税收管理活动的权力。具体包括税款征收管理权、税收检查权、税务稽查权、税务行政复议裁决权及其他税务管理权。

(三) 特定法律环境

所谓特定法律环境是指工程建设项目在项目立项、可行性研究、工程概预算、投融资、实施建造、竣工验收和经营管理等过程中，都要涉及公司治理制度、企业财务制度和工程技术标准等相关法律法规，因此，工程税务管理中必须结合特定工程阶段依法进行管理。

融资阶段，影响工程筹资的各种法律法规主要有：公司法、证券法、金融法、证券交易法、企业财务制度等。这些法规可以从不同方面规范或制约企业的筹资活动。

投资阶段，影响工程投资的法规主要有：企业法、证券交易法、公司法、企业财务通则、企业财务制度等。这些法规从不同方面约束和规范工程的投资活动。

工程收益分配阶段，影响企业收益分配的各种法规主要有：税法、公司法、企业财务通则、企业财务制度等。这些法规从不同方面对工程项目的收益分配进行了规范。

二、市场经济环境

市场经济主要是指一个国家或地区的社会经济制度、经济发展水平、产业结构、资源状况、消费水平以及国家产业、货币、财政等宏观调控政策，工程项目建设面临市场经济环境及其运行状况变动，是影响工程建设成本与收益的重要因素，也是影响工程税务管理的重要因素。

(一) 经济环境

税收是一种经济利益分配制度，属于经济范畴，因而受经济环境影响较大。税务管理的经济环境（Economic Circumstances）包括国家的经济政策、资金、价格、经济周期、经济发展水平、通货膨胀状况和经济体制等，税务管理是对税收分配的全过程管理，必然受到与之相关的经济环境制约。因此，税务管理必然要适应经济环境发生的变化，注意经济环境变化对税务管理的影响程度。

经济周期是在市场经济条件下，经济活动一般出现的经济发展经历的有规律的扩张和收缩，一般将它划分为四阶段，即繁荣、衰退、萧条和复苏。因此，企业或企业家根据经济波动的变化，制定企业的管理目标、财务目标和税务目标，从而实施有效的税务管理行为。

经济发展水平是指一个国家经济发展的速度或程度，这是政府根据本国经济水平用GDP程度来表示的，如我国在"十一五"时期的GDP增速为10%，"十二五"期间为7%左右，"十三五"期间为6%左右等。因此，经济发展水平影响着工程财务管理目标，也同样影响着税务管理目的。由于经济发展水平是一个相对概念，在世界范围内各个国家所处的经济发展阶段和经济发展水平不同，确定的税收管理政策也是动态的或变化的，工程税务预测、计划和决策等管理也随之变动。

经济体制是指对有限资源进行配置而制定并执行决策的各种机制。现在世界上典型的有计划经济体制、市场经济体制和混合经济体制等，而经济体制是市场资源的配置方式，影响着工程税务管理投资、融资、生产经营和盈余分配等。

（二）市场环境

市场环境（Market Circumstances）：一般是指影响企业产品生产、经营和销售的一系列外部因素。广义的含义是包括所有的外部影响因素，即政治、经济、法律、市场结构、社会文化等；狭义的概念是指市场自身的特征对企业的影响因素，包括市场结构、竞争模式、组织模式和信用情况等。工程税务管理的市场环境是指狭义的概念，即工程建设市场中的结构、竞争、组织和信用等因素产生的影响。在我国社会主义的市场经济条件下，由于工程项目建设的固定性、单件性和特定的工程组织情况不同，工程项目建设面临着特定的市场环境，而工程项目市场属于完全自由竞争市场，这会影响企业的理财行为和税务管理目的、计划和规划等企业的管理行为。

市场结构：是指构成市场要素组成的内在因素，主要包括市场供给者之间、需求者之间的供给和需求竞争程度。工程项目建设市场属于典型的卖方市场，其性质是混合所有制，一般划分为投资方（业主方）、承建方（承包方），而工程市场中投资方较少，承包方较多。主要表现为业主与承包商、承包商与承包商和承包商与买方等关系，导致对工程税务管理的信息不对称、不完全契约和各自信用关系，因而通过税务管理有利于双方信息对称，弥补契约不完全性和遵守共同达成的纳税义务。

市场产品特殊性：对工程项目而言，由于工程项目的产权关系、工程性质、规模和模式多样性，目前我国存在政府投资项目、企业投资项目和政府与企业合作（PPP）投资工程项目等，加之税收政策变动、税种不同、税率存在差异等因素，因而对企业税务负担程度有很大的影响。因此，企业开展工程项目税务管理具有十分重要的意义。

（三）金融环境

金融环境（Financial Environment）是指影响金融机构发挥功能的各种条件的总和。进一步讲，任何一种金融活动，只能在国家特定的经济模式内活动，绝不能超脱。而这种经济模式及内在的各种要素，便构成了金融活动的条件或环境。金融环境的变化对工程税务管理有着十分重要的影响，是工程项目建设融通资金、投资资金和工程建造资金需求的重要载体，主要包括金融体系内外的各种资金因素交易、组合和市场配置的金融问题。它既是一个财务管理内容，同时也是税务管理的重要内容，税务管理的预测、计划和决策建立在熟知金融机构、金融配置和金融市场汇率及利率的基础上。

（四）国别环境

国别环境（National Environmental）一般是指一个国家的经济体制、市场容量、政局稳定性和经济特征等。

一个国家的经济体制存在着很大的差异，主要包括生产分配、消费、流通等组织形式，还包括各类行业的管理体制；市场容量是国家人口与收入的承载力水平；政局稳定体现了在一定时期的国家政策持续性，对外国际关系协调性和稳定性；经济特征代表了国家的重要合作特征，主要有自然条件、基础建设、商业环境、城市化水平和对外经济活动特点等。它们的作用是影响与调节社会的分配关系，对工程税务管理起着重要决定作用，对税务管理的影响是直接的和具体的。

因此，企业对工程项目的税务管理十分必要。

三、工程制度环境

工程税务管理工作是为了实现企业战略目标和企业财务目标，应符合企业税务管理的各种规章和制度；包括工程项目管理制度、财务制度和企业有关工程管理制度等。

国家、地方的税收法律及法规和政府政策也是工程税务管理所必须面对的重要外部环境。依法实施税务管理是企业的义务，工程项目投资、融资和盈余管理以国家课税的方式解除承担的义务责任。因而，工程税务管理依据法律和税务管理环境的相适应性，构成了税务管理的重要因素。

四、社会文化环境

税务管理活动是人们有意识、有目的的活动，它包含在社会活动之中，因此，就必然受社会文化环境的影响。管理的社会环境主要包括两个方面：一是指一定的社会制度和政治经济体制；二是指处在一定集体或社会中的人们的处事态度、要求、期望、智力教育程度、观念与习惯等。社会环境不仅对税务管理有重要的影响，而且要求税务管理要及时调整、改变、更新内容以适应社会文化环境的变化。一般说来，政治体制的变化影响人们的行为、观念与态度的变化；经济体制变化影响经济发展的变化；文化环境变化也会影响人们的思想、价值观念等。因此，社会文化环境对税务管理的影响是多方面的。

工程税务管理不仅与一般的社会文化价值观念、行为准则和人文习俗有着密切关系，而且必然与工程建设的价值观念、行为准则和工程惯例存在着具体和实在的联系，它既影响工程税务管理职业人员的水平、职业素质、职业道德和社会地位，而且影响到税务管理理论探索、实践效益和管理效率，包括所运用的职业语言、文字和计量方法工具的先进程度，从而最终影响到工程税务管理的质量和效果。例如，当我国实行营业税改增值税制度时，加大了工程概预算的预测性、科学性和准确性的要求，企业的税务事项就需要从财务事项中分享出来，成立专门的税务管理部门，同时要求纳税人具备更新的纳税意识和纳税义务责任。

第五节　工程税务管理的基础知识

一、税收的基本含义

什么是税收？什么是税收管理？在不同的社会发展阶段，无论是社会制度，以及国家职能和具体表现，还是市场经济运行的企业或个人，一直以来都是需要在理论与实践两个层面回答的问题。

（一）税收的基本定义

亘古至今，人类社会一直以国家的形态存在，因此，直观地说，税收存在是以国家的存在为前提的，税收是以国家相伴，相互依存。正如马克思所说，赋税是喂养政府的乳娘。

税收，是国家为了向社会提供公共产品，凭借政治权力，按照法律规定进行的强制征收，是社会成员为获得公共需要满足而支付的价格或费用。税收这一概念包含了以下几个内涵。

1. 税收是国家财政收入的基本形式

我国《史记》记载："自虞、夏时，贡赋备矣"。国家凭借政治权力向社会征集物质财富的行为就是税收。因此，税收首先体现为国家为提供公共产品及服务而取得的一种财政收入的主要形式。

2. 税收的目的是国家为向社会提供公共产品及服务

国家是以为公众履行公共职能为基础的权力机构。主要表现为对外抵御敌人入侵，捍卫国家领土完整；对内保卫人民生命财产，发展国家经济、文化、体育、教育事业等基本职能。国家征税的目的是为了满足国家提供公共产品及服务的需要。

3. 税收的主体是国家

国家征收税收是以国家行政机构依法征收，即征税办法由国家制定，征税活动由国家组织进行，税收收入由国家支配管理。

4. 税收征管依法进行

法律是国家意志的体现。法律与社会伦理道德相比，具有强制性、公正性和普遍性的特点。由于征税是涉及一个国家社会各阶级、阶层、集团利益的经济行为，税收负担关系社会经济发展乃至社会稳定，因此，税收征管必须依法进行。

（二）税收管理

税收管理，又称为税收征管。《中华人民共和国税收征收管理法》（2015年全国人民代表大会常务委员会修订版）第一条规定："为了加强税收征收管理，规范税收征收和缴纳行为，保障国家税收收入，保护纳税人合法权益，促进社会经济发展，特制定本法"。

（三）税务管理

税务是一个国家的政府机构、企业或个人涉税的一切事务。前面所说的税收是与国家权力机关相伴，而税务则是与国家内在的所有人（法人和自然人）相依。实施税务管理活动既包括政府征税机关，也涵盖所有的纳税人，也就是说，税务管理是指针对企业或个人经济活动的过程中发生的涉税事务所采取的科学计划、计量、规划（筹划）和缴纳税负等行为。

在市场经济体制下，由于存在国家依法征税管理，也存在着各个国家税制不同，一个国家内各个行业的税制也不同，企业及自然人不仅是依法计税、纳税和缴税，而且还存在着处理好企业与政府征税机构、企业与企业之间税务事项、企业与员工之间税务事项等税务关系和税费成本的公平负担，因此，税务管理成为现代企业管理中重要的组成部分。

企业税务管理的主要目的是实现依法纳税前提下的企业税负公平分担，企业经济利益最大。企业税务管理的主要内容包括：企业内部税务制度建立、企业税务的科学规划（筹划）、企业税负的规范流程和建立和谐的企业公共税务关系。企业税务管理的原则是依法管理、系统管理、成本与效益、风险预测和目标管理等。

（四）税收与税务关系

1. 税务与税收的关系

税收是一个古老的范畴。其概念是指国家为实现其职能，依照法律规定凭借政治权利参与国民收入分配和再分配取得财产收入的一种形式。税收是国家取得财政收入的主要形式；税收课征的权力依据是国家政治权力。社会产品的分配必须依据于一定的权力；税收体现以国家为主体的集中性分配关系；税收的最终来源是社会剩余产品；税收的最终用途是满足社会共同的需要。税收是向政治权力所及范围的公民、企业、机构等经济主体征收国家所需的人、财、物的一种社会分配方式。

税收的特征是：

(1) 国家财政收入的基本形式；

(2) 国家为向社会提供公共产品及服务目的而征收；

(3) 国家是税收的主体；

(4) 税收征管依法进行。

税务是指政府、企业与税收相关的事务。一般政府税务的范畴包括：税法的概念、税收的本质、税收的产生、税收的作用。税收作为经济杠杆之一，具有调节收入分配、促进资源配置、促进经济增长的作用。一般企业税务是在市场经济过程中，遵循市场经济规律，对企业生产经营活动形成的税务关系进行调节、发生的税务成本进行测算，防范各项纳税风险，从税务管理的方法及措施入手，通过经济理论、市场理论、财务理论和税务理论，运用政府税收优惠、税收规划等一些合理合法的方法来达到降低企业经营成本、提高财务管理水平，最终实现企业价值的目的。

税务管理是企业对生产经营活动中各方利益相关者形成的税务关系及其税务成本分配方式的管理，以达到企业涉税事务的预测、计划、决策和效益的优化。其主要目的是实现依法纳税前提下的企业税负公平分担，企业经济利益最大。企业工程税务管理的主要内容包括：企业内部税务制度建立、企业税务的科学规划（筹划）、企业税负的规范流程和建立和谐的企业公共税务关系。企业税务管理的原则是依法管理、系统管理、成本与效益、风险预测和目标管理等。

2. 工程税务与税收关系

工程项目税务是基于国家税法法规、政策，依法对工程项目全寿命周期生产经营过程中涉及的税务关系及分配方式进行调节。在企业税务制度规范下，通过对工程活动涉税环境、市场和财务要素，包括工程筹资、投资、建设和经营等方面活动，乃至工程收益、权益和利润分配等环节的业务进行事先预测、计划、决策和风险控制，制定一整套最优纳税操作方案，税务管理制度和工作流程的过程，尽可能为企业或工程减轻税负，实现工程建造与经营的利润最优化和工程价值最大化。

工程税务特点：

(1) 纳税主体是企业或工程项目管理公司；

(2) 税务客体是工程项目以及生产与经营中融资、投资、采购、建造和经营各环节计税活动；

(3) 管理的核心是工程时间价值；

(4) 管理的目的是工程价值最大化。

税务与税收的联系是以国家制定的税收法律法规、税制规则为依据，形成税务分配关系，遵从税法法规，协调税务工作。

区别是：

(1) 主体不同。税收与国家相伴，税务则是与企业或个人相连。

(2) 特征不同。在市场经济条件下，税收是实现市场经济分配关系，工程税务则是按工程项目投资、融资、建造和经营管理的纳税主体在工程建造活动中均与税负分配承担着权利与义务的关系。

(3) 计税关系不同。税收是国家及政府税务部门制定税法、税收制度和纳税流程活动，税务是企业及工程建设活动中形成的依法纳税、税务规划、税务风险、税务管理等权利与义务及税负分配的必然联系。

(4) 工作管理目的不同。税收是国家强制收税，制定税收工作制度；工程税务是依税收工作流程依法纳税，是从属关系。

(5) 职能不同。税收是国家财政收入来源，是调控经济手段，是调节收入分配手段，起监督市场经济的作用；工程税务的目的是依法纳税，是实现各利益相关者税务关系的手段，是实现最佳纳税方案的手段，起监督企业纳税的作用。

二、税制要素

税制要素是构成税种的基本元素，也是进行税收理论分析和税制设计的基本工具。税制要素一般包括课税对象、科目、纳税人、税率、计税依据、纳税环节、纳税期限和纳税地点。其中，课税对象、纳税人和税率是税制的三个基本要素。

(一) 课税对象

课税对象也称为征税对象，即征税客体。一般所说对什么征税，由谁纳税，以及纳税多少，都是由税法明文规定了征税的客体的物、人或企业。课税对象是税源和税种产生的基础，税源是指税收的经济来源，一般来说征税对象不同，经济来源也不同；税种是由课税对象决定的，课税对象是区别税种的基础。例如，课税对象为商品销售收入、劳务收入或经济交易增值额，以及在国民收入分配中形成的各类收入，如利润、股息、利息、地租、工资和薪金等，从而既产生了税源，同时也产生了税种，因而开征企业所得税、个人所得税、收入增值额的增值税、土地增值税等。针对企业或个人行为的税种如屠宰税的课税对象是屠宰行为，亦称为行为税；针对标的物的税种如房产税、车船税等。

理论上课税对象并不一定能成为现实的课税对象或税种，但是在实践中一个国家选择课税对象的多少，往往基于社会经济的发展与创新，同时还需要考虑有利于国家财政收入的及时、足额和稳定的获取，也必须考虑纳税人的生产成本和社会负担，促进社会的和谐稳定。

(二) 税目

税目是课税对象的具体化，反映了具体征税的范围，体现了征税的广度。税目一般是指具体的征税品种和征税客体。

一般在课税对象下设税目，有利于明确具体的征税范围，划清征免对象的界限，也有利于区别课税对象的不同情况、不同质量、不同数量等来设计税率。税目设计依据国家经济政策和税法，一般用两种方法：一是单一列举法，即按照每种商品或经营项目分别设计税目的方法。如我国的农、林、牧、水产等产品的征税目录确定，凡是列举的税目都是要征税的，未列举的项目则不征税；反之也可以用之。第二种方法是概括列举法，即按照商品大类或行业设计税目的方法，如建筑业者，按"建筑业"税目征税。

（三）计税依据

计税依据是用以计算应纳税额的课税对象的数额，是课税对象的数量化，亦称为税基。税基是决定国家税收收入和纳税人税收负担轻重的重要因素之一。税基是指计税依据或计税标准，它包括实物量与价值量两类，前者如现行资源税中原油的吨数，消费税中黄酒、啤酒的吨数，汽油、柴油的数量等都是计量纳税的标准；后者价值量标准如个人所得税中的个人所得额，例如以个人工资薪金所得采用 3500 元的起征点，用七级超额累进税率，税率为百分之三（3%）至百分之四十五（45%），见表 1-8。

个人所得税税率计算表　　　　　　表 1-8

级数	应纳税所得额（含税）	应纳税所得额（不含税）	税率（%）	速算扣除数
1	不超过 1500 元的	不超过 1455 元的	3	0
2	超过 1500 元至 4500 元的部分	超过 1455 元至 4155 元的部分	10	105
3	超过 4500 元至 9000 元的部分	超过 4155 元至 7755 元的部分	20	555
4	超过 9000 元至 35000 元的部分	超过 7755 元至 27255 元的部分	25	1005
5	超过 35000 元至 55000 元的部分	超过 27255 元至 41255 元的部分	30	2775
6	超过 55000 元至 80000 元的部分	超过 41255 元至 57505 元的部分	35	5505
7	超过 80000 元的部分	超过 57505 的部分	45	13505

说明：1. 本表含税级距中应纳税所得额，是指每月收入金额－各项社会保险金（五险一金）－起征点 3500 元（外籍 4800 元）的余额。

2. 含税级距适用于由纳税人负担税款的工资、薪金所得；不含税级距适用于由他人（单位）代付税款的工资、薪金所得。

（四）纳税人

纳税人是指依法参与税收法律关系，享有纳税权利与义务，对国家负有并实际履行纳税义务的单位或个人。主要明确知道谁是纳税主体或纳税人，纳多少税的责任人。

纳税人主要分为法人和自然人。

1. 法人

法人，是指按照法定程序组成的，具有一定的组织机构，具有独立支配的财产，并以自己的名义参与民事活动，享有权利与义务的社会组织。一般法人具备四个条件：

（1）必须是依法登记并经过批准；

（2）拥有独立支配的财产，并能独立核算；

（3）必须拥有自己的名称、组织机构和场所；

（4）能独立承担民事权利与义务，并能以自己的名义独立参与民事诉讼活动。

法人依法对国家负有纳税的义务，我国的法人纳税人一般主要指企业法人。

2. 自然人

自然人是指能够独立享有法定义务的个人。其中，法定义务包括承担的纳税义务，我国税法中的自然人纳税人具体指我国的公民、居民，在我国的外国人和无国籍人，以及属于自然人范畴的企业，如个体企业、农村经营承包户、伙伴企业和其他不属于法人性质的企业、单位等。

纳税人是法人还是自然人，在不同税种中的构成是不一样的。有的税种纳税人仅为个人，如个人所得税；有的税种纳税人仅为法人，如企业所得税。有的税种既是自然人，也是法人，如增值税、房产税等。一般情况下纳税人同时是负税人，如个人所得税和财产税，有的则不相同，如对商品或劳务征税，如增值税，生产者或销售者的增值税转移到消费者或购买者身上。

国家征税往往实行源泉控制法，即纳税人产生的税源可以由某些单位或企业代扣代缴，因此产生了纳税人与实际扣缴义务人的不一致。如个人所得税在我国由所在单位或企业代扣代缴，原油税由提供原油的企业代扣代缴，而非用油单位等。

（五）税率

税率，是指征税税额占课税对象的数量比例，也是计算应纳税金额的尺度，税率的高低直接决定税收负担的高低。我国现行的税率主要有比例税率、超额累进税率、超率累进税率、定额税率。

1. 比例税率

比例税率是指同一课税对象，不分数额大小，规定相同的征税比例进行征税的税率。如我国的增值税、城市维护建设税、企业所得税等均采用的是比例税率。比例税率又可分为三种具体形式：单一比例税率、差别比例税率、幅度比例税率。

（1）单一比例税率，是指对同一征税对象的所有纳税人都适用同一比例税率。

（2）差别比例税率，是指对同一征税对象的不同纳税人适用不同的比例征税。具体又分为下面三种形式：产品差别比例税率：即对不同产品分别适用不同的比例税率，同一产品采用同一比例税率，如消费税、关税等；行业差别比例税率：即按不同行业分别适用不同的比例税率，同一行业采用同一比例税率，如增值税中建筑业和房地产业均为9%，而出版业为6%，原商品销售的一般纳税人为13%等；地区差别比例税率：即区分不同的地区分别适用不同的比例税率，同一地区采用同一比例税率，如城市维护建设税等。

（3）幅度比例税率，是指对同一征税对象，税法只规定最低税率和最高税率，各地区在该幅度内确定具体的使用税率。

2. 累进税率

累进税率，是指同一课税对象，随着数额的增大，征收比例也随之增大的税率，如我国的个人所得税、土地增值税等。累进税率一般分为全额累进税率和超额累进税率两种基本的形式。

（1）全额累进税率，是指对征税对象的全部金额按照与之相适应等级的最高一级征税税率计税征税的方法。目前这一计税税率方法已经不再应用。

（2）超额累进税率，是指按照课税对象数额大小划分为若干个等级部分，并分别规定每一等级的税率，当课税对象的金额达到或超过规定等级时，仅就超过上一级等级部分，按高一级税率征税的累进税率。如个人所得税就是按七级超额累进税率计量，土地增值税是按四级超额累进税率计量（表1-9）。

土地增值税率表 表1-9

级数	计税依据	适用税率	速算扣除率
1	增值额未超过扣除项目金额50%的部分	30%	0
2	增值额超过扣除项目金额50%、未超过扣除项目金额100%的部分	40%	5%
3	增值额超过扣除项目金额100%、未超过扣除项目金额200%的部分	50%	15%
4	增值额超过扣除项目金额200%的部分	60%	35%

【例1-1】 某房地产开发公司出售一幢写字楼，收入总额为10000万元。开发该写字楼有关支出为：支付地价款及各种费用1000万元；房地产开发成本3000万元；财务费用中的利息支出为500万元（可按转让项目计算分摊并提供金融机构证明），但其中有50万元属加罚的利息；转让环节缴纳的有关税费共计为555万元；该单位所在地政府规定的其他房地产开发费用计算扣除比例为5%。试计算该房地产开发公司应纳的土地增值税。

【解】

1）确认收入

收入总额＝10000万元。

2）确定扣除项目

（1）取得土地使用权支付的地价及有关费用为1000万元。

（2）房地产开发成本为3000万元。

（3）房地产开发费用＝500－50＋（1000＋3000）×5%＝650（万元）。

（4）允许扣除的税费为555万元。

（5）从事房地产开发的纳税人加计扣除20%，加计扣除额＝（1000＋3000）×20%＝800（万元）。

（6）允许扣除的项目金额合计＝1000＋3000＋650＋555＋800＝6005（万元）。

3）计算增值额

增值额＝10000－6005＝3995（万元）。

4）计算增值率

增值率＝3995÷6005×100%＝66.53%。

5）确定适用税率

增值额超过扣除项目金额50%、未超过扣除项目金额100%的部分应选用计税率为40%，扣除率为5%。

6）依据适用税率计算应纳税额

应纳税额＝3995×40%－6005×5%＝1297.75（万元）。

注：纳税人建设普通住宅出售的，增值额未超过扣除金额20%的，免征土地增值税。

（六）减免税

减免税，是减税或免税的缩写，是国家为实现一定时期的政治、经济目标和政策，给特定纳税人或课税对象的鼓励或照顾的规定措施，是国家税收政策的严肃性和灵活性相结合的体现。

减税或免税的内容主要分为以下三种。

1. 税基减免

税基减免,是指对具体项目直接规定列举的减免税的起征点、免征额,以解决普遍性照顾的问题。其中,起征点是税法规定的征税对象开始征税的数额起点,征税对象数额未达到起征点的不征税,达到或超过起征点的,就其全部数额征税。免征额是税法规定的征税课税对象总额中免于征税的数额。

2. 税率减免

税率减免是指将原定的税率降低一定的幅度,征税时直接按降低的税率来实现减税免税,从而解决普遍性照顾的问题。

3. 税额减免

税额减免是指对课税对象先按统计规定计算应纳税额,然后减少应纳税额的方式来实现的减税免税,主要用于解决个别课税对象的照顾问题。具体包括全部免征、减半征收等。

(七)纳税期限和纳税地点

纳税期限是指依据税法规定纳税人向国家缴纳税款的时间,我国规定了两种形式,包括按期纳税和按次纳税。按期纳税是以纳税人发生纳税义务的一定时间作为纳税期限,如增值税的纳税期限分别为1日、3日、5日、10日、15日、1个月或者1个季度。企业所得税分月或者分季预缴,企业应当自月份或者季度终了之日起15日内,向税务机关报送预缴企业所得税纳税申报表,预缴税款。

纳税地点是指依据税法规定纳税人缴纳税款的税务机关地点。主要方式分为四种:①企业所在地纳税。如产品税、增值税、消费税及企业所得税等,除另有规定者外,由纳税人向其所在地税务机关申报纳税。②营业行为所在地纳税。主要适用于跨地区经营和临时经营的纳税人,如建筑安装企业承包建筑安装工程和修理业务(不包括承包铁路、公路、管道、输变电和通信线路等跨省、自治区、直辖市移动施工工程),在承包工程所在地纳税。③集中纳税。对少数中央部、局实行统一核算的生产经营单位,由主管部、局集中纳税。如对铁路运营(不包括铁道部直属独立核算的企业)、金融、保险企业(不包括中国人民保险总公司所属各省、自治区、直辖市分公司)和中国医药管理局直属企业,分别由中央各主管部、行、局、总公司集中纳税。④口岸纳税。主要适用于关税。进出口商品的应纳关税,在商品进出口岸地,由收、发货人或其代理人向口岸地海关纳税。

三、税制类型

(一)商品劳务税、所得税与其他税

以课税对象为标准,税制类型为商品劳务税、所得税及其他税。其他税又包括收益税、资源税、财产税和行为税等。

(1)商品劳务税是指以各种商品劳务为征税对象征收的税种。我国主要包括消费税、增值税、关税、城市维护建设税等。也自然转换为流转税。

(2)所得税是指以纳税人各项纯所得或利润总额为课税对象的税种。我国主要有企业所得税和个人所得税,所得是一个法定概念,以企业利润、个人财产收入、利息收入、经营收入、劳务收入等为主要收入来源根据所定。

(3)收益税是指以纳税人利用各种资源获得的各种收益为课税对象的税种。

(4)资源税是指以各种自然资源为课税对象的税种,主要有土地使用税和耕地占用税。

(5) 财产税是指以各种财产为课税对象的税种,我国主要有房屋、土地、交通工具、遗产等税种。

(6) 行为税是指以纳税人特定的行为或国家一定时期希望达到的目的作为课税对象的税种,我国主要有屠宰税、烧油税、印花税等。

(二) 从价税与从量税

以计税依据为标准,税制可分为从价税与从量税。

(1) 从价税,是指以课税对象的价值为计税依据征收的税种,一般实行的是比例税率和累进税率,如我国的增值税、关税、个人所得税等。

(2) 从量税,是指以课税对象的实物量为计税依据征收的各种税种,一般待定的实物单位有"公升""瓶""人头""平方米"等,如资源税、耕地占用税、城镇土地使用税等税种。

(三) 价内税和价外税

以应纳税额和价格的关系为标准,商品劳务税又进一步划分为价内税和价外税。

(1) 价内税,是指税金构成商品价格的组成部分的税种,如我国的消费税、关税等,优点是资金是商品价格的组成,税金成本进入产品。

(2) 价外税,是指税金作为商品价格附加部分的税种,如我国的增值税,优点是税金分明,价税分离,税负透明度高。

(四) 直接税和间接税

以税负转嫁方式为标准,税制可划分为直接税和间接税。

(1) 直接税,是指纳税人和负税人一致,不存在税负转嫁的税种,如个人所得税、企业所得税、财产税等。

(2) 间接税,是指纳税人和负税人不一致,一般存在税负转嫁的税种,如消费税、增值税和关税等。

(五) 中央税、地方税、中央地方共享税

以征税机关权限为标准划分为中央税(国税)、地方税和中央地方共享税。

(1) 中央税,又称为国家征收税种。一般有关税、消费税等。

(2) 地方税,是指由一个国家的地方政府征收的税种,地方税一般与地方经济和利益紧密相关,税基稳定,具有非流动性,如房产税、车船税等。

(3) 中央地方共享税,是指由国家立法,收入由中央和地方分享的税种,主要体现了利益共享、管理共享,如增值税。

四、税务管理术语

(一) 税务管理基础理论

本章第一节中我们提出了税务管理和工程税务管理的基本概念,但是并未将税务从金融理论基础范畴去回答这一问题的基本原理。这出自于我们应用了税务管理的理论与实践,从而为工程税务管理提出了可以探索的路径。

要厘清税务管理的理论基础,请认真阅读《中国共产党关于全面深化改革若干重大问题的决定》(2013年11月12日),《决定》提出了经济体制改革是全面深化改革的重点,核心问题是处理好政府和市场的关系,使市场在资源配置中起决定性作用和更好地发挥政府作用;与此同时,坚持建设法治中国,必须坚持依法治国、依法执政、依法行政共同推进，坚持法治国家、法治政府、法治社会一体建设。这两个重要理论基础为市场主体开展税务管理提供了坚实的制度理论基础。

1. 税务管理是市场经济资源配置治理的必然要求

市场经济是契约经济同时也是诚信经济。它的基本功能是公平竞争、资源配置和诚实守信，企业的税务管理正是符合了市场经济治理的基本规律，在税务活动领域，企业与政府不仅建立了法治的纳税关系，更重要的是建立了诚信的税务关系，即纳税契约；企业与企业之间也建立了税务关系，即科学、合理、公平承担税负的责任关系；企业与员工之间也建立了税务关系，即企业收益与职工收入的税务分配关系。依据新制度经济学将制度划分为三种类型，即宪法秩序、制度安排（Institutional Arrangement）和规范性行为准则。制度安排是指约束特定行为模式和关系的一套行为规则，它可能是正规的、长久的，也可能是非正规的、暂时的。经济人的利己本性无所谓好坏善恶，关键在于用什么制度去向什么方向引导。企业税务管理的"制度安排"，必须置于其所涉税境的制度环境下。在特定税收制度下，纳税人通过时机的选择、事项的规划、财务的确认、计量等有效管理方法或科学设计，进行有效的税务管理。因此，通过税务管理充分配置资源，实现各方纳税义务，保障各方履约责任，促进市场经济的活力，做出纳税制度的最优组合。

2. 税务管理是市场经济契约治理的必然要求

在市场经济条件下，契约关系是商品生产者经济交往的最基本形式，因而也是最广泛的社会关系存在的前提或基础，契约原则具有真正的社会经济意义，契约精神也得到普遍的发扬。税务管理既是公共契约税务关系，同时也是市场中交易利益相关者所确立的一种权利义务税务关系。针对由于契约本身的不完全性、信息不对称性和产权契约等共同作用下产生的经济人的"逆向选择"及"道德风险"，通过建立企业的税务管理促进既定契约下的税务治理效率，在确保企业与政府征税、企业间税负信息对称的基础上，实现各方纳税人利益的最大化。

3. 税务管理是市场经济法治治理的必然要求

在西方的契约概念里总是与法联系在一起。（雷光勇．会计契约论［M］．北京：中国财政经济出版社，2004：52）英美法系一般认为，契约是一种承诺（promise），违反许诺将由法律给予救济，在某些情况下履行许诺是法律所确认的一项义务。而大陆法系认为，契约是一种协议（agreement），它是从债的角度来认识契约的，契约的本质即是当事人之间的一种合意（consensus）。税收管理是在法律准许的范围内合理降低税收负担和税收风险的一种经济行为，税收管理具有三个共同特性：一是税收管理的前提是遵守税收法律规范的经济管理；二是税收管理的目的就是获得企业最大的税务利益；三是税收管理属于企业管理的子系统，又可以与企业财务管理相融合，达到实现企业价值最大。

总之，传统的企业管理中缺乏专业税务管理，或者将其融入财务管理，有的称为"税收筹划"或"税务筹划"，仅是税务管理制度安排中的一部分工作。在市场经济条件下，企业更应该科学化、制度化和常态化地开展税务管理工作，做好制度设计和安排，更好地促进企业可持续发展。

（二）节税与避税

"节税"（Tax Saving）与"避税"（Tax Avoidance）不仅是我国税收理论界与实务界不断探索、关注和亟待辨析的税务领域专门概念，也是国际税务领域探寻法理依据的问题。其实在专业的税务词典中也很难找到准确的解释。依据合法法律观点，节税与避税具有相似的理解，即指在法律规定许可的范围内，通过经营、投资、理财活动的事先筹划和安排，尽可能取得节税的税收利益。经济学认为，是局部经济的不公平性的存在，引发了纳税人的税收节税或避税行为，税收制度安排中缺陷与漏洞的存在，也诱使纳税人运用税法的权力，通过筹划手段寻求税负减低。从财务学角度，它们是为了实现企业财务目标，"经营和财务决策的目标是税后价值最大化。"（萨莉·M·琼斯、谢利·C·罗兹－盖特纳奇合著，《高级税收战略》）。

税务管理与"节税""避税"的异同点：

相同点：参与的主体性质相同，均是纳税人出发点；前提相同，即遵纪守法。

不同点：目的不同，税务管理的目的是实现企业整体税务活动及形成的税务关系最优化，从而降低企业税务风险及税务成本，提升企业经济利益，实现企业价值最大；范围不同，税务管理实现企业整体的税费管理最优，效率最佳，从而实现企业的经营目标、税务管理目标；手段与方法不同，税务管理是从系统理论、制度理论和资源配置等理论依据，运用多种科学管理方法，科学预测、规划和计量税务成本，实现最优的纳税行为。根据国家税务总局令第32号《一般反避税管理办法（试行）》，避税安排具有以下特征：①以获取税收利益为唯一目的或者主要目的；②以形式符合税法规定，但与其经济实质不符的方式获取税收利益。因而"节税"与"避税"含义存在着违背税法立法法理、管理上存在对税法认识、理解和行为的错误引导，直接导致企业利益主体的税务风险；它们既不是税务管理的最终目的，也违背税法立法法理。

（三）偷税与骗税

偷税与骗税均界定属于违法行为。

1. 偷税概念

依据《中华人民共和国税收征收管理法》第六十三条之规定，"纳税人伪造、变造、隐匿、擅自销毁账簿、记账凭证，或者在账簿上多列支出或者不列、少列收入，或者经税务机关通知申报而拒不申报或者进行虚假的纳税申报，不缴或者少缴应纳税款的，是偷税"。

法律责任，《中华人民共和国税收征收管理法》第六十三条规定"对纳税人偷税的，由税务机关追缴其不缴或者少缴的税款、滞纳金，并处不缴或者少缴的税款百分之五十以上五倍以下的罚款；构成犯罪的，依法追究刑事责任。扣缴义务人采取前款所列手段，不缴或者少缴已扣、已收税款，由税务机关追缴其不缴或者少缴的税款、滞纳金，并处不缴或者少缴的税款百分之五十以上五倍以下的罚款；构成犯罪的，依法追究刑事责任"。

2. 骗税概念

依据《中华人民共和国税收征收管理法》第六十四条之规定，"纳税人、扣缴义务人编造虚假计税依据的，由税务机关责令限期改正，并处五万元以下的罚款。纳税人不进行纳税申报，不缴或者少缴应纳税款的，由税务机关追缴其不缴或者少缴的税款、滞纳金，并处不缴或者少缴的税款百分之五十以上五倍以下的罚款"。第六十六条之规定，"以假报出口或者其他欺骗手段，骗取国家出口退税款的，由税务机关追缴其骗取的退税款，并处骗取税款一倍以上五倍以下的罚款；构成犯罪的，依法追究刑事责任"。

（四）工程税务规划与偷税、逃税和避税或节税的区别

工程税务规划是指在遵循国家相关法律和税法法规的前提下，对建设工程项目事前选

择税收利益最大化的纳税方案处理自己的生产、经营和投资、理财活动的一种企业筹划行为。税务规划属于合法性、科学性、预测性和决策性的管理行为，其目的是使纳税人的税收利益最大化。在实际工程税务规划中，由于存在经济利益导向和机会主义，必然有税收规划与避税或偷税混淆不清的情况，因此，必须予以划清界线。

税务规划与避税、偷税虽然都是纳税人减轻税收负担的行为，但是从税法角度是截然不同的，因为它们之间有着明显的区别，各自有着不同的特征。税务规划与偷税的区别：第一，合法性。税务规划是纳税人在符合国家法律及税收法规的前提下，按照税法规定和政策导向进行的事前计划行为，是法律所允许的一种合法行为；偷税则是纳税人采取伪造、变造、隐匿、擅自销毁账簿、记账凭证，在账簿上多列支出或者不列、少列收入，或者进行虚假的纳税申报的手段，不缴或少缴应纳税款的行为，是法律所不容许的，具有非法性，其法律后果是受到行政处罚或刑事制裁。第二，时间性。税务规划是在纳税义务发生之前所作的经营、投资、理财等活动及形成的税务关系处理的制度筹划与安排，具有事前预测性特点。而偷税是在应税行为发生以后所进行的，是对已确立的纳税义务予以隐瞒、造假，具有明显的事后性和欺诈性特征。第三，行为动机。税务规划是以合法性为出发点，科学预测性为行为，税负结果是符合事实，形成和谐的税务关系；而偷税则是主观地从违法出发，行为上采取了违背事实而发生的后果，见表1-10。

税务规划（节税）与避税也是有明显区别的。两者的主要区别在于是否符合国家税法立法意图和经济政策导向，以及政府对二者所采取的不同态度。税务规划所作出的经营、投资、理财等活动及税务关系的选择，是按照税法予以鼓励或扶持发展的政策导向来预测的，它是符合国家立法意图，也是各国政府允许、宽容或默认的。而避税及节税是客观上纳税人钻税法漏洞，通过人为安排以改变应税事实而达到少缴或免缴税款的目的。虽然它没有违反法律，具有一定的合法性，但是却有悖于国家的立法意图，利用政府的立法不足或缺陷，本质上有悖于纳税的道德与规则，也是政府、社会和纳税人所不愿意看到的。所以，对避税行为各国政府都采取了反对、防范和限制的政策和措施，通过不断修订、完善税法减少税法与政策之间的差异或漏洞，以激励纳税人实现税法的纳税、缴税的目的，从纳税人的主观意识上避免或减少避税的发生。总之，工程税务规划是国家和企业双赢的选择。

税务规划与节税、避税和偷税、逃税的区别 表1-10

纳税人行为	立法意图关系	法律关系	管理态度
偷税、逃税	违背立法法理	违背法律规定	制裁、处罚
避税	违背立法法理	违背制度规定	反对
节税	符合经济学原理	未作制度规定	实事求是
税务规划	符合法律规范	符合法规规定	事实为依据、法律为准绳

五、税务管理理论基础

（一）税收遵从理论

1. 概念解释

税收遵从的概念，理论界有不同的说法，比较具有代表性的是认为税收遵从就是纳税遵从。纳税遵从问题起源于美国，早在20世纪70年代，美国的一些经济学家对"地下经济"问题的研究引起了广泛注意。1983年，美国国税局对未付税的经济活动进行了较为精确的测算，认为1981年由于纳税人不遵从联邦所得税法，导致了900多亿美元的税收收入损失。因此，美国纳税遵从的一般观点认为"所谓纳税遵从是指纳税人按照税法规定的要求，准确计算应纳税额，及时填写申报表，按时缴纳税款的行为"。

我国政府在《2002~2006年中国税收征收管理战略规划纲要》中正式提出了纳税遵从的定义，"纳税遵从，指纳税人依照税法的规定履行纳税义务，这种义务除了确认某种抽象和具体的税收负债外，还附带着给付义务即税收缴纳义务，作为义务即履行申报、交付文件、记账等义务，不作为义务、忍受义务即不可抵抗公权，如检查权、查封财产权等"。

因此，可以把税收遵从定义为作为法律上的权利与义务主体的纳税人，基于对国家税法价值的认同以及对成本和收益的权衡而表现出的主动遵守服从税法，自觉履行纳税义务的行为。在社会主义市场经济条件下，研究税收遵从问题对于规范税收机关、税务人员执法行为，培养纳税人良好纳税习惯，塑造良好的征纳关系，实现真正意义上的依法治税有着十分重要的意义。

2. 理论解释

经济学创始人亚当·斯密的理性经济人假设的含义已经由利润最大化发展为效用最大化，也就是说每个人具有稳定而不同的偏好，每个人面临着不同的约束条件，在此前提下，人们是否采取某项行为，取决于这一行为的预期效用是否最大化。

经济人假定是指每个人都力图最大化其一切行为的预期效用，这一假设在分析纳税人在某一具体行为方式的选择上具有一定的借鉴性。事实上，纳税行为的发生，是纳税人把自己财富的一部分真实地转移给国家的过程，其直观感受无论怎样都是一种利益损失，更何况在处理纳税事项中还要付出其他附加成本。那么到底是选择遵从还是不遵从税法，在预期对不遵从税法被查获和受处罚的过程中，理性的个体会权衡逃避税的预期效用，从而作出决策。一部分人选择依法纳税，另一部分人冒险逃避税款，而选择避税的主体又可能会隐瞒全部或者部分涉税事项。

在我国，纳税成本的高低与三个因素有关：

第一，税款成本。对纳税人来说，纳税不仅是一种义务，也是一种经济负担，所以低税负无疑可以促进纳税遵从，这就涉及税制本身是否科学合理的问题。"拉弗曲线"曾说明了一国的税收收入与税率之间的关系，认为并非税率越高，国家财政收入就越多，反而较低的税率更能够涵养税源，增加税基。其中就表明低税率可以减少纳税人逃税的动机，轻税政策有助于减少纳税不遵从动机。

第二，税务成本。西方经济学家在税收成本理论中常把这部分费用称为"奉行纳税费用""履行纳税义务费用""税收奉行费用"等，是指纳税人在纳税过程中所发生的直接或间接费用，包括经济和时间等方面的损失。例如，税务登记、纳税申报、税款缴纳、税务检查等纳税全过程中的时间耗费及人工费、差旅费和管理费用。其实，纳税便利的原则在斯密的论著中也早有体现，即征税机关有义务提供方便、快捷的服务。也就是说，在纳税中发生的纳税信息不对称而多消耗的费用。

第三，税务风险。税务机关与纳税人之间存在着严重的信息不对称问题，纳税人了解自己的生产经营以及核算情况，知道自己的纳税能力，而税务机关相对于纳税人来说却是局外人，对纳税人的生产经营、会计核算信息知之不多。纳税人作为"经济人"，为了自身的利益，可能会制造假象来掩盖真实的税务信息。如果税务机关对此不能加以辨别，或者即使能够识别却不能严惩违法者，则纳税人逃税的经济效益远远大于成本，同时税收制度的复杂性和差异性所造成的税收"漏洞"也为纳税人逃税提供了机会，那么不但纳税不遵从行为会加剧，而且原有的纳税遵从者也会加入到违法行列中。

以上三方面因素构成了纳税人在选择是否遵从税法时必须考虑的成本，在成本不确定的前提下，纳税人在履行纳税义务的同时，能感受到的利益便成为最终决策的关键因素。

（二）契约理论和税务管理

西方的契约概念总是与法联系在一起，并沿着大陆法系和英美法系两条线索展开契约内涵及契约思想体系的构建。英美法系一般认为，契约是一种承诺（promise），违反许诺将由法律给予救济，在某些情况下履行许诺是法律所确认的一项义务[1]。而大陆法系认为，契约是一种协议（agreement），它是从债的角度来认识契约的，契约的本质即是当事人之间的一种合意（consensus）[2]。大陆法系的契约概念较之英美法系的契约概念要准确得多，其所强调的"合意"要比后者强调的"承诺"更能反映契约的本质。《拿破仑法典》第1101条规定："契约是一种合意，依此合意，一人或数人对于其他人或数人负担给付，作为或不作为的债务"[3]。契约的签订必须依据双方的一致同意而成立，缔约双方必须同时受到契约的约束。从根源上看，契约具有"自愿协作和自由合意"本质。

契约（contract）一词，在经济学上一般称为合同、合约或协议。契约是一种蕴藏在社会经济现象背后的支配经济关系的运行规则。

根据企业契约理论，企业的实质是"一系列契约的联结"。政府税收对企业征税的计税依据及计征比例有着明确的法律法规规定，这实际上隐含了政府与企业之间的税收契约。在这一契约中，企业管理者是代理人，掌握着企业真实的会计信息，理性的企业在市场经济利益的驱使下，自然具有强烈的利用现有的信息不对称性和契约的不完备性进行减轻税负的动机。因此，这种纳税人减轻税负的行为动机必然引发其税收管理行为，这是税务管理行为的原动力，也进一步构成了税务管理的运行动力。例如，美国南加州大学的W·B·梅格斯博士在《会计学》中谈到的那样："美国联邦所得税变得如此复杂，这使为企业提供详尽的税务筹划成为一种谋生的职业。因而，市场经济活动中几乎所有的公司都聘用专业的税务专家，研究企业主要经营决策上的税收影响，为合法地少纳税制定计划。"个人或家庭的纳税人在面对税收费用时，也聘请税务顾问作出纳税计划，这些都是实施税务管理的行为。

从行为经济学角度分析其原因，无论是企业，还是个人或家庭税务管理，有以下几点：

（1）部分经济不公平性。在国民经济运行中，不可能每个行业、每个区域、每个领域都是完全公平合理的税种税率制度安排，部分经济的差异性的存在，引发纳税人的税务管理行为。

---

[1] 雷光勇. 会计契约论[M]. 北京：中国财政经济出版社，2004：52.
[2] 合意是指签约双方当事人意见一致的状态。"合意"合乎双方当事人之意，这是人类交易或行动的平等与自由的基础。
[3] 雷光勇. 会计契约论[M]. 北京：中国财政经济出版社，2004：53.

(2) 税收制度存在差异性。国家制定的税收制度中存在着因产业政策、货币政策和财政政策不同而导致的不完备，也需要纳税人针对这些政策规范展开多项税务规划，合法纳税，降低税负。

(3) 税收信息不完整性。由于不同行业、产业和市场变化，政府税收政策不断调整，企业与政府税收信息上、征税信息上和纳税时间上存在信息不对称，因此，企业需要专业的税务管理人或企业为此服务，或自己建立税务管理组织开展成功的税务管理行为。

(4) 缴纳税费的费用节约需求。缴纳税收是企业和政府之间建立的合约，以法规的形式约定下来。但是在具体缴纳过程中是需要花费时间成本、经济成本和管理成本的，通过开展税务管理可以降低这些费用，从而在一定程度上助长了税务管理行为。

(三) 税收道德与税收公平理论

税收道德是指纳税人自觉支付税款的意愿，用于衡量纳税人的态度，因而定义为"纳税人伦理（Taxpayer Ethics）"。其实伦理是公平社会的基石，作为社会上的人，作出偷逃税决策时，其行为都会对社会上的他人产生一定的影响，同样，他人逃税时，也会影响到自己的纳税决策。因而，纳税伦理是建立在社会公众思想与行为基础上的规范，即符合纳税规则，是全体纳税人应当共同遵守的社会公德。公平理论正是基于此而提出来的，社会比较理论认为个体是通过与别人比较他们之间的税收状况，从而决定自己满意的程度和逃税与否的纳税决策的。公平理论代表了一种社会比较理论。公平理论认为，如果人们认为国家的制度是建立在公平的基础上的话，比他们认为国家的制度不公平时更可能遵守法律和法规（Thibaut，等，1974）。相反，如果人们认为国家的制度缺乏公平性，社会公平理论认为人们会通过违法的方式使国家的制度重新达到公平。比如在税收领域，如果人们认为我国的税制不公平，包括设计不公平和执行不公平，即是说在执行当中出现了"富人不纳税，穷人多纳税""富人逃税，穷人纳税"等不公平现象，人们可能就会通过逃税的方式重建社会的公平秩序，当然这种公平是一种比较公平。正是由于存在着这样的现象，就会导致人们对税收伦理规则的破坏，出现了偷税、逃税或避税的行为思想。

(四) 经济人假设与税务管理

"经济人"的假设，起源于享受主义哲学和英国经济学家亚当·斯密的关于劳动交换的经济理论。亚当·斯密认为：人的本性是懒惰的，必须加以鞭策；人的行为动机源于经济和权力维持员工的效力和服从。经济人假设本质是以完全追求物质利益为目的而进行经济活动的主体，希望以尽可能少的付出，获得最大限度的收获。西方总是以"经济人"假设理论设定为市场经济的起点，即人是希望取得财富最大，这样就能产生竞争，从而出现优胜劣汰。

因而将企业视为理性的经济人，是能够思考和行为都是有目的的，总是以自身利益最大化为目标。对于企业来说，税费是企业的经营活动中产生的重要成本之一，在总收益一定的情况下，企业会努力降低自身的税收成本，实现更大的税后收益。但是在充满不确定性的社会经济活动中，经济人的理性是有限的，最终的选择可能不是最优的，只能是在既定的条件约束下，实现相对的最大收益。因此，作为理性的纳税人，就会在遵守法律法规的前提下，对自己的经济行为进行一个全面的预测，制订出有利于自身的方案，税务管理是企业管理内容之一。

(五) 期望效用理论和前景理论

经济学的理论基础是研究经济人的选择行为。经济人的选择行为在经济学中被描述为效用最大化。在确定性的情况下，人们最大化效用的行为很容易判断。当出现不确定情况时，人们的选择行为成为经济学必须解决的问题。在不确定条件下的选择行为主要有两种理论来解释：期望效用理论和前景理论。

前景理论中通用的风险描述方式为 $(X_1, P_1; X_2, P_2; \cdots; X_n, P_n)$，表示决策者面临的风险选择，其中，$X_n$ 表示可能获得的货币数量，当货币数量为 0 时通常省略；P_n 表示获得 X_n 的概率，当概率为 100% 时通常省略。例如，(4000, 0.8) 表示以 80% 的概率获得 4000，20% 的概率获得 0；(3000) 表示以 100% 的概率获得 3000。本文中风险的描述方式亦是如此。

期望效用理论是描述人们在不确定性风险条件下如何作出决策的经典理论。该理论得到了广泛认同，在很多领域都显现出了显著的应用价值。该理论建立在完备性、传递性、连续性和独立性四个公理假设基础之上，此外再附加上边际效用递减假设，就可以预测人们在不确定条件下的行为选择。假设决策者的初始财富是 X，面临不确定性选择 $(X_1, P_1; X_2, P_2; \cdots; X_n, P_n)$，当存在 $\Sigma P_i \times U(X+X_i) > U(X)$ 时，决策者有接受风险 $(X_1, P_1; X_2, P_2; \cdots; X_n, P_n)$ 的意愿。也就是说，当面临若干风险选择时，决策者会接受使得 $\Sigma P_i \times U(X+X_i)$ 为最大的风险选择。

从该理论的决策机制中可以发现如下两个特点：①决策者决策的依据是财富最终状态的效用期望，对最终财富状态的依赖性很强，对财富的变化量没有给予足够的考虑；②期望值是对大量的可重复的不确定性行为的特征描述，而作为现实生活中的人，由于受到时间、能力等各种限制，无法对不确定性风险进行大量的反复的实践，因此，又由于受到风险实践次数和生命时间长度的限制，很有可能偏离理性的风险决策机制。

综上所述，期望效用理论和前景理论的共同点是将决策者面临的选项以整体的形式进行比较，然后选择最优选项。不同的是，期望理论选择的是最终状态的绝对值和客观概率的加权，前景理论选择的是最终状态与参考点的相对变化值和主观概率的加权。在人们面临风险决策的问题上，二者都有各自的优势，也存在各自的缺陷和不足。

在研究人们的经济行为中，风险态度、偏好程度作为影响经济决策的重要心理因素已经获得经验支持，期望理论也能用于建筑工程项目税务管理遵从行为分析和研究税务管理的决策行为。

（六）税收效应理论

伴随着国家的产生与发展，税收这种经济现象也逐步形成。税收是根据国家的政治权利与相关的法律法规，由政府的专门机构对居民和非居民的财产或特定行为进行强制、无偿的金钱或实物征收，从而实现国家公共财政职能的目标。税收具有固定性、无偿性、强制性的特点，虽取之于民，但又用之于民。而效应多用于对现象的描述，强调的是行为最终产生的效果或者变化。所以，税收效应指的是纳税人针对国家进行税收这种行为，在经济选择或行为下作出的反应，也可以说国家课税是对经济起着调节作用。税收效应可分为收入效应和替代效应。

从经济学的角度来说，收入效应指的是由于商品价格的变动会引起实际收入水平的变动，实际收入水平的变动又会引起商品需求量的变动，改变的是消费者对商品的购买量。从税收的角度来说，收入效应指的是由于课税对象的课税额或者税率的变动会引起纳税人实际收入水平的变动，实际收入水平的变动又会引起纳税人经济行为的变动或者是对课税对象需求量的变动。收入效应的大小是由纳税人应该缴纳的税金与实际总收入之比决定的。而纳税人应该缴纳的税金与实际总收入之比就称为平均税率。平均税率越高，说明纳税人的税收负担越重，对纳税人产生的收入效应就越大；反之，平均税率越低，对纳税人产生的收入效应就越小。从纳税筹划的收入效应来说，纳税人通过筹划降低了企业税负，从而增加了可支配收入，提高了对商品的需求，促进了消费，消费水平的提高又会促进经济发展，从而增加了国家的税收收入。所以，根据税收收入效应理论，我们可知，税收政策的变动既会影响纳税人的决策，也会影响政府对于纳税人的反应所作出的制度的调整。

从经济学的角度来说，替代效应指的是由于商品价格的变动，引起该商品与其他商品之间的替代，可以简单理解为，两种同等功能的商品，一种商品的价格上涨而另一种商品价格不变时，不涨价商品就会替代涨价商品。从税收的角度来说，替代效应指的是由于课税对象的课税额或者税率的变动，引起纳税人选择税负较轻的课税对象。替代效应的大小是由税收的边际税率决定的，并且替代效应与税收的边际税率成正比。从纳税筹划的角度来说，纳税人通过筹划进行了资源配置，形成了产品的多元化，进而促进了消费的多元化，消费水平的提高又会促进经济发展，从而增加了国家的税收收入。

但是，替代效应的负面影响在于当课税超过一定限度时，纳税人有可能就会逃税，对经济的发展产生不利影响。所以，政府在制定税收政策时，不仅会确保税收收入最大化，还要斟酌纳税人所能承受的范围，保障纳税人的权益，使得纳税人能够通过合法经营和合理筹划主动纳税，从而淡化替代效应的负面经济影响。

税收效应理论表明，政府课税要合理，要一起考虑税收的收入效应和替代效应，形成对经济的良性调控。同时，政府要制定完善的税收制度，这样既保证国家能够实现税收权益，也能使纳税人依法进行纳税筹划，保证纳税人的合法权益。

第六节　我国税务管理制度

税收管理制度就是指通过制定制度对税收分配的全过程进行管理，即能够实现税收管理目标的一系列制度的总称。税收管理制度包括税收管理体制和税收征管制度。税收管理体制是关于中央政权和地方政权之间的税收决策（包括税收立法、行政、司法各个方面）管理权限的界定、相应组织体系的建立、税款在中央与地方之间分配的规范和制度的总称，实质上体现了中央政府与地方政府的税收分配关系。

一、我国税务管理体系发展

我国的税务管理制度自中华人民共和国成立后，发生了根本性的改变，主要划分为五个阶段。

1. 高度集中阶段（1950～1985年）

从1949年中华人民共和国成立至20世纪70年代，为迅速恢复国民经济生产，促进经济发展，选择了高度集中的社会主义计划经济体制，国家税收管理制度也呈现高度集中的特点，实行"各税统管、征管、稽查合一"。其实践为征管稽查由专管员一人负责，根据纳税人规模和税收工作繁简配置人员，对纳税人实施专责管理。专管员上门服务，代纳税人履行申报纳税义务。

2. 征管职能分离阶段（1985～1996年）

从改革开放至20世纪90年代，其标志是党的"十一届"三中全会提出"改革开放"基本国策，建立社会主义市场经济体制，我国实行改革开放的宏观经济政策，经济体制从计划经济向有计划的商品经济体制转换，我国税收制度开始了转变（1981年），实行（1984年）"利改税"的改革，国家与企业之间的税收分配关系发生了变化。我国选择了税收征收、管理、稽查"三分离"或征收管理、稽查"二分离"的税收管理制度。其特点为，税收的征收管理由过去一个机构统管转向按税收征收管理的职能分工协作。

3. 自行申报、集中征收、重点稽查阶段（1996～2003年）

1992年党的"十四大"明确提出在我国建立社会主义市场经济体制。在1994年，我国为适应市场经济体制，进行了中华人民共和国成立以来最有影响的税制改革，实施分税制，即把所有税种按其特点和属性划分为中央税、地方税及中央和地方共享税，使各级政府在全国统一税法基础上行使税收征管权；体制上，在省级及其以下建立了国家税务局和地方税务局两套机构，实现"统一税法，公平税负，简化税制，合理分权"的目标。

1997年，国家税务总局在税收制度方面确立了由流转税、所得税和财产税三大税务体系构成的复合税制，在流转税方面，以增值税为核心，辅之以对非商品经营课征营业税；在所得税方面，统一了不同经济性质的内资企业所得税；新开征了土地增值税，合并了内外个人所得税等，我国主要税种制度已由改革前的37个减少为25个。

其特点是：第一，划清了征纳双方的权利与责任，并以法律的形式确定下来；第二，明确地将优化服务置于税收管理的基础地位；第三，明晰了税收征收方式和税务稽查的侧重点。

4. 自行申报，征、管、查并重阶段（2004～2013年）

2004年党提出深化国家财税体制改革，在同年的第三次全国税务征管工作会上，国家税务总局提出了"以纳税申报和优化服务为基础，以计算机网络为依托，集中征收，重点稽查，强化管理"的"34字"税收管理制度。该制度的特点是强调了管理的重要性，将税源管理作为税收管理的基础和核心。为此，国家税务总局出台了一系列管理制度，如科学化、精细化管理、纳税评估制度以及税收管理员制度等。

5. 营业税改增值税阶段（2016年至今）

2011年11月16日，财政部和国家税务总局发布经国务院同意的《财政部、国家税务总局关于印发〈营业税改征增值税试点方案〉的通知》（财税［2011］110号），同时印发了《交通运输业和部分现代服务业营业税改征增值税试点实施办法》《交通运输业和部分现代服务业营业税改征增值税试点有关事项的规定》和《交通运输业和部分现代服务业营业税改征增值税试点过渡政策的规定》，明确从2012年1月1日起，在上海市交通运输业和部分现代服务业开展营业税改征增值税试点。

按照国家规划，我国"营改增"分为三步走：第一步，在部分行业部分地区进行"营改增"试点，上海作为首个试点城市；第二步，2013年开始，选择部分行业在全国范围内进行试点，主要在交通运输业以及6个部分现代服务业率先在全国范围内推广；第三步，2011～2015年，在全国范围内实现"营改增"，取消营业税。2016年5月1日起在全国及全行业实现增值税。

增值税税务管理制度特征：其一，实现了增值税对货物和服务的全覆盖，基本消除了重复征税，打通了增值税抵扣链条，促进了社会分工协作，有力地支持了服务业发展和制造业转型升级；其二，完整地实现了规范的消费型增值税制度，有利于扩大企业投资，增强企业经营活力；其三，完善和延伸了国民经济全产业链，增值税抵扣链条，促进一、二、三产业融合式发展；其四，实现了税务管理制度的国际化。

2018年7月中共中央办公厅、国务院办公厅印发《国税地税征管体制改革方案》和国家税务总局《关于税务机构改革有关事项的公告》（国家税务总局公告2018年第32号），完成了国家税务局和地方税务局的合并。其原则是：第一，为民便民利民原则。合并目的是，为纳税人和缴费人提供更加优质、高效、便利的服务，提高税法遵从度和社会满意度。第二，优化高效统一的税收征管体系。实行"一厅通办""一网通办""主税附加税一次办"提高征管效率，降低征纳成本，增强税费治理能力。第三，科学设置机构，提升行政效力。调整优化税务机构职能和资源配置，增强政策透明度和执法统一性，统一税收、社会保险费、非税收入征管服务标准，促进中国现代化经济体系建设和经济高质量发展。

二、我国税务管理体制结构

税务部门作为政府的重要组成机构，主要担负着为国家筹集财政收入的重要任务。税务管理是指国家及其征税机关，依据国家法律法规，对税收参与国民收入分配的全过程进行决策、计划、组织、协调和监督，以保证税收作用得以发挥的一种管理活动。税收管理的主要内容依照国家法律法规，通过税源管理、各税种管理、税务稽查、纳税服务、税收管理信息化建设、税务内部行政管理、税务干部队伍建设等活动，实现税法遵从度和税收征收率不断提高，税收收入平稳较快增长，税收职能作用有效发挥的目标。

根据《全国人民代表大会常务委员会国务院机构改革涉及法律规定的行政机关职责调整问题的决定》，中共中央办公厅、国务院办公厅印发的《国税地税征管体制改革方案》《国务院关于国务院机构改革涉及行政法规规定的行政机关职责调整问题的决定》（国发〔2018〕17号）精神、《国务院机构改革方案》、国家税务总局《关于税务机构改革有关事项的公告》（国家税务总局公告2018年第32号），国务院将改革国税地税征管体制，将省级和省级以下国税、地税机构合并，具体承担所辖区域内各项税收、非税收入征管等职责。国税地税机构合并后，实行以国家税务总局为主与省（区、市）人民政府双重领导管理体制。地方各级人民政府应当依法和机构改革方案，加强对本行政区域内税收征收管理工作的领导或者协调，支持税务机关依法执行职务，依照法定税率计算税额，依法征收税款。中国税务管理体系如图1-25所示。

三、国家税务管理职能与分工

随着我国市场经济体制改革进入新的发展阶段和建设社会主义法治国家进程的加快，市场经济条件下对政府税务管理职能、角色转换的要求更加迫切。这要求政府税务机关在维护公共利益、履行税收征管公共事务和自身行政事宜的体制、制度、方式、方法和治理机制等方面必须适应市场经济运行的要求。

税务机关是为国聚财、保证公共开支的职能部门，税收征管和服务社会工作质量高低关系重大。在政府税务管理活动中，如何严谨、科学、有效地开展税收管理工作，对于发挥税收的资源配置和参与税收分配作用，实现税收职能十分重要。

第六节 我国税务管理制度

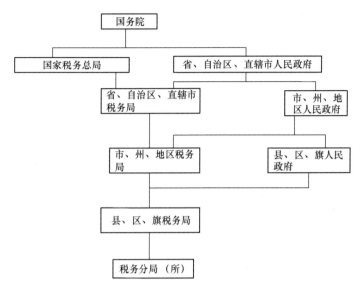

图 1-25 中华人民共和国税务管理体系

（一）政府税务管理职能

税收管理制度就是指通过制定制度对税收分配的全过程进行管理，即能够实现政府税收管理目标的一系列制度的总称，如图 1-26 所示。税收管理制度包括税收管理体制和税收征管制度。税收管理体制是在各级国家机构之间划分税权的制度。它是税收管理制度的重要组成部分，关系到中央与地方各级政府组织收入和调节经济的职能作用。税收征收管理制度是对国家税收征收机关和纳税义务人在税收征纳过程中所应遵守的程序及双方的权利义务关系作出的规定。因此，税收管理制度规定了税务管理的如下职能。

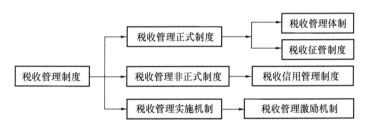

图 1-26 政府税收管理制度结构

1. 税收征管

税收征管是指税务机关依据国家有关税收法规政策的规定，为实施税收分配活动和处理税收分配关系，指导征纳双方正确行使征税权利和履行纳税义务，而对日常活动所进行的计划、组织、控制、协调和监督的过程。税收征管包括征管依据、征管手段、征管主体和征管对象这四个要素。其中，征管依据主要是指税收征管法规，如《中华人民共和国税收征收管理法》以及分散于各个税种法中的征管规定；征管手段主要是指征管模式、征管方法、征纳规程和监督检查等；征管主体是指代表国家行使征税权利的征管组织和征管人员；征管对象是征管手段作用于其上的客体，主要是指税制要素。

我国税收征管工作的基本目标是提高税收征管质量和效率、促进纳税遵从。具体包括：①执法规范。努力做到严格执法、公正执法、文明执法，确保各项税收政策措施落实到位。②征收率高。依据税法和政策，通过各方面管理和服务工作，使税款实征数不断接近法定应征数，保持税收收入与经济协调增长。③遵从度高。通过优化纳税服务，规范税收执法，促进纳税遵从，提高纳税遵从度。④成本降低。降低税收征纳成本，以尽量少的征纳成本获得尽量多的税收收入。⑤社会满意。有效发挥税收作用，为纳税人提供优质高效的纳税服务，使税务部门形象日益改善。

2. 税务管理

税务管理是指政府税务机关日常税收工作的组织、计划、控制、协调和制定税收管理制度以及税务人员的招聘等工作集合。主要包括税务登记、账簿及凭证管理、纳税申报服务、税款征收缴纳服务等。税收管理制度就是指通过制定制度对税收分配的全过程进行管理，即能够实现税收管理目标的一系列制度的总称。

3. 税务检查

税务检查是指税务机关依据国家税收政策、法规和财务会计制度的规定，对纳税人或扣缴人履行纳税义务的情况进行监督检查的一种管理活动。

4. 税收信用

税收信用是税制的非正式制度的重要组成核心，它是对税收法律正式约束的扩展、细化和限制的集中反映和体现。税收信用①作为一种规范征纳双方行为的道德意识范畴，蕴含了税收价值信念、纳税的道德观念、涉税的风俗习惯和税收文化及意识形态非正式约束的内容。

税收管理不仅是加强税收征管制度建设，不断完善税收征管的法律法规，提高税收征管工作质量和效率，更重要的是创新税收信用管理制度和工作机制，完善服务规范。在市场经济条件下，各种形式的"道德风险"和利己主义是客观存在的，一方面政府存在着征税行为、政策和管理观念的信用问题；另一方面，纳税人同样存在着利己主义的机会主义。即主要表现形式有：纳税人的偷税、骗税、逃税等；税务管理人员的不作为或管理松懈导致管理差错等；税务部门将所收税款用于非公共产品开支，甚至出现税务人员寻租、腐败等现象。因此，从征税与纳税管理领域的实际情况看，建设国家税务信用治理，避免税收失信问题始终是长期的、动态的和双方任重的客观责任。

5. 税务服务

首先，纳税服务是转变政府职能、建设服务型政府的应有之义。其次，纳税服务与税收征管是税务部门的核心业务。第三，纳税服务是服务科学发展、共建和谐税收的重要内容。当今世界各国特别是发达国家税务机关都非常重视纳税服务工作，普遍视纳税人为"顾客"，大力创新纳税服务方式和手段，积极维护纳税人合法权益。优化纳税服务已经成为世界各国融洽征纳关系、完善税收管理的普遍选择和共同趋势。税务服务工作始于纳税人需求，基于纳税人满意，终于纳税人遵从。

---

① 税收信用可分为征税信用、纳税信用、用税信用。征税信用是征税人忠实履行法律所赋予的职务，诚信为纳税人服务；用税信用属于政府使用税款的信用范畴；作为纳税人一方遵从税法应有的税收信用为纳税信用。在市场经济条件下，一个完善的税收机制，既要有外在的税收法律体系的约束，也要在税收征纳行为中讲求信用这一道德基础。讲诚信是发自内心的约束，不是外界强加于人所能奏效的。

(二)政府税收征管分工

根据 2019 年我国的《国税地税征管体制改革方案》,改革国税地税征管体制,合并省级和省级以下国税地税机构,结构为国家税务总局和省(自治区、直辖市)税务局、市税务局、县税务局三级新税务机构;划转社会保险费和非税收入征管职责,逐步构建起优化、高效、统一的税收征管体系,为纳税人和缴费人提供更加优质、高效、便利的服务,提高税法遵从度和社会满意度,提高征管效率,降低征纳成本,增强税费治理能力,确保税收职能作用充分发挥,夯实国家治理的重要基础。因此,其基本负责征收的税种见表1-11。

新税制下征收的税种　　　　　　　　　　表1-11

税种	征收系统	收入级次
一、税收收入		
1. 增值税	税务局系统	国家
2. 消费税	税务局系统	国家
车辆购置税	税务局系统	国家
个人所得税	税务局系统	国家
企业所得税	税务局系统	国家
资源税	税务局系统	国家
印花税	税务局系统	国家
城市维护建设税	税务局系统	国家
房产税	税务局系统	国家
城市房产税	税务局系统	国家
城镇土地使用税	税务局系统	国家
土地增值税	税务局系统	国家
车船使用税	税务局系统	国家
车船使用牌照税	税务局系统	国家
二、非税收入	税务局	国家
基本养老保险费、基本医疗保险费、失业保险费、工伤保险费、生育保险费	税务局	国家

四、政府税收部门设置

2018 年 7 月我国的政府税收部门设置按建成一套制度体系、一套运行机制、一套岗责流程、一套信息系统,推动构建优化、高效、统一的税收征管体系。国家税务总局和省(自治区、直辖市)、市、县三级新税务机构将逐步分级挂牌。新税务机构对税费征收、行政许可、减免退税、税务检查、行政处罚、投诉举报、争议处理、信息公开等涉税事项开展税务管理。

【习题与案例】

本章习题与案例见二维码1。

二维码1

第二章 工程项目税种管理

【学习指引】

2017年我国国家财政收入总计17.2567万亿元，其中税收收入14.436万亿元，占比83.66%，其中，国内增值税税额5.6377万亿元，企业所得税税额3.2110万亿元，个人所得税税额1.1996万亿元，国内消费税税额1.0225万亿元，关税税额0.2998万亿元，其他税种税收税额3.0653万亿元，增值税收入成为我国财政收入的第一来源。

从国家财政收入统计数据简表2-1可知，目前，在我国实施营业税改革为增值税后，增值税成为第一大税种，其他多项税种收入也是国家财政收入的主要税收来源。

国家主要税收收入简表（亿元）   表2-1

指标	2017年	2016年	2015年	2014年	2013年
各项税收	144359.50	130360.73	124922.20	119175.31	110530.70
国内增值税	56377.60	40712.08	31109.47	30855.36	28810.13
营业税	—	11501.88	19312.84	17781.73	17233.02
国内消费税	10225.10	10217.23	10542.16	8907.12	8231.32
关税	2997.70	2603.80	2560.84	2843.41	2630.61
个人所得税	11966.30	10088.986	8617.27	7376.61	6531.53
企业所得税	32110.60	28851.36	27133.87	24642.19	22427.20

注：表中数据来源于中华人民共和国统计局国家数据网。http://data.stats.gov.cn/easyquery.htm?cn=C01&zb=A080401&sj=2017

2016年建筑业企业产值利税率6.7%，建筑业企业资产利税率7.1%（表2-2）。

2016年建筑业企业和房地产开发企业利税简表   表2-2

项目	主营业务收入（亿元）	营业利润（亿元）	主营业务税金及附加（亿元）	企业个数
建筑业	179421.32	6901.06	5425.20	83017
房地产业	90091.51	8673.23	6202.38	94948

注：表中数据来源于中华人民共和国统计局国家数据网。http://data.stats.gov.cn/easyquery.htm?cn=C01&zb=A080401&sj=2017

从表2-2可知，建筑业和房地产业是我国纳税的主要行业。建筑业和房地产业涉及其他如资源税、城市维护建设税、印花税、城镇土地使用税和房产税等十多项税种，国家税种管理和相关税费政策管理成为工程项目税务管理的重要内容。建筑企业和房地产开发企业均以土地开发经营和工程建设项目生产及经营为主要经营活动，因而，税务管理活动成为工程项目管理的主要活动之一。随着我国"一带一路"倡议、新型城镇化战略和人工智能化科技创新战略，建筑业企业和房地产开发企业必须加强工程项目生产经营的税务管理。

【学习目标】

在了解工程税务管理基本概念、原则和原理的基础上，本章主要介绍我国税收制度设置的主要税种，包括增值税、消费税、土地增值税、契税、所得税及其他税。通过本章的学习，掌握各税种的主要概念和特征，税率和税基等内容，为工程项目税务管理提供法律依据。

【重要术语】

增值税；消费税；企业所得税；土地增值税；契税；征税范围；税率；纳税时间；纳税地点

第一节　增　值　税

一、概念及特征

增值税是对在我国境内销售货物，提供加工修理修配劳务（以下简称提供应税劳务）、销售服务、无形资产及不动产（以下简称发生应税行为），以及进口货物的企业、单位和个人，就其销售货物、提供应税劳务、发生应税行为的增值额和货物进口金额为计税依据而课征的一种流转税。

增值税具有价外税、税收中性、普遍征收、税款抵扣、税款转嫁等特点。其中，只就流转过程中产生的增值额征税是增值税的本质特征，也是区别其他间接税的一个显著特点。

我国从1979年开始引入增值税，1993年发布《中华人民共和国增值税暂行条例》并于1994年1月1日起实施。2016年5月1日起，建筑业、房地产业等有关工程项目的征收税种，由营业税改革为增值税，纳税人则从应纳营业税改革为应纳增值税。从此，增值税征收全覆盖我国所有行业和产业，成了国家第一大税种。

二、征收范围

根据《中华人民共和国增值税暂行条例实施细则》（2008年12月18日财政部、国家税务总局令第50号），2011年10月28日《关于修改〈中华人民共和国增值税暂行条例实施细则〉和〈中华人民共和国营业税暂行条例实施细则〉的决定》的修订，2017年10月30日，国务院常务会议通过《国务院关于废止〈中华人民共和国营业税暂行条例〉和修改〈中华人民共和国增值税暂行条例〉的决定（草案）》等规范，增值税的征税范围包括在境内销售货物、提供应税劳务、发生应税行为以及进口货物等。

（一）征税范围的一般规定

增值税征税范围的一般规定主要包括销售或进口的货物、提供的应税劳务和发生的应税行为三个方面。

1. 销售或进口的货物

货物是指有形动产，包括电力、热力、气体在内。销售货物，是指有偿转让货物的所有权。进口货物是指直接从境外进口的货物。

2. 提供的应税劳务

应税劳务是指纳税人提供的加工、修理修配劳务。加工是指受托加工货物,即委托方提供原料及主要材料,受托方按照委托方的要求制造货物并收取加工费的业务;修理修配是指受托对损伤和丧失功能的货物进行修复,使其恢复原状和功能的业务。

3. 发生的应税行为

应税行为分为三大类,即:销售应税服务、销售无形资产和销售不动产。

增值税征税范围的一般规定归纳见表2-3。

增值税征收一般范围   表2-3

货物	销售进口有形动产货物(包括电力、热力、气体)
劳务	加工和修理修配劳务(对象为有形动产)
服务	交通运输服务、邮政服务、电信服务、建筑服务、金融服务、现代服务、生活服务(7项)
销售无形资产	包括转让无形资产所有权或使用权(技术、商标、著作权、商誉、自然资源使用权、其他权益性无形资产)
销售不动产	房地一起转让,按销售不动产计税

(二)征税范围的特殊规定

除上述一般规定以外,经济实务中某些特殊项目或行为也属于增值税的征税范围,总计共17项,其中10、11、12为新增内容。

1. 属于征税范围的特殊项目

税法共列举了17项特殊项目,主要有:

(1) 货物期货,在期货的实物交割环节纳税。

(2) 纳税人取得的中央财政补贴,不属于增值税应税收入,不征收增值税。

(3) 经营罚没物品(未上缴财政的)收入,照章征收增值税。

(4) 存款利息不征收增值税。

(5) 被保险人获得的保险赔付不征收增值税。

(6) 融资性售后回租业务中,承租方出售资产的行为不属于增值税的征税范围,不征收增值税。

(7) 房地产主管部门或者其指定机构、公积金管理中心、开发企业以及物业管理单位代收的住宅专项维修资金,不征收增值税。

(8) 纳税人在资产重组过程中,通过合并、分立、出售、置换等方式,将全部或者部分实物资产以及与其相关联的债权、负债和劳动力一并转让给其他单位和个人,不属于增值税的征税范围。

(9) 航空运输企业已售票但未提供航空运输服务取得的逾期票证收入,按照航空运输服务征收增值税。

(10) 药品生产企业销售自产创新药的销售额,为向购买方收取的全部价款和价外费用,其提供的给患者后续免费使用的相同创新药,不属于增值税视同销售范围。

(11)根据国家指令无偿提供的铁路运输服务、航空运输服务,属于《营业税改增值税试点实施办法》第十四条规定的用于公益事业的服务,不缴纳增值税。

(12)对增值税纳税人收取的会员费收入视具体情况而定。

(13)各燃油电厂从政府财政专户取得的发电补贴不属于价外费用,不征收增值税。

(14)供电企业利用自身输变电设备对并入电网的企业自备电厂生产的电力产品进行电压调节,收取并网服务费,属于提供加工劳务,应当征收增值税。

(15)经批准允许从事二手车经销业务的纳税人,收购二手车时将其办理过户登记到自己名下,销售时再将该二手车过户登记到买家名下的行为,属于销售货物的行为,应按照现行规定征收增值税。

(16)单用途商业预付卡("单用途卡")业务按相关现行规定征收增值税。

(17)支付机构预付卡(多用途卡)业务按相关现行规定征收增值税。

2. 属于征税范围的特殊行为

1)视同销售货物或视同发生应税行为

(1)将货物交付其他单位或者个人代销。

(2)销售代销货物。

(3)设有两个以上机构并实行统一核算的纳税人,将货物从一个机构移送至其他机构用于销售,但相关机构设在同一县(市)的除外。

(4)将自产或者委托加工的货物用于非应税项目。

(5)将自产、委托加工的货物用于集体福利或者个人消费。

(6)将自产、委托加工或者购进的货物作为投资,提供给其他单位或者个体工商户。

(7)将自产、委托加工或者购进的货物分配给股东或者投资者。

(8)将自产、委托加工或者购进的货物无偿赠送其他单位或者个人。

(9)单位或者个体工商户向其他单位或者个人无偿销售应税服务、无偿转让无形资产或者不动产,但用于公益事业或者以社会公众为对象的除外。

(10)财政部和国家税务总局规定的其他情形。

2)混合销售

一项销售行为如果既涉及货物又涉及服务,为混合销售。从事货物的生产、批发或者零售的单位和个体工商户的混合销售,按照销售货物缴纳增值税;其他单位和个体工商户的混合销售,按照销售服务缴纳增值税。

混合销售行为成立的行为标准有两点,一是其销售行为必须是一项;二是该项行为必须既涉及货物销售又涉及应税行为。

【小测验1】下列情形中应按"租赁服务"计征增值税的有( )。

A. 融资性售后回租
B. 车身广告位出租
C. 授权他人特许经营连锁饭店
D. 以承租、期租形式提供运输服务

【正确答案】B

【答案解析】选项A,融资性售后回租属于"金融服务-贷款服务";选项C,授权他人特许经营连锁饭店，属于"销售无形资产"；选项 D，属于交通运输服务。

【小测验 2】根据营改增相关规定，下列情形不属于在境内提供应税服务的有（   ）。

A. 境外单位或个人向境内单位或个人提供完全在境外消费的应税服务

B. 境外单位或个人向境内单位或个人提供完全在境内消费的应税服务

C. 境外单位或个人向境内单位或个人出租完全在境外使用的有形动产

D. 境外单位或个人向境内单位或个人出租完全在境内使用的有形动产

E. 境外单位或个人向境内单位或个人出租在境内使用的不动产

【正确答案】AC

【答案解析】在境内提供应税服务，是指应税服务提供方或者接受方在境内。

三、增值税的纳税人

根据《增值税暂行条例》，增值税的纳税人是指在中华人民共和国境内销售货物或者加工、修理修配劳务（以下简称劳务），销售服务、无形资产、不动产以及进口货物的单位和个人。按其会计核算是否健全、经营规模大小，对增值税纳税人进行划分，分为一般纳税人和小规模纳税人。

不同的纳税人类型，分别采取不同的资格登记和管理办法。

小规模纳税人是指年应税销售额在税法规定标准之下，并且会计核算不健全，不能按规定报送有关税务资料的增值税纳税人。一般纳税人是指年应征增值税销售额（以下简称年应税销售额），超过财政部、国家税务总局规定的小规模纳税人标准的企业和企业性单位（以下简称企业）。

有以下认定标准。

1. 基本认定标准——销售规模

发生应税行为的纳税人，年应税销售额超过 500 万元的为一般纳税人，未超过 500 万元的为小规模纳税人。

2. 资格条件

销售额不能达到规定标准但符合资格条件时，也可申请认定为增值税一般纳税人（目前规定的资格条件：能够按照国家统一的会计制度规定设置账簿，根据合法、有效凭证核算，能够准确提供税务资料）。

3. 例外规定

非企业性单位、不经常发生应税行为的企业，可选择按小规模纳税人纳税等。

一般而言，一般纳税人采用一般计税方法，小规模纳税人采用简易计税方法。

四、税率

（一）增值税税率

1）增值税一般纳税人销售或者进口货物，提供应税劳务，发生应税行为，除下列2）、3）、5）、6）外，一律为 13% 的基本税率。

2）增值税一般纳税人销售或者进口下列货物，按 9% 的低税率计征增值税：

(1) 粮食、食用植物油。

(2) 自来水、暖气、冷气、热水、石油液化气、天然气、沼气、居民用煤炭制品。

(3) 图书、报纸、杂志。

(4) 饲料、化肥、农药、农机、农膜。

(5) 国务院及其有关部门规定的其他货物。

3) 增值税一般纳税人提供交通运输、邮政、基础电信、建筑、不动产租赁服务,销售不动产,转让土地使用权,税率为9%。

4) 提供有形动产租赁服务,税率为13%。

5) 纳税人发生提供增值电信服务、金融服务、现代服务(租赁服务除外)、生活服务、转让土地使用权以外的其他无形资产的应税行为,税率为6%。

6) 纳税人出口货物,境内单位和个人发生符合规定的跨境应税行为,税率为零。

(二)增值税征收率

1) 根据"营改增"的规定,下列情况适用5%的征收率:

(1) 小规模纳税人销售自建或者取得的不动产。

(2) 一般纳税人选择简易计税方法计税的不动产销售。

(3) 房地产开发企业中的小规模纳税人,销售自行开发的房地产项目。

(4) 其他个人销售其取得(不含自建)的不动产(不含其购买的住房)。

(5) 一般纳税人选择简易计税方法计税的不动产经营租赁。

(6) 小规模纳税人出租(经营租赁)其取得的不动产(不含个人出租住房)。

(7) 其他个人出租(经营租赁)其取得的不动产(不含住房)。

(8) 个人出租住房,应按照5%的征收率减按1.5%计算应纳税额。

(9) 一般纳税人和小规模纳税人提供劳务派遣服务选择差额纳税的。

(10) 一般纳税人2016年4月30日前签订的不动产融资租赁合同,或以2016年4月30日前取得的不动产提供的融资租赁服务,选择适用简易计税方法。

(11) 一般纳税人收取试点前开工的一级公路、二级公路、桥、闸通行费,选择适用简易计税方法的。

(12) 一般纳税人提供人力资源外包服务,选择适用简易计税方法的。

(13) 纳税人转让2016年4月30日前取得的土地使用权,选择适用简易计税方法的。

2) 除上述适用5%征收率以外的纳税人,选择简易计税方法销售货物、提供应税劳务、发生应税行为均为3%。

五、增值税的计税方法及应纳税额计算

(一)一般计税方法

一般纳税人销售货物或者提供应税劳务或者发生应税行为适用一般计税方法计税。

我国目前对一般纳税人采用的一般计税方法是间接计算法,即先按当期销售额和适用税率计算出销项税额,然后将当期准予抵扣的进项税额进行抵扣,从而间接计算出当期增值额部分的应纳税额。其计算公式如下:

当期应纳税额=当期销项税额-当期进项税额
=当期销售额×适用税率-当期进项税额

【例2-1】 甲企业为增值税一般纳税人,当月取得不含税销售收入200万元,适用的税率为13%,取得的增值税专用发票注明税额为17万元,甲企业当期应纳税额为多少?

【解】

当期应纳税额=当期销项税额-当期进项税额
=当期销售额×适用税率-当期进项税额

$=200×13\%-17=9$(万元)

1. 销项税额的计算

1) 一般销售方式下的销售额

销售额是指纳税人销售货物、提供应税劳务以及发生应税行为时向购买方(承受应税劳务和应税行为也视为购买方)收取的全部价款和价外费用。特别需要强调的是,尽管销项税额也是销售方向购买方收取的,但是由于增值税采用价外计税方式,用不含税价作为计税依据,因而销售额中不包括向购买方收取的销项税额。

价外费用,是指价外收取的各种性质的收费,但下列项目不包括在内:

(1) 受托加工应征消费税的消费品所代收代缴的消费税;

(2) 同时符合一定条件代为收取的政府性基金或者行政事业性收费;

(3) 以委托方名义开具发票代委托方收取的款项;

(4) 销售货物的同时代办保险等而向购买方收取的保险费,以及向购买方收取的代购买方缴纳的车辆购置税、车辆牌照费。

2) 特殊销售方式下的销售额

在销售活动中,为了达到促销的目的,纳税人有多种销售方式选择。不同销售方式下,销售者取得的销售额会有所不同。

(1) 采取折扣方式销售

折扣销售是指销货方在销售货物或提供应税劳务和发生应税行为时,因购货方购货数量较大等原因而给予购货方的价格优惠。

税法规定,纳税人销售货物、提供应税劳务或者发生应税行为,如将价款和折扣额在同一张发票上的"金额"栏分别注明的,可按折扣后的销售额征收增值税。未在同一张发票"金额"栏注明折扣额,而仅在发票的"备注"栏注明折扣额的,折扣额不得从销售额中减除;未在同一张发票上分别注明的,以价款为销售额,不得扣减折扣额。

纳税人销售货物、提供应税劳务或者发生应税行为因销售折让、中止或者退回的,应扣减当期的销项税额(一般计税方法)或销售额(简易计税方法)。

(2) 采取以旧换新方式销售

以旧换新是指纳税人在销售自己的货物时,有偿收回旧货物的行为。

税法规定,采取以旧换新方式销售货物的,应按新货物的同期销售价格确定销售额,不得扣减旧货物的收购价格。考虑到金银首饰以旧换新业务的特殊情况,对金银首饰以旧换新业务,可以按销售方实际收取的不含增值税的全部价款征收增值税。

(3) 采取还本销售方式销售

还本销售是指纳税人在销售货物后,到一定期限由销售方一次或分次退还给购货方全部或部分价款。

税法规定,采取还本销售方式销售货物,其销售额就是货物的销售价格,不得从销售额中减除还本支出。

(4) 采取以物易物方式销售

以物易物是一种较为特殊的购销活动,是指购销双方不是以货币结算,而是以同等价款的货物(包括应税劳务和应税行为)相互结算,实现货物购销的一种方式。

税法规定,以物易物双方都应作购销处理,以各自发出的货物核算销售额并计算销项税额，以各自收到的货物按规定核算购货额并计算进项税额。应注意，在以物易物活动中，应分别开具合法的票据，如收到的货物不能取得相应的增值税专用发票或其他合法票据的，不能抵扣进项税额。

（5）包装物押金的税务处理

包装物是指纳税人包装本单位货物的各种物品。纳税人销售货物时另收取包装物押金，目的是促使购货方及早退回包装物以便周转使用。

税法规定，纳税人为销售货物而出租出借包装物收取的押金，单独记账核算的，时间在1年以内，又未过期的，不并入销售额征税，但对因逾期未收回包装物不再退还的押金，应按所包装货物的适用税率计算销项税额。

《国家税务总局关于加强增值税征收管理若干问题的通知》（国税发〔1995〕192号）规定，从1995年6月1日起，对销售除啤酒、黄酒外的其他酒类产品收取的包装物押金，无论是否返还以及会计上如何核算，均应并入当期销售额征税。对销售啤酒、黄酒所收取的押金，按上述一般押金的规定处理。

（6）直销的税务处理

直销企业先将货物销售给直销员，直销员再将货物销售给消费者的，直销企业的销售额为其向直销员收取的全部价款和价外费用。直销员将货物销售给消费者时，应按照现行规定缴纳增值税。

直销企业通过直销员向消费者销售货物，直接向消费者收取货款，直销企业的销售额为其向消费者收取的全部价款和价外费用。

（7）贷款服务的销售额

贷款服务，以提供贷款服务取得的全部利息及利息性质的收入为销售额。

银行提供贷款服务按期计收利息的，结息日当日计收的全部利息收入，均应计入结息日所属期的销售额，按照现行规定计算缴纳增值税。

（8）直接收费金融服务的销售额

直接收费金融服务，以提供直接收费金融服务收取的手续费、佣金、酬金、管理费、服务费、经手费、开户费、过户费、结算费、转托管费等各类费用为销售额。

（9）试点纳税人提供建筑服务适用简易计税方法的，以取得的全部价款和价外费用扣除支付的分包款后的余额为销售额

3）房地产开发企业中的一般纳税人销售额计算规定

房地产开发企业中的一般纳税人销售其开发的房地产项目（选择简易计税方法的房地产老项目除外），以取得的全部价款和价外费用，扣除受让土地时向政府部门支付的土地价款后的余额为销售额。"向政府部门支付的土地价款"，包括土地受让人向政府部门支付的征地和拆迁补偿费用、土地前期开发费用和土地出让收益等。

房地产开发企业（包括多个房地产开发企业组成的联合体）受让土地向政府部门支付土地价款后，设立项目公司对该受让土地进行开发，同时符合下列条件的，可由项目公司按规定扣除房地产开发企业向政府部门支付的土地价款：

（1）房地产开发企业、项目公司、政府部门三方签订变更协议或补充合同，将土地受让人变更为项目公司；

（2）政府部门出让土地的用途、规划等条件不变的情况下，签署变更协议或补充合同

时,土地价款总额不变;

(3) 项目公司的全部股权由受让土地的房地产开发企业持有。

房地产开发企业中的一般纳税人销售其开发的房地产项目(选择简易计税方法的房地产老项目除外),在取得土地时向其他单位或个人支付的拆迁补偿费用也允许在计算销售额时扣除。纳税人按上述规定扣除拆迁补偿费用时,应提供拆迁协议、拆迁双方支付和取得拆迁补偿费用凭证等能够证明拆迁补偿费用真实性的材料。

4) 纳税人转让不动产缴纳增值税差额扣除的有关规定

(1) 纳税人转让不动产,按照有关规定差额缴纳增值税的,如因丢失等原因无法提供取得不动产时的发票,可向税务机关提供其他能证明契税计税金额的完税凭证等资料,进行差额扣除。

(2) 纳税人以契税计税金额进行差额扣除的,按照下列公式计算增值税应纳税额:

① 2016年4月30日及以前缴纳契税的:

增值税应纳税额=[全部交易价格(含增值税)-契税计税金额(含营业税)]÷(1+5%)×5%

② 2016年5月1日及以后缴纳契税的:

增值税应纳税额=[全部交易价格(含增值税)÷(1+5%)-契税计税金额(不含增值税)]×5%

(3) 纳税人同时保留取得不动产时的发票和其他能证明契税计税金额的完税凭证等资料的,应当凭发票进行差额扣除。

试点纳税人按照上述特殊销售方式下的(2)～(9)款的规定从全部价款和价外费用中扣除的价款,应当取得符合法律、行政法规和国家税务总局规定的有效凭证。否则,不得扣除。

5) 视同销售货物和发生应税行为的销售额确定

纳税人发生应税行为价格明显偏低或者偏高且不具有合理商业目的的,或者发生视同销售服务、无形资产或者不动产行为而无销售额的,主管税务机关有权按照下列顺序确定销售额:

(1) 按照纳税人最近时期销售同类服务、无形资产或者不动产的平均价格确定;

(2) 按照其他纳税人最近时期销售同类服务、无形资产或者不动产的平均价格确定;

(3) 按照组成计税价格确定。组成计税价格的公式为:

组成计税价格=成本×(1+成本利润率)

成本利润率由国家税务总局确定。

6) 含税销售额的换算

一般纳税人销售货物或者提供应税劳务或者发生应税行为取得的含税销售额在计算销项税额时,必须将其换算为不含税的销售额。对于一般纳税人销售货物或者提供应税劳务或者发生应税行为,采用销售额和销项税额合并定价方法的,按下列公式计算销售额:

销售额=含税销售额÷(1+税率)

2. 进项税额的确认和计算

进项税额,是指纳税人购进货物、加工修理修配劳务、服务、无形资产或者不动产,所支付或者负担的增值税额。进项税额是与销项税额相对应的另一个概念。在开具增值税专用发票的情况下，它们之间的对应关系是，销售方收取的销项税额，就是购买方支付的进项税额。

1）准予从销项税额中抵扣的进项税额

（1）从销售方取得的增值税专用发票（含税控《机动车销售统一发票》，下同）上注明的增值税额。

（2）从海关取得的海关进口增值税专用缴款书上注明的增值税额。

（3）从境外单位或者个人购进服务、无形资产或者不动产，为税务机关或者扣缴义务人取得的解缴税款的完税凭证上注明的增值税额。

（4）购进农产品，除取得增值税专用发票或者海关进口增值税专用缴款书外，按照农产品收购发票或者销售发票上注明的农产品买价和9%或10%的扣除率计算的进项税额。

此外，一些特殊情况或行业的规定：

（1）增值税一般纳税人在资产重组过程中，将全部资产、负债和劳动力一并转让给其他增值税一般纳税人，并按程序办理注销税务登记的，其在办理注销登记前尚未抵扣的进项税额可结转至新纳税人处继续抵扣。

（2）《关于深化增值税改革有关政策的公告》（财政部　国家税务总局　海关总署公告2019年第39号）的主要内容如下：

① 2019年4月1日后取得并在会计制度上按固定资产核算的不动产或取得的不动产在建工程，其进项税额可以一次性在购入当期抵扣。取得不动产，包括以直接购买、接受捐赠、接受投资入股、自建以及抵债等各种形式取得不动产，不包括房地产开发企业自行开发的房地产项目。

② 纳税人2019年4月1日后购进货物和设计服务、建筑服务，用于新建不动产，或者用于改建、扩建、修缮、装饰不动产并增加不动产原值超过50%的，其进项税额依照上述的规定一次性从销项税额中抵扣。

不动产原值，是指取得不动产时的购置原价或作价。

上述一次性从销项税额中抵扣的购进货物，是指构成不动产实体的材料和设备，包括建筑装饰材料和给水排水、采暖、卫生、通风、照明、通信、煤气、消防、中央空调、电梯、电气、智能化楼宇设备及配套设施。

③ 纳税人按照上述规定从销项税额中抵扣进项税额，应取得合法有效的增值税扣税凭证。

④ 此前按照《不动产进项税额分期抵扣暂行办法》规定，尚未抵扣完毕的待抵扣进项税额，可自2019年4月税款所属期起从销项税额中抵扣。

2）不得从销项税额中抵扣的进项税额

纳税人购进货物或者接受应税劳务或应税行为，取得的增值税扣税凭证不符合法律、行政法规或者国务院税务主管部门有关规定的，其进项税额不得从销项税额中抵扣。所谓增值税扣税凭证，是指增值税专用发票、海关进口增值税专用缴款书、农产品收购发票和农产品销售发票以及从税务机关或者境内代理人取得的解缴税款的税收缴款凭证。主要包括：

（1）用于简易计税方法计税项目、免征增值税项目、集体福利或者个人消费的购进货物、加工修理修配劳务、服务、无形资产和不动产。

(2) 非正常损失的购进货物,以及相关的加工修理修配劳务和交通运输服务。

(3) 非正常损失的在产品、产成品所耗用的购进货物(不包括固定资产、加工修理修配劳务和交通运输服务)。

(4) 非正常损失的不动产,以及该不动产所耗用的购进货物、设计服务和建筑服务。

(5) 非正常损失的不动产在建工程所耗用的购进货物、设计服务和建筑服务。纳税人新建、改建、扩建、修缮、装饰不动产,均属于不动产在建工程。

(6) 购进的旅客运输服务、贷款服务、餐饮服务、居民日常服务和娱乐服务。

(7) 纳税人接受贷款服务向贷款方支付的与该笔贷款直接相关的投融资顾问费、手续费、咨询费等费用,其进项税额不得从销项税额中抵扣。

(8) 财政部和国家税务总局规定的其他情形。

适用一般计税方法的纳税人,兼营简易计税方法计税项目、免征增值税项目而无法划分不得抵扣的进项税额,按照下列公式计算不得抵扣的进项税额:

不得抵扣的进项税额=当期无法划分的全部进项税额×(当期简易计税方法计税项目销售额+免征增值税项目销售额)÷当期全部销售额

一般纳税人已抵扣进项税额的固定资产、无形资产或者不动产,发生不得从销项税额中抵扣进项税额情形的,按照下列公式计算不得抵扣的进项税额:

不得抵扣的进项税额=固定资产、无形资产或者不动产净值×适用税率

有下列情形之一者,应当按照销售额和增值税税率计算应纳税额,不得抵扣进项税额,也不得使用增值税专用发票:

(1) 一般纳税人会计核算不健全,或者不能够提供准确税务资料的。

(2) 应当办理一般纳税人资格登记而未办理的。

(二) 简易征税方法应纳税额的计算

纳税人销售货物或者提供应税劳务或者发生应税行为适用简易计税方法的,应该按照销售额和征收率计算应纳增值税税额,并且不得抵扣进项税额。其应纳税额的计算公式是:

应纳税额=销售额×征收率

销售额=含税销售额÷(1+征收率)

小规模纳税人一律采用简易计税方法计税,但是一般纳税人销售特定货物或者提供特定应税行为可以选择适用简易计税方法。

六、出口货物、劳务和跨境应税行为增值税的退(免)税和征税

(一) 退(免)增值税基本政策

我国的出口货物、劳务和跨境应税行为的增值税税收政策分为以下三种形式。

1. 出口免税并退税

出口免税退税是指对货物、劳务和跨境应税行为在出口前实际承担的税收负担,按规定的退税率计算后予以退还。

2. 出口免税不退税

出口免税不退税是指适用这个政策的出口货物、劳务和跨境应税行为,因在前一道生产、销售环节或进口环节是免税的,因此,出口时该货物、劳务和跨境应税行为的价格中

本身就不含税,也无须退税。

3. 出口不免税也不退税

出口不免税是指对国家限制或禁止出口的某些货物、劳务和跨境应税行为的出口环节视同内销环节,照常征税;出口不退税是指对这些货物、劳务和跨境应税行为出口不退还出口前其所负担的税款。

(二)增值税退(免)税政策

1. 适用增值税退(免)税政策的范围

(1)出口企业出口货物。

(2)出口企业或其他单位视同出口的货物。

(3)出口企业对外提供加工修理修配劳务。

(4)融资租赁货物出口退税。

2. 增值税退(免)税办法

适用增值税退(免)税政策的出口货物、劳务和应税行为,按照下列规定实行增值税"免、抵、退"税或"免、退"税办法。

(1)"免、抵、退"税办法。适用增值税一般计税方法的生产企业出口自产货物与视同自产货物、对外提供加工修理修配劳务,以及列名的74家生产企业出口非自产货物,免征增值税,相应的进项税额抵减应纳增值税额(不包括适用增值税即征即退、先征后退政策的应纳增值税额),未抵减完的部分予以退还。

(2)"免、退"税办法。不具有生产能力的出口企业(以下称外贸企业)或其他单位出口货物、劳务,免征增值税,相应的进项税额予以退还。

3. 增值税"免、抵、退"税和"免、退"税的计算

生产企业出口货物、劳务、服务和无形资产的增值税"免、抵、退"税,依下列公式计算:

1)当期应纳税额的计算:

当期应纳税额=当期销项税额-(当期进项税额-当期不得免征和抵扣税额)

当期不得免征和抵扣税额=当期出口货物离岸价×外汇人民币牌价×(出口货物适用税-出口货物退税率)-当期不得免征和抵扣税额抵减额

当期不得免征和抵扣税额抵减额=当期免税购进原材料价格×(出口货物适用税率-出口货物退税率)

2)当期"免、抵、退"税额的计算:

当期"免、抵、退"税额=当期出口货物离岸价×外汇人民币牌价×出口货物退税率-当期"免、抵、退"税额抵减额

当期"免、抵、退"税额抵减额=当期免税购进原材料价格×出口货物退税率

3)当期应退税额和免抵税额的计算:

(1)当期期末留抵税额≤当期"免、抵、退"税额,则:

当期应退税额=当期期末留抵税额

当期免抵税额=当期"免、抵、退"税额-当期应退税额

(2)当期期末留抵税额≥当期"免、抵、退"税额,则:

当期应退税额=当期"免、抵、退"税额

当期免抵税额=0

4）当期免税购进原材料价格，包括当期国内购进的无进项税额且不计提进项税额的免税原材料的价格和当期进料加工保税进口料件的价格，其中当期进料加工保税进口料件的价格为进料加工出口货物耗用的保税进口料件金额。

进料加工出口货物耗用的保税进口料件金额＝进料加工出口货物人民币离岸价×进料加工计划分配率

计划分配率＝计划进口总值÷计划出口总值×100％

七、税收优惠

（一）免税项目

（1）农业生产者销售的自产农产品。

（2）避孕药品和用具。

（3）古旧图书，是指向社会收购的古书和旧书。

（4）直接用于科学研究、科学试验和教学的进口仪器、设备。

（5）外国政府、国际组织无偿援助的进口物资和设备。

（6）由残疾人的组织直接进口供残疾人专用的物品。

（7）其他个人销售的自己使用过的物品。

（8）托儿所、幼儿园提供的保育和教育服务。

（9）养老机构提供的养老服务。

（10）残疾人福利机构提供的育养服务。

（11）婚姻介绍服务。

（12）殡葬服务。

（13）残疾人员本人为社会提供的服务。

（14）医疗机构提供的医疗服务。

（15）从事学历教育的学校提供的教育服务。

（16）学生勤工俭学提供的服务。

（17）农业机耕、排灌、病虫害防治、植物保护、农牧保险以及相关技术培训业务，家禽、畜牧、水生动物的配种和疾病防治。

（18）纪念馆、博物馆、文化馆、文物保护单位管理机构、美术馆、展览馆、书画院、图书馆在自己的场所提供文化体育服务取得的第一道门票收入。

（19）寺院、宫观、清真寺和教堂举办文化、宗教活动的门票收入。

（20）行政单位之外的其他单位收取的符合《营业税改征增值税试点实施办法》第十条规定条件的政府性基金和行政事业性收费。

（21）个人转让著作权。

（22）个人销售自建自用住房。

（23）台湾地区航运公司、航空公司从事海峡两岸海上直航、空中直航业务在大陆取得的运输收入。

（24）纳税人提供的直接或者间接国际货物运输代理服务。

（25）符合条件的利息收入，如国家助学贷款等。

（26）被撤销金融机构以货物、不动产、无形资产、有价证券、票据等财产清偿债务。

（27）保险公司开办的一年期以上人身保险产品取得的保费收入。

(28) 符合条件的金融商品转让收入。

(29) 再保险服务。

(30) 金融同业往来利息收入。

(31) 符合条件的担保机构从事中小企业信用担保或者再担保业务取得的收入。

(32) 国家商品储备管理单位及其直属企业承担商品储备任务,从中央或者地方财政取得的利息补贴收入和差价补贴收入。

(33) 纳税人提供技术转让、技术开发和与之相关的技术咨询、技术服务。

(34) 符合条件的合同能源管理服务。

(35) 政府举办的从事学历教育的高等、中等和初等学校(不含下属单位),举办进修班、培训班取得的全部归该学校所有的收入。

(36) 政府举办的职业学校设立的主要为在校学生提供实习场所,并由学校出资自办、由学校负责经营管理、经营收入归学校所有的企业,从事现代服务(不含融资租赁服务、广告服务和其他现代业务服务)、生活服务(不含文化体育服务、其他生活服务和桑拿、氧吧)业务活动取得的收入。

(37) 家政服务企业由员工制家政服务员提供家政服务取得的收入。

(38) 福利彩票、体育彩票的发行收入。

(39) 军队空余房产租赁收入。

(40) 为了配合国家住房制度改革,企业、行政事业单位按房改成本价、标准价出售住房取得的收入。

(41) 将土地使用权转让给农业生产者用于农业生产。

(42) 涉及家庭财产分割的个人无偿转让不动产、土地使用权。

(43) 土地所有者出让土地使用权和土地使用者将土地使用权归还给土地所有者。

(44) 县级以上地方人民政府或自然资源行政主管部门出让、转让或收回自然资源使用权(不含土地使用权)。

(45) 随军家属就业。

(46) 军队转业干部就业。

(47) 各党派、共青团、工会、妇联、中科协、青联、台联、侨联收取党费、团费、会费,以及政府间国际组织收取会费,属于非经营活动,不征收增值税,等。

(二) 即征即退项目

(1) 增值税一般纳税人销售其自行开发生产的软件产品,按 13% 的税率征收增值税后,对其增值税实际税负超过 3% 的部分实行即征即退政策。

(2) 一般纳税人提供管道运输服务,对其增值税实际税负超过 3% 的部分实行增值税即征即退政策。

(3) 经人民银行、银监会或者商务部批准从事融资租赁业务的试点纳税人中的一般纳税人,提供有形动产融资租赁服务和有形动产融资性售后回租服务,对其增值税实际税负超过 3% 的部分实行增值税即征即退政策。

(4) 本规定所称增值税实际税负,是指纳税人当期提供应税服务实际缴纳的增值税额占纳税人当期提供应税服务取得的全部价款和价外费用的比例。

(5) 纳税人享受安置残疾人增值税即征即退优惠政策。

(6) 增值税的退还。年度已缴增值税额小于或等于年度应退税额的退税额为年度已缴增值税额；年度已缴增值税额大于年度应退税额的，退税额为年度应退税额。年度已缴不足退还的，不得结转以后年度退还。

（三）其他有关减免税规定

（1）纳税人兼营免税、减税项目的，应当分别核算免税、减税项目的销售额；未分别核算销售额的，不得免税、减税。

（2）纳税人销售货物、劳务和应税行为适用免税规定的，可以放弃免税，依照规定缴纳增值税。放弃免税后，36个月内不得再申请免税。纳税人销售货物、提供应税劳务和发生应税行为同时适用免税和零税率规定的，优先适用零税率。

（3）安置残疾人单位既符合促进残疾人就业增值税优惠政策条件，又符合其他增值税优惠政策条件的，可同时享受多项增值税优惠政策，但年度申请退还增值税总额不得超过本年度内应纳增值税总额。

（4）纳税人既享受增值税即征即退、先征后退政策，又享受免抵退税政策有关问题的处理。纳税人应分别核算，分别申请享受增值税即征即退、先征后退和免抵退税政策。

八、征收管理及发票使用

（一）纳税义务发生时间、纳税期限和纳税地点

1. 纳税义务发生时间

1）销售货物或者提供应税劳务的纳税义务发生时间

纳税人销售货物或者提供应税劳务，其纳税义务发生时间为收讫销售款项或者取得索取销售款项凭据的当天；先开具发票的，为开具发票的当天。其中，收讫销售款项或者取得索取销售款项凭据的当天按销售结算方式的不同，具体为：

（1）采取直接收款方式销售货物，不论货物是否发出，均为收到销售款或者取得索取销售款凭据的当天。

（2）采取托收承付和委托银行收款方式销售货物，为发出货物并办妥托收手续的当天。

（3）采取赊销和分期收款方式销售货物，为书面合同约定的收款日期的当天，无书面合同的或者书面合同没有约定收款期的，为货物发出的当天。

（4）采取预收货款方式销售货物，为货物发出的当天，但生产销售生产工期超过12个月的大型机械设备、船舶、飞机等货物，为收到预收款或者书面合同约定的收款日期的当天。

（5）委托其他纳税人代销货物，为收到代销单位的代销清单或者收到全部或者部分货款的当天。未收到代销清单及货款的，为发出代销货物满180天的当天。

（6）销售应税劳务，为提供劳务同时收讫销售款或者取得索取销售款的凭据的当天。

（7）纳税人发生除将货物交付其他单位或者个人代销和销售代销货物以外的视同销售货物行为，为货物移送的当天。

（8）纳税人进口货物，其纳税义务发生时间为报关进口的当天。

2）发生应税行为的纳税义务发生时间

纳税人发生应税行为并收讫销售款项或者取得索取销售款项凭据的当天为纳税义务发生时间；先开具发票的，为开具发票的当天。收讫销售款项，是指纳税人销售服务、无形

资产、不动产过程中或者完成后收到款项。取得索取销售款项凭据的当天,是指书面合同确定的付款日期;未签订书面合同或者书面合同未确定付款日期的,为服务、无形资产转让完成的当天或者不动产权属变更的当天。

3)增值税扣缴义务发生时间为纳税人增值税纳税义务发生的当天

2. 纳税期限

增值税的纳税期限分别为1日、3日、5日、10日、15日、1个月或1个季度。

以1个季度为纳税期限的规定适用于小规模纳税人、银行、财务公司、信托投资公司、信用社,以及财政部和国家税务总局规定的其他纳税人不能按照固定期限纳税的,可以按次纳税。

纳税人以1个月或1个季度为1个纳税期的,自期满之日起15日内申报纳税;以1日、3日、5日、10日或者15日为1个纳税期的,自期满之日起5日内预缴税款,于次月1日起15日内申报纳税并结清上月应纳税款。扣缴义务人解缴税款的期限,依照前两款规定执行。

纳税人进口货物,应当自海关填发进口增值税专用缴款书之日起15日内缴纳税款。

3. 纳税地点

(1) 固定业户应当向其机构所在地或者居住地主管税务机关申报纳税。

总机构和分支机构不在同一县(市)的,应当分别向各自所在地的主管税务机关申报纳税;经财政部和国家税务总局或者其授权的财政和税务机关批准,可以由总机构汇总向总机构所在地的主管税务机关申报纳税。

(2) 非固定业户销售货物、提供劳务和发生应税行为应当向销售地、劳务发生地和应税行为发生地主管税务机关申报纳税;未申报纳税的,由其机构所在地或者居住地主管税务机关补征税款。

(3) 其他个人提供建筑服务,销售或者租赁不动产,转让自然资源使用权,应向建筑服务发生地、不动产所在地、自然资源所在地主管税务机关申报纳税。

(4) 扣缴义务人应当向其机构所在地或者居住地主管税务机关申报缴纳扣缴的税款。

(二) 增值税发票的使用

1. 增值税专用发票的开具

增值税专用发票应按下列要求开具:

(1) 项目齐全,与实际交易相符;

(2) 字迹清楚,不得压线、错格;

(3) 发票联和抵扣联加盖财务专用章或者发票专用章;

(4) 按照增值税纳税义务的发生时间开具;

(5) 一般纳税人发生应税销售行为可汇总开具增值税专用发票;

(6) 保险机构作为车船税扣缴义务人,在代收车船税并开具增值税发票时,应在增值税发票备注栏中注明代收车船税税款信息。

2. 增值税专用发票的领购

一般纳税人凭《发票领购簿》、IC卡和经办人身份证明领购增值税专用发票。一般纳税人有下列情形之一的,不得领购开具增值税专用发票:

(1) 会计核算不健全,不能向税务机关准确提供增值税销项税额、进项税额、应纳税额数据及其他有关增值税税务资料的；

(2) 有《税收征收管理法》规定的税收违法行为，拒不接受税务机关处理的；

(3) 有相关违法违规行为，经税务机关责令限期改正而仍未改正的。

3. 增值税专用发票不得抵扣进项税额的规定

1) 经认证，有下列情况之一的不得作为增值税进项税额的抵扣凭证，税务机关退还原件，购买方可要求销售方重新开具增值税专用发票：

(1) 无法认证。

(2) 纳税人识别号认证不符。

(3) 增值税专用发票代码、号码认证不符。

2) 经认证，有下列情形之一的，暂不作为增值税进项税额的抵扣凭证，税务机关扣留原件，查明原因，分别情况进行处理：

(1) 重复认证。

(2) 密文有误。

(3) 认证不符。

(4) 列为失控增值税专用发票。

3) 对丢失已开具增值税专用发票的发票联和抵扣联分情况处理。

增值税专用发票抵扣联无法认证的，可使用增值税专用发票发票联到主管税务机关认证。增值税专用发票发票联复印件留存备查。

城市维护建设税和教育费附加，以实际缴纳的增值税、消费税为基础按照法定比例缴纳，市区7%、县城和镇5%、其他地区1%，依3%计征教育费附加，依2%计征地方教育费附加。

城建税及教育费附加税负的高低主要决定于增值税、消费税的高低，不再单列。

第二节 土地增值税

一、基本概念

土地增值税是对有偿转让国有土地使用权及地上建筑物和其他附着物产权，取得增值收入的单位和个人征收的一种税。其目的是增强政府对房地产开发和交易市场的调控，抑制炒买炒卖土地获取暴利的行为。

现行土地增值税的基本规范，是1993年12月13日国务院颁布的《中华人民共和国土地增值税暂行条例》（以下简称《土地增值税暂行条例》）。

二、征税范围

土地增值税是对转让国有土地使用权及其地上建筑物和附着物征收的税，不包括国有土地使用权出让所取得的收入。

1. 基本征税范围

(1) 转让国有土地使用权。

(2) 地上的建筑物及其附着物连同国有土地使用权一并转让。

(3) 存量房地产的买卖。

2. 特殊征税范围

(1) 房地产的继承。
(2) 房地产的赠与。
(3) 房地产的出租。
(4) 房地产的抵押。
(5) 房地产的交换。
(6) 合作建房。
(7) 房地产的代建房行为。
(8) 房地产的重新评估。

3. 企业改制重组土地增值税政策

(1)《中华人民共和国公司法》规定，非公司制企业整体改建为有限责任公司或者股份有限公司，有限责任公司（股份有限公司）整体改建为股份有限公司（有限责任公司）。对改建前的企业将国有土地、房屋权属转移、变更到改建后的企业，暂不征土地增值税。

整体改建是指不改变原企业的投资主体，并承继原企业权利、义务的行为。

(2) 按照法律规定或者合同约定，两个或两个以上企业合并为一个企业，且原企业投资主体存续的，对原企业将国有土地、房屋权属转移、变更到合并后的企业，暂不征土地增值税。

(3) 按照法律规定或者合同约定，企业分设为两个或两个以上与原企业投资主体相同的企业，原企业将国有土地、房屋权属转移、变更到分立后的企业，暂不征土地增值税。

(4) 单位、个人在改制重组时以国有土地、房屋进行投资，对其将国有土地、房屋权属转移、变更到被投资的企业，暂不征土地增值税。

上述（1）～（4）项有关改制重组土地增值税政策不适用于房地产开发企业。

(5) 企业改制重组后再转让国有土地使用权并申报缴纳土地增值税时，应以改制前取得该宗国有土地使用权所支付的地价款和按国家统一规定缴纳的有关费用，作为该企业"取得土地使用权所支付的金额"扣除。企业在重组改制过程中经省级以上（含省级）国土管理部门批准，国家以国有土地使用权作价出资入股的，再转让该宗国有土地使用权并申报缴纳土地增值税时，应以该宗土地作价入股时省级以上（含省级）国土管理部门批准的评估价格，作为该企业"取得土地使用权所支付的金额"扣除。办理纳税申报时，企业应提供该宗土地作价入股时省级以上（含省级）国土管理部门的批准文件和批准的评估价格，不能提供的，不得扣除。

(6) 企业按有关规定享受相关土地增值税优惠政策的，应及时向主管税务机关提交相关房产、国有土地权证、价值证明等书面材料。

三、纳税义务人

土地增值税的纳税义务人为转让国有土地使用权、地上建筑物及其附着物（以下简称转让房地产）并取得收入的单位和个人。

《土地增值税暂行条例》对纳税人的规定主要有以下四个特点：即：不论法人与自然人；不论经济性质；不论内资与外资企业、中国公民与外籍个人；不论行业与部门，都是土地增值税的纳税人。

四、税率

土地增值税实行四级超率累进税率，超率累进税率见表2-4。

土地增值税四级超率累进税率表　　　　　　　　　　　　　　表 2-4

级数	增值额与扣除项目金额的比率	税率	速算扣除系数
1	不超过 50% 的部分	30%	0%
2	超过 50%～100% 的部分	40%	5%
3	超过 100%～200% 的部分	50%	15%
4	超过 200% 的部分	60%	35%

五、应纳税额的计算

（一）增值额的确定

土地增值税纳税人转让房地产所取得的收入减除规定的扣除项目金额后的余额，为增值额。

1. 应税收入确定

根据《土地增值税暂行条例》及其《实施细则》的规定，纳税人转让房地产取得的应税收入，应包括转让房地产的全部价款及有关的经济收益。从收入的形式来看，包括货币收入、实物收入和其他收入。

2. 扣除项目确定

税法规定准予减除的扣除项目包括以下几项：

1）取得土地使用权所支付的金额

具体包括两方面的内容：

（1）纳税人为取得土地使用权所支付的地价款。

（2）纳税人在取得土地使用权时按国家统一规定缴纳的有关费用，即有关登记、过户手续费。

2）房地产开发成本

指纳税人房地产开发项目实际发生的成本，包括土地的征用及拆迁补偿费、前期工程费、建筑安装工程费、基础设施费、公共配套设施费、开发间接费用等。

3）房地产开发费用

是指与房地产开发项目有关的销售费用、管理费用和财务费用。根据现行财务会计制度的规定，这三项费用作为期间费用，直接计入当期损益，不按成本核算对象进行分摊。

财务费用中的利息支出，凡能够按转让房地产项目计算分摊并提供金融机构证明的，允许据实扣除，但最高不能超过按商业银行同类同期贷款利率计算的金额。其他房地产开发费用，按取得土地使用权所支付的金额和房地产开发成本金额之和的 5% 以内计算扣除。凡不能按转让房地产项目计算分摊利息支出或不能提供金融机构证明的，房地产开发费用按取得土地使用权所支付的金额和房地产开发成本金额之和的 10% 以内计算扣除。计算扣除的具体比例，由各省、自治区、直辖市人民政府规定。

上述规定的具体含义是：

（1）纳税人能够按转让房地产项目计算分摊利息支出，并能提供金融机构的贷款证明的，其允许扣除的房地产开发费用为：利息＋（取得土地使用权所支付的金额＋房地产开发成本）×5% 以内（注：利息最高不能超过按商业银行同类同期贷款利率计算的金额）。

（2）纳税人不能按转让房地产项目计算分摊利息支出或不能提供金融机构贷款证明

的，其允许扣除的房地产开发费用为：（取得土地使用权所支付的金额＋房地产开发成本）×10%以内。

全部使用自有资金，没有利息支出的，按照以上方法扣除。上述具体适用的比例按省级人民政府此前规定的比例执行。

（3）房地产开发企业既向金融机构借款，又有其他借款的，其房地产开发费用计算扣除时不能同时适用上述（1）、（2）项所述两种办法。

（4）土地增值税清算时，已经计入房地产开发成本的利息支出，应调整至财务费用中计算扣除。

4）与转让房地产有关的税金

是指在转让房地产时缴纳的城市维护建设税、印花税。因转让房地产缴纳的教育费附加，也可视同税金予以扣除。

5）其他扣除项目

对从事房地产开发的纳税人可按取得土地使用权所支付的金额和房地产开发成本计算的金额之和，加计20%的扣除。此条优惠只适用于从事房地产开发的纳税人，除此之外的其他纳税人不适用。

6）旧房及建筑物的评估价格

纳税人转让旧房的，应按房屋及建筑物的评估价格、取得土地使用权所支付的地价款或出让金，按国家统一规定缴纳的有关费用和转让环节缴纳的税金作为扣除项目金额计征土地增值税。

旧房及建筑物的评估价格是指在转让已使用的房屋及建筑物时，由政府批准设立的房地产评估机构评定的重置成本价乘以成新度折扣率后的价格。纳税人转让旧房及建筑物，凡不能取得评估价格，但能提供购房发票的，经当地税务部门确认，根据《土地增值税暂行条例》规定的扣除项目的金额（即：取得土地使用权所支付的金额、新建房及配套设施的成本、费用，或者旧房及建筑物的评估价格），可按发票所载金额并从购买年度起至转让年度止每年加计5%计算扣除。

对纳税人购房时缴纳的契税，凡能提供契税完税凭证的，准予作为"与转让房地产有关的税金"予以扣除，但不作为加计5%的基数。

对于转让旧房及建筑物，既没有评估价格，又不能提供购房发票的，由地方税务机关根据规定核定征收。

（二）应纳税额的计算方法

土地增值税按照纳税人转让房地产所取得的增值额和规定的税率计算征收。土地增值税的计算公式是：

应纳税额＝∑（每级距的土地增值额×适用税率）

但在实际工作中，分步计算比较烦琐，一般可以采用速算扣除法计算。即：计算土地增值税税额，可按增值额乘以适用的税率减去扣除项目金额乘以速算扣除系数的简便方法计算，具体方法如下：

增值额未超过扣除项目金额50%时，计算公式为：

土地增值税税额＝增值额×30%

增值额超过扣除项目金额50%，未超过100%时，计算公式为：

土地增值税税额＝增值额×40％－扣除项目金额×5％

增值额超过扣除项目金额100％，未超过200％时，计算公式为：

土地增值税税额＝增值额×50％－扣除项目金额×15％

增值额超过扣除项目金额200％时，计算公式为：

土地增值税税额＝增值额×60％－扣除项目金额×35％

【例 2-2】 假定某房地产开发公司转让商品房一栋，取得不含税收入额为1400万元，应扣除的土地款、开发成本、开发费用、相关税金、其他扣除金额合计为不含税金额400万元。请计算该房地产开发公司应缴纳的土地增值税。

【解】

（1）先计算增值额：

增值额＝1400－400＝1000（万元）

（2）再计算增值额与扣除项目金额的比率：

增值额与扣除项目金额的比率＝1000÷400×100％＝250％

根据上述计算方法，增值额超过扣除项目金额200％时，其适用的计算公式为：

土地增值税税额＝增值额×60％－扣除项目金额×35％

（3）最后计算该房地产开发公司应缴纳的土地增值税：

应缴纳土地增值税＝1000×60％－400×35％＝460（万元）

六、税收优惠

1. 建造普通标准住宅的税收优惠

纳税人建造普通标准住宅出售，增值额未超过扣除项目金额20％的，免征土地增值税。

对于纳税人既建造普通标准住宅，又建造其他房地产项目的，应分别核算增值额。不分别核算增值额或不能准确核算增值额的，其建造的普通标准住宅不能适用这一免税规定。

2. 国家征用收回的房地产的税收优惠

因国家建设需要依法征用、收回的房地产，免征土地增值税。

3. 因城市规划、国家建设需要而搬迁，由纳税人自行转让原房地产的税收优惠

因城市实施规划、国家建设的需要而搬迁，由纳税人自行转让原房地产的，免征土地增值税。

4. 对企事业单位、社会团体以及其他组织转让旧房作为公共租赁住房房源的税收优惠

对企事业单位、社会团体以及其他组织转让旧房作为公共租赁住房房源的且增值额未超过扣除项目金额20％的，免征土地增值税。

七、征收管理

由于房地产开发与转让周期较长，一般采取预征管理办法。除保障性住房外，东部地区省份预征率不得低于2％，中部和东北地区省份不得低于1.5％，西部地区省份不得低于1％。

1. 纳税时间

土地增值税的纳税人应在转让房地产合同签订后的7日内，到房地产所在地主管税务

机关办理纳税申报,并向税务机关提交房屋及建筑物产权、土地使用权证书,土地转让、房产买卖合同,房地产评估报告及其他与转让房地产有关的资料。

2. 纳税期限（清算时间）

土地增值税的清算时间根据以下情况确定：

1）具备下列情形之一的,纳税人应自满足清算条件之日起 90 日内办理清算手续：

（1）房地产开发项目全部竣工、完成销售的。

（2）整体转让未竣工决算房地产开发项目的。

（3）直接转让土地使用权的。

2）符合下列情形之一的,主管税务机关将要求纳税人进行土地增值税清算,纳税人应自接到清算通知之日起 90 日内办理清算手续：

（1）已竣工验收的房地产开发项目,已转让的房地产建筑面积占整个项目可售建筑面积的比例在 85％以上,或该比例虽未超过 85％,但剩余的可售建筑面积已经出售或自用的。

（2）取得销售（预售）许可证满三年仍未销售完毕的。

（3）纳税人申请注销税务登记但未办理土地增值税清算手续的。

（4）省税务机关规定的其他情况。

3. 纳税地点

土地增值税的纳税人应向房地产所在地主管税务机关办理纳税申报,并在税务机关核定的期限内缴纳土地增值税。纳税人转让的房地产坐落在两个或两个以上地区的,应按房地产所在地分别申报纳税。

在实际工作中,纳税地点的确定又可分为以下两种情况：

（1）纳税人是法人的。当转让的房地产坐落地与其机构所在地或经营所在地一致时,则在办理税务登记的原管辖税务机关申报纳税即可；如果转让的房地产坐落地与其机构所在地或经营所在地不一致时,则应在房地产坐落地所管辖的税务机关申报纳税。

（2）纳税人是自然人的。当转让的房地产坐落地与其居住所在地一致时,则在住所所在地税务机关申报纳税；当转让的房地产坐落地与其居住所在地不一致时,则在办理过户手续所在地的税务机关申报纳税。

第三节　房　产　税

一、基本概念

房产税是以房屋为征税对象,按照房屋的计税余值或租金收入,向产权所有人征收的一种财产税。征收房产税有利于地方政府筹集财政收入,也有利于加强房产管理。

房产税的税收特点：①房产税属于财产税中的个别财产税,其征税对象只是房屋；②征收范围限于城镇的经营性房屋；③区别房屋的经营使用方式对于自用的按房产计税余值征收,对于出租房屋按租金收入征税。

二、征税范围

房产税的纳税对象是房产。所谓房产,是指有屋面和围护结构,能够遮风避雨,可供人们在其中生产、学习、工作、娱乐、居住或储藏物资的场所。但独立于房屋的建筑物如围墙、暖房、水塔、烟囱、室外游泳池等不属于房产,但室内游泳池属于房产。

由于房地产开发企业开发的商品房在出售前,对房地产开发企业而言是一种产品,因此,对房地产开发企业建造的商品房,在售出前,不征收房产税;但对售出前房地产开发企业已使用或出租、出借的商品房应按规定征收房产税。

按照税法,房产税在城市、县城、建制镇和工矿区征收,不包括农村。

三、纳税义务人

房产税是以房屋为征税对象,按照房屋的计税余值或租金收入,向产权所有人征收的一种财产税。产权属于全民所有的,由经营管理单位缴纳。产权出典的,由承典人缴纳。产权所有人、承典人不在房产所在地的,或者产权未确定及租典纠纷未解决的,由房产代管人或使用人缴纳。因此,上述产权所有人、经营管理单位、承典人、房产代管人或者使用人,统称房产税的纳税人。

其中:

(1) 产权属国家所有的,由经营管理单位纳税;产权属集体和个人所有的,由集体单位和个人纳税。

(2) 产权出典的,由承典人纳税。所谓产权出典,是指产权所有人将房屋、生产资料等的产权,在一定期限内典当给他人使用,而取得资金的一种融资业务。

(3) 产权所有人、承典人不在房屋所在地的,或者产权未确定及租典纠纷未解决的,由房产代管人或者使用人纳税。

(4) 无租使用其他房产的问题。纳税单位和个人无租使用房产管理部门、免税单位及纳税单位的房产,应由使用人代为缴纳房产税。

(5) 产权属于集体所有制的,由实际使用人纳税。

四、纳税税率

房产税的计税依据有从价计征和从租计征两种形式,因此,房产税的税率也有两种:一种是按房产原值一次减除10%~30%后的余值按1.2%的税率计征;另一种是按房产出租租金收入按12%的税率计征。自2008年3月1日起,对个人出租住房,不区分用途,按4%的税率征收房产税。

五、计税依据

1. 从价计征

按照房产余值征税的,称为从价计征。房产税依照房产原值一次减除10%~30%后的余值计算缴纳。房产原值应包括与房屋不可分割的各种附属设备或一般不单独计算价值的配套设施。

2. 从租计征

按照房产租金收入计征的,称为从租计征,房产出租的,以房产租金收入为房产税的计税依据。但注意以下几点特殊情况:

(1) 房产出租的,以房产租金收入为房产税的计税依据。对投资联营的房产,在计征房产税时应予以区别对待。共担风险的,按房产余值作为计税依据,计征房产税;对收取固定收入的,应由出租方按租金收入计缴房产税。

(2) 对融资租赁房屋的情况,在计征房产税时应以房产余值计算征收,租赁期内房产税的纳税人,由当地税务机关根据实际情况确定。

(3) 新建房屋交付使用时，如中央空调设备已计算在房产原值之中，则房产原值应包括中央空调设备；旧房安装空调设备，一般都作单项固定资产入账，不应计入房产原值。

六、应纳税额的计算

1. 从价计征的计算

从价计征是按房产的原值减除一定比例后的余值计征，其计算公式为：

$$应纳税额＝应税房产原值\times(1-扣除比例)\times1.2\%$$

房产原值是"固定资产"科目中记载的房屋原价，减除一定比例是省、自治区、直辖市人民政府规定的10%～30%的减除比例，适用税率为1.2%。

2. 从租计征的计算

从租计征是按房产的租金收入计征，其计算公式为：

$$应纳税额＝租金收入\times12\%（或4\%）$$

七、税收优惠

房产税的税收优惠政策主要有：

(1) 国家机关、人民团体、军队自用的房产免征房产税。

(2) 由国家财政部门拨付事业经费的单位，如学校、医疗卫生单位、托儿所、幼儿园、敬老院、文化、体育、艺术这些实行全额或差额预算管理的事业单位所有的，本身业务范围内使用的房产免征房产税。

(3) 宗教寺庙、公园、名胜古迹自用的房产免征房产税。

(4) 个人所有非营业用的房产免征房产税。

(5) 经财政部批准免税的其他房产。

八、征收管理

1. 纳税义务发生时间

(1) 纳税人将原有房产用于生产经营，从生产经营之月起缴纳房产税。

(2) 纳税人自行新建房屋用于生产经营，从建成之次月起缴纳房产税。

(3) 纳税人委托施工企业建设的房屋，从办理验收手续之次月起缴纳房产税。

(4) 纳税人购置新建商品房，自房屋交付使用之次月起缴纳房产税。

(5) 纳税人购置存量房，自办理房屋权属转移、变更登记手续，房地产权属登记机关签发房屋权属证书之次月起，缴纳房产税。

(6) 纳税人出租、出借房产，自交付出租、出借房产之次月起，缴纳房产税。

(7) 房地产开发企业自用、出租、出借本企业建造的商品房，自房屋使用或交付之次月起，缴纳房产税。

(8) 纳税人因房产的实物或权利状态发生变化而依法终止房产税纳税义务的，其应纳税款的计算应截止到房产的实物或权利状态发生变化的当月末。

2. 纳税期限和地点

1) 纳税期限

房产税实行按年计算、分期缴纳的征收方法，具体纳税期限由省、自治区、直辖市人民政府确定。

2) 纳税地点

房产税在房产所在地缴纳。房产不在同一地方的纳税人，应按房产的坐落地点分别向房产所在地的税务机关纳税。

第四节 契 税

一、基本概念

契税是以在中华人民共和国境内转移土地、房屋权属为征税对象，向产权承受人征收的一种财产税。契税的特征为：①其宗旨是为了保障不动产所有人的合法权益；②属于财产转移税；③由产权承受人缴纳。

二、征税范围

契税的征税范围是境内转移的土地、房屋权属。具体包括以下五项内容：
1) 国有土地使用权出让；
2) 土地使用权的转让；
3) 房屋买卖；

以下几种特殊情况，视同买卖房屋：
（1）以房产抵债或实物交换房屋。
（2）以房产作投资、入股。
（3）买房拆料或翻建新房，应照章征收契税。
4) 房屋赠与；
5) 房屋交换。

特殊方式转移土地、房屋权属的，也将视同土地使用权转让、房屋买卖或者房屋赠与，依法纳税。①以土地、房屋权属作价投资、入股；②以土地、房屋权属抵债；③以获奖方式承受土地、房屋权属；④以预购方式或者预付集资建房款方式承受土地、房屋权属。

三、纳税义务人

契税的纳税义务人是境内转移土地、房屋权属，承受的单位和个人。土地、房屋权属是指土地使用权和房屋所有权。

四、税率和计税依据

1. 税率

契税实行3%～5%的幅度税率。

2. 计税依据

契税的计税依据为不动产的价格。由于土地、房屋权属转移方式不同，定价方法不同，因而具体计税依据视不同情况而决定。

1) 国有土地使用权出让、土地使用权出售、房屋买卖，以成交价格为计税依据。成交价格是指土地、房屋权属转移合同确定的价格，包括承受者应交付的货币、实物、无形资产或者其他经济利益。

2) 土地使用权赠与、房屋赠与，由征收机关参照土地使用权出售、房屋买卖的市场价格核定。

3) 土地使用权交换、房屋交换，为所交换的土地使用权、房屋的价格差额。即，交换价格相等时，免征契税；交换价格不等时，由多交付货币、实物、无形资产或者其他经济利益的一方缴纳契税。

4）以划拨方式取得土地使用权，经批准转让房地产时，由房地产转让者补交契税。计税依据为补交的土地使用权出让费用或者土地收益。

5）房屋附属设施征收契税的依据

（1）不涉及土地使用权和房屋所有权转移变动的，不征收契税。

（2）采取分期付款方式购买房屋附属设施土地使用权、房屋所有权的，应按合同规定的总价款计征契税。

（3）承受的房屋附属设施权属如为单独计价的，按照当地确定的适用税率征收契税；如与房屋统一计价的，适用与房屋相同的契税税率。

6）个人无偿赠与不动产行为（法定继承人除外），应对受赠人全额征收契税。

五、应纳税额的计算

契税采用比例税率。应纳税额的计算公式为：

$$应纳税额 = 计税依据 \times 税率$$

【例2-3】居民甲有两套住房，将一套出售给居民乙，成交价格为1000000元；将另一套两室住房与居民丙交换成两套一室住房，并支付给丙换房差价款200000元。试计算甲、乙、丙相关行为应缴纳的契税（假定税率为4%，上述数据为不含税金额）。

【解】

（1）甲应缴纳契税 = $200000 \times 4\% = 8000$（元）

（2）乙应缴纳契税 = $1000000 \times 4\% = 40000$（元）

（3）丙无需缴纳契税。

六、税收优惠

（1）国家机关、事业单位、社会团体、军事单位承受土地、房屋用于办公、教学、医疗、科研和军事设施的，免征契税。

（2）城镇职工按规定第一次购买公有住房，免征契税。

（3）因不可抗力灭失住房而重新购买住房的，酌情减免。

（4）土地、房屋被县级以上人民政府征用、占用后，重新承受土地、房屋权属的，由省级人民政府确定是否减免。

（5）承受荒山、荒沟、荒丘、荒滩土地使用权，并用于农、林、牧、渔业生产的，免征契税。

（6）经外交部确认，依照我国有关法律规定以及我国缔结或参加的双边和多边条约或协定，应当予以免税的外国驻华使馆、领事馆、联合国驻华机构及其外交代表、领事官员和其他外交人员承受土地、房屋权属，免征契税。

（7）公租房经营单位购买住房作为公租房的，免征契税。

（8）对个人购买家庭唯一住房，面积为90m^2及以下的，减按1%的税率征收；面积为90m^2以上的，减按1.5%的税率征收。

（9）对个人购买家庭第二套改善性住房，面积为90m^2及以下的，减按1%的税率征收；面积为90m^2以上的，减按2%的税率征收。

七、征收管理

1. 纳税义务发生时间

契税的纳税义务发生时间是纳税人签订土地、房屋权属转移合同的当天,或者纳税人取得其他具有土地、房屋权属转移合同性质凭证的当天。

2. 纳税期限

纳税人应当自纳税义务发生之日起 10 日内,向土地、房屋所在地的契税征收机关办理纳税申报,并在契税征收机关核定的期限内缴纳税款。

3. 纳税地点

契税在土地、房屋所在地的征收机关缴纳。

第五节 城镇土地使用税

城镇土地使用税是在城市、县城、建制镇和工矿区范围内,对拥有土地使用权的单位和个人,以实际占用的土地面积为计税依据,按规定税额、按年计算、分期缴纳的一种税。

一、纳税义务人

(1) 拥有土地使用权的单位和个人。

(2) 拥有土地使用权的单位和个人不在土地所在地的,其土地的实际使用人和代管人为纳税人。

(3) 土地使用权未确定的或权属纠纷未解决的,其实际使用人为纳税人。

(4) 土地使用权共有的,共有各方都是纳税人,由共有各方分别纳税。

(5) 在城镇土地使用税征税范围内,承租集体所有建设用地的,由直接从集体经济组织承租土地的单位和个人缴纳。

二、纳税对象

城市、县城、建制镇和工矿区的国家所有、集体所有的土地。

三、税率

城镇土地使用税适用地区幅度差别定额税率。

城镇土地使用税采用定额税率,即采用有幅度的差别税额。按大、中、小城市和县城、建制镇、工矿区分别规定每平方米城镇土地使用税年应纳税额。城镇土地使用税每平方米年应纳税额标准具体规定如下:

(1) 大城市 1.5~30 元;

(2) 中等城市 1.2~24 元;

(3) 小城市 0.9~18 元;

(4) 县城、建制镇、工矿区 0.6~12 元。

四、计税依据

以实际占用的土地面积为计税依据。

(1) 凡有由省、自治区、直辖市人民政府确定的单位组织测定土地面积的,以测定的面积为准。

(2) 尚未组织测量,但纳税人持有政府部门核发的土地使用证书的,以证书确认的土地面积为准。

(3) 尚未核发土地使用证书的,应由纳税人申报土地面积,据以纳税,待核发土地使用证以后再作调整。

注意：税务机关不能核定纳税人实际使用的土地面积。

五、纳税时间和地点

1. 纳税义务发生时间

纳税人新征用的耕地，自批准征用之日起满一年时开始缴纳土地使用税。出租、出借房产，自交付出租、出借房产之次月起计征城镇土地使用税。

购置新建商品房，自房屋交付使用之次月起计征城镇土地使用税。

购置存量房，自办理房屋权属转移、变更登记手续，房地产权属登记机关签发房屋权属证书之次月起计征城镇土地使用税。

以出让、转让方式有偿取得土地使用权的，应由受让方自合同约定交付土地时间的次月起缴纳城镇土地使用税；合同没有约定交付土地时间的，由受让方自合同签订的次月起纳税。

纳税人由于土地的实物或者权利状态变化而依法终止城镇土地使用税纳税义务的，其应纳城镇土地使用税的计算应当截止到土地的实物或者权利状态变化的当月月末。

2. 纳税期限

城镇土地使用税按年计算，分期缴纳，具体纳税期限由各省、自治区和直辖市人民政府根据当地的实际情况确定。目前各地一般规定为每个季度缴纳一次或者半年缴纳一次，每次征期15天或1个月。

3. 纳税地点

城镇土地使用税向土地所在地的税务机关缴纳。纳税人使用的土地属于不同省（自治区、直辖市）管辖范围的，应当分别向土地所在地的税务机关纳税。在同一省（自治区、直辖市）管辖范围以内，纳税人跨地区使用的土地，由省（自治区、直辖市）税务局确定纳税地点。

第六节 印 花 税

印花税是对经济活动和经济交往中书立、领受具有法律效力的凭证的行为所征收的一种税。印花税有如下特点：①兼有凭证税和行为税性质；②征税范围广泛；③税率低、负税轻。

一、纳税义务人

印花税的纳税人包括在中国境内设立、领受规定的经济凭证的企业、行政单位、事业单位、军事单位、社会团体、其他单位、个体工商户和其他个人。

二、纳税对象

印花税属于行为税类，在中华人民共和国境内书立、领受《中华人民共和国印花税法》（简称《印花税法》）所列举凭证的单位和个人，都是印花税的纳税义务人，应当按照规定缴纳印花税。具体有：立合同人、立据人、立账簿人、领受人、使用人、各类电子应税凭证的签订人。

现行印花税只对《印花税法》列举的凭证征收，具体征税范围如下：

（1）购销、加工承揽、建设工程承包、财产租赁、货物运输、仓储保管、借款、财产保险、技术合同或者具有合同性质的凭证；

(2) 产权转移书据；
(3) 营业账簿；
(4) 权利、许可证照；
(5) 经财政部确定征税的其他凭证。

三、税率

印花税税率表见表2-5。

印花税税率表   表2-5

序号	税目	范围	税率	纳税义务人	说明
1	购销合同	包括供应、预购、采购、购销结合及协作、调剂、补偿、易货等合同	按购销金额万分之三贴花	立合同人	
2	加工承揽合同	包括加工、定作、修缮、修理、印刷、广告、测绘、测试等合同	按加工或承揽收入万分之五贴花	立合同人	
3	建设工程勘察设计合同	包括勘察、设计合同	按收取费用万分之五贴花	立合同人	
4	建筑安装工程承包合同	包括建筑、安装工程承包合同	按承包金额万分之三贴花	立合同人	
5	财产租赁合同	包括租赁房屋、船舶、飞机、机动车辆、机械、器具、设备等合同	按租赁金额千分之一贴花。税额不足1元的按1元贴花	立合同人	
6	货物运输合同	包括民用航空、铁路运输、海上运输、内河运输、公路运输和联运合同	按运输费用万分之五贴花	立合同人	单据作为合同使用的，按合同贴花
7	仓储保管合同	包括仓储、保管合同	按仓储保管费用千分之一贴花	立合同人	仓单或栈单作为合同使用的，按合同贴花
8	借款合同	银行及其他金融组织和借款人（不包括银行同业拆借）所签订的借款合同	按借款金额万分之零点五贴花	立合同人	单据作为合同使用的，按合同贴花
9	财产保险合同	包括财产、责任、保证、信用等保险合同	按投保金额万分之零点三贴花	立合同人	单据作为合同使用的，按合同贴花
10	技术合同	包括技术开发、转让、咨询、服务等合同	按所载金额万分之三贴花	立合同人	

续表

序号	税目	范围	税率	纳税义务人	说明
11	产权转移书据	包括财产所有权和版权、商标专用权、专利权、专有技术使用权等转移书据	按所载金额万分之五贴花	立据人	
12	营业账簿	生产经营用账册	记载资金的账簿，按固定资产原值与自有流动资金总额万分之五贴花。其他账簿按件贴花5元	立账簿人	
13	权利、许可证照	包括政府部门发给的房屋产权证、工商营业执照、商标注册证、专利证、土地使用证	按件贴花5元	领受人	

四、计税依据

印花税以应纳税凭证所记载的金额、费用、收入额和凭证的件数为计税依据，按照适用税率或者税额标准计算应纳税额。

应纳税额计算公式：

　　应纳税额＝应纳税凭证记载的金额（费用、收入额）×适用税率
　　应纳数额＝应纳税凭证的件数×适用税额标准

五、纳税时间、期限、地点

1. 纳税时间及期限

（1）纳税人书立、领受或者使用《印花税法》列举的应纳税凭证和经财政部确定征税的其他凭证时，即发生纳税义务，应当根据应纳税凭证的性质，分别按《印花税法》所附《印花税税目税率表》对应的税目、税率，自行计算应纳税额，购买并一次贴足印花税票。

（2）同一种类应纳税凭证，需频繁贴花的，可由纳税人根据实际情况自行决定是否采用按期汇总申报缴纳印花税的方式。汇总申报缴纳的期限不得超过一个月。采用按期汇总申报缴纳方式的，一年内不得改变。

（3）实行核定征收印花税的，纳税期限为一个月，税额较小的，纳税期限可为一个季度，具体由主管税务机关确定。纳税人应当自纳税期满之日起15日内，填写国家税务总局统一制定的纳税申报表申报缴纳核定征收的印花税。

2. 纳税地点

印花税一般实行就地纳税。对于在全国性商品物资订货会（包括展销会、交易会等）上所签合同应当缴纳的印花税，由纳税人回其所在地后即时办理贴花完税手续。对地方主办、不涉及省际关系的订货会、展销会上所签合同的印花税纳税地点，由各省、自治区、直辖市人民政府自行确定。

六、税收优惠

1. 免征印花税

(1) 已经缴纳印花税凭证的副本、抄本,但是视同正本使用者除外;

(2) 财产所有人将财产赠给政府、抚养孤老伤残人员的社会福利单位、学校所立的书据;

(3) 经财政部批准免税的其他凭证。

2. 暂免项目

(1) 农牧业保险合同;

(2) 书、报刊发行单位之间,发行单位与订阅单位、个人之间书立的凭证;

(3) 投资者买卖证券投资基金;

(4) 经国务院和省级人民政府决定或者批准进行政企脱钩、对企业(集团)进行改组和改变管理体制、变更企业隶属关系,国有企业改制、盘活国有企业资产,发生的国有股权无偿划转行为;

(5) 个人销售、购买住房。

第七节 企业所得税

一、基本概念

企业所得税是指对中华人民共和国境内的企业(居民企业及非居民企业)和其他取得收入的组织以其生产经营所得为课税对象所征收的一种所得税。

二、纳税义务人

企业所得税的纳税义务人,是指在中华人民共和国境内的企业和其他取得收入的组织。分为居民企业和非居民企业。

(一)居民企业

居民企业,是指依法在中国境内成立,或者依照外国(地区)法律成立但实际管理机构在中国境内的企业。这里的企业包括国有企业、集体企业、私营企业、联营企业、股份制企业、外商投资企业、外国企业以及有生产、经营所得和其他所得的其他组织。

【例2-4】依据企业所得税法的规定,判定居民企业的标准有( )。

A. 登记注册地标准　　　　B. 所得来源地标准

C. 经营行为实际发生地标准　　D. 实际管理机构所在地标准

答案:AD

【解】

居民企业,是指依法在中国境内成立,或者依照外国(地区)法律成立但实际管理机构在中国境内的企业。

(二)非居民企业

非居民企业,是指依照外国(地区)法律成立且实际管理机构不在中国境内,但在中国境内设立机构、场所的,或者在中国境内未设立机构、场所,但有来源于中国境内所得的企业。

【例2-5】下列各项中,属于非居民企业的是( )。

A. 依法在外国成立但实际管理机构在中国境内的企业
B. 在中国境内成立的外商独资企业
C. 依照外国法律成立,在中国境内未设立机构、场所,但有来源于中国境内所得的企业
D. 依照外国法律成立,在中国境内未设立机构、场所,也没有来源于中国境内所得的企业

答案:C

【解】

依法在中国境内成立,或者依照外国(地区)法律成立但实际管理机构在中国境内的企业,为居民企业。依照外国(地区)法律、法规成立且实际管理机构不在中国境内,但在中国境内设立机构、场所的,或者在中国境内未设立机构、场所,但有来源于中国境内所得的企业,为非居民企业。

三、征税对象

企业所得税的征税对象,是指企业的生产经营所得、其他所得和清算所得。

(一)居民企业的征税对象

居民企业应以来源于中国境内、境外的所得作为征税对象。

(二)非居民企业的征税对象

非居民企业在中国境内设立机构、场所的,应当就其所设机构、场所取得的来源于中国境内的所得,以及发生在中国境外但与其所设机构、场所有实际联系的所得,缴纳企业所得税。非居民企业在中国境内未设立机构、场所的,或者虽设立机构、场所但取得的所得与其所设机构、场所没有实际联系的,应当以其来源于中国境内的所得缴纳企业所得税。

(三)所得来源的确定

1)销售货物所得,按照交易活动发生地确定。
2)提供劳务所得,按照劳务发生地确定。
3)转让财产所得:
(1)不动产转让所得按照不动产所在地确定。
(2)动产转让所得按照转让动产的企业或者机构、场所所在地确定。
(3)权益性投资资产转让所得按照被投资企业所在地确定。
4)股息、红利等权益性投资所得,按照分配所得的企业所在地确定。
5)利息所得、租金所得、特许权使用费所得,按照负担、支付所得的企业或者机构、场所所在地确定,或者按照负担、支付所得的个人的住所地确定。
6)其他所得,由国务院财政、税务主管部门确定。

【例 2-6】依据企业所得税法的规定,下列各项中,按照负担所得的企业所在地确定所得来源地的是(   )。

A. 销售货物所得　　　　　　　B. 权益性投资所得
C. 动产转让所得　　　　　　　D. 特许权使用费所得

答案:D

【解】

利息所得、租金所得、特许权使用费所得,按照负担、支付所得的企业或者机构、场所所在地确定,或者按照负担、支付所得的个人的住所地确定。

四、计税依据的确定

应纳税所得额是企业所得税的计税依据,因此,确定应税所得是所得税法的重要内容。按照企业所得税法的规定,应纳税所得额为企业每一个纳税年度的收入总额,减除不征税收入、免税收入、各项扣除以及允许弥补的以前年度亏损后的余额。基本公式为:

应纳税所得额=收入总额-不征税收入-免税收入-各项扣除-允许弥补的以前年度亏损

(一)收入总额

企业的收入总额包括以货币形式和非货币形式,具体有:销售货物收入,提供劳务收入,转让财产收入,股息、红利等权益性投资收益,利息收入,租金收入,特许权使用费收入,接受捐赠收入,其他收入。

1. 一般收入的确认

(1)销售货物收入,是指企业销售商品、产品、原材料、包装物、低值易耗品以及其他存货取得的收入。

(2)提供劳务收入,是指企业从事建筑安装、修理修配、交通运输、仓储租赁、金融保险、邮电通信、咨询经纪、文化体育、科学研究、技术服务、教育培训、餐饮住宿、中介代理、卫生保健、社区服务、旅游、娱乐、加工以及其他劳务服务活动取得的收入。

(3)转让财产收入,是指企业转让固定资产、生物资产、无形资产、股权、债权等财产取得的收入。

(4)股息、红利等权益性投资收益,是指企业因权益性投资从被投资方取得的收入。

(5)利息收入,是指企业将资金提供他人使用但不构成权益性投资,或者因他人占用本企业资金取得的收入,包括存款利息、贷款利息、债券利息、欠款利息等收入。

(6)租金收入,是指企业提供固定资产、包装物或者其他有形资产的使用权取得的收入。

(7)特许权使用费收入,是指企业提供专利权、非专利技术、商标权、著作权以及其他特许权的使用权取得的收入。

(8)接受捐赠收入,是指企业接受的来自其他企业、组织或者个人无偿给予的货币性资产、非货币性资产。

(9)其他收入,是指企业取得的除以上收入外的其他收入,包括企业资产溢余收入、逾期未退包装物押金收入、确实无法偿付的应付款项、已作坏账损失处理后又收回的应收款项、债务重组收入、补贴收入、违约金收入、汇兑收益等。

2. 特殊收入的确认

(1)以分期收款方式销售货物的,按合同约定的收款日期确认收入的实现。

(2)企业受托加工制造大型机械设备、船舶、飞机,以及从事建筑、安装、装配工程业务或者提供其他劳务等,持续时间超过12个月的,按照纳税年度内完工进度或者完成的工作量确认收入的实现。

(3) 采取产品分成方式取得收入的，按照企业分得产品的日期确认收入的实现，其收入额按照产品公允价值确定。

(4) 企业发生非货币性资产交换，以及将货物、财产、劳务用于捐赠、偿债、赞助、集资、广告、样品、职工福利或者利润分配等用途的，应当视同销售货物、转让财产或者提供劳务，但国务院财政、税务主管部门另有规定的除外。

(二) 不征税收入

(1) 财政拨款。

(2) 依法收取并纳入财政管理的行政事业性收费、政府性基金。

(3) 国务院规定的其他不征税收入。

(三) 免税收入

(1) 国债利息收入。

(2) 符合条件的居民企业之间的股息、红利等权益性收益。

(3) 在中国境内设立机构、场所的非居民企业从居民企业取得与该机构、场所有实际联系的股息、红利等权益性投资收益。

(4) 符合条件的非营利组织的收入。

(四) 各项扣除

1. 税前扣除范围

企业实际发生的与取得收入有关的、合理的支出，包括成本、费用、税金、损失和其他支出，准予在计算应纳税所得额时扣除。

(1) 成本，是指企业在生产经营活动中发生的销售成本、销货成本、业务支出以及其他耗费，即企业销售商品、提供劳务、转让固定资产、无形资产的成本。

(2) 费用，是指企业每一个纳税年度为生产、经营商品和提供劳务等所发生的销售（经营）费用、管理费用和财务费用。已经计入成本的有关费用除外。

(3) 税金，是指企业发生的除企业所得税和允许抵扣的增值税以外的企业缴纳的各项税金及其附加。即消费税、城市维护建设税、关税、资源税、土地增值税、房产税、车船税、土地使用税、印花税、教育费附加等产品销售税金及附加。

(4) 损失，是指企业在生产经营活动中发生的固定资产和存货的盘亏、毁损、报废损失，自然灾害等不可抗力因素造成的损失以及其他损失。

(5) 扣除的其他支出，是指除成本、费用、税金、损失外，企业在生产经营活动中发生的与生产经营活动有关的、合理的支出。

2. 扣除项目及其标准

在计算应纳税所得额时，下列项目可按照实际发生额或规定的标准扣除。

1) 工资、薪金支出

企业发生的合理的工资、薪金支出准予据实扣除。

2) 职工福利费、工会经费、职工教育经费

企业发生的职工福利费、工会经费、职工教育经费按标准扣除，未超过标准的按实际数扣除，超过标准的只能按标准扣除。

(1) 企业发生的职工福利费支出，不超过工资薪金总额14%的部分准予扣除。

(2) 企业拨缴的工会经费，不超过工资薪金总额2%的部分准予扣除。

(3) 除国务院财政、税务主管部门另有规定外，企业发生的职工教育经费支出，不超过工资薪金总额8%的部分准予扣除，超过部分准予结转以后纳税年度扣除。

3) 社会保险费

(1) 企业依照国务院有关主管部门或者省级人民政府规定的范围和标准为职工缴纳的五险一金，即基本养老保险费、基本医疗保险费、失业保险费、工伤保险费、生育保险费等基本社会保险费和住房公积金，准予扣除。

(2) 企业为投资者或者职工支付的补充养老保险费、补充医疗保险费，在国务院财政、税务主管部门规定的范围和标准内，准予扣除。企业依照国家有关规定为特殊工种职工支付的人身安全保险费和符合国务院财政、税务主管部门规定可以扣除的商业保险费准予扣除。

(3) 企业参加财产保险，按照规定缴纳的保险费，准予扣除。企业为投资者或者职工支付的商业保险费，不得扣除。

4) 利息费用

企业在生产、经营活动中发生的利息费用，按下列规定扣除：

(1) 非金融企业向金融企业借款的利息支出、金融企业的各项存款利息支出和同业拆借利息支出、企业经批准发行债券的利息支出可据实扣除。

(2) 非金融企业向非金融企业借款的利息支出，不超过按照金融企业同期同类贷款利率计算的数额的部分可据实扣除，超过部分不许扣除。

(3) 企业从其关联方接受的债权性投资与权益性投资的比例超过规定标准而发生的利息支出，不得在计算应纳税所得额时扣除。

企业向自然人借款的利息支出在企业所得税税前的扣除：

(1) 企业向股东或其他与企业有关联关系的自然人借款的利息支出，应根据《企业所得税法》及相关通知规定，计算企业所得税扣除额。

(2) 企业向除第一项规定以外的内部职工或其他人员借款的利息支出，其借款情况同时符合以下条件的，其利息支出在不超过按照金融企业同期同类贷款利率计算的数额的部分，准予扣除。

条件一：企业与个人之间的借贷是真实、合法、有效的，并且不具有非法集资目的或其他违反法律、法规的行为；

条件二：企业与个人之间签订了借款合同。

5) 借款费用

企业在生产经营活动中发生的合理的不需要资本化的借款费用，准予扣除。

6) 汇兑损失

企业在货币交易中，以及纳税年度终了时将人民币以外的货币性资产、负债按照期末即期人民币汇率中间价折算为人民币时产生的汇兑损失，除已经计入有关资产成本以及与向所有者进行利润分配相关的部分外，准予扣除。

7) 业务招待费

(1) 企业发生的与生产经营活动有关的业务招待费支出，按照发生额的60%扣除，但最高不得超过当年销售（营业）收入的5‰。

(2) 企业在筹建期间，发生的与筹办活动有关的业务招待费支出，可按实际发生额的

60%计入企业筹办费,并按有关规定在税前扣除。

8) 广告费和业务宣传费

企业发生的符合条件的广告费和业务宣传费支出,除国务院财政、税务主管部门另有规定外,不超过当年销售(营业)收入15%的部分,准予扣除;超过部分准予结转以后纳税年度扣除。

企业在筹建期间发生的广告费和业务宣传费,可按实际发生额计入企业筹办费,可按上述规定在税前扣除。

9) 环境保护专项资金

企业依照法律、行政法规有关规定提取的用于环境保护、生态恢复等方面的专项资金,准予扣除。提取后改变用途的,不得扣除。

10) 保险费

企业参加财产保险,按照规定缴纳的保险费,准予扣除。

11) 租赁费

企业根据生产经营活动的需要租入固定资产支付的租赁费,按照以下方法扣除:

(1) 经营租赁方式租入固定资产发生的租赁费支出,按照租赁期限均匀扣除。经营性租赁是指所有权不转移的租赁。

(2) 以融资租赁方式租入固定资产发生的租赁费支出,按照规定构成融资租入固定资产价值的部分应当提取折旧费用,分期扣除。

12) 劳动保护费

企业发生的合理的劳动保护支出,准予扣除。

13) 公益性捐赠支出

企业发生的公益性捐赠支出,不超过年度利润总额12%的部分,准予扣除。年度利润总额,是指企业依照国家统一会计制度的规定计算的年度会计利润。

14) 有关资产的费用

企业转让各类固定资产发生的费用,允许扣除。企业按规定计算的固定资产折旧费、无形资产和递延资产的摊销费,准予扣除。

15) 资产损失

企业当期发生的固定资产和流动资产盘亏、毁损净损失,由其提供清查盘存资料经主管税务机关审核后,准予扣除。

16) 依照有关法律、行政法规和国家有关税法规定准予扣除的其他项目

如会员费、合理的会议费、差旅费、违约金、诉讼费用等。

17) 手续费及佣金支出

企业发生的与生产经营有关的手续费及佣金支出,不超过以下规定计算限额以内的部分,准予扣除;超过部分,不得扣除。

(1) 保险企业:财产保险企业按当年全部保费收入扣除退保金等后余额的15%(含本数,下同)计算限额;人身保险企业按当年全部保费收入扣除退保金等后余额的10%计算限额。

(2) 其他企业:按与具有合法经营资格中介服务机构或个人(不含交易双方及其雇员、代理人和代表人等)所签订服务协议或合同确认的收入金额的5%计算限额。

（五）不得扣除的项目

在计算应纳税所得额时，下列支出不得扣除：

(1) 向投资者支付的股息、红利等权益性投资收益款项。

(2) 企业所得税税款。

(3) 税收滞纳金。

(4) 罚金、罚款和被没收财物的损失。

(5) 超过规定标准的捐赠支出。

(6) 赞助支出，是指企业发生的与生产经营活动无关的各种非广告性质支出。

(7) 未经核定的准备金支出，是指不符合国务院财政、税务主管部门规定的各项资产减值准备、风险准备等准备金支出。

(8) 企业之间支付的管理费、企业内营业机构之间支付的租金和特许权使用费，以及非银行企业内营业机构之间支付的利息，不得扣除。

(9) 与取得收入无关的其他支出。

【例 2-7】下列在计算企业所得税应纳税所得额时不得扣除的项目有（　　）。

A. 企业为职工子女入托支付给幼儿园的非广告性质的赞助支出

B. 利润分红支出

C. 企业违反销售协议被采购方索取的罚款

D. 企业违反食品卫生法被政府处以的罚款

答案：ABD

【解】

C 中所提及的企业间违约罚款不属于"不得扣除项目"中的"罚金、罚款"概念，因为不得扣除的罚金、罚款指的是行政执法机关对企业处以的处罚。

五、亏损弥补

依照《企业所得税法》及其暂行条例的规定，企业某一纳税年度发生的亏损可以用下一年度的所得弥补，下一年度的所得不足以弥补的，可以逐年延续弥补，但最长不得超过 5 年。企业在汇总计算缴纳企业所得税时，其境外营业机构的亏损不得抵减境内营业机构的盈利。

六、资产的税务处理

（一）固定资产的税务处理

1. 固定资产计税基础

(1) 外购的固定资产，以购买价款和支付的相关税费以及直接归属于使该资产达到预定用途发生的其他支出为计税基础。

(2) 自行建造的固定资产，以竣工结算前发生的支出为计税基础。

(3) 融资租入的固定资产，以租赁合同约定的付款总额和承租人在签订租赁合同过程中发生的相关费用为计税基础，租赁合同未约定付款总额的，以该资产的公允价值和承租人在签订租赁合同过程中发生的相关费用为计税基础。

(4) 盘盈的固定资产，以同类固定资产的重置完全价值为计税基础。

(5) 通过捐赠、投资、非货币性资产交换、债务重组等方式取得的固定资产，以该资产的公允价值和支付的相关税费为计税基础。

（6）改建的固定资产，除已足额提取折旧的固定资产和租入的固定资产以外的其他固定资产，以改建过程中发生的改建支出增加计税基础。

2. 固定资产折旧的范围

在计算应纳税所得额时，企业按照规定计算的固定资产折旧，准予扣除。下列固定资产不得计算折旧扣除：

（1）房屋、建筑物以外未投入使用的固定资产。

（2）以经营租赁方式租入的固定资产。

（3）以融资租赁方式租出的固定资产。

（4）已足额提取折旧仍继续使用的固定资产。

（5）与经营活动无关的固定资产。

（6）单独估价作为固定资产入账的土地。

（7）其他不得计算折旧扣除的固定资产。

3. 固定资产折旧的计提方法

（1）企业应当自固定资产投入使用月份的次月起计算折旧；停止使用的固定资产，应当自停止使用月份的次月起停止计算折旧。

（2）企业应当根据固定资产的性质和使用情况，合理确定固定资产的预计净残值。固定资产的预计净残值一经确定，不得变更。

（3）固定资产按照直线法计算的折旧，准予扣除。

4. 固定资产折旧的计提年限

除国务院财政、税务主管部门另有规定外，固定资产计算折旧的最低年限如下：

（1）房屋、建筑物，为20年。

（2）飞机、火车、轮船、机器、机械和其他生产设备，为10年。

（3）与生产经营活动有关的器具、工具、家具等，为5年。

（4）小飞机、火车、轮船以外的运输工具，为4年。

（5）电子设备，为3年。

5. 固定资产折旧的企业所得税处理

（1）企业固定资产会计折旧年限如果短于税法规定的最低折旧年限，其按会计折旧年限计提的折旧高于按税法规定的最低折旧年限计提的折旧部分，应调增当期应纳税所得额；企业固定资产会计折旧年限已期满且会计折旧已提足，但税法规定的最低折旧年限尚未到期且税收折旧尚未足额扣除，其未足额扣除的部分准予在剩余的税收折旧年限继续按规定扣除。

（2）企业固定资产会计折旧年限如果长于税法规定的最低折旧年限，其折旧应按会计折旧年限计算扣除，税法另有规定的除外。

（3）企业按会计规定提取的固定资产减值准备，不得税前扣除，其折旧仍按税法确定的固定资产计税基础计算扣除。

（4）企业按税法规定实行加速折旧的，其按加速折旧办法计算的折旧额可全额在税前扣除。

（5）石油天然气开采企业在计提油气资产折耗（折旧）时，由于会计与税法规定计算方法不同导致的折耗（折旧）差异，应按税法规定进行纳税调整。

（二）无形资产的税务处理

无形资产，是指企业长期使用、但没有实物形态的资产，包括专利权、商标权、著作权、土地使用权、非专利技术、商誉等。

1. 无形资产的计税基础

（1）外购的无形资产，以购买价款和支付的相关税费以及直接归属于使该资产达到预定用途发生的其他支出为计税基础。

（2）自行开发的无形资产，以开发过程中该资产符合资本化条件后至达到预定用途前发生的支出为计税基础。

（3）通过捐赠、投资、非货币性资产交换、债务重组等方式取得的无形资产，以该资产的公允价值和支付的相关税费为计税基础。

2. 无形资产摊销的范围

在计算应纳税所得额时，企业按照规定计算的无形资产摊销费用，准予扣除。

下列无形资产不得计算摊销费用扣除：

（1）自行开发的支出已在计算应纳税所得额时扣除的无形资产。

（2）自创商誉。

（3）与经营活动无关的无形资产。

（4）其他不得计算摊销费用扣除的无形资产。

3. 无形资产的摊销方法及年限

无形资产的摊销采取直线法计算。无形资产的摊销年限不得低于 10 年。作为投资或受让的无形资产，有关法律规定或合同约定了使用年限的，可以按照规定或约定的使用年限分期摊销。外购商誉的支出，在企业整体转让或清算时，准予扣除。

（三）长期待摊费用的税务处理

长期待摊费用，是指企业发生的应在 1 个年度以上或几个年度进行摊销的费用。在计算应纳税所得额时，企业发生的下列支出作为长期待摊费用，按照规定摊销的，准予扣除：

（1）已足额提取折旧的固定资产的改建支出。

（2）租入固定资产的改建支出。

（3）固定资产的大修理支出。

（4）其他应当作为长期待摊费用的支出。

（四）存货的税务处理

存货，是指企业持有以备出售的产品或商品、处在生产过程中的在产品、在生产或提供劳务过程中耗用的材料和物料等。

1. 存货的计税基础

（1）通过支付现金方式取得的存货，以购买价款和支付的相关税费为成本。

（2）通过支付现金以外的方式取得的存货，以该存货的公允价值和支付的相关税费为成本。

（3）生产性生物资产收获的农产品，以产出或者采收过程中发生的材料费、人工费和分摊的间接费用等必要支出为成本。

2. 存货的成本计算方法

企业使用或者销售的存货的成本计算方法，可以在先进先出法、加权平均法、个别计价法中选用一种。计价方法一经选用，不得随意变更。

（五）投资资产的税务处理

投资资产，是指企业对外进行权益性投资和债权性投资而形成的资产。

1. 投资资产的成本

（1）通过支付现金方式取得的投资资产，以购买价款为成本。

（2）通过支付现金以外的方式取得的投资资产，以该资产的公允价值和支付的相关税费为成本。

2. 投资资产成本的扣除方法

企业对外投资期间，投资资产的成本在计算应纳税所得额时不得扣除，企业在转让或者处置投资资产时，投资资产的成本准予扣除。

七、税收优惠

（一）免征与减征优惠

企业的下列所得，可以免征、减征企业所得税。企业如果从事国家限制和禁止发展的项目，不得享受企业所得税优惠。

1. 从事农、林、牧、渔业项目的所得

1）企业从事下列项目的所得，免征企业所得税：

（1）蔬菜、谷物、薯类、油料、豆类、棉花、麻类、糖料、水果、坚果的种植。

（2）农作物新品种的选育。

（3）中药材的种植。

（4）林木的培育和种植。

（5）牲畜、家禽的饲养。

（6）林产品的采集。

（7）灌溉、农产品初加工、兽医、农技推广、农机作业和维修等农、林、牧、渔服务业项目。

（8）远洋捕捞。

2）企业从事下列项目的所得，减半征收企业所得税：

（1）花卉、茶以及其他饮料作物和香料作物的种植。

（2）海水养殖、内陆养殖。

2. 从事国家重点扶持的公共基础设施项目投资经营的所得

企业从事国家重点扶持的公共基础设施项目的投资经营的所得，自项目取得第一笔生产经营收入所属纳税年度起，第1年至第3年免征企业所得税，第4年至第6年减半征收企业所得税。

3. 从事符合条件的环境保护、节能节水项目的所得

环境保护、节能节水项目的所得，自项目取得第一笔生产经营收入所属纳税年度起，第1年至第3年免征企业所得税，第4年至第6年减半征收企业所得税。

4. 符合条件的技术转让所得

企业所得税法所称符合条件的技术转让所得免征、减征企业所得税，是指一个纳税年度内，居民企业转让技术所有权所得不超过500万元的部分，免征企业所得税；超过500

万元的部分，减半征收企业所得税。

（二）高新技术企业优惠

国家需要重点扶持的高新技术企业减按15％的税率征收企业所得税。

（三）加计扣除优惠

加计扣除是指对企业支出项目按规定的比例给予税前扣除的基础上再给予追加扣除。加计扣除优惠包括两项内容。

1. 研究开发费

研究开发费，未形成无形资产计入当期损益的，在按照规定据实扣除的基础上，再按照研究开发费用的75％加计扣除；形成无形资产的，按照无形资产成本的175％摊销。

2. 企业安置残疾人员所支付的工资

企业安置残疾人员所支付工资费用的加计扣除，是指企业安置残疾人员的，在按照支付给残疾职工工资据实扣除的基础上，按照支付给残疾职工工资的100％加计扣除等。

八、应纳税额的计算

（一）居民企业应纳税额的计算

居民企业应缴纳所得税额等于应纳税所得额乘以适用税率，基本计算公式为：

应纳税额＝应纳税所得额×适用税率－减免税额－抵免税额

应纳税所得额的计算一般有两种方法。

1. 直接计算法

在直接计算法下，企业每一纳税年度的收入总额减除不征税收入、免税收入、各项扣除以及允许弥补的以前年度亏损后的余额为应纳税所得额。计算公式与前述相同，即为：

应纳税所得额＝收入总额－不征税收入－免税收入－各项扣除金额－允许弥补的以前年度亏损

2. 间接计算法

在间接计算法下，是在会计利润总额的基础上加或减按照税法规定调整的项目金额后，即为应纳税所得额。计算公式为：

应纳税所得额＝会计利润总额±纳税调整项目金额

纳税调整项目金额包括两方面的内容：一是税收规定范围与会计规定不一致的应予以调整的金额；二是税法规定扣除标准与会计规定不一致的应予以调整的金额。

【例2-8】某企业为居民企业，2020年发生经营业务如下：

（1）取得产品销售收入4500万元。

（2）发生产品销售成本2900万元。

（3）发生销售费用850万元（其中广告费720万元）；管理费用530万元（其中业务招待费35万元）；财务费用65万元。

（4）销售税金180万元（含增值税135万元）。

（5）营业外收入90万元，营业外支出55万元（含通过公益性社会团体向贫困山区捐款40万元，支付税收滞纳金5万元）。

（6）计入成本、费用中的实发工资总额240万元，拨缴职工工会经费6万元，发生职工福利费37万元，发生职工教育经费8.5万元。

要求：计算该企业2020年度实际应纳的企业所得税。

(1) 会计利润总额＝4500－2900－850－530－65－（180－135）＋90－55＝145（万元）

(2) 广告费调增所得额＝720－4500×15％＝45（万元）

(3) 按产品销售收入的 5‰计算＝4500×5‰＝22.5（万元）
按实际发生业务招待费的 60％计算＝35×60％＝21（万元）
所以业务招待费扣除限额为 21 万元，业务招待费应调增所得额＝35－21＝14（万元）

(4) 捐赠支出应调增所得额＝40－145×12％＝22.6（万元）

(5) 税收滞纳金不能在税前扣除，应调增所得额 5 万元。

(6) 工会经费应调增所得额＝6－240×2％＝1.2（万元）

(7) 职工福利费应调增所得额＝37－240×14％＝3.4（万元）

(8) 职工教育经费扣除限额＝240×8％＝19.2（万元）
实际发生额 8.5 万元小于扣除限额，不作纳税调整。

(9) 应纳税所得额＝145＋45＋14＋22.6＋5＋1.2＋3.4＝236.2（万元）

(10) 2020 年应缴企业所得税＝236.2×25％＝59.05（万元）

【例 2-9】 某工业企业为居民企业，2020 年度发生经营业务如下：

全年取得产品销售收入 5000 万元，发生产品销售成本 3500 万元；其他业务收入 700 万元，其他业务成本 610 万元；取得购买国债的利息收入 45 万元；缴纳非增值税销售税金及附加 260 万元；发生的管理费用 680 万元，其中新技术的研究开发费用 50 万元、业务招待费用 60 万元；发生财务费用 180 万元；取得直接投资其他居民企业的权益性收益 30 万元（已在投资方所在地按 15％的税率缴纳了所得税）；取得营业外收入 120 万元，发生营业外支出 240 万元（其中含公益捐赠 45 万元）。

要求：计算该企业 2020 年应纳的企业所得税。

(1) 利润总额＝5000－3500＋700－610＋45－260－680－180＋30＋120－240＝425（万元）

(2) 国债利息收入免征企业增值税，应调减所得额 45 万元。

(3) 技术开发费调减所得额＝50×75％＝37.5（万元）

(4) 业务招待费的扣除标准：
按营业收入的 5‰计算＝（5000＋700）×5‰＝28.5（万元）
按实际发生业务招待费的 60％计算＝60×60％＝36（万元）
所以业务招待费扣除限额为 28.5 万元，业务招待费应调增所得额＝60－28.5＝31.5（万元）

(5) 取得直接投资其他居民企业的权益性收益属于免税收入，应调减应纳税所得额 30 万元。

(6) 捐赠支出扣除标准＝425×12％＝51（万元）
实际捐赠额 45 万元，小于扣除标准 51 万元，可按实捐数扣除，不作纳税调整。

(7) 应纳税所得额＝425－45－37.5＋31.5－30＝344（万元）

(8) 该企业 2020 年应缴纳的企业所得税＝344×25％＝86（万元）

（二）境外所得抵扣税额的计算

企业取得的下列所得已在境外缴纳的所得税税额，可以从其当期应纳税额中抵免，抵免限额为该项所得依照企业所得税法规定计算的应纳税额；超过抵免限额的部分，可以在以后5个年度内，用每年度抵免限额抵免当年应抵税额后的余额进行抵补。

（三）非居民企业应纳税额的计算

对于在中国境内未设立机构、场所的，或者虽设立机构、场所但取得的所得与其所设机构、场所没有实际联系的非居民企业的所得，按照下列方法计算应纳税所得额：

（1）股息、红利等权益性投资收益和利息、租金、特许权使用费所得，以收入全额为应纳税所得额。

（2）转让财产所得，以收入全额减除财产净值后的余额为应纳税所得额。

（3）其他所得，参照前两项规定的方法计算应纳税所得额。

财产净值是指财产的计税基础减除已经按照规定扣除的折旧、折耗、摊销、准备金等后的余额。

九、征收管理

（一）纳税地点

（1）除税收法律、行政法规另有规定外，居民企业以企业登记注册地为纳税地点；但登记注册地在境外的，以实际管理机构所在地为纳税地点。企业注册登记地是指企业依照国家有关规定登记注册的住所地。

（2）非居民企业在中国境内设立机构、场所的，应当就其所设机构、场所取得的来源于中国境内的所得，以及发生在中国境外但与其所设机构、场所有实际联系的所得，以机构、场所所在地为纳税地点。非居民企业在中国境内设立两个或者两个以上机构、场所的，经税务机关审核批准，可以选择由其主要机构、场所汇总缴纳企业所得税。

（3）非居民企业在中国境内未设立机构、场所的，或者虽设立机构、场所但取得的所得与其所设机构、场所没有实际联系的所得，以扣缴义务人所在地为纳税地点。

（4）除国务院另有规定外，企业之间不得合并缴纳企业所得税。

（二）纳税期限

企业所得税按年计征，分月或分季预缴，年终汇算清缴，多退少补。

企业所得税的纳税年度，自公历1月1日起至12月31日止。企业在一个纳税年度的中间开业，或者由于合并、关闭等原因终止经营活动，使该纳税年度的实际经营期不足12个月的，应当以其实际经营期为1个纳税年度。企业清算时，应当以清算期间作为1个纳税年度。

自年度终了之日起5个月内，向税务机关报送年度企业所得税纳税申报表，并汇算清缴，结清应缴应退税款。

企业在年度中间终止经营活动的，应当自实际经营终止之日起60日内，向税务机关办理当期企业所得税汇算清缴。

（三）纳税申报

按月或按季预缴的，应当自月份或者季度终了之日起15日内，向税务机关报送预缴企业所得税纳税申报表，预缴税款。

企业在纳税年度内无论盈利或者亏损，都应当依照《企业所得税法》第五十四条规定的期限，向税务机关报送预缴企业所得税纳税申报表、年度企业所得税纳税申报表、财务会计报告和税务机关规定应当报送的其他有关资料。

【习题与案例】

本章习题与案例见二维码2。

二维码2

第三章 建筑工程项目税务管理

【学习指引】

某建筑B公司是具有市政公用工程总承包特级资质的企业,采用EPC模式承接了设计—采购—施工总承包合同的A项目,合同总价款为1亿元,其中包含设计价款3000万元、设备价款4000万元、工程价款3000万元。请对该A项目编制税务规划方案。

【学习目标】

本章通过学习建筑工程项目税务管理基本原理、税务规划和工程税务案例分析,熟悉建筑工程税务管理工作。

掌握建筑工程管理的基本概念、原则和规律;熟悉建筑工程项目特征及税务管理特点;掌握建筑工程税务制度、税务关系和税务税种管理内容;熟悉建筑工程税务管理的环境,理解建筑工程税务管理的目标及其重要性;掌握建筑工程税务规划的内涵及特征,理解建筑工程税务规划方案原则,建筑工程税务规划方案结构;熟悉建筑工程税务管理流程,掌握建筑工程税务风险及评价。

【重要术语】

税收效应;税收遵从;税收公平;税收道德;建筑工程;税务管理;建筑工程税制;税务规划;税务风险;盈亏平衡分析

第一节 建筑工程项目税务管理概述

一、建筑工程税务管理本质及特征

(一)建筑工程税务概念

建筑工程税务是指建筑工程承包商在工程项目投资、融资、建造和经营管理的全生命周期产生的涉税活动及形成的税务关系的一切事务。建筑工程税务管理是指建筑工程纳税人对工程项目建设中所涉及税务制度建设、涉税税种管理、税务规划方案设计和缴纳税事项等管理。根据工程项目的固定性、合同性、单件性、投资巨大等建设特点,按工程造价施工中对材料采购、建造阶段、工程结算和工程决算的增值税、印花税和企业所得税等进行科学规划的过程。工程税金是指根据《建筑安装工程费用项目组成》(建标〔2013〕44号文件),建筑安装工程费用项目按费用构成要素组成划分为人工费、材料费、施工机具使用费、企业管理费、利润、规费和税金。其中,税金是指国家税法规定的应计入建筑安装工程造价内的营业税、城市维护建设税、教育费附加以及地方教育附加,2016年实施"营业税改增值税"税收制度后,取消营业税税种,按增值税税种管理。

(二)建筑工程项目税务关系

根据《中华人民共和国税收征管法》(2015年4月24日第十二届全国人民代表大会

常务委员会第十四次会议修正）及实施细则规定，"第十五条 企业，企业在外地设立的分支机构和从事生产、经营的场所，个体工商户和从事生产、经营的事业单位（以下统称从事生产、经营的纳税人）自领取营业执照之日起三十日内，持有关证件，向税务机关申报办理税务登记。税务机关应当于收到申报的当日办理登记并发给税务登记证件。"说明从事建筑工程项目施工建造、设备安装、装饰装修和运营管理的企业，属于经营范畴，应当在所在地税务机关办理税务登记，明晰纳税人关系，依法缴纳各项税费。

因此，从事建筑工程施工的纳税人具有以下税务关系：

（1）依法缴纳各项税费。体现了纳税人遵守国家各项税收法律、法规规章和规范，遵守国家税收征税流程，做好建筑企业或建筑工程项目税务管理。

（2）依法履行缴纳税行为。第一，纳税人、扣缴义务人按照有关法律、行政法规和国务院财政、税务主管部门的规定设置账簿，根据合法、有效凭证记账，进行核算。第二，从事生产、经营的纳税人的财务、会计制度或者财务、会计处理办法和会计核算软件，应当报送税务机关备案。第三，单位或个人在购销商品、提供或者接受经营服务以及从事其他经营活动中，应当按照规定开具、使用、取得发票。

（3）依法履行纳税义务。纳税人、扣缴义务人按照法律、行政法规规定或者税务机关依照法律、行政法规的规定确定的期限，缴纳或者解缴税款；依照法律、行政法规的规定办理减税、免税。

《税收征管法》第三十四条所称完税凭证，是指各种完税证、缴款书、印花税票、扣（收）税凭证以及其他完税证明。

（4）承担缴纳税法律责任。从事生产、经营的纳税人、扣缴义务人未按照规定的期限缴纳或者解缴税款，纳税担保人未按照规定的期限缴纳所担保的税款，由税务机关责令限期缴纳。

（5）实行科学税务管理。建筑施工企业承揽工程项目、建造工程项目和运营工程项目，不仅是具备了合法的纳税主体资格，更为重要的是承揽了工程项目和企业的税务管理责任，也是现代市场经济对工程资源配置的必然要求，优化工程税务成本的工作职责，其工作内容包括与政府税务机关的税务关系、项目税务成本、税务规划和税务完税工作等。

（三）建筑工程项目税务管理的特征

（1）商品属性。马克思在《资本论》一书中确立了以资本、土地、劳动等基本元素的社会属性，明晰了资本主义剩余价值的生产过程，企业是人类生产活动的一种组织形式，建立在分工与协作的基础上，生产的商品具有交换价值及使用价值，生产该商品所需要的各种商品即生产资料和劳动力，是真正的货币的价值总和。因此，建筑工程项目具有一般商品属性，同时也是在建筑施工企业组织、生产和管理的全生命周期中完成的，它的商品完成各环节均会发生商品交换行为，例如合同签订、原材料采购、人员薪酬给付、固定资产增加、建造生产和工程项目结算及决算等。建筑工程项目承包商也就具备了一般纳税人主体属性，在建筑工程项目生产过程中产生了商品交易涉税行为和税务管理的责任。

（2）经济属性。即围绕着特定工程项目，建筑施工企业生产而派生的社会生产关系。它是生产与建造建筑工程项目的企业生产要素形成的利益分配关系，是市场经济中经济制度的反映。建筑工程项目必然是生产资料所有者和劳动力所有者的社会结合，在这个结合中，要素所有者通过一定的制度安排进行利益的分配。因此，建筑工程项目全生命周期的合同签订、原材料采购、人员薪酬给付、固定资产增加、建造生产和工程项目结算及决算等，自然形成了纳税主体与税收征收主体之间的税务分配关系、企业与企业商品交换的税务关系和企业内部的税务关系，税务关系的产生构成了建筑工程项目的税务管理组织和税务管理行为。

（3）利益属性。工程项目税务管理是社会主义市场经济的必然产物。市场经济（Market Economy）是通过市场配置手段调节资源的经济形式，也是利益分配方式。市场经济的基本原则是供求关系、公平竞争和价值规律。因此，工程项目税务管理是依据工程经济活动的本质，遵循工程项目价值规律的要求，适应工程项目供求关系的变化；通过市场价格杠杆和公平竞争方式，把税务资源配置到工程活动的最优环节，做好工程项目税务管理利益协调。

（四）建筑工程项目税制管理内容

建筑工程项目所涉及的税制包括：税种、税率、税基和税务公共关系等。工程项目建设程序所涉税费见表3-1。

建筑工程项目所涉税种表　　　　　　　　　　　表3-1

阶段	税费项目	内容	计税依据	税率
采购阶段	一、增值税 1. 期初未交数 2. 销项税额 3. 出口退税 4. 进项税额转出 5. 进项税额 6. 已交税金	按增值额，实行进项税额金额	—	13% 9% 6% 征收率3%
	二、消费税	消费品的流转额作为征税对象的各种税收的统称	从价和从量两种计税方法	《中华人民共和国消费税暂行条例》《消费税税目税率表》
建筑施工结算阶段	三、城市维护建设税	以纳税人实际缴纳的增值税、消费税的税额为计税依据，依法计征的税	缴纳的增值税税额	市区7%，县城、镇5%，其他1%
	四、增值税	按增值额，实行进项税额和销项税额	按增值额，实行进项税额和销项税额	13% 9% 6% 征收率3%
	五、教育费附加	凡缴纳消费税、增值税的单位和个人	缴纳的增值税税额	市区、县城、镇3%
	六、土地增值税	转让国有土地使用权、地上的建筑物及其附着物并取得收入的单位和个人	四级超率累进税率	—

续表

阶段	税费项目	内容	计税依据	税率
分配阶段	七、项目（企业）所得税	以企业或组织所得额为课税对象的总称	利润总额	25%
	八、印花税	针对经济活动和经济交往中订立、领受具有法律效力的凭证的行为所征收的税	合同金额	0.03%
	九、个人所得税	以个人或自然人所得额为课税对象的总称	—	—

二、建筑工程税务管理目标

税务管理目标是指工程项目建设的纳税人为了执行国家税收法律制度，加强工程项目税务活动管理工作，协调税务关系而开展的一项有目的的管理活动。工程税务管理目标是依据税法及相关工程税收政策，对工程项目涉税的全过程进行预测、计划、组织、监督和协调，以保证工程项目纳税人正确履行纳税权利和义务，实现工程项目创造价值最优化的目的。

具体目标是：

（1）建立科学的税务管理机制。市场运营管理是建筑企业全面开展风险管理工作重要的工具和动力，其能够有效地识别工程管理的信用风险、市场风险、运营风险等，其中税务风险是管理的重要内容之一。由于市场经济运营中时常出现经济环境、产业政策和货币政策的变动，国家税收政策也会根据宏微观经济环境和市场环境进行调整，因此有效地根据国家税收法律、税收制度和税收规范建立工程项目税务管理机制，一方面促进企业科学管理税务活动，另一方面有效预防各种税务风险发生，弥补可能产生的各种非常损失，增强工程税务管理的科学性和精细化水平。

（2）协调各利益主体关系。工程项目的建造活动具有复杂的参与利益相关者，其中协调税务关系是工程项目利益相关者最为关心的。主要体现在总承包商与分包商，承包商与供应商，承包商与业主，承包商与客户和承包商与国家征税机关等，明确工程项目的纳税主体，是确保利益协调的主要内容之一。这里面就有税票出具关系，缴纳税分配关系，纳税流程和建立纳税合同等，协调好税务关系，可以保证工程项目建设效率，减少工程活动纠纷和预防工程管理风险。

（3）做好税务现金流预测决策。工程项目建设全过程涉及税收制度规定的各项税种、税基和税费测算，其实质就是对税费现金流的发生金额、发生时间和现金效益的预测与决策。对税费金额的预测是对工程项目财务核算、统计预测和税务规划的系统管理，需要运用会计政策和税收政策的综合考虑，对工程量和价统一通过会计、预算、统计管理，分析预测税费成本和税收优惠的变化规律，为组织纳税现金流量提出明确目标，促进税务管理，增强预见性，减少盲目性，增强工程项目现金流效益和效率。

（4）实现工程税务信息管理。工程建设的目的是实现利润最大化，而工程利润既是企业经营发展的基本保证，也是经营绩效的重要指标。企业在经营活动中建造各种不同类型的工程项目，每个工程项目所涉及的税种都是企业重要的信息数据，现代企业的税务规划有利于最大限度地实现财务目标，在遵从税务政策、法规的前提下对工程项目的筹资、投资、建造和经营等方面活动，以至在经营收入、利润分配等环节的业务进行事先策划，制定一整套最优缴纳税务操作方案，能有效为企业减轻税负，实现企业利润最大化。

三、建筑工程税务管理组织机制

（一）税务管理部门及人员设置

随着我国税务制度深入改革，增值税成为第一税种，对于建筑施工企业开展税费系统的管理成为工程项目实现价值创造的重要内容之一。因此，工程项目税务管理必须有专门的管理组织和岗位。

建筑企业可设置专门的税务管理部门，所属各子公司可设置独立的税务管理部门或税务岗位，也可在财务部（处）管理部门设置，设置税务主管等税务管理专职人员，各工程项目应设置专职或兼职税务管理人员。

建筑企业下属分公司，如果为有开票权的纳税人，应设置税务管理岗位一人，税务主管由财务负责人兼管；如果非法人公司没有开票权，应由其上一级税务管理岗位代为管理，视公司经营规模大小设票据传递一人或由熟悉税务管理的财务管理人员代管。

建筑工程项目在设立税务岗位时，可根据工程项目规模、工程投资金额和项目距公司实际距离，按实际情况科学设置税务管理部门及岗位的人员配备，将税务管理岗位人员情况报上一级税务管理部门或实际管理的财务部门备案，如发生人员变动，亦应将变动情况报上一级财务部备案。

（二）税务管理工作职责

1. 税务管理领导的职责

（1）主管领导是项目部或工程项目税务管理工作的第一负责人；

（2）负责税务管理组织机构和岗位设置、协调和管理；

（3）负责组织税务日常管理决策方案制定、实施和总结的审定与管理；

（4）负责建筑公司或工程项目税务制度和税务治理相关制度的修正和完善；

（5）负责对外政府税务部门关系协调、监督和管理。

2. 税务主管的职责

（1）制定税务管理工作实施计划；

（2）制定税务管理人员相关培训计划；

（3）制定工程项目税务资金计划、实际缴纳计划和汇总计划审核；

（4）制定公司或项目部税务岗位操作办法及工作流程；

（5）制定公司或项目部税务风险管理制度和具体措施；

（6）对公司或项目部纳税申报进行监督和管理；

（7）对公司或项目部各项税务发票领、用、存的监督和管理。

3. 税务管理人员的职责

（1）负责公司或项目部税务工作的具体实施和管理；

（2）负责办理各项税种申报纳税人身份的工作，负责办理税务防伪税控系统工作；

（3）负责各项税种税票的领取、开具、审核、保管等事项；

（4）负责对取得的增值税专用发票进行审核、认证工作；

（5）负责定期与公司计划部、财务部和物资部等单位税收票据的传递、核对、汇总工作；

(6) 负责向政府税务机关按规定期限进行各项税额纳税申报工作;

(7) 承担解决公司或项目部的工程项目所涉税在计算、核对、汇总和缴纳等工作过程中发现的问题;

(8) 负责搜集和掌握国家税收法律法规、税收政策及税收动向等信息,对相关税收政策信息进行研究,并定期向管理层提供税务管理方面的建议。

(三) 税务工作流程

增值税管理工作流程:

建筑工程公司或项目部税务管理部门,可根据工程项目管理与增值税的发生、归集、流转过程,依据《财政部 国家税务总局关于重新印发〈总分机构试点纳税人增值税计算缴纳暂行办法〉的通知》(财税〔2013〕74号)税收征管流程编制出税务管理工作流程。公司总部或项目部主要涉及六项工作。

1) 税务流程工作

集团公司或工程项目部的税务管理流程,工程项目部主要涉及就地纳税业务,指销售货物、提供加工修理修配劳务,其工程业务需要在发生当地纳税,不在汇总纳税范围之内,按图3-1所示的工作流程设置。

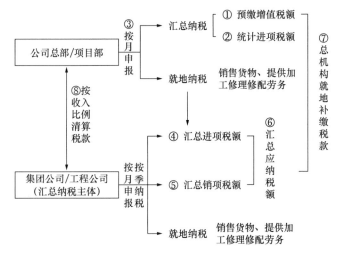

图3-1 工程项目部或公司部门税务管理

2) 税务审核工作

主要工作有:取得业主或公司及项目部批复的验工计价单;税务账务处理等;填制预缴税款明细单;会同公司的计划部门、财务部门等审核,编制税款预缴计划的资金表,如图3-2所示。

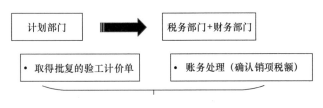

图3-2 编制项目部预缴税款工作

3) 税务票据传递工作(进项税额)

主要工作有:①梳理原材料、货物供应商、服务提供者的纳税人身份;②取得税务发票(如增值税专用发票、普通发票等);③填制发票传递单和工程项目传递单;④核对账务处理等。注意:发票传递单应该要求取得增值税发票的物资、设备、计划部门等填制并随发票传递至财务部门,由财务部门统一归集汇总,按月、季或按年传递至工程公司总部。相关部门包括计划部门、物资部门、设备部门、财务部门等(图3-3)。

图 3-3　税务票据传递工作流程

4) 申报纳税工作

主要是税务部门或财务部门填写纳税申报表,依据账务处理并进行税负情况分析,与物资、设备、计划和财务等部门一起总结、发现税务管理结果,分析税务工作中发现的问题,及时改进工作(图3-4)。

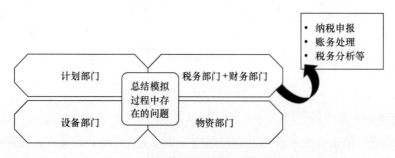

图 3-4　申报纳税税务前工作例会流程

5) 税务汇总工作

工程项目部或分公司汇总应纳税额,主要的工作是工程项目部或分公司按税种或工程项目汇总计算应纳税额,实际缴纳税额,获得公司部或项目部核对工程项目所有税务相关信息(图3-5)。

6) 税务清算工作

清算税款工作主要是建筑工程公司与分公司或项目部按工程项目的工程款、其他销售

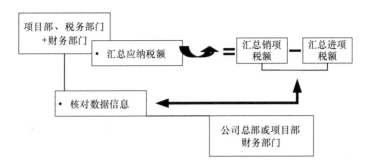

图 3-5　工程项目汇总税务工作

收入占比，清算各工程项目应负担的各项税款金额，如增值税额、所得税金额和其他税款金额，在会同财务部门、计划部门核对无误后，可由税务管理部门或财务部门，向工程项目所在地税务机关申报纳税，如图 3-1 所示。

填制并计算工程项目的缴纳税款应纳税金额，如增值税需要将其汇总的销项税额与其进项税额比较后，确定其应纳增值税。

根据向税务机关确立的纳税主体按国家政策的清算办法计算的应纳税额（简称"清算税额"），计算应纳税额（简称"计算税额"）。

第二节　建筑工程税务管理原则

一、依法管理原则

工程项目税务管理应在严格遵守国家税收法律、法规的基础上，结合企业和承包工程项目的实际情况开展税务管理工作。包括企业税务制度建立、依法纳税征缴、计算、凭证管理和纳税方案规划，还包括国家财务法规、公司法规和票据管理法规等。主要有《中华人民共和国税收征收管理法》《中华人民共和国企业所得税法》《中华人民共和国企业所得税法实施条例》《中华人民共和国增值税暂行条例》《中华人民共和国增值税暂行条例实施细则》等国家税收相关法规、规章的规定，《中华人民共和国会计法》《企业会计准则》《企业财务准则》以及《企业内部控制基本规范》《企业内部控制应用指引》《企业内部控制评价指引》《大企业税务风险管理指引（试行）》等风险控制文件。

二、价值最大化原则

工程税务管理既是工程管理重要的经济内容，也是工程财务管理中必要的环节，工程税务管理与财务管理的目标具有一致性。工程财务管理的目标是实现项目管理价值的最大化，工程项目价值是未来企业能够创造的现金净流量的现值，是对未来现金流量的时间价值和风险价值评估的综合评价结果。财务管理以实现企业价值最大化为目标，工程税务管理则是以实现工程项目价值最大化为目标，从而达到企业价值最大。在工程税务管理工作时，将从工程项目经济效益整体结构出发，既要考虑到个案方案的可行性，也要多角度、系统性和联系性地进行多方案比较，在工程纳税方案决策时，将财务目标、税务目标和国家征收要求等之间的联系综合考虑，以项目价值最大化作为标准来判断每项税务管理工作质量和具体纳税方案的优劣。

三、税务精细管理原则

税务精细化管理是指工程项目税务工作要以工程项目建设为基本路径，对工程项目建设活动中所涉及的全方位、系统性和重要性有机结合，将税务管理责任与职能明确分工，建立各项税务管理目标、程序和制度，将税务管理与工程管理、税务管理与财务管理、税务管理与各项资产、负债、收入、成本和分配管理有机结合，分别建立税务管理的以下内容：

（1）建立事前税务预测、评价机制，将税务管理融入工程项目经营决策和日常经营管理活动。

（2）依法履行纳税义务。

（3）建立税务登记管理，账簿、凭证管理，发票管理，纳税申报管理，正确计算、申报、缴纳税款。

（4）完善税务资料的传递、审核程序，健全税务管理组织机构和信息沟通机制，加强部门之间的协作，防范税务管理风险。

（5）合理、合法运用国家税收优惠政策，科学进行税务规划。

四、成本效益原则

税务管理成本效益原则是指对工程项目实施税务管理工作时，在工程项目创造价值的理念之上，针对工程项目税务管理制度、税务流程设计、税务会计核算、税务票据管理和纳税登记、计算、实际缴纳等事务，分析税务成本与税务产出效益比值，来看待税务管理效果的必要性、合理性。考察税务成本高低的标准是管理效益（收入）与投入（成本）之比，该比值越大，则说明成本效益越高，相对成本越低；考察依法纳税成本的标准是工程项目综合管理产生的收入是否大于为此发生的成本支出，如果大于，则该项税务成本是有效益的，应该发生。否则，就不应该发生。

五、工程效益最优原则

建筑工程项目管理的目的是获得最大、最优的经济效益。效益最优原则是指在建筑企业管理的一定条件下，税务管理根据内外部环境条件的相互作用，使税务管理活动接近或适合客观标准，实现综合纳税最优化。税务管理效益最优原则要求税务管理不仅要追求经济效益，而且要通过对税收法律法规、税收政策、税收环境和纳税时间等的综合分析，追求工程项目税务管理最优效益。税务管理效益最优是一个相对的、动态的和系统的过程，短期最优，则不一定长期最优，局部最优不一定整体最优。因此，建筑工程项目税务管理效益最优要求工程项目税务管理必须从全局的角度考虑整体项目的税费效果。

第三节 建筑工程税务规划

一、税务规划目标

建筑工程项目税务规划是指在市场经济环境下，以税收法律法规、税收政策规范及相关规定为依据，通过对特定建筑工程项目全生命周期建造的采购活动、生产经营活动、投融资活动和公司管理活动的分析，依据税务学、经济学和财务学等科学理论和方法，在公司财务管理目标指引下，系统安排工程项目税务事项和税务关系，实现最优的缴纳税费目标，同时通过税务规划实现整体工程项目税后收益最大化目标。

具有以下几个显著的特点:

(1) 合法性。税务规划不仅要符合税法的规定，而且要符合税法立法的意图，这是税务规划区别于减税避税的根本点。合法性首先表现为满足各项税法法律、法规和规范；其次，是符合财务法规对财税信息的归集和披露规范，当财务规范与税法不一致时，以税法为准则；第三，是符合公司法律法规的规范，确立纳税主体。在合法的前提下进行税务规划，是对税法立法宗旨的有效贯彻，也体现了税收政策导向的有效性。国家在制定税法及有关制度时，对税务规划行为早有预期，并希望通过税务规划行为引导全社会的资源有效配置与税收的合理分配，以实现国家宏观政策。

(2) 系统性。税务规划的系统性是指依据建筑工程项目建设规律，在开展税务规划时，从工程项目整体的成本、进度、质量目标出发，根据工程项目利益各方签订的合同，结合工程具体业务内容，包括采购业务、融资业务、建造生产、成本控制等，一方面考虑各业务要求，另一方面从各项税种政策规则出发，做到税费成本、税务风险和纳税资金安排整体最优。

(3) 目的性。税务规划的目的是有效、合理和系统地配置应纳税费资源，同时更为有效地降低纳税风险和减轻工程项目的税费成本。减轻税费负担一般有两种形式：一是在多税费方案中选择税负较低的方案；二是在应缴纳税费总额基本相等的方案中，选择缴纳税费时间最优的方案，这就意味着企业得到一笔无息贷款，通过合理税负减轻而达到收益最大化的目的。

(4) 计划性。税费计划是在工程经济行为发生前产生，事先进行规划、设计、安排，并指导工程经济活动的进行。税费计划也可以对经济行为已经发生，纳税项目、计税依据和税率已成定局的情况下，结合各项政策优惠，做到依法计税、科学计税、实现缴税等规范管理，特别是与财务部门合作，在多种纳税方案中通过事先计算，既可准确核算各种应纳税金进行申报纳税，提高财税人员工作效率，也可对工程涉税账务、票证、经营、核算、纳税情况进行评估，正确执行国家税务政策，做到整体经营，防范纳税风险。

二、税务规划程序

税务规划工作是一个系统性、全局性和科学性的工作。因此，必须把握税务规划工作的流程，建立科学的税务规划工作程序，遵循以下五个方面的工作步骤。

(一) 汇集政府税务政策的基本信息

包括全面掌握政府法规及规范、政府税收政策和法律法规，理解和掌握国家税收政策及精神，关注最新税务政策的变化调整情况，把握工程合同重要法律法规的信息。

(二) 收集工程施工企业的基本信息

建筑工程企业的基本信息包括：

(1) 企业组织形式情况。建筑施工企业组织形式是重要的纳税基础特征，工程项目承包模式也是重要的纳税基础信息。因为工程施工企业的组织模式不同，工程项目承包模式不同，影响工程纳税登记的工程纳税主体，其税务规划空间存在很大的差异。因而，根据税收政策规定，依据工程项目实际登记的纳税法人，可以作出工程项目税务规划方案。

(2) 组织架构和内部控制。了解组织架构和内部控制有助于在制定税务规划方案时进行业务流程的整合。

(3) 企业财务情况。税务规划实质上是一种理财活动，只有完全掌握企业的真实财务信息和财务准则,才能合理制定税务规划方案。

(4) 企业投资意向。由于我国税收优惠政策针对不同的经营规模和不同的行业而采取不同的税收优惠待遇,因此掌握企业投资意向,有助于针对其投资意向提出税务规划方案。例如:我国针对我国西部地区投资项目规定可以按15%缴纳所得税,针对农副产品的种植加工、环境保护等行业投资项目制定了相应的税收优惠政策。

(5) 工程项目行业背景。了解工程项目所处的行业背景,可以了解行业共同性的税务处理情况和所处行业的竞争序列以及行业发展前景,制定的规划方案才更合理,更有助于实现工程项目价值最大化。

(6) 企业税收结构。企业涉及的应税事项、税种和税制等,有助于准确定位税务规划的空间和着力点。

(7) 历史缴纳税信息。过去历史缴纳税情况和相同工程项目纳税情况,以及既往纳税情况及重大事项税务处理情况,有助于分析是否存在税务规划空间而未进行税收筹划,或者税务规划存在的问题以及涉税风险点。

(8) 工程建造经营内容、经营业务流程和资金流程。有助于从中定位税收筹划节点。

(9) 税务规划人员的基本情况。税务规划是一项专业性极强的经济管理活动,不仅要求具有专业的税务管理人员,而且考验税务管理人员对工程管理学、经济学、工程造价学、财务管理学和税务学等综合知识的运用能力。因此,开展税务规划要求从业人员具有较高的业务素质、知识能力、经验判断和综合分析能力。

(10) 管理层对风险的偏好和对税务规划的认识。税务规划既存在风险又是企业的价值创造,企业管理层对税务规划的认识和风险的偏好,将影响到税务规划方案的实施。

(三) 进行缴纳税评估

工程项目缴纳税评估是指充分了解国家相关的法律法规、税收政策和企业生产经营相关信息后,运用科学的税务规划方法和理论逻辑,针对工程税务规划对象进行税务金额测算与评估,评估企业的税务内部控制制度、财务核算、涉税事实账务处理和税务处理、税收违规处罚、与主管税务机关之间的征纳关系等各方面存在的问题和不足,为下一步制定税收筹划方案找准筹划点。

(四) 制定税务规划方案

这个环节是税务规划的核心环节,主要包括以下步骤:

(1) 分析涉税问题。对前期收集的信息进行综合分析,对涉税问题进行认定,判断所发生的财税活动或涉税项目属于什么性质、涉及哪些税种、形成什么样的税收法律关系、涉税项目可能向什么方面发展、会引发什么后果、能否进行税务规划、规划的空间到底有多大、需要解决哪些关键问题等。

(2) 确定规划目标。然后再结合集团企业的要求和具体情况,确定税收筹划的目标,确定筹划目标时除了坚持合法性原则、成本效益原则、风险原则外,还要坚持集团企业整体价值最大化原则,进行综合平衡,筹划要服从于集团企业的社会形象和发展战略。

(3) 制定备选方案。在综合考虑国家税收政策和集团企业各种需求和实际情况,确定筹划目标的基础上,设计多个可供选择的税收筹划方案,并对涉及的经营活动、财务运作及会计处理拟订配套方案。每个方案内容应包括:税收筹划的具体步骤、方法、注意事项、筹划的政策依据以及可能遇到的风险和困难。

(4) 选择最优方案。对多种备选方案进行比较、分析和评估，然后，选择一个较优的实施方案予以实施。

（五）税收筹划方案的实施与控制

建筑企业应密切关注税务规划方案的执行和实施情况，根据工程项目建设程序，不断对规划方案实施情况和结果进行跟踪，及时发现工程实际的经营活动以及税收政策与筹划方案的偏差，并采取切实措施予以调整，以控制税务规划风险，并在税务规划工作实施后，对规划方案进行绩效评价，考核其经济效益和最终效果。

三、税务规划内容

依据工程项目施工建造活动、工程项目管理活动和施工项目财务活动，将工程项目税务规划内容分为以下几项。

（一）按工程项目合同规划

按工程项目合同进行税务规划是建筑工程项目税务管理的基本内容，也是各方责权利分配的基本依据。主要包括有建设工程施工承揽项目合同、工程物资采购合同、工程设计—施工建造合同，以及供应商购买商合同等。工程税务规划时，主要是依据建设工程施工承揽合同，因为它是建设单位和承包方为完成商定的施工工程项目，明确相互权利、义务的协议。

通常依据工程合同的承包关系划分为：工程总承包合同（业主与总承包商）、工程分包合同（总承包商与分承包商）、转包合同（承包商之间）、劳务分包合同（包工不包料合同）、劳务合同（承包商雇佣劳务）和联合承包合同（两个或两个以上合作单位），依据以上合同，最为重要的是合同确立了纳税人主体。依照这些不同类型的施工合同，依据施工单位应完成的施工任务和建设单位应按照规定结算、支付的工程价款不同，对二者的纳税管理也不同。主要是针对施工单位或工程项目应完成的施工任务和建设单位应按照规定结算、支付的工程价款，从而导致纳税管理的不同。施工合同的当事人是发包方和承包方，双方是平等的民事主体、纳税主体和规划主体，这就给出了工程项目税务规划的主体空间。

【例 3-1】某建筑 B 公司是具有市政公用工程总承包特级资质的企业，采用 EPC 模式承接了设计—采购—施工总承包合同的 A 项目，合同总价款为 1 亿元，其中包含设计价款 3000 万元、设备价款 4000 万元、工程价款 3000 万元。请对该 A 项目进行编制税务规划方案。

【解】

(1) 如果按设计—采购—施工总承包合同确立纳税主体，则：

A 工程项目增值税税率为 13%，则销项税额方案一为：

$$10000 \times 13\% = 1300（万元）$$

(2) 当将承包合同分别划分为设计合同、施工承包合同和设备采购合同时，某建筑 B 公司纳税主体分别为施工总承包合同项目的设计、设备销售、工程施工的纳税主体，其按照 6%、9% 及 13% 的税率计算销项税。

增值税的销项税额方案二为：

$$3000 \times 6\% + 4000 \times 13\% + 3000 \times 9\% = 180 + 520 + 270 = 970（万元）$$

通过税务方案规划，其合同主体不同，则纳税方案一和方案二相差较大，同时这是市场规划和法律规则允许的范畴，所以 1300－970＝430（万元），可以降低 A 项目总体的增值税的销项税额。

(3) 如果B公司与业主协商降低工程价款500万元，提高设计价款500万元，即设计价款为3500万元、设备价款4000万元、工程价款2500万元，则A工程项目的增值税的销项税额方案三为：

$$3500\times 6\% + 4000\times 13\% + 2500\times 9\% = 210 + 520 + 225 = 955（万元）$$

方案二相比方案三，可以降低A工程项目增值税的销项税额970－955＝15（万元）。

（二）按工程项目活动规划

工程项目施工建造流程是严格按工程建设基本程序实施的专业工作，即工程管理中按工程进度、成本、质量等基本管理目标要求，实施的税务管理规划思路，如图3-6所示，其实质是依据工程价值链流程实现税务规划。

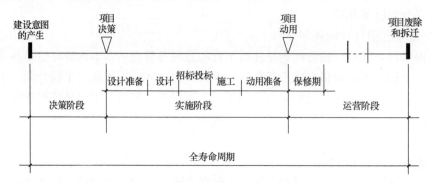

图3-6 工程项目建设全寿命周期

可以分为设计阶段税务规划、招标投标阶段税务规划、采购阶段税务规划和施工建造阶段税务规划等。

(1) 设计阶段税务规划，主要指在采用EPC项目总承包或混业型大型建筑集团公司，由于针对特定工程项目的建造规模或投资金额不同，选择不同的税务管理方案，由于设计阶段属于建筑服务类，因而其增值税税率则是属于服务业的6%。

(2) 招标投标阶段税务规划，主要指在进行招标与投标时承包方对于参与的承包建筑企业采用总承包方式，还是组合承包方式或分包阶段方式等，因此对于特定工程项目的税务管理和税务规划形成了独特的管理形式。

(3) 采购阶段税务规划，主要是针对工程项目主要原材料、设备、机械或工器具等所涉及主要增值税税种开展的规划工作。

(4) 施工建造阶段税务规划，主要指针对建筑阶段发生的进度、质量和成本目标，而设计的综合税务规划或单项税务规划，包括材料费税务规划、人工费税务规划、机械使用费税务规划、其他直接费税务规划和施工现场管理费税务规划等。

【例3-2】C建筑公司准备为承包H项目采购一台新设备，如果选择一般纳税人采购时，不含税价格为30万元，增值税率为13%；向小规模纳税人采购时，不含税价格为24万元，增值税率为3%。具体的筹划分析如下：

(1) 向一般纳税人进行采购时，进项税抵扣＝30×13%＝3.9(万元)；

(2) 向小规模纳税人采购时，可抵扣24×3%＝0.72(万元)。

【解】

从一般的税务管理角度认为，选择一般纳税人的进项税要比小规模纳税人少缴3.9－

0.72＝3.18（万元）。在一次性付款提货的过程中，由于小规模纳税人的价格要便宜6万元，因此，现金流量节约2.82万元，所以，从现金流出量分析，应该选择向小规模纳税人采购设备，其前提是设备的质量和性能相同或相近。

（三）按工程成本项目规划

工程成本项目主要划分为人工费、材料费、机械使用费、其他直接费和施工管理费五个成本项目，因此为确保成本项目增值税费的规划，明晰其内在增值税税率、计税目标是十分重要的。

1. 工程施工——公司分配的管理费用

公司经费分配进入工程项目相关增值税税率及抵扣，见表3-2。

建筑工程项目按成本项目税务管理　　　　　　表3-2

成本费用项目	项目内容	对应业务形式	是否抵扣	增值税凭证	税率
管理费用	施工项目现场在建造过程中发生的或者由公司统一负担的分配进项目的相关费用（行政管理部门职工薪酬、物料消耗、低值易耗品摊销、办公费和差旅费、经营租赁费、折旧费等），工会经费、董事会费（董事会成员津贴、会议费和差旅费等），聘请中介机构费、咨询费（顾问费），诉讼费、业务招待费等	1. 职工工资及五险一金	否	—	—
		2. 培训费	是	增值税专用发票	6%
		3. 财产保险	是	增值税专用发票	6%
		4. 折旧费	否	—	—
		5. 无形资产摊销	否	—	—
		6. 审计、咨询、中介费	是	增值税专用发票	6%
		7. 材料费（研发费用）	是	增值税专用发票	13%
		8. 房屋租赁	是	增值税专用发票	9%或5%
		9. 会议费	是	增值税专用发票	6%、13%、9%或5%
		10. 交通费	—	—	—
		11. 电话费、网络费	是	增值税专用发票或通用电子发票	6%、19%
		12. 业务招待费	否	—	—
		13. 办公用品、物料消耗	是	增值税专用发票	6%、13%
		14. 物业管理费	—	增值税专用发票	6%
		15. 污水及垃圾处理费	否	—	—
		16. 各类会议组织费	是	增值税专用发票	6%或13%
		17. 广告宣传费	是	增值税专用发票	6%
		18. 汽车费	是	增值税专用发票	13%，汽车租赁 13%，汽车修理 13%，汽车加油 6%，汽车美容 13%，过路停车费

续表

成本费用项目	项目内容	对应业务形式	是否抵扣	增值税凭证	税率
管理费用——劳动保护费	指公司根据劳动法和国家有关案例规程,用于改善公司人员劳动条件、防止伤亡事故、预防和消灭职业病等各种技术、保健措施方面的开支的费用	1. 为员工购置防毒面具	是	增值税专用发票	13%
		2. 灭火器			
		3. 生产安全用品			
		4. 工作服装			
购置不动产	购置不动产	购置房屋、土地使用权等不动产	是	增值税专用发票	9%或6%

2. 工程施工——人工费用

工程项目的人工费是指在施工过程中,直接从事工程施工的建筑安装工人以及在施工现场直接为工程制作构件和运料、配料等工人的工薪及奖金、津贴以及工资附加费。一般工程项目的人工费用不产生增值税抵扣项目,但是对于分包项目或劳务派遣用工则会产生相关增值税抵扣,见表3-3。

工程项目人工费用税务管理　　　　　表3-3

成本费用项目	成本费用内容	相关业务形式	是否抵扣	增值税凭证	税率
工程施工——人工费	主要有建筑安装工程施工工人的工资、补贴、奖金、社会保险、其他工薪及劳务协作费	1. 直接工人工资及社会保险	否	—	—
		2. 劳务派遣费用	是	增值税专用发票	6%
		3. 协作队伍劳务费(劳务分包)	是	增值税专用发票	9%或3%
		4. 零星用工工费	否	—	—
		5. 对劳务队伍的考核奖励	否	—	—

3. 工程施工——材料费

工程项目施工的材料费是指工程项目在施工过程中耗费的构成工程实体的主要材料、辅助材料、构配件、机械零件及配件、半成品的费用,见表3-4。

工程项目直接材料费用税务管理　　　　　表3-4

成本费用项目	成本费用内容	相关业务形式	是否抵扣	增值税凭证	税率
工程施工——材料费	主要有建筑安装工程施工形成工程实体的主要材料、结构件、机械零件及配件、半成品及周转材料摊销等	1. 钢材、水泥、混凝土	是	增值税专用发票	13%或3%
		2. 油品、火工品	是	增值税专用发票	13%
		3. 桥梁、支座、锚杆、锚具	是	增值税专用发票	13%
		4. 铺地材料(砂、石、土料等)	是	增值税专用发票	13%或3%
		5. 小型机具、电料、五金材料	是	增值税专用发票	13%

续表

成本费用项目	成本费用内容	相关业务形式	是否抵扣	增值税凭证	税率
工程施工——材料费	主要有建筑安装工程施工形成工程实体的主要材料、结构件、机械零件及配件、半成品及周转材料摊销等	6. 木料、木板、竹胶板等	是	增值税专用发票	13%
		7. 压浆剂、灌浆料、粉烧灰、减水剂、速凝剂、石粉等	是	增值税专用发票	13%
		8. 机制砖、污水管、井盖、螺旋管、铸铁管、彩砖、栏杆、洞渣等	是	增值税专用发票	13%
		9. 伸缩缝、钢板、钢绞线、波纹管、钢纤维、挤压套	是	增值税专用发票	13%
		10. 电气开关、电气电缆、照明设备等	是	增值税专用发票	13%
		11. 空调、电梯、电气设备	是	增值税专用发票	13%
		12. PVC管、塑料管材、塑料板材	是	增值税专用发票	13%
		13. 铸铁管道、钢管、阀门	是	增值税专用发票	13%
		14. 木门、防盗门、防火门、防盗网、塑钢窗	是	增值税专用发票	13%
		15. 卫生间洁具、食堂用具	是	增值税专用发票	13%
		16. 瓷砖、大理石、火烧石、水泥预制件	是	增值税专用发票	13%
		17. 玻璃幕墙、铝塑板	是	增值税专用发票	13%
		18. 给水排水设备、消防设施	是	增值税专用发票	13%
		19. 材料运费	是	增值税专用发票	13%
		20. 材料加工费	是	增值税专用发票	13%
		21. 自有周转材料使用费	是	增值税专用发票	13%
		22. 周转材料租赁费（钢管、扣件、模板、钢模等）	是	增值税专用发票	13%

4. 工程施工——机械使用费

施工机械使用费是施工生产过程中，使用各种机械所支付或耗费的费用。机械使用费包括自有机械的使用费和租入机械支付的租赁费，其内容包括折旧费、大修理费、维修费、替换设备工具及附具费、润滑及擦拭材料费、安装拆卸及辅助设施费、管理费、驾驶人员的基本工资及奖金、动力费、燃料费以及施工机械的养路费等，见表3-5。

5. 工程施工——其他直接费

其他直接费是预算定额和间接费定额规定以外的施工现场发生的各种费用。主要内容包括：施工现场直接耗用的水、电、蒸汽等费用；临时设施摊销费；材料二次搬运费；井巷工程辅助费；冬雨期施工增加费，夜间施工增加费；流动施工津贴；特殊地区（指原始森林地区、海拔2000m以上的高原地区）施工增加费；铁路、公路工程行车干扰费，送电工程干扰通信保护措施费，以及特殊工程技术培训费等，见表3-6。

工程项目机械使用费税务管理 表 3-5

成本费用项目	成本费用内容	相关业务形式	是否抵扣	增值税凭证	税率
工程施工——机械使用费	机械使用费是施工生产过程中，使用各种机械所支付或耗费的费用。机械使用费包括自有机械的使用费和租入机械支付的租赁费等	1. 工程设备租赁（包括起重机、挖掘机、装载机、升降机、运输车辆）	是	增值税专用发票	13%
		2. 电费	是	增值税专用发票	13%或3%
		3. 燃料	是	增值税专用发票	13%
		4. 设备折旧	否	—	—
		5. 机械人工工资及工资附加	否	—	—
		6. 外租机械进出场费	是	增值税专用发票	13%
		7. 自有机械设备修理费	是	增值税专用发票	13%

工程项目其他直接费税务管理 表 3-6

成本费用项目	成本费用内容	相关业务形式	是否抵扣	增值税凭证	税率
工程施工——其他直接费	主要内容包括：施工现场直接耗用的水、电、蒸汽等费用；临时设施摊销费；材料二次搬运费；井巷工程辅助费；冬雨期施工增加费，夜间施工增加费；流动施工津贴；特殊地区增加费用等	1. 征地拆迁费	否	—	—
		2. 房屋、道路、青苗补偿费	否	—	—
		3. 施工水、电、气费用	是	增值税专用发票	13%或3%
		4. 生产安全用品	是	—	—
		5. 检验试验费	是	增值税专用发票	6%
		6. 二次搬运费	是	增值税专用发票	6%
		7. 场地租赁费	是	增值税专用发票	5%或9%
		8. 场地清理费	是	增值税专用发票	6%
		9. 采购活动板房	是	增值税专用发票	13%
		10. 租赁活动板房	是	增值税专用发票	13%
		11. 采购拌合站	是	增值税专用发票	13%
		12. 电力架设施	是	增值税专用发票	3%或9%
		13. 临时房屋、道路工程	是	增值税专用发票	9%

6. 工程施工——间接费用

工程间接费用是指直接从事工程项目的组织管理在施工过程中所发生的各项支出。包括施工单位管理人员的工资、奖金、津贴补贴；社会保险费；住房公积金；职工福利费；工会经费；职工教育经费；行政管理费；固定资产折旧及修理费；物资消耗；低值易耗品摊销；现场管理使用的水电费、办公费、差旅费、检验费、工程保修费、劳动保护费及其他费用，见表3-7。

工程项目间接费用税务管理　　　　　　　　　　　　　　　表 3-7

成本费用项目	成本费用内容	相关业务形式	是否抵扣	增值税凭证	税率
工程施工——间接费用	主要内容包括：施工单位管理人员的工资、奖金、津贴补贴；社会保险费；住房公积金；职工福利费；工会经费；职工教育经费；行政管理费；固定资产折旧及修理费；物资消耗；低值易耗品摊销；现场管理使用的水电费、办公费、差旅费、检验费、工程保修费、劳动保护费等	1. 管理人员工薪及工资附加	否	—	—
		2. 外聘人员工薪及附加	否	—	—
		3. 劳动保护费	是	增值税专用发票	13%
		4. 工程、设备、保险	是	增值税专用发票	6%
		5. 房屋租赁费	是	增值税专用发票	5%或9%
		6. 会议费	是	增值税专用发票	6%
		7. 交通费	是	增值税专用发票	6%
		8. 电话、网络费（基础和增值服务）	是	增值税专用发票	6%或9%
		9. 办公用品、物料消耗	是	增值税专用发票	13%或6%
		10. 物业管理费	是	增值税专用发票	6%
		11. 污水垃圾费	否	—	—
		12. 培训费	是	增值税专用发票	6%
		13. 临时设施	是	增值税专用发票	13%、3%或6%
		14. 工地宣传费用	是	增值税专用发票	6%
		15. 水、电费	是	增值税专用发票	13%或9%
		16. 食堂采购费	否	—	—
		17. 过路、过桥、停车、养路费	是	增值税专用发票	13%
		18. 研发和技术服务	是	增值税专用发票	6%

通过以上列表说明，工程项目增值税已经成为第一大税，增值税管理成为工程项目成本结构的重要内容，增值税规划方案成为工程项目税务管理的重要内容，科学的增值税管理成为防范税务风险，创造工程价值的重要目标。

（四）按工程项目所涉税种规划

按税种规划主要是根据工程项目生产经营活动中所涉及的全部税种，依据各项税种规定的税率、税基、计算方法和纳税条件等，计算的应缴的税金。主要包括：

(1) 印花税规划；

(2) 增值税规划；

(3) 企业所得税规划；

(4) 个人所得税规划；

(5) 其他税种规划，包括房产税、土地增值税、车船税等规划。

由于前面已经专门有各项税种的介绍，在此不再重复。

四、税务规划方法

（一）盈亏平衡法

盈亏平衡思想是指企业在经济活动中，将投入的物资转化为产出的过程中平衡盈利和亏损的关系。工程项目建造经营过程包括劳动过程和自然过程的总和，劳动过程是劳动者利用劳动资料（固定资产机器、设备、工艺和管理等）对劳动对象进行建造形成产品的过程。劳动建造过程是生产经营过程主体，通过劳动过程才能将投入的资源转化为使用价值和增加价值。自然过程是指劳动对象受自然力作用的过程，如冷却或干燥。盈亏平衡思想在于对工程项目在劳动过程中投入的资源消耗与未来创造的使用价值和增加价值的一致，一般认为是投入越多，产出越大。然而，工程项目建造过程受外部环境和内部管理的风险因素影响，因而需要明确生产过程的基本合理点，这基本合理点通常认为是投入＝产出点，即盈利＝亏损，称为盈亏平衡点，盈亏平衡点通常也称为保本点。

因此，运用盈亏平衡思想来分析工程税费规划的合理方法，也就是盈亏平衡分析法（Break-Even Analysis，BEA），是在工程税务中分析项目税费成本与节税收益的平衡关系的一种方法。

它可以运用于各个工程项目税务规划阶段，如采购税务规划时的主要要点是：

1. 供应商税务性质选择

主要是对供应商的选择，根据供应商的纳税人身份进行税务规划分析。供货商纳税人身份一般有一般纳税人和小规模纳税人两种。

（1）一般纳税人，可以获得增值税专用发票，从而实现增值税抵扣。

（2）小规模纳税人，可以购进材料、货物等获得普通发票，增值税不能抵扣进项税额。

（3）小规模纳税人到当地税务部门代开征收率为3％的增值税专用发票，抵扣货物不含税价格3％的增值税进项税额。

由于小规模纳税人销售货物可以不开具增值税专用发票（或者只是开具申请税务机关代开3％的增值税专用发票），购货方不必承担货物不含税价格13％的销项税额，所以材料物资销售价格比起一般纳税人供应商的销售价格要低廉。因此，对于供应商的选择，需要在购货前进行详细的税务测算，综合采购对企业净利润的影响以及对企业现金流的影响来考虑。

2. 选取资料准备

（1）材料采购计划；

（2）工程材料物资预算成本表；

（3）财务会计资金计划；

（4）税务法规、规范和政策文件；

（5）材料物资采购合同；

（6）工程承包合同；

（7）材料市场询价表等。

3. 计算方法

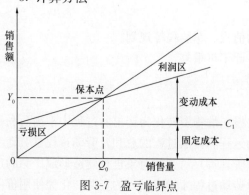

图3-7 盈亏临界点

选择盈亏临界点计算思想：盈亏临界点是企业收入和成本相等的经营状态，即边际贡献等于固定成本时企业所处的既不盈利也不亏损的状态，如图3-7所示。

即：

（1）盈亏临界点销售量＝固定成本/（单价－单位变动成本）

（2）盈亏临界点销售额＝固定成本/边际贡献率

(3) 盈亏临界点作业率＝盈亏临界点销售量/正常销售量×100％

根据不同纳税主体选择时，我们可假定小规模纳税人出具不同的增值税发票的实际情况，从而以盈亏临界点思想，判断其降低税费成本情况。

税务盈亏平衡原理推导：

假定小规模纳税人销售含税收入为 S，适用增值税率为 T_0，从一般纳税人购进金额为 P，适用增值税率为 T_1，在采购材料临界点从小规模纳税人购进和一般纳税人购进材料含税的比率为 R_c，小规模纳税人适用增值税率为 T_2，则：

从一般纳税人索取增值税专用发票收益 $= \dfrac{S}{1+P_0} - \dfrac{P}{1+T_1}$

从小规模纳税人索取普通发票收益 $= \dfrac{S}{1+P_0} - P \times \dfrac{R_c}{T_2}$

当两者相等时：

$$\dfrac{S}{1+P_0} - P \times \dfrac{R_c}{T_2} = \dfrac{S}{1+P_0} - \dfrac{P}{1+T_1}$$

推导出：

$$R_c = (1+T_2) \div (1+T_1)$$

当从一般纳税人索取增值税专用发票收益 $= \dfrac{S}{1+P_0} - \dfrac{P}{1+T_1}$

从小规模纳税人索取增值税普通发票收益 $= \dfrac{S}{1+P_0} - P \times R_c$

当两者相等时：

$$\dfrac{S}{1+P_0} - P \times R_c = \dfrac{S}{1+P_0} - \dfrac{P}{1+T_1}$$

得到：

$$R_c = \dfrac{1}{1+T_1}$$

讨论：采购盈亏临界点的比率 R_c 与供应商的增值税率相关；与纳税人的增值税率和纳税人的含税销售金额无关。因此，选择供应商，计算从小规模纳税人购进含税金额与从一般纳税人购进材料的含税金额的实际比率 R，实际比率 R 和在采购价格临界点比率 R_c 对比：

当 $R<R_c$ 时，选择小规模纳税人供应商；

当 $R>R_c$ 时，选择一般纳税人供应商；

当 $R=R_c$ 时，两者收益相等，应当从价格、质量和运输等角度去综合考虑。

【例 3-3】 甲建筑企业为增值税一般纳税人，为承包某住宅工程项目（造价为 600 万元），需要租赁 10 台建筑设备。现有 A、B 两家建筑机械租赁公司，其中 A 公司为一般纳税人，税率为 13％，B 公司为小规模纳税人，从 B 公司可索取税务机关代开增值税征收率 3％发票。A、B 两个公司提供设备相同，但是 A 公司每台设备租金 3 万元，B 公司每台设备租金 2.8 万元（含税）。甲建筑企业应选择 A 公司还是 B 公司作为设备供应商？

【解】

A、B 两个公司购进设备的含税金额实际比率为 93.33％（2.8/3＝93.33％），大于当一般纳税人税率为 13% 时的设备租赁价格临界点 88.50%（$R_c=1/1.13$），因此选择 A 公司作为设备租赁供应商，甲公司收益较高。

选择 A 公司作为设备租赁供应商，甲建筑公司收益为 5044247.79 元（600 万/1.13－10×3 万/1.13）；

选择 B 公司作为设备租赁供应商，甲建筑公司收益为 5037889.85 元（600 万/1.13－10×2.8 万/1.03）。

因此，甲建筑企业选择 A 公司，比选择 B 公司，提高收益为 6357.94 元（5044247.79－5037889.85）。

【例 3-4】某乙建筑公司为一般纳税人，预计工程项目为 600 万元，需要采购 30 天的运输服务。现有 C、D 两家运输公司，其中 C 公司为增值税一般纳税人，D 公司为小规模纳税人。C、D 两家公司所提供的运输服务相同，但 C 公司每天收费 400 元，D 公司每天收费 320 元（以上为含税价格）。乙建筑公司应选择 C 公司还是 D 公司作为运输服务供应商？

【解】

两家公司购进运输服务的含税金额实际比率为 80%（320/400），小于当一般纳税人税率为 9% 时的运输服务价格临界点 91.74%，因此选择小规模纳税人 D 运输服务公司，乙建筑公司收益较高。

选择 C 公司为供应商，乙建筑公司收益为 5298725.34 元（6000000/1.13－30×400/1.09）；

选择 D 公司为供应商，乙建筑公司收益为 5300927.174 元（6000000/1.13－30×320/1.09）。

因此，乙建筑公司选择 D 公司时，收益提高 2201.83 元（5300927.174－5298725.34）。

注意：区别含税价格和不含税价格。

【例 3-5】某建筑企业为增值税一般纳税人，外购一种原材料用于建筑工程。现有两种情况选择：第一种按含税价格为 113 元购买；第二种是按不含税价格 113 元购买，二者区别在于是否为含税价格。若按 113 元含税价格购买，支出 113 元，可以抵扣 13 元的增值税，实际成本是 100 元；若按 113 元的不含税价格购买，实际成本是 127.69 元（113＋113×13%），可以抵扣 14.69 元的增值税，实际成本是 113 元。显然比较结果是第二种对购买方来说多付采购成本。

（二）财务政策法

财务政策通常也称为会计政策，是指企业在对经济活动进行会计信息核算时所遵循的会计原则、计量基础和核算方法。会计原则是指对企业经济活动进行会计核算工作的基本工作规范，要求企业会计在进行会计信息统计、计量和计算时的总体规定，例如客观性原则要求企业进行会计计量时必须以事实为基础，站在中立、公正、可验证的角度反映。会计计量基础是对会计核算信息要求按权责发生制原则进行；会计核算方法则是要求会计工作人员具体工作计量、计算和核算的规定，具有一定的弹性和灵活性。

1. 财务政策内容

根据《企业会计准则第 28 号——会计政策、会计估计变更和差错更正》的规定，企

业选用会计政策,主要涉及下列具体内容:

(1) 综合性会计政策。合并政策(包括企业合并和合并会计报表)、外币业务(包括外币业务处理及外币报表的折算)、估价政策、租赁、税收、利息、长期工程合同、结账后事项。

(2) 资产项目。应收款项、存货计价、投资、固定资产计价及折旧、无形资产计价及摊销、递延资产的处理。

(3) 负债项目。应付项目、或有事项和承诺事项、退休金。

(4) 损益项目。收入确认、修理和更新支出、财产处理损益、非常损益;所得税的核算可以选择应付税款法或纳税影响会计法,纳税影响会计法中运用债务法,形成递延所得税资产或递延所得税负债。

(5) 其他。包括研究与开发、衍生金融工具、费用分配方法、成本计算方法等也是构成企业会计政策的重要方面。

在税务规划时,会计政策和税收征管是密切相关的,重点表现在会计政策与税务机关确定的税基规定差异。

2. 会计计量基础

第一,会计计量方法多样。主要包括五种会计计量模式,具体指历史成本、重置成本、可变现净值、现值、公允价值。五类资产计量方法,会计准则规定了针对不同的会计要素对象和具体经济业务等。第二,减值准备,货币资产外,其余的资产几乎都可以提取减值准备。期末企业对资产进行减值测试并对已经发生减值的资产提取减值准备,但是减值准备一旦提取就不得转回。基于方便和据实征收的管理原则,税法对会计上资产减值准备(坏账准备除外),一律不得税前扣除,所以税法要求凡是已经提取的资产减值准备,必须进行纳税调整。第三,公允价值计量,会计上的公允价值可以为应纳税费的计算提供参考。例如,在视同销售业务和债务重组业务中,税法都会将会计中不确认收入的项目比照正常销售业务征收税费,或者对债务重组业务损益计征税费。另一方面,基于税法的"真实发生"和"据实扣除"原则,企业因为采用公允价值计量而导致收益增加时,不能征收税费。

3. 存货计价方法

根据《企业会计准则第1号——存货》的规定,企业存货入账成本、使用成本和期末结算的计量不同,存货资产入账、使用和期末结算的计量,均涉及税务问题。

存货发出计价方法主要有先进先出法、个别计价法、移动加权平均法和全月一次加权平均法。因此,存货计价法能为企业在选择不同方法时提供税务规划的空间,能有效帮助企业提升管理效益,赢得资金的时间价值收益,有助于企业灵活安排资金。

【提示】

存货:指企业在日常活动中持有以备出售的产成品或商品、处在生产过程中的在产品、在生产过程或提供劳务过程中耗用的材料、物料等。

存货包括:

(1) 原材料;

(2) 在产品;

(3) 半成品;

(4) 产成品；

(5) 商品；

(6) 周转材料。

先进先出法是以先购入的存货应先发出（销售或耗用）这样一种存货实物流动假设为前提，对发出存货进行计价。先购入的存货成本在后购入的存货成本之前转出，据此确定发出存货和期末存货的成本。期末存货成本比较接近现行的市场价值，因此当物价上涨时，会高估企业当期利润和期末存货价值；反之，会低估企业当期利润和期末存货价值。

4. 固定资产计价方法

根据《企业会计准则第4号——固定资产》的规定，企业固定资产具有入账、使用和期末结算的计量功能，其相应的成本计量方法，均涉及税务问题。

第一，固定资产初始入账方法主要分为三年以内和三年以上两种，方法选择不同，则会影响固定资产原始成本入账金额。

第二，固定资产持续期间，价值转移的固定资产折旧的方法，包括固定资产最常用的折旧方法——直线法和加速折旧法，固定资产折旧直线法包括平均年限法、工作量法，固定资产加速折旧法包括双倍余额折旧法和年限总和法等。税法赋予了工程企业施工机械及设备使用期间的固定资产折旧方法和折旧年限的选择权。

财务制度规定企业按固定资产折旧方法提取的折旧费用金额是缴纳所得税前准予扣除的项目。在收入既定的情况下，折旧及摊销额越大，应纳税所得额就越少。

这一差异就为税收筹划提供了可能。企业在选择折旧方法时，通常需要分析不同的折旧方法给企业带来的经济影响，即所取得的税收筹划收益如何。比例税率下，加速折旧法是一种较有效的节税方法。加速折旧法的特点是前期折旧额较大，后期折旧额较小，造成利润的前少后多，把税款推迟到后期缴纳，相当于依法取得了一笔无息贷款；而直线法下各期折旧额相等，若不考虑其他因素的变化，各期利润也相等。由于资金时间价值的作用，采用加速折旧法而产生的企业所得税预期减少额的现值大于采用直线法而产生的企业所得税预期减少额的现值，两者之差即为企业实现的税收筹划收益。

5. 资产重组法

企业之间的兼并与重组是市场经济资源配置的必然选择。目前，企业资源配置、税收管理和投资与融资等动机和目的不同，企业间资产重组行为越来越普遍。企业资产重组的具体类型很多，基本类型有债务重组、资产收购、股权收购、企业合并、企业分离等。通过重组，企业之间改变联属关系或是集团化，从而加强经营上的分工、协作，提高整体的竞争力。

资产重组作为特殊的经济事实，涉及诸多税收政策，加之国家为鼓励集团企业重组优化整合资源出台了相关优惠政策，为企业税务规划提供了政策支持和规划空间。另外，企业重组各方可能存在盈亏不同，当一家赢利企业兼并一家亏损企业后，其利润总额必然因弥补亏损而减少。对于纳税而言，这意味着应纳税所得额的减少。因此，如果不考虑其他因素，仅从纳税角度看，该赢利企业因此获得了纳税方面的"收益"；从长期财务战略来看，收购亏损企业，通过低成本扩张，既实现产业重组还可以享受盈亏抵补的税收好处。

总之，资产重组是建筑企业得天独厚的税务规划资源，也是工程项目涉及的税务管理。企业应结合工程实际进行规划，在规划过程中注意要享受免增值税、印花税、企业所得税等税收优惠政策，在发生企业合并、分立、出售、置换时必须严格符合相关税收政策规范的规定。

（三）税务规划资料准备

1. 政府最新的财税政策和会计政策

政府作为宏观经济的调控主体，根据国家经济发展战略会适时创新、调整和增加新的法规规范，为企业及其投资人提供良好的经营环境，直接或间接地为企业带来利益，同时也通过企业利益来满足国家财政收入与支出。例如，在2016年"营改增"时建筑企业增值税税率为11%，到2018年修改为增值税税率为10%，2019年修改为9%；又例如，为全面推进创新国家建设，财政部、国家税务总局、科技部联合下发的针对无形资产抵扣所得税政策，将抵扣会计政策修改为"企业开展研发活动中实际发生的研发费用，未形成无形资产计入当期损益的，在按规定据实扣除的基础上，在2018年1月1日至2020年12月31日期间，再按照实际发生额的75%在税前加计扣除；形成无形资产的，在上述期间按照无形资产成本的175%在税前摊销[①]"。因此，工程项目税务规划，必须获取政府财税政策。

2. 公司战略管理决策报告

主要是根据以下依据：

（1）法律规定经营权。《中华人民共和国公司法》规定，股东大会应行使"决定公司的经营方针和投资计划""审议批准公司的年度财务预算方案"等职权；董事会对股东大会负责，行使"决定公司的经营计划和投资方案""制定公司的年度财务预算方案、决算方案"等职权；经理行使"主持公司的生产经营管理工作""组织实施公司年度经营计划和投资方案""拟定公司的基本管理制度""制定公司的具体章程"等职权。

（2）经营战略计划。因为税收的存在，使得企业的投资、筹资、经营等决策的实际财务结果与预测产生偏差。

（3）企业利益行为。税务规划是企业对资产、收益的正当维护，属于企业应有的经济权利。纳税人对经济利益的追求可以说是一种本能，具有明显的排他性和利己性的特征。税务规划应该是在企业权利的边界内或边界线上，遵守权利的界限是其应承担的义务，坚守义务的界限没有超越企业权利的范围，属于企业应有的社会权利。

3. 企业财务核算制度和公司会计报表

企业经营管理的治理结构是公司的重要组成部分。会计核算信息与公司内部各个治理层次的权利、利益和部门都密切相关，会计政策直接决定着会计信息的质量，决定着公司的财务预算方案、财务决算方案，自然是公司治理层最为关心的核心利益。因此，公司会计制度是约定会计政策选择的依据，影响着公司的整体利益，涉及公司的生存和发展，同时它也直接影响到股东大会、董事会、经理层的利益相关者，出发点既有共同的，也有不相同的，甚至是彼此矛盾的。因此，工程项目税务规划必须依据公司的财务会计制度、会计信息报表。

4. 工程项目建设合同

工程项目建设合同亦称"建设工程施工合同"，是指发包方（建设单位）和承包方

---

① 《财政部、税务总局、科技部关于提高研究开发费用税前加计扣除比例的通知》（财税〔2018〕99号）。

（施工单位）为完成商定的建筑安装工程施工任务，明确相互之间权利、义务关系的书面协议。目前，住房和城乡建设部、国家工商总局对《建设工程施工合同（示范文本）》（GF—2013—0201）进行了修订，制定了《建设工程施工合同（示范文本）》（GF—2017—0201），以下简称《示范合同》，它由主要的9项系列合同组成，包括：合同协议书、通用合同条款和专用合同条款三部分，附有三个附件是《承包人承揽工程项目一览表》《发包人供应材料设备一览表》《工程质量保修书》等。

1)《示范合同》合同协议书

共计13条，主要包括：工程概况、合同工期、质量标准、签约合同价和合同价格形式、项目经理、合同文件构成、承诺以及合同生效条件等重要内容，集中约定了合同当事人基本的合同权利、义务。

2）通用合同条款

通用合同条款是合同当事人根据《中华人民共和国建筑法》《中华人民共和国民法典》等法律法规的规定，就工程建设的实施及相关事项，对合同当事人的权利、义务作出的原则性约定。

3）专用合同条款

专用合同条款是对通用合同条款原则性约定的细化、完善、补充、修改或另行约定的条款。

因此，建设工程施工合同组成了工程税务规划的重要支撑依据。

（四）工程量清单计价与扣税定额

我国执行《建设工程工程量清单计价规范》GB 50500—2013，工程量清单是按照招标施工项目设计图纸、招标文件要求和现行的工程量计算规则、项目划分、计量单位的规定进行编制的。

1. 工程量清单在税务规划中具有重要的意义

（1）工程量清单是建设工程计价的依据。在招标投标过程中，招标人根据工程量清单编制招标工程的招标控制价；投标人按照工程量清单所表述的内容，依据企业定额计算投标价格，自主填报工程量清单所列项目的单价与合价。

（2）工程量清单是工程付款和结算的依据。发包人基于招标投标时工程量清单中所报的单价，以承包人实际完成工程量清单规定的内容，作为支付工程进度款和进行结算的依据。

（3）工程量清单是工程税务规划的重要依据。投标人根据发包人的招标价和合同约定、工程项目清单和市场价格关系，系统考虑工程项目发生的材料费、人工费、机械使用费和其他直接费、间接费用和分摊企业管理费用的进项增值税、销项增值税和应纳增值税等，通过工程量清单结算款项有效估算所得税等。

2. 工程造价增值税计价标准

由于我国地域辽阔，各省市经济发展和城市建设标准不同，因此各城市根据国家、省（自治区、直辖市）的工程建设实际情况，按《财政部 税务总局关于调整增值税税率的通知》（财税〔2018〕32号）和《住房城乡建设部办公厅关于调整建设工程计价依据增值税税率的通知》（建办标〔2018〕20号）的要求，编制了城市工程量清单计价增值税含税或不含税的增值税计算标准。

3. 工程造价清单增值税计算规则

建筑业营改增后,工程造价按"价税分离"计价规则计算,具体要素价格适用增值税税率执行财税部门的相关规定。税前工程造价为人工费、材料费、施工机具使用费、企业管理费、利润和规费之和,各费用项目均以不包含增值税(可抵扣进项税额)的价格计算。

(1)人工费不包含进项税额,不作调整。

(2)材料费中的计价材料、未计价材料价格均按不含税价格确定。在《重庆工程造价信息》未发布不含税材料信息价前,应按照国家税务政策规定确定不含税材料价格,也可参照第三章附件2附表3-5扣减系数计算进项税额。

其他材料费、五金材料费、照明及安全费用、脚手架材料费、支架摊销费、校验材料费、检验材料费、滑轮绳卡摊销费、橡胶球摊销费、设备摊销费等以"元"为单位的零星材料费用分类扣减进项税额,按第三章附件2附表3-5规定的扣减系数计算进项税额。

(3)机械费按可分解费用的机械、不可分解费用的机械、定额中的其他机械费、垂直运输通信费、超高降效机械费、回程费、本机使用台班费、脚手架机械使用费、机具摊销费等分类扣减进项税额,按第三章附件2附表3-6规定的扣减系数计算进项税额。

(4)组织措施费根据夜间施工费、冬雨期施工增加费、已完工程及设备保护费、材料检验试验费、二次搬运费、包干费、工程定位复测、点交及场地清理费的费用内容,按第三章附件2附表3-7规定的扣减系数分类计算进项税额。

(5)企业管理费、安全文明施工费、建设工程竣工档案编制费、住宅工程质量分户验收费、总承包服务费,按附件第三章2附表3-8规定的扣减系数计算进项税额。

(6)规费、利润不含进项税额,不作调整。

(7)实际计算费用按不含进项税额计入。

(8)建设工程工程量清单计价中的暂列金额、暂估价、计日工以及风险费用均按不含进项税额计入。

五、税务规划方案

(一)增值税计税方法选择

【例3-6】工程项目增值税规划方案

H建筑公司于2016年3月中标一项桥梁工程,中标含税价格为5100万元,工期为720日历天,在4月30日即在月度报告期末,还未与甲方办理相关合同事宜,但是H建筑公司在中标后就着手对桥梁工程进行勘测和设计,并于2016年4月20日开始动工,之后于2016年5月8日与甲方签订了建筑施工合同并办理了工程施工许可证等相关手续。H建筑公司为完成这项桥梁工程,于4月15日购买了钢材、混凝土(以水泥为原料生产的水泥混凝土)等建桥材料,但并没有向供应商支付款项,而是于5月4日才向供应商结清款项且获得了增值税专用发票,对该项目进行纳税筹划,见表3-8。

通过方案一与方案二的对比可知,按进项税与简易计税方法,方案二比方案一节税305.27(471.63-166.36)万元。

某建筑工程项目增值税规划方案比较　　　　　　表 3-8

项目	方案一（单位：万元）	方案二（单位：万元）
方案依据	按提供建筑服务的增值税税率10%	按增值税"简易计税方法"
案例内容	由于该项目在"营改增"之前已经购买了钢材、混凝土等建桥原材料，但拖欠供应材料款，在"营改增"之后才支付供应商材料款并获得了增值税专用发票，所以根据国家相关政策规定，此时是不能抵扣增值税进项税的	H建筑公司可以根据国家增值税政策，按"简易计税方法"进行增值税的测算
应缴纳增值税	5100/1.09×0.09＝421.10	5100/1.03×0.03＝148.54
应缴纳城建税、教育费附加及地方教育费附加	421.10×（7%＋3%＋2%）＝50.53	148.54×（7%＋3%＋2%）＝17.82
共计计算税额	421.10＋50.53＝471.63	148.54＋17.82＝166.36
备注	增值税如能抵扣，则以此计算	

【例 3-7】 某公司为增值税一般纳税人，2017年2月分别在B市和C市提供建筑服务（均为简易计税项目），当月分别取得建筑服务收入（含税）1665万元和2997万元，分别支付分包款555万元（取得的增值税专用发票上注明的增值税额为55万元）和777万元（取得的增值税专用发票上注明的增值税额为77万元），支付不动产租赁费用111万元（取得的增值税专用发票上注明的增值税额为11万元），购入建筑材料花费1170万元（取得的增值税专用发票上注明的增值税额为170万元）。该企业当月应纳增值税是多少？

【解】

第一，由于该公司两个项目均采用简易计税方法，所以其支付的不动产租赁费用和建筑材料费用虽然都取得了增值税专用发票，但不能作为进项税额扣除。

应纳税额＝(含税销售额－支付的分包款)÷(1＋3%)×3%
　　　　＝(1665＋2997－555－777)÷(1＋3%)×3%
　　　　＝3330÷1.03×0.03
　　　　＝96.99(万元)

会计处理为：

(1) 确认B市和C市提供建筑服务收入时：

借：应收账款——应收工程款：　　46620000元(1665万元＋2997万元)
　　贷：工程结算　　　　　　　　45262100元(46620000元－1357900元)
　　　　应交税费——简易计税　　1357900元

　　(1665＋2997)÷1.03×0.03＝135.79(万元)

(2) 收到分包增值税发票时：

计算允许抵扣的增值税额＝(555＋777)÷1.03×0.03＝38.80(万元)

注意：此时增值税专用发票上注明的增值税额是132(55＋77)万元，但允许抵扣的增值税额是38.80万元。如果此时两家分包商采取简易计税方法，仍然支付了同样的分包款，则允许抵扣的增值税额和分包商实际缴纳的增值税额相等。

借：应交税费——简易计税　　　　　　　388000 元
　　贷：工程施工——合同成本　　　　　　388000 元
（3）记录发送的分包成本：
借：工程施工——合同成本　　　　　13320000 元（555 万元+777 万元）
　　贷：应付账款　　　　　　　　　　13320000 元
（4）记录发生的其他成本（假定材料全部消耗）：
借：工程施工——合同成本　　　　　12810000 元（111 万元+1170 万元）
　　贷：应付账款　　　　　　　　　　12810000 元
（5）确认收入费用：
借：主营业务成本　　　　25742000 元（12810000 元+13320000 元-388000 元）
　　工程施工——合同毛利　　　　19520100 元
　　贷：主营业务收入　　　　　　　　45262100 元

第二，当均用取得普通增值税发票的简易计算法时，会计处理：

假定分别支付分包款 515 万元（取得的增值税普通发票上注明的增值税额是 15 万元）和 721 万元（取得的增值税普通发票上注明的增值税额是 21 万元），其他条件不变，该企业当月应纳增值税是多少？

$$应纳税额=（含税销售额-支付的分包款）\div(1+3\%)\times 3\%$$
$$=(1665+2997-515-721)\div(1+3\%)\times 3\%$$
$$=3426\div 1.03\times 0.03$$
$$=99.79（万元）$$

会计处理为：
(1) 确认 B 市和 C 市提供建筑服务收入时：
借：应收账款——应收工程款　　46620000 元（1665 万元+2997 万元）
　　贷：工程结算　　　　　　　　45262100 元（46620000 元-1357900 元）
　　　　应交税费——简易计税　　1357900 元
(2) 收到分包增值税发票时：
计算允许抵扣的增值税额=（515+721）÷1.03×0.03=36（万元）
借：应交税费——简易计税　　　　　360000 元
　　贷：工程施工——合同成本　　　　360000 元
(3) 记录发生的分包成本时：
借：工程施工——合同成本　　　　　12360000 元（515 万元+721 万元）
　　贷：应付账款　　　　　　　　　　12360000 元
(4) 记录发生的其他成本时（假定材料全部消耗）：
借：工程施工——合同成本　　　　　12810000 元（111 万元+1170 万元）
　　贷：应付账款　　　　　　　　　　12810000 元
(5) 确认收入费用时：
借：主营业务成本　　　　24810000 元（12810000 元+12360000 元-360000 元）
　　工程施工——合同毛利　　　　20452100 元
　　贷：主营业务收入　　　　　　　　45262100 元

以上两种方案的区别在于,第一种方案下,分包方采用的是一般计税方法,第二种方案下,分包方采用的是简易计税方法,其他条件不变。从会计处理后的结果来看,后者的合同毛利要大于前者。

假定在方案二中,支付的分包款都取得了增值税专用发票,但支付的不动产租赁费和建筑材料费都没有取得增值税专用发票,而是从小规模纳税人处取得了普通发票,相应的费用分别变为103万元和1030万元,显然在这种情况下,利润要高于从一般纳税人处取得专用发票的情况。

由此得出结论:

(1) 提供建筑服务采取简易计税方法,在不含税成本相等的情况下,将工程分包给采取简易计税方法的一般纳税人和小规模纳税人比分包给采取一般计税方法的一般纳税人更为有利;

(2) 提供建筑服务采取简易计税方法的情形下,由于租赁费和材料费等的进项税额不得抵扣,所以,在其他条件相同的情况下,此类费用从小规模纳税人处采购更为有利。

(二) 供应商选择税务规划

【例3-8】工程材料采购税务规划

由于S建筑企业是一般纳税人,其提供建筑服务的适用税率为10%,可获得的含税服务价格为Q,其可以向三类供应商购买原材料:甲供应商可提供税率为16%的增值税专用发票,含税购进价格为A;乙供应商可提供税率为3%的增值税专用发票,含税购进价格为B;丙供应商提供的是普通发票,含税购进价格为C。S建筑企业所在地的城市维护建设税、教育费附加和地方教育费附加合计按12%来计算,该企业所得税税率为25%。

假设不考虑其他因素,用现金净流量来分析:

现金净流量=现金流入量-现金流出量

=含税服务额-(含税购进额+应纳增值税+应纳城建税、教育费附加和地方教育费附加+应纳企业所得税)

(1) 当取得13%的增值税专用发票时:

应纳增值税=$Q/1.09 \times 0.09 - A/1.13 \times 0.13 = 0.083Q - 0.12A$

应纳城建税、教育费附加和地方教育费附加

$= (0.083Q - 0.12A) \times 12\% = 0.010Q - 0.014A$

应纳企业所得税

$= [Q/1.09 - A/1.13 - (0.010Q - 0.014A)] \times 25\% = 0.2269Q - 0.218A$

现金净流量

$= Q - A - (0.083Q - 0.12A) - (0.010Q - 0.014A) - (0.2269Q - 0.218A)$

$= 0.6801Q - 0.648A$

(2) 当取得3%的增值税专用发票时:

应纳增值税=$Q/1.09 \times 0.09 - B/1.03 \times 0.03 = 0.083Q - 0.0291B$

应纳城建税、教育费附加和地方教育费附加

$= (0.083Q - 0.0291B) \times 12\% = 0.010Q - 0.0035B$

应纳企业所得税

$= [Q/1.09 - B/1.03 - (0.010Q - 0.0035B)] \times 25\% = 0.2269Q - 0.242B$

现金净流量
$=Q-B-(0.083Q-0.0291B)-(0.010Q-0.0035B)-(0.2269Q-0.242B)$
$=0.6801Q-0.7254B$

(3) 当取得普通发票时：

应纳增值税
$=Q/1.09\times0.09=0.083Q$

应纳城建税、教育费附加和地方教育费附加
$=0.083Q\times12\%=0.010Q$

应纳企业所得税
$=(Q/1.09-C-0.010Q)\times25\%=0.2269Q-0.25C$

现金净流量
$=Q-C-0.083Q-0.010Q-(0.2269Q-0.25C)$
$=0.6801Q-0.75C$

当(1)和(2)的现金净流量相等时，即
$0.6801Q-0.648A=0.6801Q-0.7254B$
$B/A=89.33\%$

当乙供应商能够让步货物采购价格的10.67%时，可以选择是小规模纳税人的供应商。

当(1)和(3)的现金净流量相等时，即
$0.6801Q-0.648A=0.6801Q-0.75C$
$C/A=86.40\%$

当丙供应商能够让步货物采购价格的13.6%时，可以选择只能提供普通发票的供应商。

当(2)和(3)的现金净流量相等时，即
$0.6801Q-0.7254B=0.68014Q-0.75C$
$C/B=96.72\%$

当丙供应商能够让步货物采购价格的3.28%时，可以选择只能提供普通发票的供应商。

供应商的选取可以为一般纳税人，也可以为小规模纳税人。当我们向一般纳税人采购货物，价格一定时，可抵扣的税款也确定，如其他条件也一定时，所采购的货物成本就确定了；当我们向小规模纳税人采购同样一批货物时，小规模纳税人就可降低价格来使建筑企业与向一般纳税人采购货物的成本一致。

所以，存货采购的纳税筹划关键在于小规模纳税人的降价幅度有多大。而小规模纳税人的降价幅度是采购方和购货方通过商业谈判进行的，最终找到一个双方均可接受的价格。

(三) 设备选择税务规划

【例3-9】工程固定资产租赁税务规划

S建筑公司项目部拟选择建筑施工机械的固定资产设备租赁方案，主要方式包含三方面：选取外部租赁公司、成立内部租赁公司以及利用融资租赁，每种类型又存在选择税率不同而影响工程项目纳税方案差异，下面以选取外部租赁公司的类型，请你为他们选择哪种税率方式的税务方案最优。

S建筑公司在施工过程中，使用的机械设备大多是租赁来的，而出租方大多是个人或者是小规模纳税人，可能不能够为S建筑公司提供增值税专用发票，租赁设备的支出没有进项税额的抵扣，使得该企业的税负增加。因此，对于S建筑公司来说，应该从比较正规、能提供增值税专用发票的租赁公司进行设备租赁。同时，设备租赁公司提供机械设备租赁业务缴纳的是增值税，其增值税税率为13%，可以为S建筑公司开具13%的增值税专用发票，致使该企业有更多的增值税进项税额的抵扣，从而降低该企业的税负。但是，倘若作为个人或者小规模纳税人通过降低机械设备的租赁价格来吸引建筑企业的租赁，S建筑公司就应该将个人或者小规模纳税人的降价幅度与一般纳税人开具的增值税专用发票的抵扣额作比较，最终选取一个对本企业更适用的方案。

【分析】

S建筑公司可以向三类租赁公司进行设备租赁，且租赁的设备用于工程施工，租赁的设备价格计入"工程施工—机械使用费"科目中。假设工程施工项目的收入是Q，第一租赁公司可以开具税率为13%的增值税专用发票，租赁设备价格为U；第二供应商可提供税率为3%的增值税专用发票，租赁设备价格为V；第三供应商提供的是普通发票，含税购进价格为W。

S建筑企业所在地的城市维护建设税、教育费附加和地方教育费附加合计按12%来计算。该企业所得税税率为25%。

(1) 当取得13%的增值税专用发票时：

应纳增值税$=Q/1.09\times 0.09-U/1.13\times 0.13=0.083Q-0.115U$

应纳城建税、教育费附加和地方教育费附加$=(0.083Q-0.115U)\times 12\%=0.010Q-0.014U$

应纳企业所得税$=[Q/1.09-U/1.13-(0.010Q-0.014U)]\times 25\%=0.2269Q-0.218U$

现金净流量$=Q-U-(0.083Q-0.115U)-(0.010Q-0.014U)-(0.2269Q-0.218U)$

$=0.6801Q-0.6530U$

(2) 当取得3%的增值税专用发票时：

应纳增值税$=Q/1.09\times 0.09-V/1.03\times 0.03=0.083Q-0.0291V$

应纳城建税、教育费附加和地方教育费附加$=(0.083Q-0.0291V)\times 12\%=0.010Q-0.0035V$

应纳企业所得税$=[Q/1.09-V/1.03-(0.010Q-0.0035V)]\times 25\%=0.2269Q-0.242V$

现金净流量$=Q-V-(0.083Q-0.0291V)-(0.010Q-0.0035V)-(0.2269Q-0.242V)$

$=0.6801Q-0.7254V$

(3) 当取得普通发票时：

应纳增值税$=Q/1.09\times 0.09=0.083Q$

应纳城建税、教育费附加和地方教育费附加$=0.083Q\times 12\%=0.010Q$

应纳企业所得税$=(Q/1.09-W-0.010Q)\times 25\%=0.2269Q-0.25W$

现金净流量 $= Q - W - 0.083Q - 0.010Q - (0.2269Q - 0.25W)$
$= 0.6801Q - 0.75W$

当（1）和（2）的现金净流量相等时，即 $0.6801Q - 0.6530U = 0.6801Q - 0.7254V$，$V/U = 90.02\%$，当第二供应商能够让步设备租赁价格的 9.98% 时，可以选择是小规模纳税人的供应商。

当（1）和（3）的现金净流量相等时，即
$0.6801Q - 0.6530U = 0.6801Q - 0.750W$，$W/U = 87.07\%$，当第三供应商能够让步设备租赁价格的 12.93% 时，可以选择只能提供普通发票的供应商。

当（2）和（3）的现金净流量相等时，即 $0.6801Q - 0.7254V = 0.6801Q - 0.750W$，$W/V = 96.72\%$，当第三供应商能够让步设备租赁价格的 3.28% 时，可以选择只能提供普通发票的供应商。

（四）建筑材料采购税务规划

【例 3-10】工程材料采购税务规划

2019 年 5 月 13 日，W 公司与建材公司签订采购合同。合同约定，企业向建材公司采购一批建材。其中，中粗河砂 90 元/m³，9m³ 以上包到价。水泥砖 0.33 元/匹，6500 个以上包到价。石粉 52 元/m³，9m³ 以上包到价。2~3 碎石 90 元/m³，9m³ 以上包到价。水泥 300 元/t。商品混凝土 420 元/m³。合同规定，材料质量必须以送来的样品为标准，经过施工员确认质量后签收。对于不符合质量要求的，现场施工员有权拒收该车材料，所产生的费用损失由供方直接承担。所有建材由供方运送到工地，费用由供方提供。供方所提供的材料按工地现场量方、点数确定方量及吨位，需方提前一天报第二天需用的材料计划给供方，需方对送到工地的材料安排专人负责验收并签收。

双方商定，决算方式为月结，每月底对账，双方核对好数量金额后，需方在次月 20 日前一次性付清上月货款给供方，供方开收据给需方收款。供方所提供的材料跟随市场价格升跌，每次调价需通知双方确认，价格在供货验收单上注明为准。

【解】

（1）采用简易计税方法

该房地产项目的材料成本中商品混凝土的成本共计 27012038 元，占总成本的 26%，占收入比为 35%。由于商品混凝土供应商为一般纳税人，采用简易计税方法，按 3% 向 W 公司提供增值税专用发票。

此时，W 公司可抵扣额为：
$27012038 \div (1+3\%) \times 3\% = 786758.39(元)$

市政污水处理项目的材料成本中商品混凝土的不含税成本共计 12962189.26 元，占总成本的 26%，占收入比为 24%。由于商品混凝土供应商为一般纳税人，采用简易计税方法，按 3% 向 W 公司提供增值税专用发票。

此时，W 公司可抵扣额为：
$12962189.26 \times 3\% = 388865.68(元)$

"洪湖半岛"项目的材料成本中商品混凝土的不含税成本共计 1807567.57 元，占总成本的 24%，占收入比为 21%。由于商品混凝土供应商为一般纳税人，采用简易计税方法，按 3% 向 W 公司提供增值税专用发票。

此时，W公司可抵扣额为：

1807567.57×3%=54227.03(元)

发电厂项目的材料成本中商品混凝土的不含税成本共计546153.08元，占总成本的18%，占收入比为16%。由于商品混凝土供应商为一般纳税人，采用简易计税方法，按3%向W公司提供增值税专用发票。

此时，W公司可抵扣额为：

546153.08×3%=16384.59(元)

(2) 采用一般计税方法

若向采用一般计税方法的一般纳税人供应商采购商品混凝土，规定其向W公司提供抵扣率为13%的增值税专用发票。

该房地产项目的材料成本中商品混凝土的成本共计27012038元，W公司可抵扣额为：

[27012038÷(1+13%)]×13%=3107579.59(元)

市政污水处理项目的材料成本中商品混凝土的不含税成本共计12962189.26元，W公司可抵扣额为：

12962189.26×13%=1685084.60(元)

"洪湖半岛"项目的材料成本中商品混凝土的不含税成本共计1807567.57元，W公司可抵扣额为：

1807567.57×13%=234983.78(元)

发电厂项目的材料成本中商品混凝土的不含税成本共计546153.08元，W公司可抵扣额为：546153.08×13%=70999.90(元)

因而，一般计税方法可抵扣金额将大于简易计税方法。

(五) 工程成本税务规划

【例3-11】工程机械使用税务规划

某建筑公司主要从事土石方工程施工，共有13台土石方运输设备，每台采购价格为20万元。按照税法规定，该类型固定资产的最低折旧年限为4年，该企业实际执行的折旧年限为5年。假设固定资产的预计残值率为5%。由于2015年度企业生产任务不足，其中有5台运输设备全年闲置。该公司在进行2015年度所得税汇算清缴时，对上述运输设备折旧费用的处理是：由于该运输设备的会计折旧年限比税法折旧年限多1年，属于纳税调整项目，该企业的会计折旧为：13×20×(1−5%)÷5=49.4(万元)，税法准予扣除的折旧为：13×20×(1−5%)÷4=61.75(万元)，故应调减应纳税所得额：61.75−49.4=12.35(万元)。

该企业的上述处理有无不妥？为什么？

【解】

本案例实际上涉及两个所得税汇算清缴的政策问题：一是如果企业制定的固定资产折旧年限长于税法规定的最低折旧年限，是否属于纳税调整项目？二是闲置的固定资产能否计提折旧税前扣除？

(1) 企业根据与固定资产有关的经济利益的预期实现方式确定的固定资产的折旧年限可能长于税法规定的最低折旧年限，根据现行税法规定，在计算缴纳企业所得税时不得按照会计核算计算的折旧额与税法规定的最低折旧年限计算的折旧额的差额调减当年应纳税所得额。

(2) 根据《企业所得税法实施条例》第五十九条的规定，企业应当自固定资产投入使用的次月起计算折旧；停止使用的固定资产，应当自停止使用月份的次月起停止计算折旧，所以按照现行税法规定，企业闲置的固定资产不能计算折旧。

所以，本案例正确的税务处理是：

企业的会计折旧为：$13 \times 20 \times (1-5\%) \div 5 = 49.4$（万元）

允许税前扣除的折旧为：$(13-5) \times 20 \times (1-5\%) \div 5 = 30.4$（万元）

应调增应纳税所得额：$49.4 - 30.4 = 19$（万元）

【例 3-12】出包方式建造固定资产和对租用固定资产进行改良的支出的税务规划

2017 年 1 月，A 建筑公司与某建工九建筑公司签订了一份建筑安装合同，由建工九建筑公司为 A 建筑公司建造一栋面积为 10000m² 的办公楼，合同造价为 2000 万元；同时，建工九建筑公司为 A 建筑公司现在租用的尚有三年才到期的临时办公楼进行装修，装修价格为 300 万元。新建办公楼于 2017 年 11 月建设完工并投入使用，预计使用年限为 20 年，预计净残值率为 5%。临时办公楼装修也于当年 9 月完工，预计使用年限与剩余租赁期限相同。

A 建筑公司由于资金困难，只支付了上述工程款的 80%，即 1840 万元（2300×80%），建工九建筑公司也给 A 建筑公司开具了 1840 万元的建安发票。

(1) 2017 年，A 建筑公司就上述业务如何进行会计和税务处理？

(2) 2018 年，A 建筑公司陷入进一步的经济困难，仍未支付上述款项，如何进行会计和税务处理？

【解】

案例属于企业采取出包方式建造固定资产和对租用固定资产进行改良的支出。

(1) 2017 年，企业采取出包方式建造的固定资产自固定资产达到预定使用状态开始计提折旧，因此，应于 2017 年 11 月确认固定资产 2000 万元，并于 2017 年 12 月开始计提折旧。当年应该计提的折旧为：

$2000 \times (1-5\%) \div 20 \div 12 \times 1 = 7.9167$（万元）

税法规定，企业固定资产投入使用后，由于工程款项尚未结清未取得全额发票的，可暂按合同规定的金额计入固定资产计税基础计提折旧，待发票取得后进行调整。因此，税法允许扣除的折旧与会计相同。

对租用固定资产的改良支出，按照《企业会计准则》的规定，应作为"长期待摊费用"处理。在剩余租赁期与租赁资产尚可使用年限两者中较短的期间内，采用合理的方法进行摊销。2017 年应摊销的费用为：

$300 \div 3 \div 12 \times 3 = 25$（万元）

税法规定，企业发生的租入固定资产的改扩建支出，作为"长期待摊费用"，按照固定资产尚可使用年限分期摊销。但根据《国家税务总局关于加强企业所得税管理的意见》（国税发[2008]88 号）"加强发票核实工作，不符合规定的发票不得作为税前扣除凭据"的规定，企业改建支出尚未取得发票的不允许摊销。因此，本例 2017 年允许扣除的摊销费用为：

300×80%÷3÷12×3=20(万元)

综上，2017年，应调增应纳税所得额5万元(25−20)。

(2)2018年，企业采取出包方式建造的固定资产会计计提折旧金额为：

2000×(1−5%)÷20=95(万元)

税法规定，如果固定资产投入使用12个月后企业仍未取得发票的，原来已提取的折旧应作纳税调增，以后按合同金额计提的折旧也不能税前扣除。所以，本例中税法允许扣除的折旧应为：2000×80%×(1−5%)÷20=76(万元)，同时对原来未取得发票的部分提取的折旧作纳税调增：2000×20%×(1−5%)÷20÷12×1=1.58(万元)。

2018年该项业务应作纳税调增为：95−76+1.58=20.58(万元)

对租入固定资产的改良支出，2018年会计应摊销的金额为：300÷3÷12×3=25(万元)，税法允许扣除的摊销额为：300×80%÷3÷12×3=20(万元)

2018年该项业务应纳税调增金额为：25−20=5(万元)

【例3-13】 合同预计损失的会计与税务处理

A建筑公司签订了一份总金额为100万元的固定造价合同，最初预计总成本为90万元，第一年实际发生成本为63万元，年末预计为完成合同尚需发生成本42万元，该合同的结果能够可靠估计。

该公司在年末按完工百分比法应进行如下会计处理：

第一年完工进度=63÷(63+42)×100%=60%

第一年确认的合同收入=合同总收入×60%=100×60%=60(万元)

第一年应确认的合同费用=预计总收入×60%=(63+42)×60%=63(万元)

第一年应确认的合同毛利=收入−费用=−3(万元)

第一年预计的合同损失=[(63+42)−100]×(1−60%)=2(万元)

借：主营业务成本　　　　　　　　　　　　　　630000元
　　贷：主营业务收入　　　　　　　　　　　　600000元
　　　　工程施工——合同毛利　　　　　　　　30000元
借：资产减值损失——合同损失　　　　　　　　20000元
　　贷：存货跌价准备　　　　　　　　　　　　20000元

从税务处理的角度看，该公司在纳税年度终了后确认的2万元存款跌价准备不得在税前扣除，此笔业务当年应纳所得税额调增2万元，填报《A105000纳税调整项目明细表》第32行"（二）资产减值准备金"，账载金额2万元，调增金额2万元。

（六）人工薪酬税务规划

【例3-14】 工资、福利费和社会保险费等支出的税务处理

甲建筑公司2017年应付工资总额为92万元。其中，生产部门直接生产人员工资40万元，生产部门管理人员工资15万元，管理部门人员工资21万元，销售部门人员工资10万元，建造厂房人员工资6万元。该企业发生职工福利费18400元，其中，生产部门直接生产人员福利费8000元，生产部门管理人员福利费3000元，管理部门人员福利费4200元，销售部门人员福利费2000元，建造厂房人员福利费1200元。

本年度，公司按照职工工资总额的10%分别计提医疗保险费和住房公积金并已缴纳。公司按工资总额的2%和2.5%计提工会经费和职工教育经费并拨缴和使用，但是，拨缴

的工会经费没有取得合法有效凭证。公司当年发生的职工薪酬费用均已支付。

(1) 甲公司2017年工资、福利费等项目如何进行税务处理？

(2) 甲公司如何进行2017年度企业所得税纳税申报？

【解】

1. 税务处理

(1) 工资的扣除。企业生产部门直接生产人员工资40万元，管理人员工资15万元，管理部门人员工资21万元，销售部门人员工资10万元，可以在当期税前扣除。建造厂房人员工资6万元属于资本化支出，应待形成资本价值后，由计提折旧或摊销的方式计入成本费用在税前扣除。

(2) 福利费的扣除。福利费扣除限额为128800元。年度企业所得税汇算清缴时，企业发生的福利费应符合《国家税务总局关于企业工资薪金及职工福利费扣除问题的通知》(国税函〔2009〕3号) 规定的范围，同时不超过工资总额14%的部分可以在税前扣除，超过部分不得扣除，应调增应纳税所得额。本年度实际发生福利费18400元，没有超过税法规定的范围和比例。

(3) 工会经费的扣除。年度企业所得税汇算清缴时，企业拨缴的工会经费不超过工资总额2%的部分，同时提供合法、有效凭证，可以在税前扣除，否则不得扣除。企业本年度工会经费没有取得合法有效凭证，因此拨缴的工会经费18400元不得在税前扣除。

(4) 职工教育经费的扣除。年度企业所得税汇算清缴时，企业发生的职工教育经费不超过工资总额2.5%的部分可以在税前扣除，超过部分可以向以后年度结转扣除。本年度发生职工教育经费23000元，没有超过税法规定的范围和比例。

(5) 社会保险费和住房公积金的扣除。年度企业所得税汇算清缴时，企业按照规定的标准和比例为职工缴纳的社会保险费和住房公积金可以在税前扣除。只计提不缴纳的部分不得在税前扣除。本年度企业按规定缴纳的社会保险费92000元和住房公积金92000元未超过税法规定的范围和比例，无需调整。

2. 2017年度甲公司企业所得税汇算清缴填报示范

第一步：填报《A104000 期间费用明细表》(表3-9)。

A104000 期间费用明细表（单位：元）　　　　表3-9

行次	项目	销售费用	其中：境外支付	管理费用	其中：境外支付	财务费用	其中：境外支付
		1	2	3	4	5	6
1	职工薪酬	102000	*	214200	*	*	*

第二步：填报《A105050 职工薪酬纳税调整明细表》(表3-10)。

A105050 职工薪酬纳税调整明细表（单位：元）　　　　表3-10

行次	项目	账载金额	税收规定扣除率	以前年度累计结转扣除率	税收金额	税收调增金额	累计结转以后年度扣除额
		1	2	3	4	5(1−4)	6(1+3−4)
1	一、工资薪资支出	920000	*	*	920000	0	*

续表

行次	项目	账载金额	税收规定扣除率	以前年度累计结转扣除率	税收金额	税收调增金额	累计结转以后年度扣除额
		1	2	3	4	5(1-4)	6(1+3-4)
2	其中：股权激励	0	*	*	0	0	*
3	二、职工福利费支出	18400	14%	*	18400	0	*
4	三、职工教育经费支出	23000	*	0	23000	0	0
5	其中：按税收规定比例扣除的职工教育经费	23000	2.5%	0	23000	0	0
6	按税收规定全额扣除的职工培训费	0	0	*	0	0	*
7	四、工会经费支出	18400	2%	*	0	18400	*
8	五、各类基本社会保障性交款	92000	*	*	92000	0	*
9	六、住房公积金	92000	*	*	92000	0	*
10	七、补充养老保险	0	*	*	0	0	*
11	八、补充医疗保险	0	*	*	0	0	*
12	九、其他	0	*	0	0	0	0
13	合计（一+二+三+四+五+六+七+八+九）	1163800	*	0	1145400	18400	0

第三步：填报《A105000 纳税调整项目明细表》（表 3-11）。

A105000 纳税调整项目明细表（单位：元）　　　　　　表 3-11

行次	项目	账载金额	税收金额	调增金额	调减金额
		1	2	3	4
1	二、扣除类调整项目	*	*		
2	（二）职工薪酬	1163800	1145400	18400	

六、工程税务风险管理

（一）工程税务风险概念

税务风险就是企业在工程项目建设中所有涉税活动所面临的一种不确定性。风险和收益具有内在成正比的关系，即企业追求工程项目利润最大化，面临的税务风险也越大。因而，势必要降低税费。工程税务风险的存在具有客观的必然性，也就是人为对税收、税费和税务管理的一种责任风险。

工程税务风险是指工程项目活动中因人为责任而产生的不确定性，税务风险管理就是针对人为责任的管理。主要分为内部管理责任风险和外部环境影响风险。内部责任风险是：内部人为因素的风险包括管理人员对税收政策理解和掌握不当风险；对税务财务处理不当风险；对缴纳税时间和流程与税务机关沟通不畅风险。外部环境影响风险是：政策变动风险；合同变更风险；施工技术、施工环境、施工控制风险等。

因工程企业的行为不符合税收法律法规和税收政策规范的规定，导致应交税而未交税、少交税，从而面临补税、罚款和加收滞纳金，甚至行政处罚以及声誉损害等风险；另一方面是税务管理行为、经营行为适用税法不准确，没有用足税收优惠政策，多缴纳了税款或承担了超额税收成本等。

(二) 工程税务风险管理特点

1. 主观性

由于工程项目建设具有固定性、单件性和周期长等特点，纳税人与税务征税部门在同一工程项目中对涉税事项存在不同的理解，直接导致运用税收政策测算的不一致。更为重要的是工程税务管理涉及工程学、管理学、税务学和财务学等多学科的专业理论和方法，大多管理人员知识碎片化，因而导致工程税务风险。

2. 客观性

由于企业经营目标是实现税后净利润最大化，企业实际追求工程税务成本最小化的动机，加之国家税收政策环境不断变化，导致企业和政府间的信息不对称，促使企业在税务管理时难以完全规避税务风险。

3. 损害性

在我国的工程企业税务管理中，由于种种因素的作用和条件限制，缺乏专门的工程税务管理部门和人员，因而出现税务风险会影响工程生产经营活动的连续性、经济效益的稳定性和生存的安全性，最终可能会威胁工程项目的收益，对工程项目造成一定的损失。

4. 潜在性

在企业税务管理活动中，通常将税务管理设置在财务管理部门，认为财税一家，因此，一般是财务核算管理在先，征缴纳税在后，所以工程税务风险已然存在于企业实际缴纳各项税费之前的相关行为中。正是由于传统管理思维与行为指引，人的主观上已经使得工程税务行为的实施结果，与其税收政策、法规，工程技术、合同、施工等出现矛盾甚至相互背离，直接导致企业税务风险先于税务责任履行行为，使得税务风险对企业经营带来潜在的持续影响。掌握了工程税务风险的潜在性特征，有利于企业做好科学的税务管理，建立正确的税务风险控制时空观，切实降低税务风险。

5. 可控性

虽然工程税务管理具有它自身的复杂性、多变性和主观性等因素，但是产生税务风险的风险行为、风险因素是可以通过科学的规划方法，组织专业管理部门和人员，运用知识管理和行为管理加以测量，基于大数据进行预测，并在此基础上采取相应措施加以预防和弥补，从而降低的。

(三) 工程税务风险管理要点

1. 目标管理

税务风险管理的目标是企业通过工程税务风险系统识别、预测和评估，防控税务风险，以保证工程项目税务决策和日常经营活动及相关业务处理符合税法规定，科学预测，降低企业的涉税成本。具体地说，企业税务风险管理的主要目标包括税务规划既符合商业利润目的，也符合税法政策规定、缴纳税程序和工程日常经营活动的税务因素的影响。目标重点突出了税务行为的"合法性"，即工程建设全生命周期所有涉税事项均符合法律规定。

2. 计划管理

制定合理的工程税务风险管理计划是风险管理的第一步，它主要包括：

（1）明确税务风险管理的目标。税务风险管理的成功与否很大程度上取决于是否有明确的目标管理。因此，企业组织在一开始就要权衡风险与收益，表明对税务风险的态度。

（2）确定税务风险管理部门及人员的责任以及与其他部门的合作关系。在实践中，税务风险管理计划常通过税务风险管理规划书来表达。

3. 风险识别

风险识别就是识别出工程项目所面临的税务风险的类型、形成原因以及其影响。重点包括：

（1）掌握税务风险环境。税务风险识别的方法有很多，首先要了解企业的组织、人员和资产情况，以及企业的涉税业务，这有助于全面掌控税务风险。对工程项目所面临的税务风险进行识别与判断，这一步是风险识别的核心，实践中可以按照工程施工组织计划的顺序进行分析，也可以按照税务风险承受对象逐一排查。

（2）分析税务风险特征。综合了解企业的情况之后，列表式地分析工程可能会由于哪些原因产生税务风险，其各自具有怎样的特征，得出可能面临的税务风险。

（3）区别税务风险类别。得出工程"可能面临的税务风险"这样的结论并不意味着风险识别工作就完成了。重要的是分析税务风险的影响，是人损失、财务损失、营业费用损失还是责任损失。因此，识别税务风险类型是一项系统性的持续工作，它是税务风险识别的关键。

4. 风险评估

工程税务风险评估是以人为本的工作。这需要税务风险评估师具有综合知识、丰富经验、工程实践能力和充分的法律后果责任，在风险识别的基础上，能运用专门方法估算损失发生的概率和损失幅度，并依据对待风险的态度和风险承受能力，进一步判断税务风险的重要性，最终量化税务风险。这称为工程税务风险评估和税务风险评价。

5. 风险策略

税务风险评估既有定性评估也有定量分析，无论数量多少都需要构建税务风险量表，并针对其程度从法律视角、政策视角、管理视角和经济财务视角给出专业的对策和措施，统称为税务风险管理策略。

税务风险管理策略包括以下几种。

1）控制型管理策略

控制型策略是通过建立企业税务管理组织和机制，通过避免、消除和减少意外事故发生的机会以及将可能产生的损失幅度减少到期望损失成本。主要的控制即管理性，具体来说，措施包括税务风险规避、税务损失控制和税务风险转移。

2）融合型管理策略

融合型措施的着眼点在于获得损失发生后用于弥补损失的资金，其核心在于将消除和减少税务风险的成本分摊在一定时期内，以避免因随机的巨大损失发生而引起财务上的波动。其中，自留税务风险是将税务风险的影响在企业内部的财务上分摊，此外保险和其他合约化税务风险分担、转移手段更多的是将税务风险与其他方式融合，部分地转移给他方。

3）风险抑制策略

控制型措施和融合型措施都是从降低期望损失的角度来改变税务风险的承受，而内外部风险抑制的作用在于降低未来结果。内部角度，通过财税都认定一致制度或准则如递延税费、摊销税费等，合理合规得以处理，确保税务风险管理者对未来的判断更有把握。外部税务风险抑制则主动与税务机关加强沟通、协调和协商，充分保持信息的一致，从而降低税务风险的影响程度。通常是将这两种方法组合运用，使得在管理目标达成的情况下，税务成本合法合理，这是最佳的税务风险管理效果。

第三章附件1

重庆市执行现行计价定额简易计税法

工程费用标准调整表　　　　　　　　　　　　　　　　附表 3-1

专业工程		企业管理费（%）	组织措施费（%）	一般风险费（%）	安全文明施工费（%）	建设工程竣工档案编制费（%）
房屋建筑工程	公共建筑工程	24.41	6.51	1.58	3.70	0.44
	住宅工程	25.93	7.22			0.57
	工业建筑工程	26.44	8.29		3.52	0.50
构筑物工程	仿古建筑工程	17.99	6.16	1.69	3.11	0.29
	烟囱、水塔、筒仓	24.61	6.89	1.69	3.29	0.39
	贮池、生化池	39.67	11.40		3.46	0.57
市政工程	道路工程	45.77	13.97	1.69	3.10 / 2.79	0.61
	桥梁工程	39.59	10.40	2.11	3.12 / 2.82	0.40
	隧道工程	32.27	9.15		2.88 / 2.61	0.32
	广（停车）场	20.87	5.80	1.58	2.51	0.28
	排水工程	45.43	11.76		2.76	0.50
	涵洞工程	34.16	8.96		2.53	0.45
	挡墙工程	18.70	5.66		2.79	0.32

续表

专业工程		企业管理费（%）	组织措施费（%）	一般风险费（%）	安全文明施工费（%）	建设工程竣工档案编制费（%）
城市轨道交通工程	盾构工程	8.17	3.37	1.69	2.84	0.15
					2.58	
	高架桥工程	30.18	7.26		3.54	0.38
					3.27	
	地下工程	30.40	7.37		3.05	0.36
					2.78	
	轨道工程	70.00	19.57		2.47	0.97
					2.32	
机械（爆破）土石方工程		18.64	6.83	1.27	0.79元/m³	0.21
围墙工程		19.22	5.94	1.58	3.70	0.33
房屋建筑修缮工程		18.75	5.83	—	3.33	0.25
装饰工程		15.81	9.06	1.90	12.26	1.27
幕墙工程		17.77	10.28	2.11		1.56
园林绿化工程	园林工程	7.17	3.80	1.90	6.94	0.10
	绿化工程	5.68	3.00			0.09
通用安装工程	机械设备安装工程	24.97	10.58	2.95	17.98	1.99
	热力设备安装工程	27.24	10.65		17.98	2.18
	静置设备与工艺金属结构制作安装工程	30.20	11.24		21.77	1.97
	电气设备安装工程	38.67	17.20		25.90	2.01
	建筑智能化安装工程	32.95	13.57		20.07	2.21
	自动化控制仪表安装工程	32.80	14.20		21.21	2.43
	通风空调安装工程	27.53	11.26		20.07	2.03
	工业管道安装工程	24.97	10.76		17.98	2.01
	消防工程	26.47	11.59		17.98	1.98
	给水排水、燃气工程	29.84	12.41		20.07	2.09
	刷油、防腐蚀、绝热工程	23.09	10.31		17.98	1.99
市政安装工程	市政给水、燃气工程	26.80	10.52	2.95	18.87	2.11
	交通管理设施工程	12.09	3.67	1.90	14.86	1.02
城市轨道交通安装工程	通信、信号工程	40.41	11.29	2.95	23.66	2.06
	智能与控制系统工程	35.12	8.69		21.21	2.51
	供电工程	26.21	7.40		21.21	2.32
	机电设备工程	31.24	7.52		21.96	2.21
人工土石方工程		10.92	2.33	—	0.79元/m³	0.20
房屋安装修缮工程		14.03	3.98	—	11.35	1.04
房屋拆除工程		8.61	1.06	—	17.98	0.20

重庆市住宅工程质量分户验收费标准调整表

附表 3-2

费用名称	计算基础	简易计税法
住宅工程质量分户验收费	住宅单位工程建筑面积	1.34 元/m²

重庆市总承包服务费标准调整表

附表 3-3

分包工程	计算基础	简易计税方法
总承包服务费（房屋建筑工程）	分包工程造价	2.95%
总承包服务费（装饰、安装工程）	分包工程人工费	11.84%

第三章附件 2

重庆市执行原计价定额一般计税法

计价和未计价材料进项税额计算表

附表 3-4

序号	材料种类	扣税基础	扣减系数（%）	进项税额（元）
1	商品混凝土、砖、瓦、灰、砂、石、土	对应的材料费用	2.91	扣税基础×扣减系数
2	草类制品、棉、麻及制品、绳、纸及制品、毡类制品、水、天然气		8.26	
3	苗木		6.01	
4	除上述之外的其他材料		11.50	

注：1. 材料价格为不含税价格时，则不需扣减计算进项税额。
2. 计价和未计价材料费扣税基础包含材料价差。

材料费进项税额计算表

附表 3-5

序号	材料种类	扣税基础	扣减系数(%)	进项税额(元)
1	其他材料费、五金材料费、照明及安全费用、脚手架材料费、支架摊销费、校验材料费、检验材料费、滑轮绳卡摊销费、橡胶球摊销费、设备摊销费等	对应的定额材料费用	11.50	扣税基础×扣减系数
1.1				
1.2				
…				
2	安装工程脚手架使用费	定额费用	8.63	
合计				

机械费进项税额计算表

附表 3-6

序号	费用名称	扣税基础	扣减系数(%)	进项税额(元)
1	可分解费用的机械			
1.1	折旧费及大修理费	定额费用	11.50	扣税基础×扣减系数
1.2	经常修理费	定额费用	5.75	
1.3	安拆费及场外运费	定额费用	4.95	
1.4	燃料动力费			
2	不可分解费用的机械			
3	定额中其他机械费	定额机械费	8.05	
4	垂直运输通信费、超高降效机械费、回程费、本机使用台班费、脚手架机械使用费、机具摊销费等			
5	通风空调系统调试费	定额费用	8.63	
合计				

注：燃料动力费中的材料价格均按不含税价格计入。

组织措施费进项税额计算表　　　　　　　　　　　　　　　　　　　　　附表 3-7

序号	费用名称	扣税基础	扣减系数(%)	进项税额(元)
1	夜间施工费	对应的各项费用	4.03	扣税基础×扣减系数
2	冬雨期施工增加费		6.33	
3	已完工程及设备保护费		4.44	
4	材料检验试验费		5.66	
5	二次搬运费		3.96	
6	包干费		5.43	
7	工程定位复测、点交及场地清理费		5.52	

注：二次搬运费按实签证计算时，应按不含税价格计取，不再采用扣减系数计算进项税额。

企业管理费、安全文明施工费、建设工程竣工档案编制费、住宅工程质量分户验收费进项税计算表　　　附表 3-8

序号	费用名称	扣税基础	扣减系数(%)	进项税额(元)
1	企业管理费	对应的各项费用	1.30	扣税基础×扣减系数
2	安全文明施工费		6.38	
3	建设工程竣工档案编制费		3.44	
4	住宅工程质量分户验收费		1.56	
5	总承包服务费		4.60	

【习题与案例】

本章习题与案例见二维码3。

二维码3

第四章 房地产开发项目税务管理

【学习指引】

某房地产公司开发了一个商业项目,占地面积为 30000m²,总成本为 20000 万元(设为土地增值税的可扣除额),现有两种方案供决策者选择。

方案 1:将该商业地产对外销售,销售收入为 40000 万元;

方案 2:将该商业地产留作自用,对外出租,每年租金为 1000 万元,租期为 40 年。(土地使用税为每年每平方米 3 元)试问该公司税务专员应如何选择税务方案?

【学习目标】

立足于房地产开发项目流程、工程税务基本理论和方法,本章主要介绍房地产开发项目税务管理。通过对房地产开发项目流程各阶段涉税税种的分析,提出税务规划方法、规划技巧,并针对税务规划方案中可能的税务规划风险提出相应的管理对策,以助于企业加强房地产开发项目的税务管理。

【重要术语】

房地产开发项目;开发阶段;税务管理;税务规划;税务规划风险;规划效益

第一节 房地产开发项目税务管理概述

房地产行业具有资金需求大、涉及面广、产业链长等特征。在当前经济环境背景下,加强企业管理水平和降低经营成本尤为重要,而科学的税务管理能够降低企业成本,从而实现企业的长期稳定发展。

一方面,由于房地产业关乎社会民生,房地产企业日益受到社会公众的广泛关注,各级政府部门包括税务部门对房地产企业的监管也愈发严格;另一方面,随着市场竞争的日益激烈,我国房地产行业迅猛发展、追逐暴利的时代已经结束,激烈的行业竞争迫使房地产企业开展积极有效的成本控制策略,以增强企业的竞争力,从而实现企业的长期稳定发展。

一、税务管理的必要性

房地产开发项目是指以商品经营服务性质为主的房产商业项目与地产商业项目。房地产行业具有资金需求大、涉及面广、产业链长等特征,房地产开发项目涉及的税务制度具有复杂性、多样性和阶段性的特点。

一般的房地产开发项目按阶段可分为立项阶段、设计阶段、开工前期阶段、施工阶段和竣工验收阶段,由于不同阶段涉及的税种、税收政策等有所不同,因此,房地产开发项目税务管理具有复杂性强、管理难度大的特点。

对于房地产开发项目而言，税收是成本，是现金流出，是影响房地产开发项目收益的重要因素。因此，加强房地产项目开发过程中的税务管理，制定明确的税务管理目标和策略，采取措施以降低纳税人的纳税成本，控制税务风险，对于促进房地产业的健康有序发展具有重要的意义。

房地产开发项目税务管理是指对房地产开发项目所涉及的税务制度、房地产项目税种、税务规划、房地产开发项目纳税和税务分配等管理活动及税务关系的管理。通过开发项目税务管理实现项目的价值创造。

二、税务管理的概念

（一）房地产开发项目税务

房地产开发项目税务（Project Taxation）是在房地产开发项目的全寿命周期活动中产生的各项涉税活动以及形成的税务关系。房地产开发项目税务的范畴涵盖了房地产开发项目的全寿命周期活动，包括房地产开发项目投资活动、融资活动、建造活动和经营管理活动等，各阶段均存在着纳税人在行使各自纳税权利和履行义务的过程中所发生的税务分配关系。

（二）房地产开发项目税务管理

房地产开发项目税务管理（Construction Project Tax Management）是纳税主体对房地产开发项目开发建设活动中所发生的税务活动和税务行为的管理。

具体而言，是指房地产开发项目纳税主体在依据税法及相关法规和政府政策的前提下，以房地产开发项目及其相关的经营活动为客体，运用科学的管理原则，对房地产开发项目开发建设全寿命周期的投资、融资、建造和经营管理产生的涉税活动及形成的税务关系，进行预测、规划、计量、决策、考核评价、税赋缴纳等的管理过程。其目标是追求企业价值最大化。

（1）房地产开发项目税务管理的主体是指从事房地产开发项目投资、融资和经营活动的企业及企业集团，也可以是房地产开发项目管理公司或个人。

（2）房地产开发项目税务管理的客体是指房地产项目开发建设活动以及由此产生的各类税务关系。

（三）房地产开发项目税务管理的意义

房地产开发项目税务管理对于从事房地产开发的企业和整个国家而言，均具有积极的意义和作用，主要表现在：

（1）房地产开发项目税务管理有助于提高房地产企业的纳税意识。由于税务管理需要全面掌握并综合运用税法知识，企业为实施税务管理，必须加强学习税收法律法规，这将有助于房地产企业提高依法纳税意识，降低涉税风险。

（2）房地产开发项目税务管理有助于实现房地产企业价值最大化。税务管理是财务管理的一部分，与财务管理一样都是以实现企业价值最大化为目标的。税务管理使企业进行决策、计划、控制等经济活动时，充分考虑各种活动引起的税收成本，并根据成本效益原则作出最优选择，有利于提高企业的净收益。

（3）房地产开发项目税务管理有助于提高房地产企业的经营管理水平，提升企业的核心竞争力。

（4）房地产开发项目税务管理有助于优化资产结构和投资方向，引导房地产行业的健康和谐发展,抑制房地产市场投机行为。从长远角度看,税务管理还有助于国家税收收入的增加。

(四)房地产开发项目税务管理的内容

对于房地产开发项目税务管理的内容,传统观点多是模糊了其与税务规划概念的区别,认为税务管理是指企业在遵守国家税法,不损害国家利益的前提下,充分利用税收法规所提供的包括减免税在内的一切优惠政策,达到少缴税或延迟缴纳税款的目的,是企业通过税务规划节省税务成本的一项增值活动,但税务筹划不等于税务管理。随着全球经济一体化以及市场竞争的加剧,盲目地从税务上节约成本,虽然会暂时增加企业或项目利润,但也增大了潜在的税务风险,从而加大了企业的成本,也会对企业的声誉造成影响。

房地产开发项目税务管理的内容主要包括建立房地产开发项目税务制度(Tax System)、税务规划(Tax Planning)以及税务规划风险防范(Tax Risk)等。

三、税务管理原则

1. 合法性原则

合法性原则是企业税务管理时的首要原则,要求企业在进行房地产开发项目税务管理过程中要遵守相关的法律法规,通过合法的手段达到税务管理的目的。

2. 价值创造原则

追逐利润是企业的根本目标。企业在对开发项目活动进行税务管理时,一方面应该科学地测算项目税额价值,减少与税务机关之间的摩擦,实现项目税务价值的最大化,使每个项目受益;另一方面,应控制相关的费用支出,在获取收益最大的同时控制税务管理产生的成本。

3. 实用性原则

税务管理是企业的一项日常工作,管理程序不能过于复杂。企业在进行税务管理时,宜采用简单、直观、实用的方法,反对使用复杂的技术,要具有可操作性。

4. 目标性原则

企业在进行税务管理前必须分析项目所纳税种类、适用税率、税负、行业特点等纳税环境,在此基础上通过选择低税率、递延纳税时间等合理的管理方式以达到节税目的。

5. 综合性原则

税务管理是综合性税务管理行为,房地产开发项目涉及多个税种、多项税收政策,各税种之间相互牵制、甚至此消彼长。因此,在进行税务管理时,不能局限于单一税种,应结合与之相关的其他税种的税负效应,结合企业综合经营活动进行整体管理。

6. 时效性原则

企业必须不断调整税务管理策略、制定税务管理方案,以适应不断变化的社会经济环境和税收法律环境,在符合企业经营目标和发展战略的前提下,确保企业能够长期稳定地获得税务管理带来的税收收益。

四、税务管理流程

鉴于房地产开发项目税务管理除了建立纳税人税务制度外,还包括税务策划与税务风险管理,后续章节将按照房地产开发全流程视角,分阶段对税务规划及税务风险进行讲述,如图4-1所示。

房地产开发项目不同阶段主要税务规划内容和税务规划风险如下。

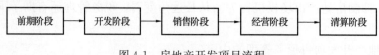

图 4-1　房地产开发项目流程

1. 前期阶段

前期准备阶段是房地产企业项目开发的重要阶段，要完成项目的立项、规划审批、设计施工等，要对投资来源、建设方式、经营模式等进行详细的规划和决策。前期准备阶段的税务规划主要有项目开发主体的选择、新旧项目公司的选择、土地取得方式的选择、项目开发模式的选择、项目开发产品的选择等规划内容。

2. 开发阶段

房地产开发项目完成前期准备阶段工作后，正式进入开发建设阶段。此阶段可根据具体情况规划企业的设备采购方式、混合销售行为、借款费用的处理、成本分摊方法等以实现增值税、土地增值税的规划。

3. 销售或经营阶段

房地产企业"加工者"身份正在改变，自持业务模式已成为不少企业的发展战略。销售和经营阶段分别在房地产开发项目销售定价、价外费用的收取和经营方式的选择、合理分解租金等方面存在税务规划的空间。

4. 清算阶段

房地产开发项目清算直接关系到土地增值税和企业所得税的缴纳金额，该阶段的税务规划至关重要。主要在土地增值税清算单位的选择、土地增值税清算时间的选择、企业所得税清算时间的选择等方面存在税务规划空间。

每个阶段进行的税务规划存在可能的税务规划风险，因此，需要对税务规划风险进行分析，并采取相应的减轻或规避对策。

第二节　房地产开发项目税收制度

税收制度的组成要素，简称税收制度，是指构成每一具体税种的必要元素。房地产开发项目税制的构成要素包括房地产开发项目的纳税人、征税对象、税率三个基本要素和纳税环节、纳税期限、税收优惠等要素。

房地产开发项目涉及的主要税种有增值税、城市维护建设税、土地增值税、土地使用税、房产税、印花税、企业所得税以及契税等。每个税种均包括房地产开发项目的纳税人、征税对象、税率三个基本要素和纳税环节、纳税期限、税收优惠等要素。

2016年我国全面推广"营改增"改革，将建筑业、房地产业、金融业和生活服务业纳入试点范围，房地产开发企业税收制度涉及的纳税人、征税对象、税率等税收要素，只有增值税发生了改变，其他税种涉及的税收要素基本没变，反映在第四章，故本节只介绍增值税有关税收要素，其他税种内容详见第二章。

一、房地产开发项目增值税

（一）房地产开发项目纳税主体

在中华人民共和国境内销售自己开发和经营的房地产项目的企业，为房地产开发项目增值税纳税人。

根据《增值税一般纳税人登记管理办法》（国税局令 43 号）和《关于统一增值税小规模纳税人标准的通知》（财税〔2018〕33 号），增值税纳税人年应税销售额超过财政部、国家税务总局规定的小规模纳税人标准（500 万元及以下），应向主管税务机关办理一般纳税人登记。房地产企业年应税销售额一般超过 500 万元，故房地产开发项目纳税人一般为增值税一般纳税人。

（二）纳税对象

1. 主要征税对象

就房地产企业而言，根据《销售服务、无形资产、不动产注释》规定，主要涉及以下税目：

（1）房地产企业销售自己开发的房地产项目适用销售不动产税目；

（2）房地产企业出租自己开发的房地产项目（包括如商铺、写字楼、公寓等），适用租赁服务税目中的不动产经营租赁服务税目和不动产融资租赁服务税目。

2. 不征收增值税项目

1）下列情形不属于在境内销售服务或者无形资产：

（1）境外单位或者个人向境内单位或者个人销售完全在境外发生的服务。

（2）境外单位或者个人向境内单位或者个人销售完全在境外使用的无形资产。

（3）境外单位或者个人向境内单位或者个人出租完全在境外使用的有形动产。

（4）财政部和国家税务总局规定的其他情形。

2）存款利息。

3）被保险人获得的保险赔付。

4）房地产主管部门或者其指定机构、公积金管理中心、开发企业以及物业管理单位代收的住宅专项维修资金。

5）在资产重组过程中，通过合并、分立、出售、置换等方式，将全部或者部分实物资产以及与其相关联的债权、负债和劳动力一并转让给其他单位和个人，其中涉及的不动产、土地使用权转让行为。

（三）税率

1. 房地产企业销售、出租不动产适用的税率均为 9%。

2. 小规模纳税人销售、出租不动产，以及一般纳税人提供的可选择简易计税方法的销售、出租不动产业务，征收率为 5%。

3. 境内的购买方为境外单位和个人扣缴增值税的，按照适用税率扣缴增值税。

4. 基本规定：

纳税人发生应税行为取得的全部价款和价外费用。财政部和国家税务总局另有规定的除外。

1）销售额

房地产开发企业中的一般纳税人销售其开发的房地产项目（选择简易计税方法的房地产老项目除外），以取得的全部价款和价外费用，扣除受让土地时向政府部门支付的土地价款后的余额为销售额。

房地产老项目，是指《建筑工程施工许可证》注明的合同开工日期在 2016 年 4 月 30

日前的房地产项目。

纳税人按照上述规定从全部价款和价外费用中扣除的向政府支付的土地价款,以省级以上(含省级)财政部门监(印)制的财政票据为合法有效凭证。

2)销售不动产

(1)一般纳税人销售其 2016 年 4 月 30 日前取得(不含自建)的不动产,可以选择适用简易计税方法,以取得的全部价款和价外费用减去该项不动产购置原价或者取得不动产时的作价后的余额为销售额,按照 5% 的征收率计算应纳税额。纳税人应按照上述计税方法在不动产所在地预缴税款后,向机构所在地主管税务机关进行纳税申报。

(2)一般纳税人销售其 2016 年 4 月 30 日前自建的不动产,可以选择适用简易计税方法,以取得的全部价款和价外费用为销售额,按照 5% 的征收率计算应纳税额。纳税人应按照上述计税方法在不动产所在地预缴税款后,向机构所在地主管税务机关进行纳税申报。

(3)一般纳税人销售其 2016 年 5 月 1 日后取得(不含自建)的不动产,应适用一般计税方法,以取得的全部价款和价外费用为销售额计算应纳税额。纳税人应以取得的全部价款和价外费用减去该项不动产购置原价或者取得不动产时的作价后的余额,按照 5% 的预征率在不动产所在地预缴税款后,向机构所在地主管税务机关进行纳税申报。

(4)一般纳税人销售其 2016 年 5 月 1 日后自建的不动产,应适用一般计税方法,以取得的全部价款和价外费用为销售额计算应纳税额。纳税人应以取得的全部价款和价外费用,按照 5% 的预征率在不动产所在地预缴税款后,向机构所在地主管税务机关进行纳税申报。

(5)小规模纳税人销售其取得(不含自建)的不动产(不含个体工商户销售购买的住房和其他个人销售不动产),应以取得的全部价款和价外费用减去该项不动产购置原价或者取得不动产时的作价后的余额为销售额,按照 5% 的征收率计算应纳税额。纳税人应按照上述计税方法在不动产所在地预缴税款后,向机构所在地主管税务机关进行纳税申报。

(6)小规模纳税人销售其自建的不动产,应以取得的全部价款和价外费用为销售额,按照 5% 的征收率计算应纳税额。纳税人应按照上述计税方法在不动产所在地预缴税款后,向机构所在地主管税务机关进行纳税申报。

(7)房地产开发企业中的一般纳税人,销售自行开发的房地产老项目,可以选择适用简易计税方法按照 5% 的征收率计税。

(8)房地产开发企业中的小规模纳税人,销售自行开发的房地产项目,按照 5% 的征收率计税。

(9)房地产开发企业采取预收款方式销售所开发的房地产项目,在收到预收款时按照 3% 的预征率预缴增值税。

3)不动产经营租赁服务

(1)一般纳税人出租其 2016 年 4 月 30 日前取得的不动产,可以选择适用简易计税方法,按照 5% 的征收率计算应纳税额。纳税人出租其 2016 年 4 月 30 日前取得的、与机构所在地不在同一县(市)的不动产,应按照上述计税方法在不动产所在地预缴税款后,向机构所在地主管税务机关进行纳税申报。

(2)一般纳税人出租其 2016 年 5 月 1 日后取得的、与机构所在地不在同一县(市)的不动产,应按照 3% 的预征率在不动产所在地预缴税款后,向机构所在地主管税务机关进行纳税申报。

(3) 小规模纳税人出租其取得的不动产（不含个人出租住房），应按照5%的征收率计算应纳税额。纳税人出租与机构所在地不在同一县（市）的不动产，应按照上述计税方法在不动产所在地预缴税款后，向机构所在地主管税务机关进行纳税申报。

(4) 一般纳税人销售其2016年4月30日前取得的不动产（不含自建），适用一般计税方法计税的，以取得的全部价款和价外费用为销售额计算应纳税额。上述纳税人应以取得的全部价款和价外费用减去该项不动产购置原价或者取得不动产时的作价后的余额，按照5%的预征率在不动产所在地预缴税款后，向机构所在地主管税务机关进行纳税申报。

(5) 房地产开发企业中的一般纳税人销售房地产老项目，以及一般纳税人出租其2016年4月30日前取得的不动产，适用一般计税方法计税的，应以取得的全部价款和价外费用，按照3%的预征率在不动产所在地预缴税款后，向机构所在地主管税务机关进行纳税申报。

(6) 一般纳税人销售其2016年4月30日前自建的不动产，适用一般计税方法计税的，应以取得的全部价款和价外费用为销售额计算应纳税额。纳税人应以取得的全部价款和价外费用，按照5%的预征率在不动产所在地预缴税款后，向机构所在地主管税务机关进行纳税申报。

4) 增值税进项税额抵扣

纳税人取得的增值税扣税凭证不符合法律、行政法规或者国家税务总局有关规定的，其进项税额不得从销项税额中抵扣。

增值税扣税凭证，是指增值税专用发票、海关进口增值税专用缴款书、农产品收购发票、农产品销售发票和完税凭证。

纳税人凭完税凭证抵扣进项税额的，应当具备书面合同、付款证明和境外单位的对账单或者发票。资料不全的，其进项税额不得从销项税额中抵扣。

(四) 纳税时间、期限和地点

1. 纳税义务发生时间

(1) 纳税人销售、出租不动产，为发生应税行为并收讫销售款项或者取得索取销售款项凭据的当天；先开具发票的，为开具发票的当天。

收讫销售款项，是指纳税人销售、出租不动产过程中或者完成后收到款项。取得索取销售款项凭据的当天，是指书面合同确定的付款日期；未签订书面合同或者书面合同未确定付款日期的，为不动产权属变更的当天。

(2) 纳税人提供租赁服务采取预收款方式的，其纳税义务发生时间为收到预收款的当天。

(3) 增值税扣缴义务发生时间为纳税人增值税纳税义务发生的当天。

2. 纳税申报期限和纳税地点（见第二章）

二、城市维护建设税和教育费附加

城市维护建设税以房地产开发项目实际缴纳的增值税、消费税等流转税为基础，按照法定比例缴纳，市区7%、县城和镇5%、其他地区1%，依3%计征教育费附加，依2%计征地方教育费附加。

城建税及教育费附加税负的高低主要决定于增值税的高低，因此，该税种的规划须先从增值税的纳税规划做起。

第三节 房地产开发项目税务规划

一、房地产开发项目税务规划

（一）房地产开发项目税务规划概念

1. 税务规划概念

税务规划的概念起源于1935年的"温斯特大公案"，参与此案的英国议员汤姆林爵士认为在不违背法律的前提下，通过合理的手段来减少税务负担的做法是应该获得法律的肯定的。自此，税务规划备受社会关注，其理论和方法研究日渐专业化、成熟化。

理论界对于税务规划的定义不尽相同，但总体上存在一定的共性，认为税务规划是以减轻纳税人的税务负担为目的，针对经济活动作出的一系列合法的谋划和安排。

2. 房地产开发项目税务规划

房地产开发项目税务规划是指纳税人依据税法及政策，遵循房地产项目开发全寿命周期规律，运用科学理论及方法，在纳税行为发生之前，通过对纳税主体（法人或自然人）的经营活动或投资行为等涉税事项作出事先安排，以达到少缴税和递延缴纳等目标的一系列谋划活动。

税务规划的实质是实现房地产纳税人开发项目的最佳经济利益。房地产开发项目性质不同、规模不同和用途不同，涉税事项也就不同，纳税人履行的纳税义务也会不同，也决定了纳税人为降低其税务负担，在存在可能的纳税选择时，选择最佳的税务管理方案，以实现企业价值最大化的目标。

（二）税务规划的特点

（1）合法性。这是税务规划最本质的特点，也是税务规划区别于逃税、避税等税务行为的基本标志。因此，所有税务规划方案设计都应该在法律许可的范围内。

（2）预期性。对未来事项所作预测基础上的事先规划。在经济活动中，纳税义务通常具有滞后性，企业只有在交易行为发生之前进行事先规划、设计和安排才是合法行为，交易行为发生之后再进行规划，就属于偷逃税等违法行为。

（3）风险性。纳税人在进行税务规划时，由于各种因素的存在，导致理论预测和实务结果有差距。如规划方法选择不当、规划主体专业水平有限、征纳双方认定的差异、规划时效性等原因。

（4）综合性。税务规划是综合性策划行为，涉及多个税种、多个流程，各个税种、各个阶段相互牵制，甚至此消彼长。

（三）税务规划、避税与偷税

从表面上看，税务规划与避税、偷税都是以减少纳税支出为目的，但其与后两者之间有本质的区别，即是否具有合法性，如图4-2所示。

二、房地产开发项目税务规划分析

税收和我们每个人的关系越来越密切。不论哪个国家或地区都会要求纳税人依法纳税，对不履行纳税义务的进行依法惩罚。纳税人有依法进行纳税的义务，同样也有依据法律、经过合理的规划以实现尽量少纳、延期缴纳税款等的权利。

房地产开发项目各阶段及各阶段涉税税种如图4-2所示。

各阶段具体流程如图4-3所示。

按照房地产开发项目涉税税种和房地产项目开发阶段进行税务规划分析。

（一）开发阶段税务规划

按图4-3所示的房地产开发项目税务规划流程图，以销售开发的房地产项目涉及的主要税种为例进行税务规划分析，主要包括增值税、土地增值税、企业所得税、契税、房产税等。

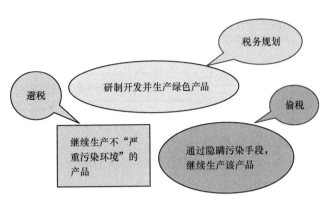

图4-2 税务规划、避税、偷税的区别

1. 增值税的税务规划

增值税是对中国境内销售货物、提供应税劳务和应税服务以及进口货物的单位或个人征收的一种流转税。增值税为国内第一大税种，因此，增值税的税务规划成为众多纳税人的首要选择，如图4-4所示。

房地产开发项目增值税的税务规划，主要是从纳税人的选择、计税依据（包括销项税额和进项税额）的选择、税率、减免税等角度进行规划。

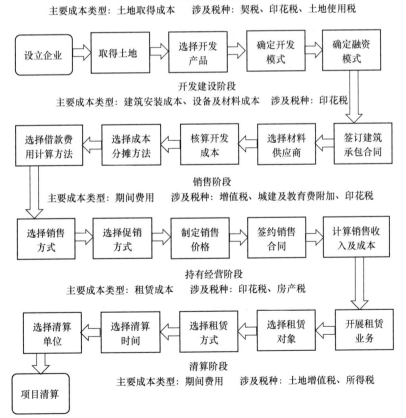

图4-3 房地产开发项目各阶段涉税税种

房地产开发项目增值税一般纳税人销售不动产、提供不动产租赁服务，适用税率为9%。小规模纳税人销售不动产、提供不动产租赁服务，其征收率为5%。

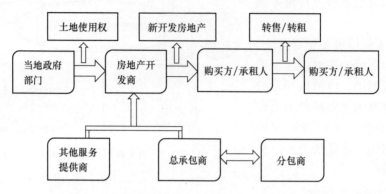

图 4-4 房地产企业外购产品与服务的可抵扣链条

依据《国家税务总局关于发布〈房地产开发企业销售自行开发的房地产项目增值税征收管理暂行办法〉的公告》（国家税务总局公告 2016 年第 18 号）和《国家税务总局关于深化增值税改革有关事项的公告》（国家税务总局公司 2019 年第 14 号），征收管理办法见表 4-1。

销售自行开发房地产项目增值税税率表　　　　　表 4-1

征收方式		简易征收		一般征收
情况说明		房地产开发企业的小规模纳税人销售自行开发的房地产项目	一般纳税人销售自行开发的房地产老项目，可以选择简易计税方法	房地产开发企业中的一般纳税人销售自行开发的房地产项目
销售额		小规模纳税人销售自行开发的房地产项目的当期销售额	以取得全部价款和价外费用为销售额，不得扣除对应的土地价款	取得的全部价款和价外费用，扣除当期销售房地产项目对应的土地价款后的余额
预征	纳税地点	不动产所在地		
	税率	3%	3%	2%
	计算公式	应预缴税款＝预收款÷(1+3%)×3%	应预缴税款＝预收款÷(1+3%)×3%	应预缴税款＝预收款÷(1+9%)×2%
清算（销项税额）	纳税地点	机构所在地		
	税率	3%	3%	9%
	计算公式	增值税应纳税额＝销售额÷(1+3%)×3%－应预缴税款	增值税应纳税额＝销售额÷(1+3%)×3%－应预缴税款	增值税应纳税额＝销售额÷(1+9%)×9%－应预缴税款

房地产开发企业销售自行开发的房地产项目增值税纳税规定：①自行开发，是指在依法取得土地使用权的土地上进行基础设施和房屋建设；②房地产开发企业以接盘等形式购入未完工的房地产项目继续开发后，以自己的名义立项销售的，属于本办法规定的销售自行开发的房地产项目；③支付的土地价款，是指向政府、土地管理部门或受政府委托收取土地价款的单位直接支付的土地价款；④在计算销售额时从全部价款和价外费用中扣除土地价款，应当取得省级以上（含省级）财政部门监（印）制的财政票据；⑤一经选择简易计税方法计税的，36个月内不得变更为一般计税方法计税；⑥计算当期应纳税额，抵减已预缴税款后，向主管国税机关申报纳税未抵减完的预缴税款可以结转下期继续抵减。

计算方法：一般征收办法销售额＝（全部价款和价外费用－当期允许扣除的土地价款）/（1＋9%）

当期允许扣除的土地价款＝（当期销售房地产项目建筑面积/房地产项目可供销售建筑面积）×支付的土地价款

注：支付的土地价款，是指向政府、土地管理部门或受政府委托收取土地价款的单位直接支付的土地价款。

1）增值税纳税人的税务规划

一般纳税人与小规模纳税人适用税率和计税方法不同。纳税人可以根据具体情况，在一般纳税人和小规模纳税人之间进行选择。

企业究竟选择哪种纳税人身份对自己有利呢？可通过无差别平衡点增值率和无差别平衡点抵扣率判别方法来进行测算。当企业增值率高于无差别平衡点增值率（表4-2）或抵扣率低于无差别平衡点抵扣率（表4-3）时，公司可以通过以部分资产设立子项目公司的方式选择小规模纳税人身份进行节税。

无差别平衡点增值率（含税） 表4-2

一般纳税人增值税税率	小规模纳税人征收率	无差别平衡点增值率
13%	3%	25.32%
9%	3%	35.28%
6%	3%	51.46%

无差别平衡点抵扣率（含税） 表4-3

一般纳税人增值税税率	小规模纳税人征收率	无差别平衡点增值率
13%	3%	74.68%
9%	3%	64.72%
6%	3%	48.54%

【例4-1】 某房地产企业的开发项目预期销售额为495万元（含税），投入成本（均可取得专票（9%））为245万元含税，增值率（增值额与销售额之比）为50.51%。该房地产企业会计核算健全，可申请成为一般纳税人。

因为企业增值率为50.51%，大于35.28%，所以应选择小规模纳税人身份。

计算过程如下：

选择作为小规模纳税人：增值税为 $495/(1+3\%)\times3\%=14.42$（万元）

选择作为一般纳税人：增值税为 $(495-245)/(1+9\%)\times9\%=20.64$（万元）

所以，应该选择小规模纳税人身份。

2）征收对象的税务规划

征收对象是指税法规定对什么征税，是征纳税双方权利义务共同指向的客体或标的物。征税对象的税务规划主要体现在计税依据方面，计税依据的规划包括销项税额的规划和进项税额的规划，销项税额的规划包括价外费用、销售方式和销售价格等的规划；进项税额的税务规划包括购货对象的规划和兼营免税或非应税项目进项税额的规划，如图 4-5 所示。

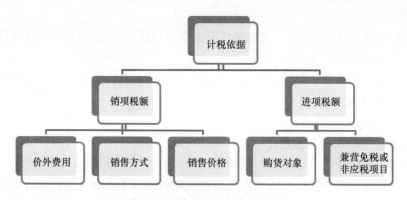

图 4-5　增值税征税对象的分解

（1）销项税额的税务规划

① 销售方式的规划

房地产企业在批量销售其开发的住宅项目时，有时会给予买方一定的优惠政策，比如买房送家用电器或者直接在价格上给予折扣。由于赠送礼品不满足相关条件会视同销售，增加销项税额，因此房地产企业应该采用折扣销售的方式，将价款和折扣额在同一张发票上的金额栏中分别注明，以折扣后的余额为销售额，否则不得扣减折扣额。

【例 4-2】某房地产企业为促销房屋，采取买房赠物的方式进行销售，买一套房屋 110 万元赠送价值 11 万元的家电。

在此过程中，如果开票的时候未将房屋的价款和家电的价款列在同一张销售发票的金额栏中，则售房的销项税额为 $110/(1+9\%)\times9\%=9.08$（万元）

开票的时候，在销售发票的金额栏中注明房屋价款 110 万元，折扣：家电价款（11 万元），则销项税额 $(110-11)/(1+9\%)\times9\%=8.17$（万元）

② 销售价格的规划

【例 4-3】某房地产开发企业有可供销售的普通住房 1 万 m^2。在开发该项目过程中，共发生以下费用：开发成本等 3500 万元，利息支出 500 万元，其他扣除项目为 1000 万元。在进行售价决策时，决策层有两种意见：①每平方米 6000 元；②每平方米 6100 元。究竟采用哪种意见更好呢？（假设以上数据均不含税，费用均可在计算土增时扣除）

【方案 1】每平方米售价 6000 元

增值税及附加=6000×10000×9%×(7%+3%)=54(万元)

土地增值税：

扣除项目金额：3500+500+1000+54=5054(万元)

土地增值额=6000-5054=946(万元)

土地增值额与扣除项目比为：946/5054×100%=18.72%，不超过20%，免土地增值税。

【方案2】每平方米售价6100元

增值税及附加=6100×10000×9%×(7%+3%)=54.9(万元)

土地增值税：

扣除项目金额：3500+500+1000+54.9=5054.9(万元)

土地增值额=6100-5054.9=1045.1(万元)

土地增值额与扣除项目比为：1045.1/5054.9×100%=20.67%，超过20%，缴土地增值税为：(6100-5054.9)×30%=313.53(万元)

(2) 进项税额的税务规划

① 采购对象的规划

一般纳税人在选择供货方的时候，可以选择不同纳税人身份的供货商。选择一般纳税人获得增值税专用发票用以抵扣销项；选择小规模纳税人，则只能获得3%或无法获取专票，不能抵扣销项，但可在价格上获得一定的折扣。因此，房地产开发项目在招标时，可以运用价格折让临界点选择合作对象，包括选择负责施工方和材料供货方。

【例4-4】某房地产企业对开发项目招标时，假设有两个不同的施工企业来投标，甲施工企业为一般纳税人，报价800万元，乙企业为小规模纳税人（由税务局代开3%的增值税专票），报价720万元。试分析该企业应如何选择？

临界点的确定：设一般纳税人报价A万元（含税），乙企业报价B万元（含税）。销售额为不含税销售额。

{销售额-A÷(1+增值税税率)-[销售额×增值税税率-A÷(1+增值税税率)×增值税税率]×(城市维护建设税税率+教育费附加征收率)}×(1-所得税税率)={销售额-B÷(1+征收率)-[销售额×增值税税率-B÷(1+征收率)×征收率]×(城市维护建设税税率+教育费附加征收率)}×(1-所得税税率)

则B=(1+征收率)×[1-增值税税率×(城市维护建设税税率+教育费附加征收率)]÷{(1+增值税税率)×[1-征收率×(城市维护建设税税率+教育费附加征收率)]}×A

当城市维护建设税为7%，教育费附加征收率为3%，地方教育费附加为2%时：则B=[1.03×(1-9%×12%)]÷[1.09×(1-3%×12%)]×A

得$B=A×93.81%$

即价格折让临界点为93.81%。

因为720÷800=90%<93.81%，所以应该选择乙。

② 提高甲供材的比例

房地产企业（甲方）开发项目在采购材料时可以获得增值税专用发票，进而抵扣销项税额。对于施工企业（乙方）来说，一般纳税人以清包工方式或为"甲供工程"提供的建筑劳务可以适用3%《财政部、国家税务总局关于全面推开营业税改增值税试点的通知》

（财税〔2016〕36号）的简易征收办法。因此，甲方和乙方可通过合作共同规划，对于甲方来说增加了进项税额，对于乙方来说，可以适当提高工程承包价格，获得更大的收益。

③ 适当提高精装房的比例

营改增之后，提高精装房的比例，与具有一般纳税人身份的装饰公司合作，获得增值税专用发票，可以抵扣销项税额。因此，企业可以在市场和自身资金状况的基础上提高精装房的比例。

④ 人工费的规划

对于房地产项目开发中的有些人工岗位可以采用外包的形式。如果企业直接雇佣，则不能获得增值税专用发票，无法抵扣销项税额，若企业与人力资源公司合作而不是直接与劳务人员签订合同，则可以获得人力资源公司开具的专票，进而可以抵扣销项税额。

【例4-5】某房地产企业本月支付员工工资300万元，其中一些岗位员工工资106万元，无法取得进项发票。

与人力资源公司（一般纳税人）签署协议，员工的工资由该公司付给员工，企业付给人力资源中介劳务费106万元（含税）。

则在此过程中可以取得增值税专票进项税额 $106/(1+6\%)\times6\%=6$（万元）

取得6万元的增值税进项，进而可以抵扣增值税销项。

⑤ 兼有一般计税方法计税、简易计税方法计税、免征增值税的房地产项目的规划

不得抵扣的进项税额＝当期无法划分的全部进项税额×（简易计税、免税房地产项目建设规模÷房地产项目总建设规模）

当正确划分后不得抵扣的进项税额大于计算得到的不得抵扣的进项税额时，可以选择使用计算出的不得抵扣的进项税额，增加进项税额，减少增值税应纳税额。

【例4-6】某房地产企业当期不得抵扣的进项税额为10万元，无法划分的进项税额为48万元，简易计税、免税的房地产项目建设规模为1000万元，房地产项目总规模为5000万元。

如果采用公式计算，则不得抵扣的进项税额 $=48\times(1000\div5000)=9.6$（万元）。

因此，应该采用公式计算，可以多抵扣进项税额 $10-9.6=0.4$（万元）。

2. 土地增值税的税务规划

土地增值税是出对让国有土地使用权、地上的建筑物及其附着物并取得收入的单位和个人征收的一种税。

1）土地增值税的特点

与其他税种相比，土地增值税具有四个特点。

(1) 以转让房地产的增值额为计税依据

土地增值税的增值额是以征税对象的全部销售收入额扣除与其相关的成本、费用、税金及其他项目金额后的余额，与增值税的增值额有所不同。

(2) 征税面比较广

凡在我国境内转让国有土地使用权及地上建筑物和其他附着物产权并取得收入的单位和个人，税法规定免税的除外，均应依照土地增值税条例规定缴纳土地增值税。换言之，凡发生应税行为的单位和个人，不论其经济性质，也不分内外资企业或中外籍人员，无论

专营或兼营房地产业务，均有缴纳增值税的义务。

（3）实行超率累进税率

土地增值税的税率以转让房地产增值率的高低为依据，按照累进原则，实行分级计税，增值率高的，税率高，增值率低的，税率低。

（4）实行按次征收

土地增值税在房地产发生转让的环节，实行按次征收，每发生一次转让行为，即根据每次取得的增值额征一次税。

2）土地增值税的税务规划

（1）降低增值率

土地增值税是以增值额与扣除项目金额的比率即增值率的大小，按照适用的税率累进计算征收的。增值率越大，适用的税率越高，缴纳的税款越多，所以降低增值率是少纳税的关键，可以从减少增值额或增加扣除项目金额两方面降低增值率。

① 减少增值额

a. 主动制定一个较低的销售价格

房屋销售价格的降低会使销售收入减少，从而使土地增值税减少，但房地产企业在制定较低销售价格时，需比较减少的销售收入和减少增值额所带来的税金减少额两者的大小，从而决定是否进行税务规划。

b. 分散收入

成立建筑装饰公司，分散经营收入。成立销售公司主要针对精装修房屋、高端房地产以及商业地产等需要提供装修服务的项目。企业提供的装修服务，提高了房地产开发项目的增值额，一方面提高了土地增值税的税基，另一方面也可能因为增值幅度较高导致按照较高的累进税率征税。因此，成立建筑装修公司单独与客户签订装修合同，能够将装修收入分离，而装修服务属于劳务收入范畴，征收增值税，不征收土地增值税，从而达到少缴纳土地增值税的目的。

成立销售公司，降低增值率。通过成立销售公司专门负责商品房的对外销售，能够实现增值额分离，从而降低增值率的目的。房地产企业首先将商品房通过销售定价的方法确定较低增值率的价格，按照此价格出售给销售公司，销售公司再按照原定价格出售，通过增值额分离实现少纳增值税的目的。特别是普通住宅，可以通过控制增值率，获得免征土地增值税的优惠。

成立物业公司，分散服务性收入。销售房地产商品时向客户收取的价款和价外费用统一并入营业收入。成立物业公司，分离为客户提供的物业管理服务等增值服务，达到降低房地产企业收入的目的。

【例4-7】某房地产公司出售一栋房屋，房屋不含税（以下同）总售价为1000万元，该房屋进行了简单装修并安装了简单必备设施。根据相关税法的规定，该房地产开发业务允许扣除的费用为400万元，增值额为600万元，土地增值率为150%，应当缴纳的土地增值税为240万元。

如果进行税务规划，将该房屋的出售分为两个合同，即：第一个合同为房屋出售合同，不包括装修费用，房屋出售价格为700万元，允许扣除的成本为300万元；第二个合同为房屋装修合同，装修费用为300万元，允许扣除的成本为100万元。则土地增值率为

133%，应该缴纳土地增值税为155万元，经过规划的税务负担明显减少。

② 增加扣除项目金额

a. 选择适当的利息扣除标准

根据《土地增值税暂行条例实施细则》，利息支出凡能够按转让房地产项目计算分摊并提供金融机构证明的，允许据实扣除，但最高不得超过按商业银行同类同期贷款利率计算的金额。其他房地产开发费用，按取得土地使用权所支付的金额和房地产开发成本之和的5%以内计算扣除；凡不能按转让房地产开发项目计算分摊利息支出或不能提供金融机构证明的，房地产开发费用按取得土地使用权所支付的金额与房地产开发成本之和的10%以内计算扣除。

房地产企业有两种选择：第一，若房地产项目主要依靠负债融资，预计利息费用较高，应计算分摊的利息并提供金融机构证明，选择据实扣除；第二，房地产项目主要依靠权益资本融资，预计利息费用较少，选择计算应分摊的利息或不提供金融机构证明，以多扣除房地产开发费用，达到实现企业价值最大化的目的。

b. 适度加大建造成本法

在市场接受的范围内适当加大公共配套设施的投入，改善环境，提高档次，增加卖点，提高产品竞争能力。企业加大了建造成本就等于加大了可扣除项目金额，从而又拉动了增值率的降低。

c. 费用位移

相关会计制度对企业"管理费用""营业费用""财务费用"（三项费用）和工程项目的"开发间接费"并没有严格的界定。如我们可以在企业组织结构上向开发项目倾斜，把本应由三项费用开支的费用计入开发间接费，则加大了建造总成本，降低了增值率。

(2) 选择合适的建房方式

① 代建房屋

代建房屋是指房地产开发企业代客户进行房地产的开发，向客户收取代建费的行为。对于房地产开发企业而言，虽然取得了代建收入，但没有发生房地产权属的转移，其收入属于劳务性质的收入，不属于土地增值税的征税范围。企业可以利用这种建房方式，对于特殊的开发产品，在开发之初确定最终用户，实行定向开发，以达到减轻税负的目的。但此种方式较适用于经营性房地产，住宅类房地产不适用。

② 合作建房

税法规定，对于合作建房，建成后按比例分房自用的，暂免征收土地增值税；建成后转让的，应征收土地增值税。房地产开发企业可以充分利用此项政策进行税务规划。

假如某房地产开发企业拥有一块土地，拟与A公司合作建造写字楼，资金由A公司提供，建成后按比例分房。对该房地产企业而言，建造自用的办公用房项目，不用缴纳土地增值税，从而降低了房地产项目成本。即使未来再处置，也只就属于自己的部分缴纳土地增值税。

(3) 税收优惠政策的税务规划

《土地增值税暂行条例》规定，纳税人建造普通标准住宅出售，增值额未超过扣除项目金额20%的，免征土地增值税。但纳税人既建造普通标准住宅又搞其他房地产开发的，应分别核算，不分别核算或不能准确核算增值额的，其建造的普通标准住宅不能享受这一免税政策。房地产开发企业如果既建造普通标准住宅,又进行其他房地产开发,在分开核算的情况下,规划的关键就是将普通标准住宅的增值率控制在20%以内,以获得免税待遇。

(4) 递延纳税的税务规划

根据税法规定,税务机关可要求纳税人进行土地增值税清算的主要情形有:已竣工验收的房地产项目;已转让的建筑面积占整个项目可售建筑面积的比例在85%以上,或虽未超过该比例,但剩余的可售建筑面积已经出租或自用的;取得预售许可证满三年仍未销售完毕的。因此,房地产企业如果想要递延土地增值税的清缴,享受递延税款的时间价值,则应当合理安排销售进度以及销售许可证取得的时间,争取最大限度享受递延税款的收益。

(5) 利用成本分摊方法的税务规划

成本分摊方法直接影响土地增值税及各年度企业所得税的大小。但不同的项目所适用的成本分摊方法有所不同,取得的税务规划效果也会不同。通过占地面积法、建筑面积法、直接成本法以及预算造价法的选择,对开发成本费用进行分配,进而选择不同的比率计算土地增值税。

3. 企业所得税的税务规划

房地产企业开发房地产项目,需要缴纳企业所得税。企业所得税是指对中国境内企业和其他取得收入的组织的生产经营所得和其他所得所征收的一种税。房地产企业所得税的收入来源主要包括:销售房屋所得;提供劳务所得;转让财产所得;股息、红利权益性投资所得;利息、租金、特许权使用费所得;其他所得等。

原则上而言,企业所得税的税负水平主要取决于税基、税前扣除、税率和税收优惠。而这些都存在较大的弹性幅度,税务规划空间较大。主要可以从纳税企业组织形式、纳税身份的选择等进行纳税人的筹划,从收入、扣除项目以及税率优惠上进行计税依据的规划,充分利用各种税收优惠政策等进行规划,以实现企业价值的最大化。

1) 纳税时间的规划

企业所得税通常在月末或者季度末预缴,年末清缴。考虑到货币的时间价值,房地产企业可以通过推迟完工时间来推迟纳税时间,以此缓解企业运转的资金链压力。由于确定的开发产品完工后,房地产企业就不能再按照计税毛利率的方式缴纳所得税,要按照预售或实际销售收入扣除成本费用后计算。所以,企业应准确把握完工条件,尽量将完工时间延后,达到合法延迟纳税的目的。但完工时间延后,也将带来其他方面成本的增加,企业应根据实际情况具体分析比较整体成本效益关系。

2) 税前扣除项目的规划

(1) 职工福利

一些事关职工福利的项目,如财产保险、医疗保险、失业保险、工伤保险、生育报销、养老保险、住房公积金等费用都能在税前扣除,从而降低企业所得税;同时也体现了企业对职工的责任,在遵守国家法律、法规的同时,为员工谋了福利,留住了人才,增加了企业的竞争力,符合企业价值最大化的目标。

(2) 折旧费

对于盈利企业,由于折旧费可以税前扣除,企业可以结合实际情况,选择适当的固定资产折旧方式,从减少税基的角度可以选择加速折旧,使计入成本的折旧费用前移、应纳税额后移,相当于取得一笔无息贷款。对于享受优惠政策的企业,可选择较长的折旧年限。对于亏损企业,则应充分考虑企业亏损的税前弥补,确定最佳的折旧年限等。

(3) 固定资产大修理费

《企业所得税法实施条例》第68条规定,固定资产大修理支出,需要同时符合以下条件:修理支出达到固定资产计税基础50%以上,修理后固定资产的使用寿命延长两年以上。大修理支出,按照固定资产尚可使用年限分期摊销。因此,在盈利年度,纳税人应将固定资产大修理支出尽可能转化为固定资产日常修理或分解为几个年度的几次大修理,从而获得税务规划收益。

(4) 利息费用

企业运用债务方式借入资金所付出的利息费用,可以作为费用在税前扣除,减少企业的应纳税额,起到抵税的作用,而向投资者支付的股息、红利等权益性投资收益款项则在税后利润中支付,不得在税前扣除。因此,企业负债比率越高,节税效果越明显,但也会使企业的财务风险增大,因此,应根据企业实际情况具体分析。

(5) 租赁方式

纳税人以经营租赁方式租入固定资产,其符合独立纳税人交易原则的租金可以根据收益时间均匀扣除;纳税人以融资租赁方式租入固定资产,其租金支出不得扣除,但可以按规定提取折旧费用。当出租方和承租方属于关联企业时,若一方盈利,一方亏损,则亏损方可以把设备租赁给盈利方,减少盈利方利润,使承租人避免因长期拥有设备而承担风险,同时支付的租金可以冲减企业利润,由于租金的支付具有均衡性,可以均摊各年度利润。

3) 税收优惠

税收优惠主要体现在国家对一些需要照顾或鼓励的地区和行业给予税率或税额的优惠。国家针对不同的地区制定不同的税收优惠政策,为企业注册地点的选择提供了税务规划的空间。企业在设立之初或扩大经营时,可以选择低税负的地区进行投资,享受税收优惠的好处。目前,税法中所规定的享受减免税优惠政策的地区主要是"老、少、边、穷"地区、西部地区、东北老工业基地、经济特区、经济技术开发区、沿海开放城市、保税区、旅游度假区等。

4. 房产税的税务规划

房产税是对拥有房屋产权所有人或实际使用人而征收的一种财产税。房地产企业缴纳房产税主要发生在建成后的房屋被企业用于内部经营或对外出租阶段,相应地房产税计税依据包括从价计征和从租计征,二者适用税率各不相同。

《国家税务总局关于房产税、城镇土地使用税有关政策规定的通知》(国税发[2003]89号)规定,鉴于房地产开发企业开发的商品房在出售前,对企业而言是一种产品,因此,对房地产开发企业建造的商品房项目,在售出前不征收房产税,但对售出前房地产开发企业已使用或出租、出借的商品房应按规定征收房产税。

规划思路如下。

1) 自用房屋

自用房屋的房产税以房产余值计税，房产余值是房产原值一次减除 10%～30% 后的值。房产原值的大小直接决定房产税的多少，合理地减少房产的原值是房产税规划的关键。因此，将可以同房屋主体分开核算的建筑部分尽量分开。

房产是以房屋形态表现的财产。独立于房屋之外的建筑物，如酒窖菜窖、室外游泳池、玻璃暖房、各种油气罐等，则不属于房产。与房屋不可分离的附属设施属于房产。如果将除厂房、办公用房以外的建筑物建成露天的，并且把这些独立建筑物的造价同厂房办公用房的造价分开，在会计账簿中单独核算，则这部分的造价不计入房产原值，不缴纳房产税。

按照税法，房产税在城市、县城、建制镇和工矿区征收。这意味着，在这范围之外的房产不用征收房产税。因此，一些对地段依赖性不是很强的纳税人可依此进行纳税规划。（如对于一些农副产品，生产经营往往需要一定数量的仓储库，如将这些仓储库落户在县城内，无论是否使用，每年都需按规定计算缴纳一大笔房产税和土地使用税，如果建在城郊附近的农村，虽地处偏僻，但交通便利，对公司的经营影响不大，这样每年就可节省这笔费用）

【例 4-8】 甲企业位于某市市区，企业除厂房、办公用房外，还包括厂区围墙、烟囱、水塔、变电塔、游泳池、停车场等建筑物，总计工程造价 10 亿元，除厂房、办公用房外的建筑设施工程造价 2 亿元。假设当地政府规定的扣除比例为 30%。

方案一：将所有建筑物都作为房产计入房产原值。

应纳房产税：$100000 \times (1-30\%) \times 1.2\% = 840$（万元）

方案二：将游泳池、停车场等都建成露天的，在会计账簿中单独核算。

应纳房产税：$(100000-20000) \times (1-30\%) \times 1.2\% = 672$（万元）

由此可见，方案二比方案一少缴房产税 168 万元。

2）出租房屋

出租房屋是以租金收入计税，租金的多少直接决定房产税的多少。房地产开发企业在签订房屋租赁合同时，实务中尽量避免采用"一揽子"协议的办法，即将水费、电费和房屋租金一起算入租赁价，自然多交了房产税。应将水费、电费等由承租人独立负担，即使由于各种原因需要由出租人缴纳水、电费，也应该在租赁合同中明确为代扣代缴项目，通过"其他应收或应付款"进行核算，从而减少房产税的税基。

从纳税规划的角度，可以通过对房屋使用方式的选择，减轻房产税税负。

5. 契税的税务规划

契税主要是以中国境内的土地房屋权属为对象，对产权承受方征收的一种税。契税的税率一般在 3%～5% 不等，但各省、自治区、直辖市地方政府可以根据本地经济发展水平的实际情况，在上述税率范围内因地制宜选择适合本地的税率。房地产企业开发项目缴纳契税主要发生在项目前期准备阶段中的取得土地使用权阶段。《中华人民共和国契税法》规定：土地使用权交换、房屋交换，计税依据为所交换的土地使用权、房屋的价格差额。即交换价格相等时，免征契税，因此可以通过签订等价交换合同享受契税的免缴等。

（二）房地产项目开发流程的税务规划

由于房地产开发项目所涉及的税种较多，分税种进行规划可能会造成单一税种的税负下降而项目整体税负上升的结果。因此，按照房地产项目开发流程进行整体税务规划更有助于达到预期目标。

按照房地产开发项目流程图,房地产项目开发流程涉税规划内容体现在以下方面。

1. 前期准备阶段的税务规划

房地产开发项目前期准备阶段主要包括:投资机会研究、初步可行性研究、项目评估及决策等,需要进行投资主体选择、土地取得方式选择、项目开发模式选择、项目开发产品选择及规资方式选择等。这些均影响着房地产开发项目的税务负担,具有一定的税务规划空间。

1) 项目开发主体选择

(1) 企业组织形式的选择

企业组织形式可分为个人独资、合伙制企业以及公司制企业。企业组织形式不同带来的影响主要是税负、规资以及风险等方面。从税负的角度看,公司制企业需要交企业所得税,公司股东取得收益后需要再交一次个人所得税,非公司制企业只需要交一次个人所得税,仅仅从税负的角度看,非公司制企业更具优势。从规资角度来看,公司制企业可以通过发行股票、债券等规资,更有利于规集社会资金。从风险视角看,公司制企业承担有限责任,风险更小。房地产公司是资金密集型企业,前期需要投入大量的资金,资金链断裂会给房地产项目开发带来风险。因此,仅从这些视角考量,选择公司制企业是更优的方案。

(2) 公司形式的选择

房地产开发项目可以选择成立子公司或分公司。项目设立子公司后,子公司与母公司均为各自独立的法人,各自以其名义独立对外经营,其主要优缺点见表4-4。

设立项目子公司的优缺点比较 表4-4

优点	缺点
有独立的法人资格	财务制度较为严格,需公开和审计
就其所出资的金额对公司负有限责任	登记注册复杂,费用大,时间长
便于通过资本运作规得资金	子公司的亏损不能抵母公司的利润
便于进行转让定价	公司的经营活动取决于股东的意愿
母公司不承担子公司的债务和义务	将利润分配给母公司需要缴税

分公司是指接受总公司管辖的分支机构,可以有自己的名称,但没有法人资格,其主要优缺点见表4-5。

设立项目分公司的优缺点比较 表4-5

优点	缺点
登记注册费用低	没有独立的法人资格
将利润汇回母公司无需缴税	母公司需对分公司经营成果承担连带责任
费用和亏损可冲抵母公司利润	不便于通过资本运作规得资金
与母公司之间发生资本转移,不需缴税	不便于公司之间进行转移定价

无论是子公司还是分公司，两者均需缴纳土地增值税和增值税，子公司需缴纳企业所得税。

母分公司的经营模式在分公司亏损的前几年可以冲抵母公司的利润，达到延缓纳税的效果，但母公司需要对分公司的经营后果承担连带责任。而母子公司的经营模式中，母公司和子公司独立经营，由于其可以进行转移定价、便于规资和资本运营的特点，大量的房地产企业往往更青睐于母子公司的经营方式。另一方面，由于我国实行中央和地方分税制，企业在进行项目开发时，地方政府会基于一定的税务考量，更希望成立具有独立法人资格的公司制企业。

2）土地取得方式选择

房地产开发项目土地来源于一级市场或二级市场。一级市场包括招标、拍卖、挂牌、协议出让等方式。从一级市场取得土地，需要缴纳契税、印花税等。二级市场一般指从其他房地产开发企业直接购进。即以转让方式或其他合作方式从第三方手中取得土地，具体分为购买土地、购买股权和合作建房等方式。

购买土地：买方缴契税，卖方缴增值税、土增税、企业所得税。

购买股权：无契税，但买方要承担卖方的债权债务、税务及经营风险。

合作建房方式分为：纯粹"以物易物"方式，成立"合营企业"方式。具体模式有：

（1）甲乙合作建房，甲负责开发，甲乙平分房屋，双方均分房屋后均自用；

（2）甲乙合作建房，乙负责开发，甲乙平分房屋，双方均分房屋后均自用；

（3）甲乙双方共同投资设立建设单位，房屋建成后双方平分房屋，双方均分房屋后均自用；

（4）甲乙合作建房，甲负责开发，甲乙平分房屋，双方均分房屋后再销售给第三方；

（5）甲乙合作建房，乙负责开发，甲乙平分房屋，双方均分房屋后再销售给第三方；

（6）甲乙双方共同投资设立建设单位，房屋建成后双方平分房屋，双方均分房屋后再销售给第三方；

（7）甲乙合作建房，甲负责开发，房屋建成并销售后双方均分利润；

（8）甲乙合作建房，乙负责开发，房屋建成并销售后双方均分利润；

（9）甲乙双方共同投资设立建设单位，房屋建成并销售后双方均分利润。

3）项目开发模式选择

项目开发模式包括自建和代建两种开发方式。自建是指项目自行建造完成后，自用或转让给购买者。代建制是房地产企业受购买者委托而建设，完成后移交给购买者（经营性物业适用，如商场、购物广场和工业厂房等）。代建制必须同时满足三个条件：

（1）委托人要提供土地使用权证书和有关部门的建设项目批准书立项、建议书、规划图纸等；

（2）房地产企业不得垫付资金；

（3）建安发票转交给委托方，只向委托方收取代建费，见表4-6。

自建开发涉税事项：①增值税；②土地增值税；③契税。

代建开发涉税事项：①土地转让环节增值税；②代建行为增值税；③土地增值税；④契税。

自建与代建开发纳税比较 表 4-6

项目名称	自建开发模式	代建开发模式
增值税	计税依据：不动产销售收入	计税依据：代建费收入
契税	计税依据：转让土地及地上建筑物的价格	受托建设，无需缴纳契税
土地增值税	先开发后转让，缴纳土地增值税，按规定的四级超额累进税率缴纳	属于服务业的代理行为，代建收入不缴纳土地增值税

通过对涉税税种进行分析计算，以判断自建或代建更为合适。

【例 4-9】假设 A 房地产开发企业通过"招、拍、挂"方式获得一块面积为 200000m² 的土地，缴纳土地出让金 250000 万元，计划建设住宅和商业用房，该方案通过了政府部门用地及规划审批，项目建安成本为 350000 万元，期间费用为 25000 万元。该房地产项目销售收入为 1000000 万元。契税税率为 3%，假设此处不考虑预售情况，不考虑土地使用税，各金额均为含税价，分别就自建、代建两种方式比较税负。

【解】
(1) 自建
① 取得土地阶段
契税：$250000 \times 3\% = 7500$(万元)
印花税：$250000 \times 0.05\% = 125$(万元)
② 建设施工阶段
印花税：$350000 \times 0.03\% = 105$(万元)
增值税进项：$350000/(1+9\%) \times 9\% = 28899.08$(万元)
　　　　　　$25000/(1+6\%) \times 6\% = 1415.09$(万元)
③ 销售阶段
增值税：$1000000/(1+9\%) \times 9\% - 28899.08 - 1415.09 - 250000/(1+9\%) \times 9\%$
　　　　$= 31612.44$(万元)
税金及附加：$31612.44 \times (7\% + 3\% + 2\%) = 3793.49$(万元)
印花税：$1000000 \times 0.05\% = 500$(万元)
④ 清算阶段
土地出让金：250000 万元
房地产开发成本：$350000/(1+9\%) = 321100.92$(万元)
房地产开发费用：$(250000 + 321100.92) \times 10\% = 57110.09$(万元)
与转让房地产有关的税金：$3793.49 + 500 = 4293.49$(万元)
加计扣除额：$(250000 + 321100.92) \times 20\% = 114220.18$(万元)
扣除项目合计：$250000 + 321100.92 + 57110.09 + 4293.49 + 114220.18$
　　　　　　$= 746724.68$(万元)
土地增值额：$1000000/(1+9\%) + 250000/(1+9\%) \times 9\% - 746724.68$
　　　　　　$= 191348.71$(万元)
土地增值率：$191348.71/746724.68 \times 100\% = 25.63\% < 50\%$
所以，适用税率为 30%，速算扣除系数为 0。

土地增值税：191348.71×30％＝57404.61(万元)

企业所得税：

应纳税所得额＝1000000/(1＋9％)－250000＋250000/(1＋9％)×9％－321100.92－25000/(1＋6％)－7500－125－105－3793.49－500－57404.61＝273959.47(万元)

应纳所得税＝273959.47×25％＝68489.88(万元)

净利润：273959.47－68489.88＝205469.59(万元)

整体税负：7500＋125＋105＋31612.44＋3793.49＋500＋57404.61＋68489.88
　　　　　＝169530.42(万元)

(2) 代建

代建方式一般适用于经营性物业。假设此项目住宅(包括停车位)采用自建模式，商业用房采用代建模式，自建销售收入为600000万元，土地成本为150000万元，建安成本为210000万元，期间费用为15000万元。商业用房代建收入为400000－100000(土地成本)－140000(建安成本)－10000(期间费用)＝150000(万元)。

① 自建部分

A. 拿地阶段

契税：150000×3％＝4500(万元)

印花税：150000×0.05％＝75(万元)

B. 建设施工阶段

印花税：210000×0.03％＝63(万元)

增值税进项：210000/(1＋9％)×9％＝17339.45(万元)
　　　　　　15000/(1＋6％)×6％＝849.06(万元)

C. 销售阶段

增值税：
600000/(1＋9％)×9％－17339.45－849.06－150000/(1＋9％)×9％＝18967.45(万元)

税金及附加：18967.45×(7％＋3％＋2％)＝2276.09(万元)

印花税：600000×0.05％＝300(万元)

D. 清算阶段

土地增值税：

土地出让金：150000万元

房地产开发成本：210000/(1＋9％)＝192660.55(万元)

房地产开发费用：(150000＋192660.55)×10％＝34266.06(万元)

与转让房地产有关的税金：2276.09＋300＝2576.09(万元)

加计扣除额：(150000＋192660.55)×20％＝68532.11(万元)

扣除项目合计：150000＋192660.55＋34266.06＋2576.09＋68532.11
　　　　　　　＝448034.81(万元)

土地增值额：600000/(1＋9％)＋150000/(1＋9％)×9％－448034.81
　　　　　　＝114809.23(万元)

土地增值率：114809.23/448034.81×100％＝25.63％＜50％

所以，适用税率为30%，速算扣除系数为0。

土地增值税：114809.23×30%＝34442.77(万元)

企业所得税：

应纳税所得额＝600000/(1+9%)－150000+150000/(1+9%)×9%－192660.55－15000/(1+6%)－4500－75－63－2276.09－300－34442.77＝164375.68(万元)

应纳所得税＝164375.68×25%＝41093.92(万元)

净利润：164375.68－41093.92＝123281.76(万元)

整体税负：4500+75+63+18967.45+2276.09+300+34442.77+41093.92
＝101718.23(万元)

② 代建部分

收入：400000－100000－140000－10000＝150000(万元)

增值税：150000/(1+6%)×6%＝8490.57(万元)

税金及附加：8490.57×(7%+3%+2%)＝1018.87(万元)

印花税：150000×0.03%＝45(万元)

企业所得税：

应纳税所得额＝150000/(1+6%)－1018.87－45＝140445.56(万元)

应纳所得税＝140445.56×25%＝35111.39(万元)

净利润：140445.56－35111.39＝105334.17(万元)

整体税负：8490.57+1018.87+45+35111.39＝44665.83(万元)

所以，"自建＋代建"模式的总体税负：101718.23+44665.83＝146384.06(万元)，总体净利润：123281.76+105334.17＝228615.93(万元)。

所得方案见表4-7。

两方案税负与利润比较（万元） 表4-7

项目	全部自建	自建＋代建
全部税负	169530.42	146384.06
净利润	205469.59	228615.93

经过上述计算可知，采用部分自建、部分代建（住宅类自建、非住宅类代建）税负有很大程度的减少，净利润得到了大幅度的提升。

4）项目开发产品选择

房地产企业开发项目产品一般有销售和出租两种处理方式。两种处理方式房地产企业收入不同，涉税税种、税负也有较大的差别，见表4-8。

销售与出租模式涉税问题比较 表4-8

项目	销售	出租
涉及税种	增值税、城建税、教育费附加、印花税、土地增值税、企业所得税	增值税、城建税、教育费附加、印花税、房产税、土地使用税、企业所得税
税收优惠	不交房产税	不交土地增值税
考虑条件	在实务中，房地产企业不能仅仅从税务的角度出发，应该根据市场需求、相关的费用和税收优惠进行比较选择	

不同点：

(1) 销售房地产时需要缴纳土地增值税，不缴房产税和土地使用税，自营相反。

(2) 印花税的税目、税率不同：销售属于"产权转移书据"，万分之五；自营属于"财产租赁合同税目"，千分之一；

(3) 增值税税目不同，税率相同：销售按销售不动产，自营按租赁业，但税率均是10%。

【例 4-10】 某房地产公司开发了一个商业项目，占地面积为 30000m²，总成本为 20000 万元（设为土地增值税的可扣除额），现有两种方案供决策者选择。

方案一：将该商业地产对外销售，销售收入为 40000 万元；

方案二：将该商业地产留作自用，对外出租，每年租金为 1000 万元，租期为 40 年。（土地使用税为每年每平方米 3 元）

试问该公司应如何选择？

方案一：

解题思路：销售房地产需要缴纳增值税、城建税及教育费附加和土地增值税等主要税种。

(1) 增值税：

$$\frac{40000}{1+9\%} \times 9\% - \frac{20000}{1+9\%} \times 9\% = 1651.38（万元）$$

(2) 城建税及教育费附加：

$$增值税 \times (7\% + 3\% + 2\%) = 198.17（万元）$$

(3) 土地增值税：

增值额：

$$\frac{40000}{1+9\%} - \frac{20000}{1+9\%} - 198.17 = 36697.25 - 18348.62 - 198.17$$
$$= 18150.46（万元）$$

增值率：$\frac{18150.46}{18348.62+198.17} = 97.86\%$

增值率超过扣除项目金额 50%、未超过扣除项目金额 100%，故适用税率为 40%。

土地增值税：

$$18150.46 \times 40\% - (18348.62 + 198.17) \times 5\% = 6332.84（万元）$$

(4) 印花税：

$$40000 \times 0.05\% = 20（万元）$$

企业所得税：$\left(\frac{40000}{1+9\%} - \frac{20000}{1+9\%} - 198.17 - 6332.84 - 20\right) \times 25\% = 2949.40（万元）$

总税负：$1651.38 + 198.17 + 6332.84 + 20 + 2949.40 = 11151.79（万元）$

方案二：

解题思路：自营需要缴纳增值税、城建税及教育费附加、房产税、土地使用税等主要税种。

1 年租金为 1000 万元，40 年总租金为 40000 万元。

(1) 增值税：

$$\frac{40000}{1+9\%} \times 9\% - \frac{20000}{1+9\%} \times 9\% = 1651.38 \text{（万元）}$$

（2）城建税及教育费附加：

增值税×（7%＋3%＋2%）＝198.17（万元）

（3）房产税：

适用税率12%，$\frac{1000}{1+9\%} \times 12\% = 110.09$（万元）

（4）土地使用税：

30000×3＝9（万元）

（5）印花税：

40000×0.1‰＝40（万元）

（6）企业所得税：

每年租金收入：$\frac{1000}{1+9\%} = 917.43$（万元）

每年计提折旧：$\frac{20000}{1+9\%} \div 40 = 458.72$（万元）

假设期间费用为零

企业所得税：

$$(917.43 - 458.72 - 198.17 - 110.09 - 9 - 40) \times 25\%$$
$$+ (917.43 - 458.72 - 198.17 - 110.09 - 9) \times 25\% \times 39$$
$$= 25.36 + 1379.22 = 1404.58 \text{(万元)}$$

总税负：

$$1651.38 + 198.17 + (110.09 + 9) \times 40 + 40 + 1404.58 = 8057.79 \text{(万元)}$$

总结：比较两个方案的总税负，可知方案二税负较低，故更佳。

5）融资方式选择

房地产开发项目融资方式包括债权融资、股权融资及预售资金融资等，其优缺点比较见表4-9。

融资方式比较　　　　表4-9

融资方式	优点	缺点
债权融资	借款利息可以在税前列支，减少所得税，融资成本低	存在还本付息的风险
股权融资	不需要还本付息，风险小	股权融资费用高，如果分配股息，股利不能起到抵税作用
预售资金融资	对于客户来说，不需要支付资金使用费	需要预缴各种税费，预售房屋时需要增加各种期间费用

【例4-11】 假设某房地产开发项目建设期约为3年，假设贷款利率为5%，贷款资金为150860万元，其他资金为自有资金。

（1）债权融资

项目通过借贷获得150860万元，这部分资金利息可以在税前列支，从而可以减少应纳税所得额 150860×3×5%＝22629（万元），从而可以减少所得税 22629×25%＝5657.25（万元），假设土地增值税的房地产开发费用采用计算扣除，不会对土地增值税产生影响，所以采用债权融资，少缴企业所得税 5657.25 万元。

（2）股权融资

项目如果采用股权融资，股息在税后列支，不能起到抵税作用，相比于债权融资多交所得税 5657.25 万元。

（3）预售资金融资

通过预售资金融资，但在收到预售资金的时候需要预缴增值税，房地产企业自行开发项目预缴 3%，并以此为基础缴纳城建税及教育费附加、地方教育附加合计为 12%，即预售资金的 3.36%。房屋预售受到完工进度的影响，预售回笼资金确认为收入时，需缴纳企业所得税，没有抵税的作用。仅从抵税视角，如果采用预售资金融资需要综合考虑预售时完工的进度（即收到预售资金后可以使用的时间）与预售资金的融资没有抵税的作用等条件。

2. 建设阶段的税务规划

完成前期准备阶段工作，就正式进入了建设阶段。

项目开发建设阶段，是指房地产开发项目从列入年度施工计划起，到项目施工全部完成，通过建设主管部门主持的综合验收，达到客户可以住用程度的过程。此阶段可根据具体情况规划企业的设备采购方式、混合销售行为、借款费用的处理、成本分摊方法等，主要是实现增值税、土地增值税等的税务管理。

签订项目承包合同是项目实施建造阶段的重要工作之一。在房地产项目开发中主要有两种发包方式：建设单位将项目建筑部分、主要设备部分整体发包给总包建筑公司；建设单位将项目建筑部分、主要设备部分分别发包给建筑总包公司和设备销售公司。房地产企业利用发包方式的不同进行税务规划，可以在一定程度上达到节税的效果。

在建筑、修缮、装饰工程作业特别是安装工程作业中，所安装的设备价值往往较大，如所建房屋需要安装的电梯、冷却塔、供暖设备、中央空调等，这些设施一般由生产或销售厂家销售并负责安装。在和建筑施工方签订施工合同时，可以将项目的建设部分与主要设备部分分开发包。对于房地产企业而言，分包设备部分，最高可以从设备生产销售企业取得 13% 的增值税进项税率进行抵扣，相比建筑企业适用 9% 的增值税进项税率，将主要设备与建设部分分包可以取得更多进项抵扣额。

1）开发成本构成选择

项目开发成本，是指纳税人房地产开发项目实际产生的成本，包括土地征用及拆迁补偿费、前期工程费、基础设施费、建筑安装工程费、公共配套设施费和开发间接费用。

（1）土地征用及迁移补偿费

① 土地补偿费。征用耕地（包括菜地）的补偿标准，按政府规定，为该耕地年产值的若干倍，具体补偿标准由省、自治区、直辖市人民政府在此范围内制定。

② 青苗补偿费和被征用土地上的房屋、水井、树木等附着物补偿费。

③ 安置补助费。

④ 缴纳的耕地占用税或城镇土地使用税、土地登记费及征地管理费等。

⑤ 征地动迁费。包括征用土地上的房屋及附属构筑物、城市公共设施等拆除、迁建补偿费、搬迁运输费，企业单位因搬迁造成的减产、停工损失补贴费，拆迁管理费等。

(2) 前期工程费

前期工程费指在取得土地开发权之后、项目开发前期的筹建、规划、设计、水文地质勘察、测绘、"三通一平"等前期费用。包括：筹建费、可行性研究费、规划费、设计费、地质勘察费、场地平整费、水电气费、临时设施费用等。

① 勘探费。包括地质勘探、地下文物勘探。

② 设计费。包括总体规划设计费、施工图设计费、环境设计费、售楼中心设计费。

③ 地形图测绘费。

④ 开发项目可行性编制费。

⑤ 开发土地平整。

⑥ 开发土地垃圾清运费。

⑦ 回填土费用。

⑧ 定位放线费。

⑨ 三通一平，包括临时用水、临时用电、临时用道路。

⑩ 开发场地围墙工程。

⑪ 地基检测费、临时办公室建设费。

⑫ 人防异地建设费，等。

(3) 基础设施费

基础设施费是指房地产开发项目因工程配套产生的相关费用。主要包括工程项目前的城市主次干道、给水排水、供电、供气、路灯、公共交通、环境卫生和园林绿化等项目的建设和维护费用。

(4) 建筑安装工程费用

建筑安装工程费用是房地产项目开发施工过程中建造建筑安装工程实体所发生的一切费用。主要由以下三部分费用组成：

① 直接费，包括人工费、材料费、施工机械使用费、其他直接费等。它是根据分部分项工程的数量和预算单价计算的费用。

② 开发间接费，包括房地产项目施工管理费和其他间接费两种费用。

③ 规费，是指按国家法律、法规规定，由地方政府和相关部门规定必须缴纳或计取的费用。包括：社会保险费、住房公积金、工程排污费和其他应列而未列入的规费等。

④ 税金。

(5) 配套设施费

房地产开发项目的配套设施费，主要分为两类，一类是开发小区内开发不能有偿转让的公共配套设施，如水塔、锅炉房、居委会、派出所、消防、幼托、自行车棚等；另一类是能有偿转让的城市规划中规定的大配套设施项目，包括：

① 开发小区内经营性公共配套设施，如商店、银行、邮局等；

② 开发小区内非经营性配套设施，如中小学、文化站、医院等；

③ 开发项目外为居民服务的给水排水、供电、供气的增容增压、交通道路等。这类配套设施，如果没有投资来源，不能有偿转让，也将它归入第一类中，计入房屋开发成本。

(6) 开发间接费用

开发间接费用是房地产开发企业内部独立核算单位在开发现场组织管理开发产品而发

第三节 房地产开发项目税务规划

生的各项费用。核算的内容包括：工资、福利费、折旧费、修理费、办公费、水电费、劳动保护费、周转房摊销、利息支出以及其他费用等。按照企业所得税法有关规定，开发企业发生的当期费用允许在企业所得税税前扣除，如果将应计入开发间接费的一些费用计入了当期费用，房地产项目所得税当期少缴纳了一部分金额（时间性差异），但是在进行该项目土地增值税清算时，扣除项目金额减少（永久性差异）。因土地增值税和企业所得税受开发项目的利润水平、是否销售、单一项目还是多项目开发等诸多因素的影响，应当根据项目的实际情况来进行开发间接费的会计核算。

【例 4-12】 在例 4-9 背景下，假设职能部门费用 6722 万元计入开发间接费用（原方案为将职能部门费用计入管理费用），计算如下：

取得土地环节、建设环节及销售环节税收缴纳不变。

清算环节：

土地增值税扣除项目：

允许扣除的取得土地使用权所支付的金额：245332＋7359.96＝252691.96（万元）

房地产开发成本：$\dfrac{703319-245332+6722}{(1+9\%)}=426338.53$（万元）

房地产开发费用：（252691.96＋426338.53）×10％＝67903.05（万元）

与房地产项目有关的税金：2792.91＋460.08＝3252.99（万元）

其他扣除项目：（252691.96＋426338.53）×20％＝135806.10（万元）

扣除项目合计＝252691.96＋426338.53＋67903.05＋3252.99＋135806.10
＝885992.63（万元）

土地增值额＝$\dfrac{1002970}{(1+9\%)}+\dfrac{245332}{(1+9\%)}\times 9\%-885992.63=54420.10$（万元）

土地增值率＝$\dfrac{54420.10}{885992.63}\times 100\%=6.14\%$

所以适用税率为 30％，速算扣除系数为 0

则土地增值税：54420.10×30％＝16326.03（万元）

所得税：

应纳税所得额为：

$\dfrac{1002970}{(1+9\%)}+\dfrac{245332}{(1+9\%)}\times 9\%-245332-426338.53-\dfrac{(25927-6722)}{(1+6\%)}-3252.99-$

16326.03＝231045.26（万元）

应纳所得税：231045.26×25％＝57761.31（万元）

净利润：231045.26－57761.31＝173283.94（万元）

整体税负：482.63＋7359.96＋122.67＋126.05＋23274.26＋2792.91＋460.08＋16326.03＋57761.31＝108705.90（万元）

两种方式比较见表 4-10。

两种方式比较（万元）　　　　　　　　　表 4-10

项目	原方式	规划后
全部税负	110466.11	108705.90
净利润	171349.20	173283.94

规划方案与原方案相比，土地增值税节税达 2405.12 万元，增值税不变的同时，会增加一定的企业所得税。整体来看，总税负减少，净利润增加。

2) 借款费用税务规划

借款费用是房地产开发项目开发成本中较大的支出。根据《土地增值税暂行条例》的规定，财务费用中的利息支出可以采用据实扣除法和比例扣除法两种方法。房地产企业可根据项目的实际情况，选择不同方式进行规划。

具体有两种选择：

(1) 房地产开发项目主要依靠负债规资，预计利息费用较高，应计算分摊的利息并提供金融机构证明，以实现利息据实扣除，降低税额。

(2) 房地产项目主要依靠权益资本规资，预计利息费用较少，应不计算应分摊的利息或提供金融机构证明，以多扣除房地产开发费用，实现企业价值最大化。

若企业无贷款或无法提供贷款证明，只能按比例计算扣除；若企业贷款实际利率高于银行利率，可选择按照银行利率扣除或计算扣除；贷款利率低于银行利率，可选择据实扣除或计算扣除。根据实际情况，计算比较各种方式得到的利息支出，选择利息支出最大的方案，以使土地增值税可扣除项目金额最大，达到减少土地增值税的目标。

3. 销售阶段的税务规划

房地产企业"加工者"身份正在改变，自持物业模式已成为不少企业发展的战略。销售阶段是房地产企业将所持有房产转换为现金流入的关键阶段。这一阶段，可通过对销售方式、销售价格以及销售过程中价外费用等作出合理的选择，达到降低企业税负，增加利润的目标。

从销售定价、价外费用的收取、经营方式的选择和合理分解租金四方面来进行销售或持有阶段的税务规划。

1) 销售方式的规划

房地产企业销售不动产项目可以选择直接销售、向购买方投资、转让子公司股权等方式。直接出售是按销售收入的 9% 缴纳增值税，按照四级累进税率缴纳土地增值税。向购买方投资是房地产企业将开发完成的产品以实物资产的形式投入到购买企业，取得购买企业的股权后，再将所持有的股权按照双方确定的售价转让给购买企业的股东，同时收回资金。但这种形式必须满足购买方为法人企业，且开发的产品应为商业地产等条件。向购买方投资视同销售，属于土地增值税、企业所得税和股权转让环节企业所得税的征税范畴，但视同销售产生的企业所得税和股权转让产生的企业所得税存在双重缴纳的问题；若以出资成立具有独立法人资格的控股子公司，通过子公司建设固定资产，建设完成后再将子公司股权转让给购买方的方式，则整个过程中没有涉及不动产的转让，也就不在增值税征收范围内，可以避免缴纳增值税；而对于建设完成后股权的转让，也只需要以股权转让收益为计税基础缴纳企业所得税，因此，可以达到节税的目的。

2) 促销活动的规划

房地产开发项目常用的促销手段有折扣销售与买房赠物。对于折扣销售，现行税法规定，销售额和折扣额在同一张发票上注明可以按折扣后的销售额征收增值税，从而降低企业税负。对于买房赠物，指开发商在销售时赠送家具、家电、小汽车或者买房免物业费等。由于企业赠送礼品行为是有偿赠送行为，不应该视同销售行为，不计算销项税额，同时进项税额可以扣除,从而可以有效降低企业税负,同时买房赠物对于消费者而言是一种优惠,能够提高消费者的购买欲望,利于提升销售业绩。

3) 销售定价的规划

我国《土地增值税暂行条例》规定,房地产企业建造普通标准住房出售的,增值额未超过扣除金额的20%免征土地增值税。故若对普通住宅的定价进行规划,制定适当的销售价格,求出恰好可以使得增值额未超过扣除项目金额的20%的销售定价,即可以免征土地增值税;或降低销售定价,将土地增值率降低一级,使得适用的税率降低,也可以达到节税的效果。

筹划思路:

高售价:对普通住宅定价时,追求较高销售收入,选择较高售价。

低售价:对普通住宅定价时,选择房屋增值额为20%内的售价,享受免交土地增值税的税收优惠。

4) 价外费用的规划

按照《土地增值税暂行条例》的规定,销售额是指纳税人销售货物或者应税劳务向购买方收取的全部价款和价外费用。税法规定,价外费用,无论会计制度规定如何核算,都应当并入销售额计税。根据《财政部、国家税务总局关于土地增值税一些具体问题规定的通知》(财税字〔1995〕第48号)第六条规定:"对于按县级及县级以上人民政府要求房地产开发企业在售房时代收的各项费用,如果代收费用是计入房价中向购买方一并收取的,可作为转让房地产所取得的收入计税,在计算扣除项目金额时,可予以扣除,但不允许作为加计20%扣除的基数;如果代收费用未计入房价中,而是在房价之外单独收取的,可以不作为转让房地产的收入,在计算增值额时也不允许扣除代收费用。"

房地产企业在销售房屋的同时,往往需要代收水电初装费、燃(煤)气费、维修基金等各种配套设施费。对于房地产企业来说,属于代收应付款项,不作为房屋的销售收入,而应作"其他应付款"处理,但在计算缴纳增值税时,仍需将其包括在增值税的计税额内,这就涉及了价外费用的筹划。

根据《国家税务总局关于物业管理服务中收取的自来水水费增值税问题的公告》(国家税务总局公告2016年第54号)规定,提供物业管理服务的纳税人,向服务接受方收取的自来水水费,以扣除其对外支付的自来水水费的余额由销售额,按简易计税方法依3%的征收率计算缴纳增值税。

因此,房地产企业代收的价外费用包括在计税营业额中,而物业公司收取各种价外费用,需就其代理业务缴纳增值税及附加。

【例4-13】 某公司开发建设住宅后销售,代收水费共计1717万元,收取的手续费750万元,则缴纳增值税时,此部分代收应付款项包括在计税金额内,即按(销售收入+手续费)×9%/(1+9%)计算销项税额,税率为9%。若该公司出资成立一个独立核算的物业管理公司,让物业管理公司代收水费,此部分代收的应付款不计征增值税,而按代收应付款取得的手续费750万元征收增值税,即总共需要征收的增值税销项税额为销售收入×9%/(1+9%)+手续费×3%/(1+3%),部分收入税率降低,达到节税效果。

5) 精装房的税务规划

由于精装修住房的装修费用可以计入房地产开发成本,在计算土地增值额时可以作为房地产开发成本的一部分扣除,相应地减少土地增值额,可能使适用税率档次减低,进而减少土地增值税。实务中也要注意,当项目的土地增值率很高时,通过增加装修费用使土地增值率降低是相当困难的,需要增加很高的装修费用,进而抬高销售价格,这在实务中是不合理或不能被购买者所接受的。所以,在使用此规划方法时,应分析企业的土地增值率能否降低到一个合适的范围,测算出最佳的装修费用,决定是否采用此方案。

4. 经营阶段的税务规划

房地产开发项目的经营持有阶段,可以通过选择不同的经营方式、服务对象达到节税的目的。

1)租赁业务选择

对于开发完成的房地产项目,若继续利用库房为客户存放商品,可将租赁合同改为仓储保管合同(增值税率为6%),增加服务内容,配备保管人员,为客户提供24h服务,虽然增加了经营成本,但减少了增值税与土地增值税。

【例4-14】某房地产开发项目在持有阶段,利用库房为客户存放商品,但将租赁合同改为仓储保管合同。该库房的占地面积为32770m^2,土地使用税为20元/m^2。假设提供租赁与仓储保管的收入都为180000万元/年(含税)。

(1)租赁合同

年租金=180000(万元)

增值税=租金收入×增值税率=180000/(1+9%)×9%=14862.39(万元)

城建税及教育费附加=增值税×(城建税税率+教育费附加征收率+地方教育附加)=14862.39×(3%+7%+2%)=1783.49(万元)

房产税=租金收入×房产税税率=180000×12%=21600(万元)

土地使用税=土地面积×土地使用税=32770×20=65.54(万元)

印花税=租金收入×印花税税率=180000×0.1%=180(万元)

总税负=增值税+城建税及教育费附加+土地使用税+印花税+房产税
=14862.39+1783.49+65.54+180+21600=38491.42(万元)

(2)仓储合同

营业收入=180000(万元)

增值税=租金收入×增值税税率=180000/(1+6%)×6%=10188.68(万元)

城建税及教育费附加=增值税×(城建税税率+教育费附加税率+地方教育费附加)
=10188.68×(3%+7%+2%)=1222.64(万元)

房产税=租金收入×房产税税率=180000×12%=21600(万元)

土地使用税=土地面积×土地使用税税率=32770×20=65.54(万元)

印花税=租金收入×印花税税率=180000×0.1%=180(万元)

总税负=增值税+城建税及教育费附加+土地使用税+印花税+房产税
=10188.68+1222.64+65.54+180+21600=33256.86(万元)

从而节税:38491.42-33256.86=5234.57(万元),可见,将租赁合同改为仓储合同总税负减少了,主要是由于增值税的大幅度减少,由原来的库房出租,变为仓储保管,使得增值税率由9%下降到6%。

2)出租对象选择

房产租赁属于服务业，其租金收入按9%征税；代收的水费不计征增值税，对其从事此项代理业务取得的手续费收入按简易计税方法，依3%的征收率计算缴纳增值税，税率为3%。

房产税：应依照房产租金收入计算缴纳，税率为12%；

印花税：订立合同，按租赁金额的千分之一贴花。

房地产企业在收取租金时有两种方式，一是将水电费包含在租金中，二是水电费由承租者自行承担，但由房地产企业代为收缴，并按一定比例收取手续费。

因此，房地产企业在进行房屋租赁时，通过选择出租对象，可以将租金收入进行分解，分解为租赁收入和物业管理收入两部分以降低税负。

3）售后返租方式

采用售后返租模式，如果购房者购房后，企业以公司的名义与购房者签订租房合同，企业和购房者会面临重复纳税的问题。如果购房者在购房后，由企业做中介与购房者另外签订委托代理租房协议，即可将租金分解为代收的租金和代理手续费，企业只需要以收入的代理手续费缴纳增值税及相关的城建税和教育费附加，代收的租金不用纳税。

5. 清算阶段的税务规划

房地产企业的清算阶段主要包括土地增值税和企业所得税清算时间的选择。

对于土地增值税的清算单位，税法规定，如果项目包括商品房和住宅，必须分开按照单项工程清算土地增值税；对于土地增值税清算时间的选择，可以根据税法的规定，通过控制销售收入实现的进度，选择分开清算或合并清算；对于企业所得税的清算时间，可以从销售收入实现的时间、分期付款销售实现的时间、工程收入实现的时间以及安排所得税预缴方式等方面进行规划，达到节税或递延纳税的目的。

1）土地增值税清算时间的选择

根据《国家税务总局关于印发土地增值税清算管理规程的通知》（国税发［2009］91号）规定，纳税人符合下列条件之一的，应进行土地增值税的清算：

(1) 房地产开发项目全部竣工、完成销售的；

(2) 整体转让未竣工决算房地产开发项目的；

(3) 直接转让土地使用权的。

对符合以下条件之一的，主管税务机关可要求纳税人进行土地增值税清算：

(1) 已竣工验收的房地产开发项目，已转让的房地产建筑面积占整个项目可售建筑面积的比例在85%以上，或该比例虽未超过85%，但剩余的可售建筑面积已经出租或自用的；

(2) 取得销售（预售）许可证满三年仍未销售完毕的；

(3) 纳税人申请注销税务登记但未办理土地增值税清算手续的；

(4) 省（自治区、直辖市、计划单列市）税务机关规定的其他情况。

对于应进行土地增值税清算的项目，纳税人应当在满足条件之日起90日内到主管税务机关办理清算手续。对于税务机关要求纳税人进行土地增值税清算的项目，由主管税务机关确定是否进行清算；对于确定需要进行清算的项目，由主管税务机关下达清算通知，纳税人应当在收到清算通知之日起90日内办理清算手续。

与"自行清算"情况相比，"要求清算"的条件存在比较大的弹性和可操作空间。比如房地产企业为了拖延清算时间，将项目销售比例控制在85%之内。而对于取得销售

（预售）许可证满三年仍未销售完毕的项目，虽然已满足"要求清算"的条件，但只要主管地税机关不通知，那么房地产企业并不需要清算，从而可以实现递延纳税。

2）企业所得税清算时间的选择

纳税人如果能够推迟应纳税所得的实现，则可以使本期应纳税所得减少，从而推迟或减少所得税的缴纳。

根据《国家税务总局关于房地产开发业务征收企业所得税问题的通知》（国税发［2006］31号）规定，开发企业按照预售收入先按照预计计税毛利率分季计算当期应缴纳企业所得税，项目开发完工后，应计算出项目的实际毛利率，按照项目实际销售收入毛利额与其预售收入毛利额之间的差额，计入完工年度的应纳税所得额计算缴纳企业所得税。

根据规定，开发产品完工以后，企业可在完工年度企业所得税汇算清缴前选择确定计税成本核算的终止日，不得滞后。凡已完工开发产品在完工年度未按规定结算计税成本的，主管税务机关有权确定或核定其计税成本，据此进行纳税调整，并按《税收征收管理法》的有关规定对其进行处理。企业销售未完工开发产品取得的收入应先按预计计税毛利率分季（或月）计算出预计毛利额，计入当期应纳税所得额。开发产品完工后，企业应及时结算其计税成本并计算此前销售收入的实际毛利额，同时将其实际毛利额与其对应的预计毛利额之间的差额，计入当年度企业本项目与其他项目合并计算的应纳税所得额。在年度纳税申报时，企业须出具对该项开发产品实际毛利额与预计毛利额之间差异调整情况的报告以及税务机关需要的其他相关资料。

销售收入的实现是以发出商品并取得索取货款的凭据为依据的。如果销售发生在月末或年末，企业可以试图延缓销售至次月或次年。企业可以先发出商品，只是要推迟结转商品发出时间，而收款时以"预收账款"处理即可。

第四节 房地产开发项目税务规划风险管理

税务规划虽然可以为企业带来收益，但与其相关的风险也值得关注。2009年国家税务总局印发的《大企业税务风险管理指引（试行）》（国税发［2009］90号）旨在引导大企业合理控制税务风险，建立相应的税务风险管理制度。其中，第3条明确指出："企业应全面、系统、持续地收集内部和外部相关信息，结合实际情况，通过风险识别、风险评估、风险评价等步骤，查找企业经营活动及其业务流程中的税务风险，评估和描述风险发生的可能性和条件，评价风险对企业实现税务管理目标的影响程度，从而确定风险管理的优先顺序和策略。"由此可见，企业加强税务风险管理是极其必要的。

一、税务规划风险的概述

1. 税务风险

税务风险主要是指企业在发展过程中由于各种因素造成企业不能正常纳税，伴随着漏缴、少缴或多缴的问题。这一定义主要包含两层含义：一是指企业没有按照有关的法律规定进行纳税，造成漏缴、少缴，从而遭受法律制裁或声誉损害的可能性；二是企业涉税的行为不规范及方法不恰当导致多缴，造成财务损失。

2. 税务风险的成因

一般认为，企业税务风险产生的原因主要有两点：一是对税务风险管理的重要性认识不足。简单地认为，只要不做假账，不虚假申报，就不存在税务风险，忽略了多缴税款增加企业负担，造成企业财务损失的可能性。二是企业内部监督不到位，包括税务会计人员不熟悉本企业核算的全面情况、企业税务风险控制环节不完善、缺乏整体税务规划和未建立符合企业实际需要的税务风险预警机制、高层管理人员不重视、上市公司存在营私舞弊的现象、企业无法正确把握住相关政策和法规的中心理念等，都是导致税务风险的原因。

3. 税务规划风险

1）概念

税务规划在给房地产企业带来收益的同时，其相应的风险也无法避免。税务规划风险是指企业在开展税务规划活动时，由于会受到各种不确定性因素或突发事件的影响，使得企业通过税务规划得到的实际收益无法达到预期的期望值。不合理的税务规划不仅无法节约企业成本，还有可能导致企业陷入税收困境，对企业的声誉造成损失。

2）成因

在经营活动过程中，企业实际经营行为可能会偏离税务规划方案，从而使税务规划的风险大于收益。房地产开发项目面临的税务规划风险类型多样，目前理论研究中对其分类的意见较为统一，一般认为造成税务规划失败的风险有税收政策风险、法律风险、房地产行业风险、企业经营风险、财务风险、征纳双方认定差异风险、执法工作人员素质不高以及税务行政执法不规范等。

二、税务规划风险分析

利用具体指标，结合税务规划流程，防止房地产企业税务规划风险，是一种行之有效的方法。由税务规划导致的税务规划风险管理没有经验可循，因此，税务规划风险管理体系的建立，有赖于房地产企业各部门的通力配合和协调。借鉴企业内控理论和风险管理理论等，构建符合企业税务规划方案的税务规划风险管理体系。一般通过以下几个环节。

1. 房地产开发项目税务规划风险归纳和识别

结合税务规划流程和方案，搜集和整理房地产开发项目税务规划风险。分析影响房地产开发项目税务规划风险可能的因素，并通过税务规划实务案例进一步完善税务规划风险因素，在此基础上通过专家访谈法对风险因素进行修正和补充。

2. 房地产开发项目税务规划风险因素分析

以修正和补充后的风险因素为基础设计问卷，对房地产开发项目税务规划风险因素对税务规划效果的影响程度和发生概率进行问卷调查。

利用问卷结果，采用描述统计分析法、因子分析法等方法对识别的房地产开发项目税务规划风险因素进行分析。先对问卷搜集到的数据进行处理，即利用房地产开发项目税务规划风险因素对税务规划效果的影响程度和发生概率的打分情况计算出重要性指数，利用各风险因素的重要性指数进行因子分析，对各风险因素进行归类，解决多重共线性的问题，并在因子间、风险因素间进行重要性排序，找出重要的风险因素。

3. 房地产开发项目税务规划风险防范

结合企业风险管理理论、房地产开发项目税务规划风险因素识别、分析的结果，构建房地产开发项目税务规划风险防范体系。

三、税务规划风险因素

风险因素的识别整理是以房地产开发项目税务规划为基础、以项目开发流程为主线进行的，为保持前后的一致性和准确性，税务规划风险也是按阶段划分整理和归纳的。在进行税务规划风险分析时，按房地产项目开发建设阶段（前期准备阶段）、销售或持有阶段、清算阶段进行税务规划风险因素分析。

1. 开发建设阶段税务规划风险

开发建设阶段是房地产项目开发的重要阶段，在该阶段需要完成土地取得、规划审批、征地拆迁、战略规划、项目立项、资金规集、开发主体建立、施工方选择、材料采购、借款费用处理等。同时，开发建设阶段也是房地产项目税务规划的关键阶段，潜在的税务规划风险因素较多，见表4-11。

房地产项目开发建设阶段税务规划风险因素 表4-11

序号	风险因素
1	开发主体注册地点、组织形式、组织结构选择不当
2	开发主体核算不准确
3	融资方式选择不当
4	合营的经营方式灵活性不足
5	新成立的合营企业成本过高
6	企业税务人员未参与前期战略决策
7	未做好税收整体规划
8	土地使用权属关系处理不妥当
9	土地合同未明确土地交付使用时间
10	未合规使用土地
11	取得土地使用权发票不合规
12	财政支持或税收优惠无正式政府批文和政府合同
13	土地使用税缴纳义务起止时间把握不准
14	拆迁相关政府文件、档案资料不齐全
15	拆迁安置费无法取得合法的发票或收据
16	成本对象和开发顺序选择不当
17	与施工单位合同签订不合理
18	不能取得相关利息扣除凭证
19	与建筑公司、材料供应商之间三流不统一
20	与总包方、分包方之间三流不统一
21	黑白合同

2. 销售（持有）阶段税务规划风险因素

销售（持有）阶段是房地产企业取得投资回报的交易环节。在该阶段，房地产企业对其建造的房屋进行销售或出租，主要涉及销售机构或物业公司的建立、销售或出租定价、商品房的销售或出租等方面，其中可能存在的税务规划风险见表4-12。

房地产开发项目销售（持有）阶段税务规划风险因素　　　　表4-12

序号	风险因素
1	土地增值税前可扣除项目金额估计不够准确、合理
2	可税前扣除项目认定差异
3	销售定价不合理
4	销售机构成本过高
5	分解后租金过低
6	新成立的物业公司成本过高
7	房屋符合相关要求但未按普通住房出售
8	可供销售建筑面积核算不准确
9	收到购房者预收账款时开具增值税专用发票

3. 清算阶段税务规划风险因素

房地产开发项目清算阶段主要涉及企业所得税的清算时间、土地增值税的清算单位和清算时间的安排，关系到企业所得税和土地增值税的缴纳税额，是房地产项目开发重的要阶段，也是房地产开发项目税务规划的重要环节，其中可能存在的税务规划风险因素见表4-13。

房地产开发项目清算阶段税务规划风险因素　　　　表4-13

序号	风险因素
1	清算单位选择不当
2	清算时间选择不当
3	对清算单位的土地增值税测算不准确
4	税前列支成本认定差异

4. 项目各阶段均可能存在的税务规划风险因素

部分税务规划风险在房地产项目开发的每个阶段中可能均会存在，如企业与税务机关之间存在认定差异、相关发票不合规等，开发建设阶段、销售（持有）阶段、清算阶段的税务规划效果均会受其较大影响，这类风险因素主要见表4-14。

房地产项目开发全流程税务规划风险因素　　　　表4-14

序号	风险因素
1	税收政策发生变化
2	政府文件、档案资料不齐全
3	合同签订不合理、规范
4	发票不合规
5	核算不准确、规范
6	企业与税务机关之间存在认定差异
7	税务缴纳义务起止时间把握不准
8	票流、物流（劳务流）、资金流不统一
9	业务处理与适用的税务政策不匹配

四、税务规划风险因素修正

在房地产开发项目税务规划风险因素初步识别的基础上,为了修正和补充通过文献研究和案例总结识别出来的房地产开发项目税务规划风险因素,通过专家访谈对初步识别的风险因素进行修正和补充,检查已识别出的风险因素是否与实际相符,检验是否遗漏对税务规划效果具有重要影响的风险因素。

由于各个风险因素的来源比较分散,因素之间存在交叉关系,故需要对风险因素进行归纳整理,尽可能降低因素间的相关性,以更好地识别出房地产开发项目税务规划的关键风险因素。经过归纳整理后的结果见表4-15。

房地产开发项目税务规划风险因素汇总表　　　　表4-15

阶段	序号	风险因素
开发建设阶段潜在的风险因素	A1	企业未在前期做好税务规划整体规划
	A2	筹资方式选择不当
	A3	开发主体注册地点、组织形式、组织结构选择不当
	A4	土地使用权权属关系处理不当
	A5	未合规使用土地
	A6	未对红线外配套进行相关规划
	A7	成本对象开发顺序选择不当
	A8	无法取得相关利息扣除凭证
销售(持有)阶段潜在的风险因素	A9	销售定价/租金不合理
	A10	销售机构/物业公司成本过高
	A11	促销方式选择不合理
清算阶段潜在的风险因素	A12	清算单位选择不当
	A13	清算时间选择不当
房地产项目开发各阶段均可能存在的其他税务规划风险	A14	税收政策发生变化
	A15	政府文件、档案资料不齐全
	A16	合同签订不合理、规范
	A17	发票不合规
	A18	核算不准确、规范
	A19	企业与税务机关之间存在认定差异
	A20	税务缴纳义务起止时间把握不准
	A21	票流、物流(劳务流)、资金流不统一
	A22	业务处理与适用的税收政策不匹配

五、税务规划关键风险因素问卷调查

综合文献研究、案例总结、专家访谈识别出的房地产开发项目税务规划风险因素,通过问卷获得税务规划风险对税务规划效果的影响程度和发生概率的分值,结合分值,利用因子分析等方法对风险因素进行排序,确定房地产开发项目税务规划过程中的重要风险因素。

六、项目税务规划风险因素分析

对上述风险因素进行归纳整理，可归类为以下几个方面。

1. 财务风险

财务风险主要包括筹资方式选择不当、核算不准确规范、税务缴纳义务起止时间把握不准、清算单位选择不当。开展房地产开发项目需要大量的资金投入，除了使用企业权益资本外，还需要借助外部债务融资，筹资方式的安排不仅会影响企业的资金成本，还会影响企业的税负，筹资方式选择不当会加重企业的税务负担。在项目开发全过程均需要进行核算，核算不准确会对企业的税务、纳税产生影响，例如可供销售面积核算不准确会影响当期可供扣除的土地价款，进而影响增值税；对销售定价进行规划时，土地增值税税前可扣除项目金额核算不准确，导致定价非最优，进而影响有关税种；对土地增值税的测算不准确直接影响到土地增值税的缴纳等。税务缴纳义务起止时间把握不准，即某税种何时开始纳税、何时停止纳税把握不准，直接导致企业多缴纳或少缴税。财务风险对房地产开发项目税务规划的影响是直接的、广泛的、重大的，故需要在企业税务规划风险管理中着重加以防范。

2. 经营风险

经营风险主要包括销售定价/租金不合理、成本对象开发顺序选择不当、土地使用权权属关系处理不当、无法取得相关利息扣除凭证、票流物流（劳务流）资金流不统一。销售定价/租金不仅影响项目的销售情况和企业的收益，还会影响到企业的增值税、所得税，故在进行税务规划时必须考虑定价问题。在房价持续上涨的情况下，土地成本不同的项目开发顺序的安排会影响土地增值税和企业所得税。房地产母公司拿地后成立项目子公司进行开发涉及土地使用权变更问题，如果采取投资入股的方式则会导致计算土地增值税时无法扣除土地成本，母公司将面临多交税费的风险，如果母子公司签订按照土地账面价值划转协议，则能够避免这些问题。无法取得相关利息扣除凭证会导致借款利息在土地增值税清算时无法扣除。票流、物流（劳务流）、资金流不统一会导致企业无法实施所得税税前扣除和抵扣增值税进项税额。经营风险主要影响企业的增值税、所得税、土地增值税，这些税种涉税数额较大，应严加防范。

3. 操作风险

操作风险主要包括发票不合规、合同签订不合理规范。发票是纳税的依据，开具和接收的发票不合理、规范，会直接影响到企业的税务抵扣和缴纳。而合同中隐藏两种风险，一是由于合同中的价格条款约定不当导致企业多缴税，二是由于合同中的约定条款与国家相关法律的规定相悖而导致企业承担多缴纳的风险，在签订合同时就需要考虑税务因素，将税务规划融入合同签订的过程。

4. 前期准备风险

前期准备风险主要包括企业未在前期做好税务规划整体规划、开发主体注册地点、组织形式与组织结构选择不当、未对红线外配套进行相关规划、政府文件和档案资料不齐全。这些风险因素均存在于房地产开发项目的前期准备过程，企业未在前期做好税务规划整体规划，税务人员未参与进行资金来源、建设方式、经营模式等方面的税务规划和战略决策，未进行土地出让和转让、市场调查和规划、立项报备、规划审批、设计施工等阶段的税务规划，会直接影响到房地产开发项目整个税务规划方案的效果。注册地点、组织形式与组织结构的安排会影响到企业适用的税收政策、税收待遇、责任分担、经营范围等。红线外配套的成本是无法抵扣土地增值税的，如未在前期将其与正规的土建合同打包考虑，则会加重企业土地增值税的负担。前期签订的政府文件和有关档案资料若保存不当会导致税务机关不认可财政支持或税收优惠等有关税务事项。前期准备风险对房地产开发项目全过程都具有影响，故需加以防范。

5. 政策法规风险

政策法规风险主要包括税收政策发生变化、企业与税务机关之间存在认定差异、业务处理与适用的税收政策不匹配。这些风险因素都会导致企业的税务环境发生变化，税务规划方案无法按预期进行，这与国家的税收法律制度的建设和征纳双方人员的素质密切相关，需从制度建设完善和人员素质提高方面进行防范。

七、税务规划风险防范

从房地产开发项目税务规划风险分析中可以看出，风险因素多样并且对企业税务规划效果有着显著影响，故需要系统地防范房地产开发项目的税务规划风险，将项目税务规划风险管理与企业内部控制相结合，在企业的各种治理、决策、经营业务活动中防范税务规划风险。

为了更加有效地防范房地产开发项目税务规划风险，应事先明确税务规划风险可能产生的环节，进而确定风险管理活动的范围，了解进行税务规划风险管理时项目所处的内部环境和外部环境的状况，针对风险管理框架来定义相应的风险准则，并结合项目自身的具体活动，明确在达到目标过程中可能会承担的税务规划风险的类型和数量，确定评估税务规划风险重要性水平和进行应对风险的决策的相关准则。另外，税务人员应积极与其他部门、税务机关、合作方进行沟通协调，以促进税务规划风险参与者对风险的认识和理解，明确作出决策的依据和采取相关行动的原因，获取相关信息，为决策提供基础。在此基础上，对房地产开发项目所面临的税务规划风险因素进行评估，借助相关的信息识别出可能会导致项目实际收益偏离预期收益的风险因素，并对风险因素的风险源、后果、可能性、控制及其有效性进行分析，将分析的结果与制定的风险准则进行对比，来确定需要采取什么类型的防范措施。具体防范措施如下。

1. 财务风险防范

提高财务人员素质。为了防范由于财务处理过程中产生的风险，必须提高财务人员的素质，包括财务管理、税务管理和风险控制等方面的素质，故企业应注重人才队伍的培养，定期开展培训，使财务人员不仅掌握其专业知识、专业技能，还对我国的税收法律法规、税收政策有深刻的认识，在掌握我国税收法律法规的基础上科学准确地进行财务决策和日常业务处理，以更好地配合税务规划方案，充分发挥税务规划带来的效益，提高财务会计工作水平。为更好地进行房地产开发项目税务规划风险管理，必须做好基础工作，需要改进并完善企业现有的财务管理制度、会计管理制度，规范基础的会计工作，优化企业核算工作、账务管理，以提供更加完善的财务会计信息，更好地进行税务规划方案的决策和税务规划方案的执行。

2. 经营风险防范

防范经营风险最重要的是加强房地产开发项目各参与部门的税务规划风险意识，如工程部门、销售部门等，非财务部门应对业务处理过程中税务规划风险保持高度警惕性，故房地产企业应该开展针对非财务部门的税收法律法规培训、税务规划风险有关培训，加强有关员工对税务规划风险的认识，树立起科学的税务规划风险防范意识。同时，需要加强房地产开发项目部门之间的协作，明确各自的职责，确保各部门之间信息传递的及时、有效，做好各税务规划风险点的控制。因此，可从企业各部门挑选出员工组建税务规划管理小组，定期召开会议，对税务规划方案具体安排、税务规划风险防范方案、税务规划风险责任和绩效考评等进行制定，将税务规划风险防范融入各部门的决策和业务处理中，从源头上尽可能减少各环节中潜在的税务规划风险的发生。另外，要科学确立合作对象，以减少在对外交易过程中遇到的税务规划风险。

3. 操作风险防范

应建立其科学、规范的合同管理制度和发票管理制度。在房地产项目开发全流程中均会涉及合同签订，例如土地的取得、项目的建设与销售等环节，如果合同不合理、规范，存在可能给税务规划带来风险的漏洞，如签订了"黑白合同"、交易细节未明确规定或有关条款对企业不利等，故企业应建立并完善合同管理制度，做好合同细节管理和档案管理，从一开始就将企业的业务活动引导到有利的轨道上。同时，发票是征纳税的基础，发票的规范是税务机关重点检查的对象，开具和接收的发票的合理性也影响到企业税务的缴纳和抵扣，故企业可以参照国家的发票管理文件，保证发票的合理、规范。

4. 前期准备风险防范

这与企业的管理人员、财务人员、税务规划人员息息相关，应由具有较高的专业素质和丰富的项目经验的人员在房地产开发项目决策阶段加以防范，关注企业内外部环境情况，掌握企业未来的经营活动安排、房地产行业现状、市场供需、税收法律法规等信息，并密切关注其变化，根据房地产开发项目所处的环境及其变化情况进行税务规划的战略安排，建立起房地产开发项目税务规划框架，为后续工作奠定良好的基础。

5. 政策法规风险防范

为应对政策法规风险，除了加强培训、提高企业员工对税收法律法规的认识和理解以外，还应积极与房地产项目所处地区的税务机关进行交流，应与其针对有争议的税务问题进行沟通，听取其意见或者提出建议来维护自身合法权益，对其有一定的了解，减少由于税企之间的信息不对称，以及税务机关征税时自由裁量权带来的税务规划风险，并降低企业与税务机关之间对于税收制度的认识差异带来的风险。同时，房地产企业在进行业务活动时应对适用的税收政策有充分的掌握，利用适用的税收政策来指导业务活动，以更有效地获得税务规划带来的效益。

【习题与案例】

本章习题与案例见二维码4。

二维码4

第五章　政府工程项目税务管理

【学习指引】

某城市政府决定建设城市"智能化组合塔式立体车库"项目，通过政府和社会投资人合作（PPP）模式进行融资、建设和经营。该PPP项目占地675m²，停车楼最高约49.3m，387个泊位，出入口8个，外围道路出入口6个，如图5-1所示。

图5-1　某城市智能化组合塔式立体车库示意图

A公司采用"PPP"模式投资某市甲、乙、丙等三个立体车库，总采购投资20亿元，基准投资收益率为6‰，经营期15年。如何对甲、乙、丙三个立体车库进行税务管理。

【学习目标】

本章通过学习政府工程税务管理基本原理、税务规划和工程税务案例分析，要求掌握政府工程税务管理的方案规划。

熟悉政府工程管理的基本概念、原则和原理；理解政府投资工程项目特征及税务管理特点；掌握政府工程税务管理内容和分类；熟悉政府工程税务管理的环境，理解政府工程税务管理的目标及其重要性；掌握政府和企业合作（PPP）工程的内涵及特征，辨析PPP项目的税务本质，工程税务条件，了解PPP税务管理流程，掌握PPP工程税务方案规划；掌握PPP工程税务风险及评价，为实现PPP项目最佳税负的实际技能和综合管理能力。

【重要术语】

政府投资工程；政府工程税务；政府和企业合作；伙伴关系；PPP项目税务管理；物有所值；税务规划。

第一节　政府工程税务概述

一、政府工程的内涵及特征

（一）政府工程的概念

政府工程亦称"政府投资项目""公共工程"和"政府项目"，通常指按项目资金来源及社会效益影响,以政府为投资主体,由政府财政资金全部承担的、服务于社会或者国民经济的基础设施项目和公益性建设项目的统称。

我国对基础设施投资一直沿用政府投资项目概念。1978年我国实施改革开放国策,不断深化社会主义市场经济体制改革,无论是中央政府,还是地方政府,在基础设施投资体制改革与实践中均定义为政府投资项目,或政府财政性资金来源[①]的专项工程项目。2006年,我国政府首次在文件中将建设项目划分为"公共项目"和"非公共项目"[②],在学术研究和工程实践中应用了"政府工程"的概念。

《Rondom House Websters Dictionary》这样定义基础设施:"服务于国家、城市或区域的基本的设施和系统,比如交通运输、发电站和学校"。《经济百科全书》提供的定义是,"基础设施是指那些对产出水平或生产效率有直接或间接的提高作用的经济项目,主要内容包括交通运输系统、发电设施、通信设施、金融设施、教育和卫生设施,以及一个组织有序的政府和政治体制"。美国的《现代经济词典》,将运输电力、通信系统、学校监狱等有形资产和教育水平、社会风尚、生产技术以及管理经验等无形资产都包括在基础设施定义范围之内。

人们对基础设施(Infrastructure)的研究大约始于20世纪40年代中后期,我国学术界引入基础设施概念则在20世纪80年代[③]。1981年,钱家骏、毛立本发表《要重视国民经济基础结构的研究和改善》一文,在我国经济理论界的学术研究中提出了"基础结构",即基础设施[④]。在我国的管理实践中,又将基础设施划分为农村基础设施和城市基础设施(Urban Infrastructure),最早出现是在1983年中共中央、国务院的《关于对北京市城市基础设施总体规划方案的批复》中[⑤]。

伴随着我国投资体制改革,学术界对"公共项目"的概念及内涵进行大量的研究,取得了一定的成果,表5-1列举了政府及专家学者具有代表性的观点和定义。

我国公共项目概念的研究　　　　　　　　　　　　　　　表5-1

编号	概念解释	文献资料	简要评述
1	公共项目是为社会提供基础条件和公益性服务以创造社会效益的一类项目,是社会经济生活的重要组成部分,涵盖范围包括科教文卫、行政、邮电交通、能源、福利等,既可以是经营性项目也可以满足非经营性需要	宏江(2013);花拥军等(2005);郑边江(2009)	强调项目目的和行业分类
2	由政府自行生产和提供的一些特定物品或服务,政府提供的有形公共品便是公共项目(或称为公益性项目),此类项目不以单纯盈利为主要目的	张文娟等(2011)	项目提供主体

---

① 《重庆市政府投资管理办法》(重庆市政府令[2003]第161号),总则,第二条。
② 2006年国家发展与改革委员会和建设部联合发布的《建设项目经济评价方法与参数》(第三版),总则第1.4 "建设项目从不同角度进行分类"。
③ 杨军.基础设施投资论[M].北京:中国经济出版社,2003.
④ 钱家骏,毛立本.要重视国民经济基础结构的研究和改善[J].经济管理,1981(10).
⑤ 林森木,叶维均,刘岐.城市基础设施管理[M].北京:经济管理出版社,1987.

续表

编号	概念解释	文献资料	简要评述
3	公共项目主要是为了满足社会公共需要的固定资产投资项目,具有显著的公共物品的性质。公共项目包括供水、供热、公共交通等项目	何寿奎(2009);王红岩、何佰洲(2007);王立国等(2012)	项目性质和项目行业分类
4	公共项目就是在公共需求带动下,围绕公共品提供、生产、消费的各参与方在市场中通过一系列合约缔结而成的,具有生产功能的临时性契约组织	严玲、尹贻林等(2008)	经济学解释供给与需求关系
5	公共项目是直接或间接向社会提供公共消费品的项目	齐中英、朱彬(2004)	提供方式
6	公共项目是指道路、电力、市政工程、通信工程等与人民日常生活息息相关的基础设施建设项目	胡振等(2001);刘汉屏(2002);侯祥朝(2003)	行业分类
7	公共项目是指为满足社会公众需要,生产或提供公共物品(包括服务)的项目,公共项目不以追求利益为目标,其中包括本身就没有经营活动、没有收益的项目,如城市道路、路灯、公共绿化等项目,这类项目的投资一般由政府安排,营运资金也由政府支出	《建设项目经济评价方法与参数(第三版)》(2006)	项目提供对象和项目范畴
8	政府公共项目指为了适应和推动国民经济或区域经济的发展,为了满足社会的文化、生活需要,以及出于政治、国防等因素的考虑,由政府通过财政投资、发行国债或地方财政债券、利用外国政府赠款以及国家财政担保的国内外金融组织的贷款等方式独资或合资兴建的固定资产投资项目	《政府投资项目标底审查实务》(2000)	项目目标、资金来源、项目管理

注:"文献资料"归纳表示对应的研究资料所支持的观点。

(二)政府工程的特征

基于上述对政府工程概念的梳理,归纳出公共项目的基本共性特征:

(1)公共利益目标。政府工程项目以满足社会公共需求为导向,保障全社会可持续发展和向社会公众提供公共产品或服务,实现公共利益最大化的目的。因而,追求社会公共利益是区别私人项目或企业项目的重要特征。

(2)政府主导。公共项目具有社会与经济属性,政府是社会公共产品或服务的主要提供者,因而主要投资主体是政府。

(3)资源配置方式。政府工程项目主要是以政府财政预算资金或财政专项投资资金为重要支撑,通过直接投资、资本金注入、投资补助等方式形成固定资产。

(4)公众消费主体。政府工程项目使用者和需求者是社会公众,政府工程产品的使用者或消费者通过享受公共产品或服务,直接或间接地享受到社会公共福利,从而优化政府管理职能和增加社会贡献。

(5)工程种类众多。公共项目按资金来源划分为政府投资项目和非政府投资项目;按产业划分为农业项目、工业项目和技术改造项目;按行业划分为交通建设项目、水利建设项目、公益事业项目等；按管理职能划分为国家重点建设项目、地方重点建设项目、国际金融组织贷款项目和行业部门项目等。

（三）政府工程经济性

政府工程提供的产品或服务是面向社会公众的，具有公共产品或准公共产品的性质，即非排他性[①]。根据项目属性来决定其投资主体、资金渠道及运作模式等，将政府工程分为三类，见表5-2。

政府工程经济性　　　　　　　　　　　　　　　　　表5-2

分类	特征	范例	投资主体	产权归属
非经营性公共项目	非排他性和非竞争性	城市照明、绿化等	政府	政府
准经营性公共项目	具有一定的排他性和竞争性	图书馆、医院等	政府、企业或个人	投资者
经营性公共项目	排他性和竞争性	能源产品、通信等	政府、企业或个人	投资者

政府工程虽然是以公共利益为目标，但同样具有纳税责任和义务，工程项目在运用好政府税收优惠政策的同时，更重要的是做好税费测算，及时反映税费金额，实现税务责任的解除。

（四）政府和企业合作（PPP）项目

1. PPP项目的产生与发展

PPP（Public-Private-Partnership）即公私合作伙伴关系，PPP萌芽于17世纪的英国，私人投资者向政府申请建造和运营灯塔，申请获批后在政府规定的特许期内管理灯塔并向过往船只收取过路费，特许期满移交给政府[②]。1982年英国政府为解决财政资金不足难题，率先提出PPP的概念，编制了英国PFI（Ⅰ）和PFI/PPP（Ⅱ）合同指南，从此PPP项目融资模式开始了规范化、制度化和国际化道路。英国、美国和法国的三种模式正好代表了PPP项目的三种基本模式，即公共部门和私人部门的合作伙伴、公共部门和私营部门合作模式、特许权经营模式，在全球得以推广。

我国的基础设施政府和企业合作起始于1984年建造的深圳沙头角B电厂，这是我国第一个BOT项目。之后，2008年我国北京举办奥林匹克夏季运动会，修建的国家体育场馆工程首次采用了国际通行的PPP项目融资模式。此后，有北京地铁4号线和杭州湾跨海大桥等PPP项目不断出现。2014年在国家大力推进下，我国在各行业的基础设施工程、市政设施工程和公益工程全面推行政府和企业合作模式，中国已经成为全球PPP项目大国。

2. PPP项目的内涵与本质

公私合作，本身是一个非常广义的概念范畴。由于各国文化背景及经济发展的差异，英国财政部认为PPP是公共部门和私人部门联合工作的一种安排，广义的PPP涵盖公私双方在政策制定、公共服务和基础设施领域的合作，实现物有所值。表5-3为国外相关机构关于PPP的定义。

---

① 高鸿业．西方经济学（微观部分）[M]．第三版．北京：中国人民大学出版社，2004：381．
② 叶晓甦．工程财务管理[M]．北京：中国建筑工业出版社，2011．

国外相关机构关于 PPP 的解释 表 5-3

机构名称	PPP 的解释	简要评述
欧盟委员会	公共部门与私人部门之间为提供由公共部门负责的公共项目或服务而建立的一种合作关系	合作目的、合作关系
美国 PPP 国家委员会	公共部门利用私人资源提供公共产品或服务的方式，以满足公共需求，介于外包与私有化之间，同时兼具两者的特点	合作形式、合作特点、合作环境
加拿大 PPP 委员会	建立在私人部门和公共部门各自的经验基础上，事先清晰界定双方需要满足的公共需求，通过资源、风险、利益分配机制形成合作经营关系	合作目标、合作内容、运行机制
德国联邦交通建设及房地产部	指长期地基于合同管理下的公共部门和私营部门的合作，以结合各方必要的资源（如专业知识、运营基金、资金、人力资源）和根据项目各方风险管理能力合理分担项目存在的风险，从而有效地满足公共服务需要	合作优势、合作效率

资料来源：根据 Tang（2011）①、EU-Asia PPP Network（2011）②、Kwak 等（2009）③ 整理形成。

我国引入 PPP 项目融资模式，引起了学术界研究，目前的定义见表 5-4。

我国 PPP 概念主要研究观点 表 5-4

编号	概念	文献资料	简要评述
1	PPP 是公共部门与私人部门在基础设施建设中通过正式协议建立起来的一种长期合作伙伴关系	贾康和孙洁（2009）；叶晓甦（2010）；关书溪（2011）；邹慧宁（2011）；郑志强等（2011）；连红军（2011）；吴国方（2011）；刘娟（2011）；叶晓甦（2013）	强调 PPP 外延基本形式；内涵是信任、平等和目标；明晰了本质、原则和途径
2	PPP 是公共部门与私营部门通过建立伙伴关系来提供基础设施产品/服务的一种运行机制	朱秀丽等（2011）；袁永博等（2011）；李凤兰（2011）；何寿奎（2009）	概念提出了制度安排
3	PPP 是企业获得政府的特许经营权，提供传统上由政府负责的基础设施、公用事业的建设与服务的方式	李金波（2011）；王守清等（2011）；陈柳钦（2006）	概念强调作用
4	PPP 是私人企业与公共部门合作的融资模式	汪耿（2011）；杨超和唐莹（2011）	概念原始功能定位
5	PPP 是公共部门和私人部门为提供公共产品或服务、实现特定公共产品的公共效益而建立的项目全生命期合作的契约关系	叶晓甦等（2011）；姚媛媛（2011）；马君（2011）；张喆等（2008）	概念体现制度性契约具有可操作性
6	将投资新建 PPP 项目的决策问题定义为一个基于市场供需条件的公共产品服务的最优投资决策问题	姚鹏程等（2011）	概念仅表示了单一 PPP 功能

---

① Tang Liyaning. Effective and Efficient Briefing in Public Private Partnership Projects in the Construction Industry [D]. The Hong Kong Polytechnic University of Department of Building and Real Estate，2011.

② 欧亚 PPP 联络网（EU-Asia PPP Network）. 欧亚基础设施建设公私合作案例分析 [M]. 王守清，译. 辽宁：辽宁科学技术出版社，2010.

③ Young Hoon Kwak, YingYi Chih, C. William Ibbs. Towards a Comprehensive Understanding of Public Private Partnerships for Infrastructure Development [J]. California Management Review，2009，51（2）：51-78.

2014年财政部提出了PPP概念是推广政府和社会资本合作（PPP）模式[①]，政府和社会资本合作（PPP）模式是长期合作关系[②③]。

3. PPP项目的特征

（1）伙伴关系。伙伴关系（Partnerships）是双方之间信息共享、利益共享、风险共担的协议，协议双方为了共同目标投入资源，以努力达成彼此设定目标的关系，这种关系以信任、合作和互惠为导向，并以取得竞争优势、主动创造更大价值为动力。对于PPP项目税务管理，重要的是在合作中明确政府税务责任与义务，对企业则要求做到建立PPP项目税务制度安排，科学合理纳税，遵从税法规定，确保税务管理的有序进行。

（2）合作模式。合作模式是指公共项目政府和企业投资者具体的合作类型或运行方式。广义的PPP模式，必然包含着众多的具体类型，我国的实践类型有：BOT、TOT（Transfer-Operate-Transfer）等。合作伙伴对象，包括政府部门、国有资本企业、民营资本企业和混合所有制资本企业等。

企业投资者参与程度不同，如图5-2所示。

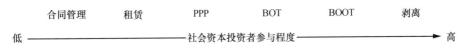

图5-2　企业投资者参与合作程度

如此多的合作类型，必然要求政府给企业投资者提供制度保障，同时针对不同类型的PPP项目合同模式，科学测算税务规划方案。

（3）合作期长。政府和企业合作从决策、特许权协议到建设和运营移交长达20～30年，其中合作最长的合作伙伴期间是运营阶段，如北京奥运"鸟巢"项目特许经营期为30年，北京地铁4号线项目特许经营期为30年，英法海峡隧道项目的特许经营期是55年。

按时间维度分为："伙伴孕育期""伙伴谈判期""伙伴全面合作期"和"伙伴终结移交期"四个时期。通过明确政府和企业的合作时间维度，重要的是确立PPP项目税务管理的理念和制度安排，建立税务管理的机制，实现纳税目标（图5-3）。

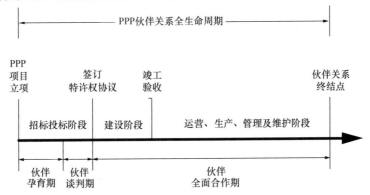

图5-3　政府与企业伙伴全寿命周期

---

① 《国务院关于创新重点领域投融资机制鼓励社会投资的指导意见》（国发〔2014〕60号）。
② 《国家发展改革委关于开展政府和社会资本合作的指导意见》（发改投资〔2014〕2724号）。
③ 《关于印发政府和社会资本合作模式操作指南（试行）的通知》（财金〔2014〕113号）。

(4) 利益共享和风险分担。利益共享是指 PPP 项目在政府和企业合作伙伴之间建立利益共享机制，即政府和企业间共享项目所带来的经济利益、公共利益和社会利益。风险分担是指 PPP 项目在全生命周期中的决策风险、融资风险、建设风险和运营风险等，政府和企业通过签订关系性契约合同，明确各自承担的责任和义务。在承诺、信任和协调的过程中对于明晰的风险责任不仅各自承担，而且需要共同地分担风险，共同解决税务风险带来的问题，维系好伙伴关系，确保 PPP 项目的可持续性。例如，面临着 PPP 项目各个阶段的税费风险，第一，需要政府不断创新税费政策，建立税制规则和纳税机制，提升 PPP 项目纳税效益；第二，政府可以根据不同行业的 PPP 项目产品/服务效益，降低增值税、所得税和契税等税率，共同承担税率降低效益；第三，建立普惠税务制度，PPP 项目共享税收优惠政策；第四，企业则需要科学、合理和系统地规划税务方案，实现 PPP 项目的税务目标。

(5) 价值创造。政府和企业合作（PPP）的重要意义是实现价值创造，即通过政府和企业共同努力，实现公共工程项目投资价值的增值，既包括经济价值，也包括公共价值。在直接经济价值上，是企业通过提供公共产品服务，实现经济收入与成本比较的结果，其中税务成本是经营活动必然发生而对 PPP 项目具有重要影响的财务成本，包括增值税成本、所得税成本、契税成本和其他税费。已有研究表明，税费占 PPP 项目成本的 20% 左右，而 PPP 项目收入中无论是经营收入、政府让利补贴和政府付费收入，都很难做到净利润盈利，其中对于政府补贴和付费存在重复征税的问题。因此，PPP 项目的价值创造必须依赖特殊的税收政策，才能有效地将税务合作伙伴关系落实到 PPP 项目活动的实践，通过税务政策、制度和效益创新维系好政府和企业合作的命运共同体，实现税务公共价值和企业经营价值的最优组合。

二、政府工程建设程序

(一) 基础设施工程建设程序

政府工程建设程序反映的是工程项目建设的全生命周期，也是工程建设活动的客观规律的实现[①]。在工程建设中是符合税务责任的产生、纳税责任安排、明晰纳税金额计算和实现纳税义务的系统，因此是政府工程税务规划的基础，如图 5-4 所示。

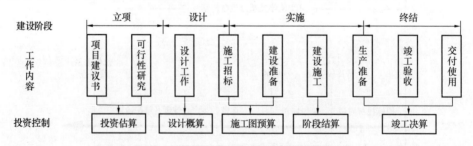

图 5-4 政府工程建设程序

政府工程建设程序的税务特征：

(1) 一次性。政府的基础设施工程、市政工程、公益性工程建设都具有一次性建设的

---

① 何盛明. 财经大辞典[M]. 北京：中国财政经济出版社，1990.

特点,建成后即交付使用管理单位。因而纳税也是一次性的。

(2)优惠性。政府工程的目标是实现公益目标和社会效益目标,因而政府工程符合税收优惠政策范畴,不同类型和性质的工程项目,其税收优惠政策各异。

(3)交付性。政府工程的经济利益是实现工程投资和工程使用资金的平衡,并满足政府工程特定绩效评价和政府审计部门的审计工作,因而一般不需要考虑经营环节的税务管理。

(4)遵从性。政府工程税务管理与其他工程的相同点是严格遵从税法规定,科学选择税种,计算税额和充分反映纳税信息。

(二) PPP 项目建设程序

PPP 项目建设程序一般是指全生命周期的运作流程,目前我国财政部明确规定了它的五个阶段,如图 5-5 所示。

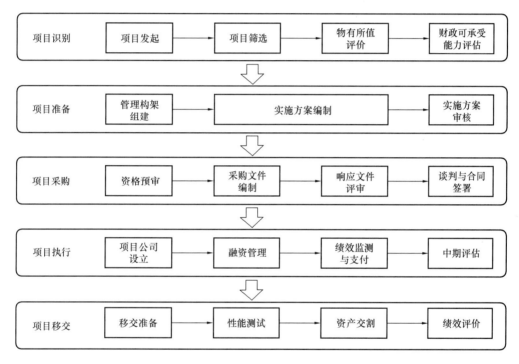

图 5-5　PPP 项目五阶段程序

在五个阶段中,"项目识别""项目准备"和"项目采购"是政府判断是否采用 PPP 模式,PPP 项目是否物有所值的单方面评估阶段;签订特许权协议后,PPP 项目进入建设阶段和运营阶段,契约规定的时间完成运营后,进行项目移交。因此,PPP 项目的税制安排就需要根据项目的阶段规律来完成税务方案规划,实现纳税责任的解除。

例如,2004 年 8 月北京地铁 4 号线 PPP 项目,不仅是考虑项目的全生命合同时间,更重要的是必须考虑利益相关各方的经济利益的税务责任,统筹规划 PPP 项目承担的税制安排、涉税税种、税务管理和纳税人主体等,做好 PPP 项目的税务规划方案,确保各纳税主体的纳税责任和义务的实现,如图 5-6 所示。

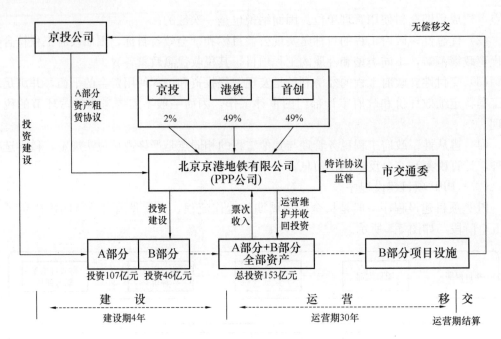

图 5-6 北京市地铁 4 号线 PPP 项目税务责任

三、政府工程税务特征

（一）政府工程税务特征

政府工程项目一般在我国称为基本建设工程项目，基本建设概念首先出现在 20 世纪 20 年代初期的苏联，核心意义是表达在社会主义经济建设中基本的、需要耗用大量资金和劳动形成固定资产的建设工程项目，主要区别于流动资产的投资和形成过程。1949 年中华人民共和国成立以后，在第一个国民经济五年计划时，我国面临大量工业、农业、交通运输和港口等基础设施建设，沿用了这一概念。在 1952 年，当时我国政务院《基本建设工作暂行办法》（24 号令）规定，"凡是固定资产扩大再生产的新建、改建、扩建、恢复工程及与之连带的工作统称为基本建设"。

基本建设的内容有：

（1）建筑安装工程。包括各种土木建筑、矿井开凿、水利工程建筑、生产、动力、运输、实验等需要安装的机械设备的装配，以及与设备相连的工作台等装设工程。

（2）设备购置。即购置设备、工具和器具等。

（3）勘察、设计、科学研究实验、征地、拆迁、试运转、生产职工培训和建设单位管理工作等。

基本建设的主体单位是称为建设单位。其主要工作内容包括[①]：

根据 1981 年 3 月由国务院颁布的《国务院关于加强基本建设计划管理、控制基本建设规模的若干规定》和《关于印发〈基本建设项目建设成本管理规定〉的通知》（财建 [2016] 504 号）规定，主要有以下几项：

---

① 根据 1978 年，原国家计委、国家建委、财政部《关于试行加强基本建设管理的几项规定》（计基 [1978] 234 号）及《关于基本建设程序的若干规定》配套文件。

(1) 项目建议书；
(2) 可行性研究报告；
(3) 编制设计任务书；
(4) 选择建设地点；
(5) 编制设计文件；
(6) 做好施工准备工作；
(7) 全面工作；
(8) 竣工验收；
(9) 项目后评价阶段。

因此，根据中华人民共和国财政部令第 81 号——《基本建设财务规则》（2016 年 9 月 1 日），政府工程的税务管理工作主体是基本建设单位，简称为业主单位或甲方建设税收制度、预测税费计划、缴纳税费和做好纳税工作等，并将应纳税费记入《基本建设项目竣工财务决算报表》和《竣工财务决算说明书》相关内容。

总之，基本特征有如下几方面。

1. 税务管理

基本建设工程项目税务管理主要包括两个方面，其一是工程项目税收政策管理，主要内容有政府对基本建设工程的税制管理、税种管理和税收优惠政策管理；其二是工程项目税务方案规划管理，主要内容是工程所涉及纳税税种的计划、预算和纳税等管理工作。

2. 税收遵从

税收遵从（Tax Compliance）是指纳税人遵照税收法律规范的规定履行纳税义务，它包含三个基本要求：一是及时申报税额，二是准确申报税表，三是按时缴纳税款。对于政府投资工程的纳税人要依据税收法令和税收政策，按工程项目特定的建设阶段所涉及的税种计算税额，填制税务报表，按报表计算规定税额，及时向工程所在地政府税务部门申报，按时缴纳税款。

3. 税费优惠

政府工程基本上适用于所有的公共产品和服务项目，具有明显的公益属性，政府在针对基础设施投资工程、市政工程和公益性工程等的建设经营时可以享受的企业所得税优惠政策，主要包括公共基础设施优惠、投资抵免和股利分配（表 5-5）。

公共基础设施项目企业所得税减免政策一览表　　　　表 5-5

文件	税收优惠	税收优惠形式
《企业所得税法》第二十七条	企业"从事国家重点扶持的公共基础设施项目投资经营的所得""从事符合条件的环境保护、节能节水项目的所得"可以免征、减征企业所得税	三免三减半的企业所得税优惠政策
《企业所得税法实施条例》第八十七条	明确国家重点扶持的公共基础设施项目为《公共基础设施项目企业所得税优惠目录》规定的港口码头、机场、铁路、公路、城市公共交通、电力、水利等项目；以及环境保护、节能节水项目，包括公共污水处理、公共垃圾处理、沼气综合开发利用、节能减排技术改造、海水淡化等	三免三减半的企业所得税优惠政策

续表

文件	税收优惠	税收优惠形式
《财政部国家税务总局关于执行公共基础设施项目企业所得税优惠目录有关问题的通知》（财税［2008］46号）	企业从事《公共基础设施项目企业所得税优惠目录》内符合相关条件和技术标准及国家投资管理的相关规定，于2008年1月1日后经批准的公共基础设施项目	三免三减半的企业所得税优惠政策
《国家税务总局关于实施国家重点扶持的公共基础设施项目企业所得税优惠问题的通知》（国税发［2009］80号）	从事符合《公共基础设施项目企业所得税优惠目录》规定范围、条件和标准的公共基础设施项目	
《关于公共基础设施项目享受企业所得税优惠政策问题的补充通知》（财税［2014］55号）	项目建设如果分批次完成，每一批次均可分别享受税收优惠。符合《公共基础设施项目企业所得税优惠目录》规定条件和标准，采用一次核准、分批次（如码头、泊位、航站楼、跑道、路段、发电机组等）建设的项目	

4. 税费平衡

税费平衡是针对政府独立投资和管理的公共属性工程的财政预算支出，支付基本建设财政拨款的财政级次可以划分为中央和地方财政安排的基本建设支出，其中，均包括了税费的预算，因而基本建设工程项目的税费支出，实质是财政资金拨付组成的，通过预算资金的收入与预算资金支出达到基本平衡。

（二）PPP项目税务关系特征

1. 分配关系

税收是政府通过强制性、无偿性和固定性获得的社会商品的再分配。强制性是指国家以社会管理者的身份，用法律的形式，对征纳双方权利与义务的制约，它凭借政治权力，而不是财产权力。无偿性是指国家征税对具体纳税人既不需要直接偿还，也不付出任何形式的直接报酬，更重要的是调节社会经济和矫正社会分配不均的有力工具。固定性是指国家征税必须通过法律形式，事先规定课税对象和课征额度。也可以理解为规范性。当政府和企业合作共同完成社会经济需求的公共产品的投资建设、经营和移交，PPP项目中的政府税收"三性"变成了税收治理中的分配关系，即政府同样承担着强制性、无偿性和固定性的一部分责任。企业经营PPP项目是完全的市场经济行为，承担着向政府税务部门履行纳税法律责任，因而在PPP项目中的税务关系成为合作的分配关系。

2. 税收遵从

PPP项目从完成特许权协议的签订起，PPP项目与一般商品经营管理并无差异，从纳税主体而言，PPP项目公司成为市场经济中法律确认的经营主体，也是纳税主体，因此，PPP项目公司的所有经营活动均属于市场主体的生产经营所得和其他所得，组成了国家征收的税源和税基，PPP项目公司只能根据税收法律及相关税收规范无偿纳税。

3. 关系型契约

PPP项目的目的是实现公共利益的最大化，政府和企业合作利益共享、风险共担、长期经营和绩效考核。而PPP项目的各项税费始终是企业经营成本费用，在PPP项目决策阶段通过特定的合作合同约定，因此 PPP 项目必须建立税务合同来约定双方的权利与义务，分配其税务风险，从而尽量降低 PPP 税务纠纷和争议。

4. 税收优惠

PPP 项目的公益性决定了经营价格的限制性，无论是准经营公共项目，还是经营性公共项目，其商品经营价格均有政府严格的法律或政策制约，即社会公众的接受程度，因而 PPP 项目经营方受制于政府对公共产品的基本收入准则和定价准则，而不准产生暴利。其次，从激励视角，政府可以通过税收政策、产业政策和财政政策给予企业伙伴方税收调节机制，从而实现了税收优惠。例如，我国政府在 2018 年提出的无形资产可以加计扣除的税收政策，也是通过产业创新政策实施，从而去降低 PPP 项目公司的企业所得税。

总之，PPP 项目税务关系特征所表现出的分配性、遵从性、契约性和激励性是对我国的税收理论的创新，税收实践的探索和税务关系的调整。

四、政府工程纳税原则

（一）合法性原则

合法性原则是指基本建设项目的纳税人依据税法及相关税收政策规定，履行纳税主体的税务义务，完成纳税义务和做好自己的纳税事务，按照纳税程序及时缴纳税款。

（二）成本收益原则

成本效益原则是指当企业依法履行税务管理事务和管理行为时，必须保证实施控制所引起的管理成本增加小于其所带来的效益增加。在成本效益观念下，企业税务管理工作中树立成本效益观念，明确纳税主体、课税对象和计税税种，依法计税、纳税，通过科学的税务管理，实现由传统的税费"节约、节省"观念向现代创造工程价值的效益观念转变。纳税成本指纳税人为履行纳税义务所付出的耗费，主要包括建账费用、咨询费用、管理费用等。

（三）税收平衡原则

基本建设项目纳税是构成基本建设投资的重要内容，同时也是基本建设项目的成本之一。基本建设项目税收平衡原则是指对于财政投资专项资金，无论是含税价还是非含税价，各项税费始终是财政专项投资金额的组成部分，它的付出或形成项目成本，必须与财政投资预算和决算资金相平衡，与基本建设项目报表列示金额一致。

（四）税收优惠原则

税收优惠是指国家运用税收政策在税收法律、行政法规中规定对某一部分特定企业和课税对象给予减轻或免除税收负担的一种措施。税法规定的企业所得税的税收优惠方式包括免税、减税、加计扣除、加速折旧、减计收入、税额抵免等。我国对于国家重点支持产业、国计民生的基本建设工程和公共事业基础设施工程等对于企业所得税实行"三免三减半"政策优惠，对于公共服务基础设施工程建成后的房产实行免征房产税等。

（五）系统性原则

系统性原则是指政府工程纳税不仅需要从工程项目所涉及的税种角度测算各项税种的税额额度，更重要的是符合工程项目从投资融资、设计施工、建设采购、资产移交到经营环节等全生命周期设计税务管理的方案，运用财务学、经济学、管理学和法学等综合知识指导税务活动，分析政府工程的缴纳税各方关系，从而确保政府工程税务计算、分配的合理性和准确性。

五、政府工程税务要素

（一）税制要素

1. 国家税法

国家税法是我国税法体系的简称，主要是指由中华人民共和国全国人民代表大会通过的法律制度，目前有《中华人民共和国个人所得税法》《中华人民共和国企业所得税法》《中华人民共和国车船税法》等，统称为实体法，《中华人民共和国税收征收管理法》统称为行为法。其他是由全国人民代表大会或全国人民代表大会常务委员会授权，由国家行政管理部门制定的税收条例，如制定实施了增值税、消费税、资源税、土地增值税、企业所得税五个暂行条例。

2. 税收政策

税收政策通常是依据《中华人民共和国宪法》第90条规定："国务院各部、委员会根据法律和国务院的行政法规、决定、命令，在本部门的权限内，发布命令、指示和规章。"有权制定税收规章的税务主管机关是财政部和国家税务总局。其制定规章的范围包括：对有关税收法律、法规的具体解释、税收征收管理的具体规定、办法等，税收部门规章在全国范围内具有普遍适用效力，但不得与税收法律、行政法规相抵触。例如，财政部颁发的《增值税暂行条例实施细则》、国家税务总局颁发的《税务代理试行办法》等都属于税收部门规章。因此，主要分为中央政府行政管理部门和地方财政、税务部门颁发的税收相关规定。

例如：

《关于修改〈中华人民共和国个人所得税法〉的决定》；

《中华人民共和国耕地占用法》（中华人民共和国主席令第18号）；

《中华人民共和国企业所得税法实施条例》；

《关于实施企业所得税过渡优惠政策的通知》；

《关于经济特区和上海浦东新区新设立高新技术企业实行过渡性税收优惠的通知》；

《中华人民共和国耕地占用法实施办法》（中华人民共和国财政部公告2019年第81号）。

3. 征税管理

税收征管是指国家税务征收机关依据税法、征管法等有关法律、法规的规定，对税款征收过程进行的组织、管理、检查等一系列工作的总称。广义的税收征管包括各税种的征收管理，主要是管理服务、征收监控、税务稽查、税收法制和税务执行五个方面，具体可理解为两大方面：

一是税收行政执法，包括纳税人税务登记管理、申报纳税管理、减免缓税管理、稽查管理、行政处罚、行政复议等管理。

二是税收内部管理，即长期以来形成的从宏观经济管理需要出发而运用税收计划、税收会计、税务统计、税收票证等进行的内部管理活动。

税收征管是整个税收管理活动的中心环节，是实现税收管理目标，将潜在的税源变为现实的税收收入的手段，也是贯彻国家产业政策，指导、监督纳税人正确履行纳税义务，发挥税收作用的基础性工作。

（二）税收分类

我国的税收种类主要划分为五大类。

1. 流转税

流转税是指以流转额为课税对象的一类税。流转税在我国税制结构中属于基本税类，目前包括增值税、消费税和关税等税种。其特点是：

(1) 以商品交换为前提，与商品生产和商品流通关系密切，课征面广泛。

(2) 以商品流转额和非商品流转额为计税依据。

(3) 普遍实行比例税率，个别实行定额税率。

(4) 计算税额简便，减轻税务负担。

2. 所得税

所得税是指以各种所得额为课税对象的一类税。所得税也是我国税制结构中的主要税类，目前包括企业所得税和个人所得税，其特点是：

(1) 所得税额的多少直接决定于有无收益和收益的多少，而不决定于商品或劳务的流转额。

(2) 所得税的课税对象是纳税人的真实收入，属于直接税，不易进行税负转嫁。

(3) 所得税容易受经济波动、企业管理水平等因素的影响，不易保证财政收入的稳定性。

(4) 所得税征管工作复杂，很容易出现偷逃税现象。

3. 财产税

财产税是指以纳税人所拥有或支配的财产为课税对象的一类税。我国现行税制中的房产税、契税、车辆购置税和车船使用税都属于财产税，其主要作用是：

(1) 调节财产所有人的收入，缩小贫富差距；

(2) 增加财政收入。

4. 行为税

行为税是指以纳税人的某些特定行为为课税对象的一类税。在我国现行税制中的城市维护建设税、印花税等属于行为税，其主要功能是：

(1) 贯彻"寓禁于征"的政策，对某些特定行为加以限制；

(2) 增加财政收入。

5. 资源税

资源税是指对在我国境内从事资源开发的单位和个人征收的一类税。现行税制中包括资源税、土地增值税、耕地占用税和城镇土地使用税等，其主要功能是：

(1) 增加国家财政收入；

(2) 调节级差收入，促使企业平等竞争；

(3) 促进自然资源的合理开发和有效利用，限制自然资源严重浪费的现象。

例如："耕地占用税"分析

《中华人民共和国耕地占用法》规定如下：

(1) 纳税主体：在中华人民共和国境内占用耕地建设建筑物、构筑物或者从事非农业建设的单位和个人。

(2) 纳税税额：

① 人均耕地不超过1亩的地区（以县级行政区域为单位，下同），每平方米为10～50元；

② 人均耕地超过1亩但不超过2亩的地区，每平方米为8～40元；

③ 人均耕地超过 2 亩但不超过 3 亩的地区，每平方米为 6~30 元；

④ 人均耕地超过 3 亩的地区，每平方米为 5~25 元。

（3）基础设施。铁路线路、公路线路、飞机场跑道、停机坪、港口、航道占用耕地，减按每平方米 2 元的税额征收耕地占用税。

① 专用铁路和铁路专用线占用耕地的，按照当地适用税额缴纳耕地占用税。

② 专用公路和城区内机动车道占用耕地的，按照当地适用税额缴纳耕地占用税。

③ 学校内经营性场所和教职工住房占用耕地的，按照当地适用税额缴纳耕地占用税。

④ 医院内职工住房占用耕地的，按照当地适用税额缴纳耕地占用税。

（4）免征耕地占用税：

① 军事设施占用耕地；

② 学校、幼儿园、养老院、医院占用耕地；

③ 农田水利占用耕地。

（三）税务管理要素

税务管理活动主要包括以下四个方面的内容：

（1）税务管理目标。税务管理的直接目标是优化公司或项目的制备管理体制，构建健全、完善、协调和有效的缴纳税机制。税务管理的最终目标是实现工程项目资源的优化配置，为工程项目创造价值，用于满足社会公众对公共产品或服务的需求。

（2）税务管理客体。税务管理客体是指税制管理活动的实施对象或被管理者是税制，即税收法律制度中被规范的税种和各税制要素（纳税人、课税对象、税率、税目、纳税环节、纳税期限、减税免税等）。

（3）税务管理主体。税务管理主体是指一系列税务管理的实施者，是由税务管理组织充当的，又被细分为企业税务制度公司税务部、项目税务科或室，负责对公司或项目税制进行制定、实施和执行等。

（4）税务管理手段。税务管理手段是指工程项目税务管理制度的方法、机制和程序。其作用在于合理配置公司税务资源、税务资金和税务关系。同时，协调税务管理职责，做到责任与权利一致。

第二节 基本建设工程税务管理

基本建设工程项目在本书中主要是指公共投资建设项目，可以按多种分类标准进行分类，常见分类方法有以下几种：

（1）按公共投资建设项目的产出性质分为公益性项目、准经营性项目和经营性项目。也有学者按此标准将公共投资建设项目划分为非经营性公共投资建设项目和经营性公共投资建设项目，将后两类归为了一大类。

（2）按照投资主体的不同分为中央政府投资建设项目、各级地方政府投资建设项目、国外贷款或赠款投资建设项目。

（3）按资金来源的不同，可以分为财政性资金投资的项目、财政担保银行贷款投资的项目和国际援助投资的项目。

（4）按照建设项目的类别和用途，可以分为政府办公楼、医院、学校等公共建筑和城市道路、桥梁、高速公路、港口等基础设施项目。

一、税务管理原则

（一）合法性原则

合法性原则是指纳税人依据税法及相关税收政策规定，履行纳税主体的税务义务，完成纳税义务和做好自己的纳税事务，按照纳税程序及时缴纳税款。

（二）成本收益原则

成本效益原则是指当企业依法履行税务管理事务和管理行为时，必须保证实施此控制所引起的管理成本增加必须小于其所带来的效益增加。在成本效益观念下，政府投资项目税务管理工作中树立成本效益观念，明确纳税主体、课税对象和计税税种，依法计税、纳税，通过科学的税务管理，实现由传统的税费"节约、节省"观念向现代创造工程价值和社会价值的效益观念转变。纳税成本指纳税人为履行纳税义务所付出的耗费，主要包括建账费用、咨询费用、管理费用等。

（三）税收平衡原则

根据《基本建设财务规则》（中华人民共和国财政部令第81号），基本建设是指以新增工程效益或者扩大生产能力为主要目的的新建、续建、改扩建、迁建、大型维修改造工程及相关工作。基本建设项目的财务行为，是为了加强基本建设预算管理，提高财政资金使用效益，保障财政资金安全。基本建设资金是指为满足项目建设需要筹集和使用的资金，按照来源分为财政资金和自筹资金。其中，财政资金包括一般公共预算安排的基本建设投资资金和其他专项建设资金，政府性基金预算安排的建设资金，政府依法举债取得的建设资金，以及国有资本经营预算安排的基本建设项目资金。形成了经营性和非经营性性质项目划分，在项目建设期间，项目资本的投资者除依法转让、依法终止外，不得以任何方式抽走资金，因此，项目资金预算应当纳入项目主管部门的部门预算或者国有资本经营预算统一管理。根据以上要求，基本建设项目建设过程中必然涉及建设成本的增值税及相关营业项目的所得税，必须遵守市场经济规则，对于采购环节中的增值税进行抵扣的办法，同样涉及其他城市维护建设税、教育附加和土地增值税等，其本质上均符合财政预算资金管理范畴。因此，它们的付出与节约都是以基本建设资金平衡为标准，即资金平衡。

（四）税收优惠原则

税收优惠是指国家运用税收政策、税收法律、行政法规中的规定对政府工程或公共服务项目的特殊政策，对特定企业和课税对象给予减轻或免除税收负担的一种措施。税法一般规定的企业所得税的税收优惠方式包括免税、减税、加计扣除、加速折旧、减计收入、税额抵免等。我国对于国家重点支持产业、关系国计民生的基本建设工程和公共事业基础设施工程等的企业所得税实行"三免三减半"政策优惠，对于公共服务基础设施土地增值税和工程建成后的房产实行免征房产税等。

（五）公共利益原则

公共利益原则，从广义上说，是全体人民为实现个体利益所必需的社会秩序，其实现形式包括国家制度和国家权力；从狭义上说，公共利益概念是为实现国家或地方政府在特定领域、行业、地域和社会中的影响全民需求的物质的、精神的需求，具有公共效用的资源和条件。例如，《中华人民共和国宪法》提出的"国家为了公共利益的需要，可以依照法律规定对土地实行征收或者征用并给予补偿"的原则,其在基础设施建设领域是在建设影响到公民个人利益时,国家从对全体人民的需求出发,对于土地进行补偿。公共利益原则主要体现了合法性、受益性、公平性、公开性和责权一致性等,核心是全体人民共同的权利。基础设施项目是以公共利益为导向的建设项目,目的是以全体人民受益为要求,公平利用和全民参与,其投入建设资金是全民性的,因而基础设施项目建设中涉及的税费是财政资金的给付,具有取之于民、用之于民的作用,是对于工程建设资金的补偿,应该准确地如实填写报表。

二、税务管理内容

（一）基本建设项目税务制度管理

基本建设工程项目的税务制度是遵循国家税法及相关政策规定而建立的建设方工程预算中所承担的各项税种义务的管理制度。工程项目的税务管理制度,主要包括国家税法、条例和工程相关政策,地方政府税务相关政策；各专项税务制度、基本建设财务制度和审计制度等。

主要税法依据有：

《中华人民共和国企业所得税法》；

《中华人民共和国企业所得税法实施条例》；

《中华人民共和国税收征收管理法》；

《中华人民共和国税收征收管理法实施细则》；

《中华人民共和国个人所得税法》；

《中华人民共和国个人所得税法实施条例》；

《税收票证管理办法》（国家税务总局令第28号）。

（二）税务关系管理

基本建设税务关系主要是基本建设单位和国家及地方税务机关建立税务制度并执行,在建设期的投资、融资、建设和经营活动过程中形成了依法计税、纳税、缴纳、结税和税务凭证管理等税务关系,因此应遵循政府征税部门的纳税程序,及时开展税务登记、取得税务凭证、按时纳税申报、准确缴纳税款和主动接受税务检查。

基本建设单位在工程建设活动、工程决算过程中与承揽工程施工、工程材料供应以及工程管理等企业发生的交易活动中所涉及的税费结算的关系,目的是建立往来经济活动的税务凭证,结清发生的税务关系,确保基本建设工程税务财务清楚,保证各项税款结算,及时缴纳税款,明晰税务责任。

（三）税种管理

按照财政部、国家税务总局关于《营业税改征增值税试点实施办法》《财政部关于印发〈基本建设项目建设成本管理规定〉的通知》（财建〔2016〕504号）的相关规定,基本建设工程主要涉及税种有增值税、土地使用税、耕地占用税、契税、车船税、印花税及按规定缴纳的其他税费等。

1. 增值税管理

基本建设工程纳税人是在中华人民共和国境内（以下称境内）销售服务、无形资产或者不动产（以下称应税行为）的单位和个人,为增值税纳税人,应当缴纳增值税,不缴纳营业税。

基本建设工程中增值税包括了建筑安装工程费增值税税金管理和设备购置费增值税税金管理。

1）建筑安装工程费增值税税金管理

建筑安装工程费增值税税金按下式计算：

税金＝(基期人工费＋基期材料费＋基期施工机具使用费＋价外运杂费＋价差＋填料费＋施工措施费＋特殊施工增加费＋间接费)×税率

其中，增值税税率按各地政府为预算增值税制定的《费用定额》执行。这说明基本建设工程项目工程造价预算属于含税价，与实际发生增值税税额存在差异，因而需要进行预算与实际金额的调整。

2）设备购置费增值税税金管理

基本建设工程中设备购置费增值税税金按下式计算：

$$税金＝(基期设备费＋设备运杂费＋设备费价差)×税率$$

其中，增值税税率按各地政府为预算增值税制定的《费用定额》执行。这说明基本建设工程项目工程设备购置造价预算属于含税价，与实际发生增值税税额存在差异，因而需要进行预算与实际金额的调整。

3）甲供材料和工程试车收入增值税管理

甲供材料增加了施工方对增值税的需求，存在着增值税管理的新问题。主要是业主方采购工程材料或物资时，已经缴纳了进项增值税，不能作为施工方销售处理，因此用于工程的进库工程物资，业主单位处理增值税进项税额；如果业主方未能获得增值税专用发票，则不能抵扣，需要对产生的实际进项增值税进行调整。

试车收入是基本建设工程完工后的试验收入，会产生增值税销项税额，如果没有进项增值税额抵扣，则是业主单位的总收入，需要缴纳所得税，增加企业税负。

总之，业主单位必须进行税务管理。

4）增值税财务管理

根据《中华人民共和国增值税暂行条例》和《关于全面推开营业税改征增值税试点的通知》（财税［2016］36号）等有关规定，现对增值税有关会计处理规定如下。

(1) 会计科目设置[①]

会计科目及专栏设置：增值税一般纳税人应当在"应交税费"科目下设置"应交增值税""未交增值税""预交增值税""待抵扣进项税额""待认证进项税额""待转销项税额""增值税留抵税额""简易计税""转让金融商品应交增值税""代扣代交增值税"等明细科目（二级科目），如图5-7所示。

(2) 专栏设置

增值税一般纳税人应在"应交增值税"明细账内设置"进项税额""销项税额抵减""已交税金""转出未交增值税""减免税款""出口抵减内销产品应纳税额""销项税额""出口退税""进项税额转出""转出多交增值税"等专栏。

(3) 明细科目说明

---

① 《财政部关于印发〈增值税会计处理规定〉的通知》（财会［2016］22号）。

①"未交增值税"明细科目，核算一般纳税人月度终了从"应交增值税"或"预交增值税"明细科目转入当月应交未交、多交或预缴的增值税额，以及当月交纳以前期间未交的增值税额。

②"预交增值税"明细科目，核算一般纳税人转让不动产、提供不动产经营租赁服务、提供建筑服务、采用预收款方式销售自行开发的房地产项目等，以及其他按现行增值税制度规定应预缴的增值税额。

③"待抵扣进项税额"明细科目，核算一般纳税人已取得增值税扣税凭证并经税务机关认证，按照现行增值税制度规定准予以后期间从销项税额中抵扣的进项税额。包括：一般纳税人自2016年5月1日后取得并按固定资产核算的不动产或者2016年5月1日后取得的不动产在建工程，按现行增值税制度规定准予以后期间从销项税额中抵扣的进项税额；实行纳税辅导期管理的一般纳税人取得的尚未交叉稽核比对的增值税扣税凭证上注明或计算的进项税额。

④"待认证进项税额"明细科目，核算一般纳税人由于未经税务机关认证而不得从当期销项税额中抵扣的进项税额。包括：一般纳税人已取得增值税扣税凭证、按照现行增值税制度规定准予从销项税额中抵扣，但尚未经税务机关认证的进项税额；一般纳税人已申请稽核但尚未取得稽核相符结果的海关缴款书进项税额。

⑤"待转销项税额"明细科目，核算一般纳税人销售货物、加工修理修配劳务、服务、无形资产或不动产，已确认相关收入（或利得）但尚未发生增值税纳税义务而需于以后期间确认为销项税额的增值税额。

⑥"增值税留抵税额"明细科目，核算兼有销售服务、无形资产或者不动产的原增值税一般纳税人，截止到纳入营改增试点之日前的增值税期末留抵税额按照现行增值税制度规定不得从销售服务、无形资产或不动产的销项税额中抵扣的增值税留抵税额。

⑦"简易计税"明细科目，核算一般纳税人采用简易计税方法发生的增值税计提、扣减、预缴、缴纳等业务。

⑧"转让金融商品应交增值税"明细科目，核算增值税纳税人转让金融商品发生的增值税额。

⑨"代扣代交增值税"明细科目，核算纳税人购进在境内未设经营机构的境外单位或个人在境内的应税行为代扣代缴的增值税，如图5-7所示。

小规模纳税人只需在"应交税费"科目下设置"应交增值税"明细科目，不需要设置上述专栏及除"转让金融商品应交增值税""代扣代交增值税"外的明细科目。

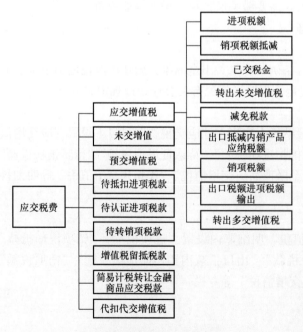

图5-7 增值税财务管理结构

2. 印花税管理

印花税是对经济活动和经济交往中书立、领受具有法律效力的凭证的行为所征收的一种税。中国境内设立、领受规定的经济凭证的企业、行政单位、事业单位、军事单位、社会团体、其他单位、个体工商户和其他个人均是印花税纳税人（表 5-6）。

印花税目表　　　　表 5-6

税目	范围	税率	纳税人	说明
购销合同	包括供应、预购、采购、购销、结合及协作、调剂等合同	按购销金额 0.3‰ 贴花	立合同人	
加工承揽合同	包括加工、定作、修缮、修理、印刷、广告、测绘、测试等合同	按加工或承揽收入 0.5‰ 贴花	立合同人	
建设工程勘察设计合同	包括勘察、设计合同	按收取费用 0.5‰ 贴花	立合同人	
建筑安装工程承包合同	包括建筑、安装工程承包合同	按承包金额 0.3‰ 贴花	立合同人	
财产租赁合同	包括租赁房屋、船舶、飞机、机动车辆、机械、器具、设备等合同	按租赁金额 1‰ 贴花。税额不足 1 元，按 1 元贴花	立合同人	
货物运输合同	包括民用航空运输、铁路运输、海上运输、联运合同	按运输费用 0.5‰ 贴花	立合同人	单据作为合同使用的，按合同贴花
仓储保管合同	包括仓储、保管合同	按仓储保管费 1‰ 贴花	立合同人	仓单或栈单作为合同使用的，按合同贴花
借款合同	银行及其他金融组织和借款人	按借款金额 0.05‰ 贴花	立合同人	单据作为合同使用的，按合同贴花
财产保险合同	包括财产、责任、保证、信用等保险合同	按保险费收入 1‰ 贴花	立合同人	单据作为合同使用的，按合同贴花
技术合同	包括技术开发、转让、咨询、服务等合同	按所载金额 0.3‰ 贴花	立合同人	
产权转移书据	包括财产所有权、版权、商标专用权、专利权、专有技术使用权、土地使用权出让合同、商品房销售合同等	按所载金额 0.5‰ 贴花	立据人	

续表

税目	范围	税率	纳税人	说明
营业账簿	生产、经营用账册	记载资金的账簿，按实收资本和资本公积的合计金额0.5‰贴花。其他账簿按件计税，5元/件	立账簿人	
权利、许可证照	包括政府部门发给的房屋产权证、工商营业执照、商标注册证、专利证、土地使用证	按件贴花，5元/件	领受人	

3. 契税

根据《中华人民共和国契税法》第四条规定，契税的计税依据：

（1）土地使用权出让、出售，房屋买卖，为土地、房屋权属转移合同确定的成交价格，包括应交付的货币以及实物、其他经济利益对应的价款；

（2）土地使用权互换、房屋互换，为所互换的土地使用权、房屋价格的差额；

（3）土地使用权赠与、房屋赠与以及其他没有价格的转移土地、房屋权属行为，为税务机关参照土地使用权出售、房屋买卖的市场价格依法核定的价格。

纳税人申报的成交价格、互换价格差额明显偏低且无正当理由的，由税务机关依照《中华人民共和国税收征收管理法》的规定核定。

根据《中华人民共和国契税法》第六条有下列情形之一的，免征契税：

（1）国家机关、事业单位、社会团体、军事单位承受土地、房屋权属用于办公、教学、医疗、科研、军事设施；

（2）非营利性的学校、医疗机构、社会福利机构承受土地、房屋权属用于办公、教学、医疗、科研、养老、救助；

（3）承受荒山、荒地、荒滩土地使用权用于农、林、牧、渔业生产。

由于基本建设项目除涉及国有土地和项目移交外，基本上不会涉及其他的以土地和房屋交易的税种，因而可以不予考虑。

基本建设项目主要是为公共利益而投资建设的项目，主要适用于能源、交通运输、市政工程、农业、林业、水利、环境保护、保障性安居工程、医疗卫生、养老、教育、科技、文化、体育、旅游、片区开发等领域。这些领域由于行业特点，在适用税种上存在普遍适用的税种，同时又具有本行业独特的税收特征。从项目建设到移交等两个阶段综合来看，增值税、企业所得税、印花税、城市维护建设税等是涉及的主要税种，但不同领域可能存在税率差别，部分领域可能已出台了税收优惠政策；还有关税、房产税、车船税、契税、土地增值税、城镇土地使用税、车辆购置税、耕地占用税等税种。因此，依据基本建设项目实际情况来看，有的税种可能涉及，也可能不涉及，可以暂时不予考虑。

（四）税收优惠管理

基本建设工程的公益性性质，决定了工程建设税务管理中对于各项税费优惠制度管理是重要的内容。

税收优惠制度的基本原则是：促进科技进步，鼓励基础设施建设，鼓励农业发展、环境保护与节能,支持安全生产,统筹区域发展,促进公益事业和照顾弱势群体等,有效地发挥税收优惠政策对基本建设工程资金管理的导向作用,进一步促进基本建设工程资金管理、成本管理和税务管理。

1. 税收优惠概念

税收优惠,是指国家运用税收政策在税收法律、行政法规中规定对某一部分特定企业和课税对象给予减轻或免除税收负担的一种措施。税法规定的企业所得税的税收优惠方式包括免税、减税、加计扣除、加速折旧、减计收入、税额抵免等。

(1) 减税。即依据税法规定减除纳税义务人一部分应纳税款。它是对某些纳税人进行扶持或照顾,以减轻其税收负担的一种特殊规定。一般分为法定减税、特定减税和临时减税三种方式。

(2) 免税。即对某些特殊纳税人免征某种(或某几种)税收的全部税款。一般分为法定免税、特定免税和临时免税三种方式。

(3) 延期纳税。是对纳税人应纳税款的部分或全部税款的缴纳期限适当延长的一种特殊规定。

(4) 出口退税。是指为了扩大出口贸易,增强出口货物在国际市场上的竞争力,按国际惯例对企业已经出口的产品退还在出口前各环节缴纳的国内流转税(主要是增值税和消费税)税款。

(5) 再投资退税。即对特定的投资者将取得的利润再投资于本企业或新办企业时,退还已纳税款。

(6) 即征即退。即对按税法规定缴纳的税款,由税务机关在征税时部分或全部退还纳税人。与出口退税先征后退、投资退税一并属于退税的范畴,其实质是一种特殊方式的免税和减税规定。目前,中国采取即征即退政策仅限于缴纳增值税的个别纳税人。

(7) 先征后返。即对按税法规定缴纳的税款,由税务机关征收入库后,再由财政部门按规定的程序给予部分或全部退税或返还已纳税款。它属于财政补贴范畴,其实质也是一种特定方式的免税或减免规定。目前,中国采取先征后返的办法主要适用于缴纳流转税和企业所得税的纳税人。

(8) 税收抵免。即对纳税人来源于国内外的全部所得或财产课征所得税时,允许以其在国外缴纳的所得税或财产税税款抵免应纳税额。它是解决国际所得或财产重复课税的一种措施。税收抵免是世界各国的一种通行做法。

(9) 加计扣除。是对企业为开发新技术、新产品、新工艺发生的研究开发费用和企业安置残疾人员及其他国家鼓励安置就业人员所支付的工资,在实际发生数额的基础上,再加成一定比例,作为计算应纳税所得额时的扣除数的一种优惠政策。

(10) 加速折旧。即按税法规定对缴纳所得税的纳税人,准予采取缩短固定资产折旧年限、提高折旧率的办法,加快折旧速度,减少当期应纳税所得额。

(11) 减计收入。是指对企业综合利用资源取得的收入按一定比例计减应税收入。

(12) 投资抵免。是指对创业投资企业从事创业投资的投资额和企业购置用于环境保护、节能节水、安全生产等专用设备的投资额,按一定比例抵免应纳税所得额。

(13) 起征点。即对征税对象开始征税的起点规定一定的数额。征税对象达到起征点的就全额征税,未达到起征点的不征税。税法对某些税种规定了起征点。比如,根据财政部《关于修改〈中华人民共和国增值税暂行条例实施细则〉和〈中华人民共和国营业税暂行条例实施细则〉的决定》(财政部令第 65 号)规定,自 2011 年 11 月 1 日起,个人销售货物或应税劳务的,增值税起征点幅度为月销售额 5000~20000 元;按次纳税的,增值税起征点为每次(日)销售额 300~500 元。确定起征点,主要是为了照顾经营规模小、收入少的纳税人而采取的税收优惠。

(14) 免征额。即按一定标准从课税对象全部数额中扣除一定的数额,扣除部分不征税,只对超过的部分征税。

以上 14 项税收优惠概念、内容和范畴,成为基本建设工程项目税务科目列示、税费计算和缴纳税额的规范。

2. 税务管理要点

1) 报表管理

基本建设项目是国家投资项目,主要是实现国计民生的服务,不存在经营目标,因而,准确计算项目应缴纳的各项税费,保证国家投资的完整,是税务管理的主要目的。

针对基本建设项目主要税费编制的财务决算表,见表 5-7。

基本建设项目财务决算表

表 5-7

建竣工 02 表　单位:元

资金来源	金额	资金占用	金额
一、基建拨款		一、基本建设资产	
1. 预算拨款		1. 交付使用资产	
2. 基建基金拨款		2. 在建工程	
其中:国债专项资金拨款		3. 待核销基建支出	
3. 专项建设基金拨款		4. 非经营项目转出投资	
4. 进口设备转账拨款		二、应收生产单位投资借款	
5. 器材转账拨款		三、拨付所属投资借款	
6. 煤代油专用基金拨款		四、器材	
7. 自筹资金拨款		其中:待处理器材损失	
8. 其他拨款		五、货币资金	
二、项目资本		六、预付及应收款	
1. 国家资本		七、有价证券	
2. 法人资本		八、固定资产	
3. 个人资本		固定资产原价	
4. 外商资本		减:累计价	
三、项目资本公积		固定资产净值	
四、基建借款		固定资产清单	
其中:国债转贷		待处理固定资产损失	
五、上级拨入投资借款			
六、企业债券资金			
七、待冲基建支出			
八、应付款			
九、未交款			
1. 未交税金			
2. 其他未交款			
十、利息收入			
合计		合计	

因此，基本建设项目中的税金主要是在"未交税金"项目中出现。

2）票据管理

工程建设经济活动与税收征管紧密相关，无论是工程项目企业，还是国家税务征管部门，都是以合法取得的票据为重要的计税依据、纳税依据和退税依据。基本建设项目税务管理中的票据管理是非常重要的工作。主要包括发票、银行支票、汇票、商业汇票等；其次包括工程活动中的工程合同；第三是工程建设活动中的监理方签单、会议记录、变更凭证和各项内部管理原始凭证；第四是财务会计核算凭证、报表和财务管理的方案等。

例如，发票是财务收支的法定凭证，是会计核算的原始凭据，是税务稽查的重要依据。任何单位和个人在销售商品、产品和提供劳务服务以及从事其他业务活动取得收入时，所提供给付款者的各种票据，均属发票管理。

3）税务关系

基本建设项目的税务关系主要指业主投资单位与政府财税部门的税务关系，政府业主投资单位与建设施工承包商的税务关系。前者是政府通过基建支出的财政经费投资预算，将项目税费测量于工程项目预算之中，所有的税费支出均必须与财政拨款支出对应，准确、正确和全面地向税务管理部门结清财政预算支出。后者主要是对承包基本建设项目的施工企业结算工程建设中实际发生的税费金额。例如，基本建设项目编制的税费月报，它反映从年初至本月末止的预算收支完成情况。预算收入和预算支出的月报格式，见表5-8。

基建项目财政预算税费简表（单位：元） 表5-8

预算科目	当月数	累计数
增值税		
消费税		
营业税		
企业所得税		
个人所得税		
资源税		
房产税		
印花税		
土地增值税		
车船使用税		
关税		
契税		
行政性收费收入		
罚没收入		
专项收入		
其他收入		

三、基本建设项目税种管理

（一）土地增值税

土地增值税的征税对象是纳税人转让房地产的增值额，增值额与适用税率计算得出税额。

增值额＝营业收入－可扣除项目

土地增值税税额＝增值额×适用税率－可扣除项目×速算扣除系数

可扣除项目包括：

(1) 取得土地使用权所支付的金额；

(2) 开发土地的成本费用；

(3) 新建房及配套设施的成本、费用，或者旧房及建筑物的评估价格；

(4) 与转让房地产有关的税金；

(5) 财政部规定的其他扣除项目。

土地增值税的税率是四级超率累进税率。

增值额未超过扣除项目金额50%的部分，税率为30%。

增值额超过扣除项目金额50%、未超过扣除项目金额100%的部分，税率为40%。

增值额超过扣除项目金额100%、未超过扣除项目金额200%的部分，税率为50%。

增值额超过扣除项目金额200%的部分，税率为60%。

工程结算对可扣除项目中的新建房及配套设施的成本费用有直接的决定作用。

(二) 企业所得税

企业所得税的征税对象是企业的生产、经营所得和其他所得，也可以称为应纳税所得额。

应纳税所得税＝收入总额－不征税收入－免税收入－准予扣除项目金额－允许弥补以前年度亏损

应纳税额＝应纳税所得额×适用税率－减免税额－抵免税额

基本建设工程结算对企业所得税计算中的准予扣除项目的金额大小影响较大。

(三) 增值税管理

(1) 增值税专用发票。增值税一般纳税人销售货物、提供加工修理修配劳务和应税行为，使用增值税发票管理新系统（以下简称新系统）开具增值税专用发票、增值税普通发票、机动车销售统一发票、增值税电子普通发票。

(2) 增值税普通发票。增值税小规模纳税人销售货物、提供加工修理修配劳务月销售额超过3万元（按季纳税9万元），或者销售服务、无形资产月销售额超过3万元（按季纳税9万元），使用新系统开具增值税普通发票、机动车销售统一发票、增值税电子普通发票。

(四) 税收征管管理

税款征收是税务机关依据国家税收法律、行政法规确定的标准和范围，通过法定程序将纳税人应纳税款组织征收入库的一系列活动。税款征收是税收征管活动的中心环节，也是纳税人履行纳税义务的体现。因此，作为基本建设项目的建设方，熟悉税收征管程序，对于提升企业税务管理具有十分重要的意义。

1. 征管方式

(1) 查账征收。税务机关根据纳税人会计账簿等财务核算资料，依照税法规定计算征收税款的方式。适用于财务制度健全、核算严格规范、纳税意识较强的纳税人。

(2) 核定征收。税务机关根据纳税人从业人数、生产设备、耗用原材料、经营成本、平均利润率等因素，查定核实其应纳税所得额，据以征收税款的方式。一般适用于经营规模较小、实行简易记账或会计核算不健全的纳税人。

（3）定期定额征收。税务机关根据纳税人自报和一定的审核评议程序，核定其一定时期应税收入和应纳税额，并按月或季度征收税款的方式。一般适用于生产经营规模小、不能准确计算营业额和所得额的小规模纳税人或个体工商户。

（4）代收、代扣代缴。税务机关按照税法规定，对负有代收代缴、代扣代缴税款义务的单位和个人，在其向纳税人收取或支付交易款项的同时，依法从交易款项中扣收纳税人应纳税款并按规定期限和缴库办法申报解缴的税款征收方式。适用于有代收代缴、代扣代缴税款义务的单位和个人。

（5）委托代征。税务机关依法委托有关单位和个人，代其向纳税人征收税款的方式。主要适用于零星、分散、流动性大的税款征收，如集贸市场税收、车船税等。

（6）查验征收。税务机关对纳税人应税商品通过查验数量，按照市场同类产品平均价格，计算其收入并据以征收税款的方式。一般适用于在市场、车站、码头等场外临时经营的零星、流动性税源。

2. 纳税期限与延期缴纳

纳税人、扣缴义务人必须依法按照规定的期限，缴纳或者解缴税款。未按照规定期限缴纳或解缴税款的，税务机关除责令限期缴纳外，从滞纳税款之日起，按日加收滞纳税款万分之五的滞纳金。

对纳税人因不可抗力，导致发生较大损失、正常生产经营活动受到较大影响，或当期货币资金在扣除应付职工工资、社会保险费后，不足以缴纳税款的，经省、自治区、直辖市国家税务局、地方税务局批准，可以延期缴纳税款，但最长不能超过3个月。经批准延期缴纳的税款不加收滞纳金。

第三节　PPP 项目税务管理

政府和企业合作（PPP）项目融资模式的税务关系具有典型的伙伴关系、价值创造、风险分担和合作共赢的特征，PPP项目的税务管理既包括了政府税务职责，也包括了企业纳税义务。

一、税务管理原则

PPP项目税务管理离不开政府税收法规和政策的支持，特别是国家建立适应政府和企业合作在公共项目及公共服务的全生命周期的税收制度，PPP项目公司建立税务管理体系，税收政策是政府财政收入之保障，也是促进PPP项目有效提供公共产品和服务的经济基础，同时也是政府和企业可持续合作的重要动力，合作中坚持以下原则。

（一）依法纳税原则

依法纳税是指PPP项目纳税主体依据国家税法及相关税收政策，针对活动实现的经济价值创造所得、拥有经营资产和消费，在规定的纳税时间向所在地政府税务机关缴纳税费的行为和结果。由于PPP活动的目标是实现公共利益最大化，活动的核心意义是实现价值创造，其价值包括经济价值、社会价值和公益价值，因而，PPP项目实现的经济利润必须遵守税收遵从定律完成税收缴纳；对实现的公共利益部分按国家税收优惠政策，准确反映减税或免税义务，才能理解依法纳税。

（二）价值创造原则

价值创造是指政府和企业建立合作伙伴关系，确立税务管理活动的目的是实现公共产品及服务的价值创造，即通过政府税收调节工具和资源配置功能，弥补财政支出手段的不足，尽可能降低"税收扭曲效应"，降低税费成本和税务风险，鼓励企业投资方进一步通过合理的税费安排，实现PPP项目投资价值的增值，包括经济价值和公共价值。

（三）税收量能负担原则

税收量能负担原则是指政府税务部门针对政府和企业合作是伙伴关系的基本特征，在全生命周期对PPP项目的项目公司税收的征纳不仅从形式上实现依法征税，满足政府财政需要的目的，而且以实质上税收负担在政府和企业合作双方的全体纳税人之间的公平分配，使参与PPP项目所有的纳税人按照其实质纳税能力负担其应缴纳的税收额度。PPP项目税收量能不仅包括项目收益、财产和消费，也包括了政府财税法规及政策纳税能力、政府财政补偿收入纳税能力。因此，PPP项目纳税能力是根据政府和企业合作的不同阶段与合作业务负担能力的责任来确定税收负担水平。负担能力的责任以物有所值风险责任划分为基础，例如税收法规、政策变动风险是政府的主要责任，PPP项目公司运营管理中实现的所得、消费和财产主要责任。凡是税务所得主导责任的，说明负税能力强，应规定合理承担更多的税收负担；凡是税务责任所得少的，说明负税能力弱，应规定较轻的税收负担或者不承担税务责任。同时，还应针对税费责任不明晰或交叉的，政府和企业通过协商共同承担税务责任。

（四）激励性原则

税收激励原则是指从税收作为调节PPP项目的功能出发，一般认为税收是影响企业资本参与基础设施PPP项目比较重要的直接因素。争取税收优惠，保证税后利益的最大化是企业逐利的体现。但另一方面，税收又是调节企业参与PPP项目、保证其获得合理收益而不是暴利的有效工具。如前所述，当下也存在着许多对我国PPP模式税务问题的探讨。有人认为，我国在当下PPP相关法规未出台的背景下，社会资本对PPP项目的前景预期不稳定，相应的税收政策也有许多规定不明确的地方。

因此，我国应该对PPP投资项目提供一个更好的税收优惠政策支持，以对社会资本参与合作起到较好的吸引作用。也有学者认为应该对现行的相关税收政策保持稳定，防止税收中性的破坏和税收优惠政策的滥用。

（五）成本效益原则

成本效益原则是指PPP项目存在复杂的纳税关系、税收种类和税费结构的情况，税务成本在PPP项目投资决策阶段、建设阶段与全生命运营周期中是长期的、多变的和定向化的，从政府方税务机关定位既是监管功能，也是合作协调作用，一方面通过税务信息公开，征税机制创新，降低PPP项目税务计量成本和交易成本，也可以通过税务机制协调、税收优惠政策和纳税程序简化，规避税务风险，提高纳税服务质量，带来纳税遵从率和税收征管质量与效率的提高，大大降低企业税收成本。另外，根据PPP项目公益性，理顺政府和企业合作纳税边界，构建和谐政企税务伙伴关系，使PPP项目企业纳税人用合理的纳税成本获得最优的纳税服务。

二、税务管理内容

根据我国PPP项目税务管理内容，首先明确PPP项目纳税主体，正确处理纳税主体与政府税务部门的税务关系，特别是伙伴关系、利益关系和税务风险关系；其次，根据PPP项目全生命周期税务管理特点，明确不同PPP项目阶段税务产生的税源、税种和税金；第三，建立PPP项目公司税务管理制度、税务管理机制和专项税务规划，掌握国家各项税制规则，防范运营活动中的税务风险，调解政府和企业合作税务争议，准确计税、纳税和缴税。

（一）建立税务管理制度

建立PPP项目税务管理制度，重要的工作是：

(1) 明晰政府和企业合作中政府税务部门的基本定位，主要有征税服务功能、税收法律、政策和制度供给支持功能、纳税缴税的监管功能。

(2) 明晰PPP项目经济性和公益性质。经济性决定了PPP项目活动过程中发生市场资源配置，企业实现的经济收益，具备了税源征收的动机和行为，必须完成缴税纳税；公益性体现了PPP项目的最终目的，出现了税收优惠或减免税费义务。

(3) 明确PPP项目活动客观规律。PPP项目的特征是政府和企业的合作期较长，主要包括项目识别、项目准备、项目采购、项目执行和项目移交等五个基本环节。在五个环节中确认纳税主体、纳税税种和纳税关系，为制定税务管理制度奠定基础。

(4) 明确PPP项目税费成本属性。PPP项目的各项税费组成了影响其投融资、建设、经营和移交的重要成本因素，构成了合作企业或企业伙伴重点关注的内容，也是影响PPP项目可持续经营的主要因素。

因此，根据PPP项目税务管理程序的特殊性，确立税务管理目标，科学规划税务管理方案，建立税务管理流程，明确税务管理重点，实现PPP项目税务成本与效益最优配置。

（二）建立PPP税务管理部门与职责

PPP项目公司应根据政府和企业合作特许权协议、公司管理制度和PPP项目特定行业服务特征，建立公司税务管理中心，明确PPP项目全生命周期所涉及的所有税务活动，管理公司税务事项，建立岗位职责。主要包括：

1) 项目公司成立税务部，负责对PPP项目税务活动及公司税务工作进行监督与管理。

2) 项目公司税务部应设立专门的税务管理岗位及专职税务人员；若有重大涉税业务、涉税风险或税务检查，税务部门专业人员向公司总部税务部汇报。

3) 项目公司税务人员主要职责：

(1) 办理税务登记证、一般纳税人资格认证及各种税务证件年审；

(2) 购买、开具、核销及保管增值税专用发票及其他各种发票；

(3) 增值税发票扫描认证及各种税款申报、缴纳；

(4) 编制计提税款的会计凭证及所有内部税务管理报表；

(5) 协调与主管税务机关的关系，保持沟通渠道畅通；

(6) 识别税务风险，提出规避风险的改进建议；

(7) 负责税务档案管理。

（三）建立 PPP 税务管理程序

根据《财政部关于印发政府和社会资本合作模式操作指南（试行）的通知》（财金〔2014〕113 号）规定，PPP 项目全生命周期包括项目识别、项目准备、项目采购、项目执行和项目移交等五个环节。在五个环节基本上都涉及税收问题，其中项目识别、准备和采购环节涉及的是政府税收测算问题，而企业伙伴税务主要集中于项目执行和项目移交阶段，其中根据 PPP 项目合作契约最长可达 30 年，项目执行包括项目建设阶段和项目运营阶段。因此，PPP 项目税务管理的重点是后两个阶段。

1）项目识别、项目准备和项目采购阶段。无论是政府发起 PPP 项目，还是企业发起 PPP 项目，这一阶段的主要工作有项目准备、项目采购需要的相关资料、合同体系文件（包括项目合同、股东合同、融资合同、工程承包合同、运营服务合同、原料供应合同、产品采购合同和保险合同等，其中项目合同是最核心的法律文件）、交易结构方式、风险分担责任等，需要涉及缴纳的增值税、印花税等税种，因而必须对它们进行预测、计算和缴纳。

2）项目执行阶段。PPP 项目执行阶段包括项目公司建立、项目施工建设和项目运营，期间周期长达 30 周年，因此是 PPP 项目税务管理的重点阶段。

（1）项目公司成立，主要涉及 PPP 项目公司筹建阶段发生的人员工资、协议文书、筹办费用等需要缴纳的经营活动增值税、人员的个人所得税、契约的印花税等税费。

（2）建设阶段税务管理，这一阶段重要的是从签订特许权协议开始，当进入项目建设期间时公共项目进入施工建设至竣工，将主要涉及建筑施工和设备安装增值税、印花税、耕地占用税、城镇土地使用税、代扣代缴的个人所得税等相关税费，其中，建筑安装工程增值税、契税和所得税是主要的纳税成本。

（3）项目运营阶段税务管理，由于 PPP 项目公司进入的是长期地提供服务的经营期间，运营活动涉及的主要税种有增值税、企业所得税、个人所得税、房产税、城镇土地占用税等，此外运营中的固定资产再投资、企业经营并购、股权转让、资产转让等涉及各项税种的纳税成本。

3）项目移交阶段。PPP 项目移交阶段主要有：按移交形式包括期满终止移交和提前终止移交；按补偿方式包括无偿移交和有偿移交；按移交内容包括项目资产、人员、文档和知识产权等；移交标准包括设备完好率和最短可使用年限等指标。主要完成内容有资产移交、产权移交、财产售让和签订移交合同等工作。依据《政府和社会资本合作模式操作指南（试行）》（财金〔2014〕113 号）第三十四条规定，"社会资本或项目公司应将满足性能测试要求的项目资产、知识产权和技术法律文件，连同资产清单移交项目实施机构或政府指定的其他机构，办妥法律过户和管理权移交手续。"这一阶段将会涉及增值税、企业所得税、契税、印花税、土地增值税等税收纳税成本。

（四）税务关系管理

1. 政府和企业纳税人关系

PPP 项目是政府和企业基于特定的公共项目开展的投融资、建设、经营和移交的长期合作伙伴关系，税务关系属于政府和企业在 PPP 项目中结成的伙伴关系。政府在税务关系中发挥着税务政策服务、税务信息公开、税务优惠支持和征税管理的功能，企业纳税人运营公共项目承担着税务关系协调、税务环境分析、税务政策运用和税务缴纳义务责任。因而，政府税务部门起着政策支持、服务支持和信息支持，同时对纳税人也起着监管作用。企业投资人和PPP项目公司应当与所在地税务部门保持良好的信息沟通、政策指导和缴纳税款的合作关系。

2. 企业伙伴税务关系

企业投资人和项目公司，项目公司和其他企业合作伙伴需要建立PPP项目税务管理机制，处理好项目投融资、股权结构、资产管理、项目建设施工、设备采购和运营服务等业务活动的税务关系，理清在PPP项目全生命周期不同阶段的纳税权利与义务，协调各自的税务关系，做好税务规划、缴纳税费管理责任和税务档案管理，从而提升投资企业和项目公司承担的税务遵从义务，保持与政府税务部门合作的税务关系。

3. 税收优惠政策管理

1) PPP项目增值税优惠政策，见表5-9。

PPP项目增值税优惠表 表5-9

税收优惠类型	税收优惠范围	
免征	销售自产再生水、污水处理、垃圾处理、污泥处理处置劳务免征增值税	
先征后返	自2015年7月1日起污水处理劳务、再生水劳务，征后返还70%	
即征即退	即征即退 100%	(1) 销售以垃圾为燃料生产的电力或者热力（垃圾用量占发电燃料的比重不低于80%，并且生产排放达到《火电厂大气污染物排放标准》GB 13223—2011第1时段标准或者《生活垃圾焚烧污染控制标准》GB 18485—2014的有关规定）； (2) 销售自产的电力或热力（利用工业生产过程中产生的余热、余压生产的电力或热力；以餐厨垃圾、畜禽粪便、稻壳、花生壳、玉米芯、油茶壳、棉籽壳、三剩物、次小薪材、含油污水、有机废水、污水处理后产生的污泥、油田采油过程中产生的油污泥（浮渣），包括利用上述资源发酵产生的沼气为原料生产的电力、热力、燃料）
	即征即退 50%	销售以煤矸石、煤泥、石煤、油母页岩为燃料生产的电力和热力（煤矸石、煤泥、石煤、油母页岩为燃料生产的电力和热力。煤矸石、煤泥、石煤、油母页岩用量占发电燃料的比重不低于60%）；利用风力生产的电力

2) PPP项目企业所得税政策

(1) 公共基础设施项目减免企业所得税政策。根据《企业所得税法》第二十七条，企业"从事国家重点扶持的公共基础设施项目投资经营所得""从事符合条件的环境保护、节能节水项目所得"，可免征或减征企业所得税；2008~2014年，财政部先后出台多部有关企业所得税优惠目录及其优惠政策的文件，其中规定凡满足相关技术标准以及国家投资管理规定的项目企业，从事符合《公共基础设施项目企业所得税优惠目录》项目，可以自项目取得第一笔生产经营收入年度起，就项目投资经营所得，享受企业所得税"三免三减半"优惠政策。

(2) 投资抵免企业所得税政策。根据《企业所得税实施条例》第一百条，企业购置并实际使用《环境保护专用设备企业所得税优惠目录》《节能节水专用设备企业所得税优惠目录》和《安全生产专用设备企业所得税优惠目录》规定的环境保护、节能节水、安全生产专用设备的，该专用设备的投资额的10%可以从企业当年的应纳所得税额中抵免；当年不足抵免的，可以在以后5个纳税年度结转抵免，其中，企业利用自筹资金和银行贷款购置的专用设备，可以抵免企业应纳所得税额，而利用财政拨款购置则不得抵免。

（3）经营期间项目公司股利分配的企业所得税政策。根据《企业所得税法》，经营期间涉及股利分配，如项目公司是在境内居民企业间分配股利，免征企业所得税。

3）耕地占用税、城镇土地使用税、契税等方面的税收政策

（1）特许经营项目耕地占用税优惠政策。根据《中华人民共和国耕地占用税法》第七条规定，对于铁路线路、公路线路、飞机场跑道、停机坪、港口、航道占用耕地，减按每平方米2元税额征收，根据实际需要经批准后免征或者减征耕地占用税。

（2）PPP特许经营项目城镇土地使用税的优惠政策。对于新征用土地的在建基建项目，特别是国家产业政策扶持发展的能源、交通、水利设施等项目，如在建期间没有经营收入、建设周期较长存在纳税困难，经批准后可免征或减征城镇土地使用税。

（3）PPP特许经营项目契税优惠政策。《财政部国家税务总局关于支持农村饮水安全工程建设运营税收政策的通知》（财税〔2012〕30号）规定，对饮水工程运营管理单位为建设饮水工程而承受的土地使用权，免征契税。

4）技术创新和品牌研发

根据《财政部、国家税务总局、科技部关于提高研究开发费用税前加计扣除比例的通知》（财税〔2018〕99号）规定，企业开展研发活动中实际发生的研发费用，未形成无形资产计入当期损益的，在按规定据实扣除的基础上，在2018年1月1日至2020年12月31日期间，再按照实际发生额的75%在税前加计扣除；形成无形资产的，在上述期间按照无形资产成本的175%在税前摊销。

（五）PPP税务规划方案

（1）项目前期涉及的税收。政府方和社会资本方签订合作协议后，相应地需要筹建PPP项目公司。在项目公司筹建阶段发生的人员工资、协议文书、筹办费用等需要缴纳个人所得税、印花税等税收。

（2）项目建设期间的税收。由于PPP项目为基础设施建设和公共服务项目，项目建设期间将主要涉及建安营业税、印花税、耕地占用税、城镇土地使用税、增值税、代扣代缴的个人所得税等相关税收，其中，建安营业税是这一阶段最主要的税收来源。

（3）项目运营期间的税收。项目建成投入运营后，涉及的税收主要有营业税、企业所得税、房产税、城镇土地使用税等。如高速公路投入运营后，对于BOT等项目而言，其特许经营权使用费收入应按章缴纳营业税，同时还要缴纳企业所得税、个人所得税、房产税等税收。

三、税务规划

PPP项目税务规划主要是根据全生命周期阶段和各阶段所涉及的主要业务活动，在遵循国家税法及相关政策，地方税务政策和行业公共项目建设标准等相关规定，明确纳税主体责任的基础上，基于税收遵从原则作出的科学、系统和合理的纳税计划，见表5-10。

PPP项目全生命周期主要税种 表 5-10

项目	阶段	税种	内容
PPP 项目	项目识别	印花税	前期费用纳税主体、合同、凭证、发票不合规带来的计算、规划的减免问题
		增值税	从政府方获取的前期费用的进项抵扣问题
		所得税	前期费用发票不合规带来的所得税税前扣除风险
	项目设立	印花税	合同主体、优惠政策、税基础和测算问题
		增值税	项目公司设立时的资产移交问题
		所得税	项目公司收到的建设投资补贴所得税纳税问题
	项目建设	印花税	建设期各类建设合同等订立、减免问题
		增值税	建设期建安费等建设成本的进项留抵问题
		所得税	项目公司收到的建设投资补贴所得税纳税问题
		契税	建设期建安费中土地增值税等建设成本的问题
	项目运营	增值税	财政补贴纳税问题，老项目简易计税问题
		所得税	政府方支付的政府付费、运营补贴纳税问题，运营收益分红时居民企业股东之间投资收益让渡问题，有限合伙产业基金所获分红免税待遇问题，国家重点扶持的公共基础设施项目所得税优惠政策适用问题
		印花税	运营期各项合同、企业重组、资产增值等纳税问题
		其他税	运营期涉及房产税、城市维护建设税、地方教育附加、车船税等问题
	项目移交	印花税	各项移交合同印花税计算、归属问题
		所得税	运营期移交资本、资产有偿或无偿移交、股权转让涉税问题

（一）纳税主体规划

PPP项目决策阶段主要包括项目识别、项目评价、项目谈判和项目签约，对于政府和企业投资人合作，则要求组建PPP项目公司、构建PPP项目合同体系、物有所值评价和编制合作项目的各类执行方案等工作，因此纳税主体规划是税务策划的重要阶段。

政府和企业合作（PPP）项目或者政府和企业合作成立PPP项目公司都是运用市场经济规则对双方资源优化配置的过程，其实质是企业重组过程。企业重组是指企业为了适应市场经济环境的变化，按照市场规律并遵循法律、行政、经济原则，以战略为导向并以改变经营权的方式或以产权流动为纽带，通过财务重组、业务重组以及组织重组等多种手段将本企业的人、财、物等生产要素进行优化组合，来提高自身市场竞争力的过程。从本质上看，企业为了实现企业资源的再组合和优化配置这一最终目的，会通过企业重组的手段促使企业的各要素得以再组合、企业的组织形式得以优化，它主要包括资本重组、资产重组、管理重组、组织机构与人员重组、开发战略重组、企业文化重组等。从税务管理角度既是纳税主体的重组，也是税务管理的重组。

1. 纳税主体政策

从纳税主体规划角度，投资企业或PPP项目公司在PPP项目商业交易中，成为应缴纳各类税收的纳税主体。投资企业或PPP项目公司属性，与一般市场经济中的企业并无区别，他们同样承担发生的纳税法律形式的经济事务，如：债务重组，股权收购，资产收购，企业经营、企业合与分立等不同形式的纳税责任和义务，成立PPP项目公司纳税主体的目的是在遵守税收相关法律的前提下，达到税务管理效益与效率最优的目的，见表5-11。

PPP项目纳税主体税务规划 表5-11

项目	方案	要点	优点	缺点
PPP项目	在项目公司下只成立管理中心	地税机关对项目公司设立当地机构的要求、项目公司按项目进行核算，集中缴纳税费；企业所得税汇总计算缴纳	程序简单、政策统一、进项抵扣充分	地方利益协调繁琐、需政策支持、难度较大
	在项目公司下设立分公司，增值税独自纳税	税务登记等事项、增值税独立纳税和抵扣；企业所得税汇总计算缴纳	无需申请相关政策	分公司进项需准确划分、项目公司进行抵扣不充分、协调和管理成本较高
	在项目公司下设立分公司，增值税汇总纳税	需向省级国税机构申请；总分之间物资调拨自由；企业所得税汇总计算缴纳	增值税汇总纳税，抵扣更充分	分公司税务登记事项；其他税种仍需独立缴纳，面对多地税务机关

2. 新设主体政策

一般以国有企业和民营企业共同注资模式，成立PPP项目公司。《中华人民共和国公司法》第二十七条规定："股东可以用货币出资，也可以用实物、知识产权、土地使用权等可以用货币估价并可以依法转让的非货币财产作价出资；但是，法律、行政法规规定不得作为出资的财产除外。"

（1）资产出资。出资方对项目公司的出资包括实物资产或无形资产，则视同销售，需要依法缴纳增值税及附加税、印花税、所得税等。

增值税按照该资产作价的出资金额与销售资产的适用税率计算缴纳，销售存货的原材料适用的税率一般为13%；销售使用过的固定资产可以选择简易计税办法，依据征收率3%减按2%计算缴纳增值税（可开具增值税专用发票）；销售不动产与土地使用权适用税率为6%。其中，以不动产作价出资，符合不动产增值税相关规定的，可以选择简易计税办法按照5%的征收率计算缴纳增值税。

（2）溢价出资。出资方实物资产或无形资产的作价高于购入成本或者已有资产摊余价值，企业出资方需要就高出资产成本金额超过部分计入企业所得金额，计算缴纳企业所得税。

（3）房屋和土地出资。企业投资人以房屋或土地出资的，根据《财政部、国家税务总局关于企业改制重组有关土地增值税政策通知》（财税［2015］5号）的相关规定，企业出资方还产生要计算缴纳的土地增值税，同时企业投资具有房屋产权的PPP项目公司还需要计算缴纳契税、城镇土地使用税。

（4）货币投资。在PPP合同中约定企业投资人的出资形式主要是货币资产，项目公司需要将其记入公司实收资本或股本，资本公积的合计金额按万分之五的税率计算缴纳印花税，对企业投资人没有税务影响。

3. 收购成立

企业投资人以收购方式购买原有PPP项目公司的形式。

此种形式属于股权交易。出让股权方需要将股权溢价部分缴纳企业所得税，受让方不涉及此税。采用股权交易方式出资可以避免增值税、土地增值税，但资产有增值部分则很难避免企业所得税。同时，涉及股权交易方式的PPP项目公司同样涉及以万分之五的税率计算缴纳印花税。

4. 有限合伙成立

PPP项目公司一般属于公司制产权形式，也可以以有限合伙制企业形式成立。

有限合伙制企业与公司制企业涉及税务处理的不同点是，合伙制企业依据"先分后税原则"，合伙制企业以每一个合伙人为纳税人义务，合伙人属于自然人，计算缴纳个人所得税；合伙人属于法人和其他组织形式的，计算缴纳企业所得税。因此，有限合伙制项目公司本身并不涉及所得税。但是，在《财政部、国家税务总局关于合伙企业合伙人所得税问题的通知》（财税［2008］159号）中规定了合伙人的所得和企业当年留存的所得（利润），如果为自然人合伙人的需要计算缴纳个人所得税，要求在合伙企业代扣代缴个人所得税后再进行收益分配。

5. 特许权转让

根据《政府和社会资本合作模式操作指南（试行）》（财金［2014］113号）第二十一条规定："公示期满无异议的项目合同，应在政府审核同意后，由项目实施机构与中标社会资本签署。需要设立专门项目公司的，待项目公司成立后，由项目公司与项目实施机构重新签署项目合同，或签署关于承继项目合同的补充合同。"

(1) 项目经营权。PPP项目公司中标获得国有土地经营权，依据《招标拍卖挂牌出让国有土地使用权规范》（国地资发［2006］114号）文件规定，先与竞标人签订《国有土地使用权出让合同》，在竞标人按约定办理完新公司注册登记手续后，再与新公司签订《国有土地使用权出让合同变更协议》，或者按约定直接与新公司签订《国有土地使用权出让合同》。

(2) 企业投资人移交经营权。依据《财政部、国家税务总局关于明确金融、房地产开发、教育辅助服务等增值税政策的通知》（财税［2016］140号）的相关规定，PPP投资人在竞得国有土地使用权后移交给项目公司的，项目公司可以扣除房地产开发企业向政府部门支付的土地价款，企业投资人拥有的"土地特许权"可以转让给"土地特许权"的实施公司，可以不用认定为销售行为。

(3) 售后回租再融资。根据《财政部、国家税务总局关于企业以售后回租方式进行融资等有关契税政策的通知》（财税［2012］82号）第二条规定，"以招拍挂方式出让国有土地使用权的，纳税人为最终与土地管理部门签订出让合同的土地使用权承受人。"因此，政府的项目实施机构先与中选企业投资人签署PPP项目合同，在PPP项目公司成立后，政府项目实施机构再与PPP项目公司重新签署项目合同，或签署关于承继项目合同的补充协议，不属于企业投资人向项目公司转让特许权的，无需计算缴纳相关税费。

(二) 印花税规划

印花税是对PPP项目纳税主体凭证和行为中经济活动和经济交往中书立、领受、使用的应税经济凭证所征收的一种税，PPP项目具有复杂的基本合同体系，如图5-8所示。

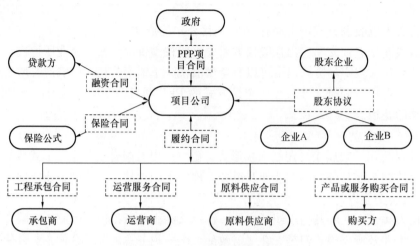

图 5-8　PPP 项目基本合同体系

1. 规划方法

在明确纳税责任主体的合同体系基础上，最重要的工作就是厘清 PPP 项目的印花税规划方法。

（1）科学地设立 PPP 项目纳税主体数量。根据印花税相关法规，对于应税凭证，凡是由两方或两方以上当事人共同书立的，其当事人各方都是印花税的纳税人。如果几方当事人在书立合同时，能够不在合同上出现的纳税人就不在合同上出现，则可以合并责任人，即纳税主体数量越多，需要缴纳的印花税则越多。

（2）甄别交易合同纳税经济事项。对于 PPP 项目合同交易经济事项时，按印花税税法规定，同一凭证，载有两个或两个以上经济事项而适用不同税目税率，如分别记载金额的，应分别计算应纳税额，相加后按合计税额贴花；如未分别记载金额的，按税率高的计税贴花，因而导致多纳印花税成本。

（3）稳健预测合同金额。在订立 PPP 项目投资、融资和经营等交易合同时，由于理论与现实的差距，理论能实现的合同可能在实际中无法实现，合同最终履行的结果会与签订合同时出现差异。根据税法规定，印花税的计税依据为合同所载的金额，对于已经履行并已缴纳印花税的合同，最终实际结算金额与合同金额不一致的，如果实际结算金额小于合同金额导致多缴了印花税，纳税人不得申请退税或抵税；如果实际结算金额大于合同金额从而合理地缴纳了印花税费用的，一般也不再补缴。因此，PPP 项目并不能按预测投资、融资或预测合同金额签订交易金额，而是运用财务稳健原则，较为准确地计算实际合同金额，实现合法、科学纳税。

（4）运用优惠政策缴纳税。

《财政部、国家税务总局关于对营业账簿减免印花税的通知》（财税〔2018〕50 号）要求，自 2018 年 5 月 1 日起，对按万分之五税率贴花的资金账簿减半征收印花税，对按件贴花五元的其他账簿免征印花税。

《财政部、国家税务总局关于公共租赁住房税收优惠政策的通知》（财税〔2015〕139 号）要求，对公共租赁住房经营管理单位建造公租房、购买住房作为公共租赁住房的，免征印花税。

《财政部、国家税务总局关于金融机构与小型微型企业签订借款合同免征印花税的通知》(财税〔2014〕78号)要求，对金融机构与小型、微型企业签订的借款合同免征印花税。

《财政部、国家税务总局关于支持公共租赁住房建设和运营有关税收优惠政策的通知》(财税〔2010〕88号)对廉租住房、经济适用住房经营管理单位与廉租住房、经济适用住房相关的印花税以及廉租住房承租人、经济适用住房购买人涉及的印花税予以免征。

《财政部、国家税务总局关于继续实行农村饮水安全工程建设运营税收优惠政策的通知》(财税〔2016〕19号)要求，对农村饮水工程运营管理单位为建设饮水工程取得土地使用权而签订的产权转移书据，以及与施工单位签订的建设工程承包合同免征印花税。

2. 税务规划内容

印花税是PPP项目全生命周期所涉及的主要税种之一，组成PPP项目印花税缴纳的基本内容。

（1）合同订立主体。企业投资人和PPP项目公司在与政府合作过程中成为合同订立的主体，企业投资人和项目公司与其他企业合作伙伴签订各类契约。

（2）合同结构。在PPP项目合作过程中主要包括PPP项目特许权协议、投资融资、保险服务合同类、建造合同类、采购供应合同类、运营租赁、销售服务合同类、各项运输服务合同类和项目移交评估资产合同类等。

（3）税务规划。合同订立规划。印花税是依据合同订立的凭证和行为税，因此，对于PPP项目合同应依据《中华人民共和国印花税法》和相关印花税优惠政策，开展印花税订立人的规划。

第一，企业与政府部门订立合同，特别是PPP特许权协议减免印花税。

第二，PPP合同分类规划，对于融资合同可以小微企业或所在地成立分公司或项目公司与银行签订合同，可以减免印花税。

第三，对于企业股东合同可以按国有企业、外资企业和民营企业成立混合所有制企业联合体或项目公司，根据《财政部、国家税务总局关于企业改制过程中有关印花税政策的通知》(财税〔2003〕183号)的规定，企业因改制签订的产权转移书据免予贴花。

【例5-1】某A国有企业（为吸收方，称为国有A公司）是国有地铁轨道交通建设方，于2014年8月25日取得深圳市政府4号线地铁轨道交通PPP项目特许经营权的项目公司法人营业执照。与我国香港轨道交通地铁投资运营B（集团）公司（以下简称"香港地区B公司"），共同成立PPP项目C公司，注册资本为17500万元，主要经营范围是深圳地铁轨道交通的投资融资、建设、运营、商业销售和管理业务。经营期限为30年。

PPP项目C公司通过国有资本和境外资本合并成立联合体，将双方资本资源、建设和运营管理专业资源、市场开发资源和人力资源共同组合，形成了建设、运营为一体的优势：政策优势、建设运营优势、市场竞争优势、管理优势和税务优化优势等。

1）企业合并目的

在我国现行的产业、工商、财务、税收等法律、法规的框架下，分析A国有公司采取吸收合并方式实施企业重组的可行性，制定可行的吸收合并方案，并充分考虑吸收合并过程中可能产生的税收成本，在基于合理的商业目的以及不违背现行的税收法律、法规的前提下，合理安排吸收合并交易，以合理保证实现PPP项目公司税收利益和经营利益最优化,并保证 A 公司在吸收合并后继续存续。

2) PPP 项目公司税务规划

香港地区 B 公司向国有 A 公司转移各类资产、债权、债务时所涉及的税务问题,在这里最重要的是要明确企业合并中资产的转移不同于一般情况下资产的买卖,因为企业合并是企业整体产权的转移,并不是单项资产的买卖。现对不同资产类型涉及的税务处理以及被合并过程中的其他相关税务处理问题分析如下:

(1) 转移不动产、无形资产的税务规划。对于国有 A 公司来说,通过吸收合并,若有不动产、无形资产的,则将其所有权或使用权转移给 PPP 项目公司,PPP 项目公司可免土地增值税[①]。

(2) 转移设备和存货的税务规划。在企业合并中,被吸收合并 B 公司动产转让到合并企业,不是合并企业购买被合并企业动产的行为,不存在销售行为缴纳增值税,因此,合并环节不缴纳增值税[②]。

(3) 印花税的税务规划。因为印花税税目为列举税目,如果是单纯的合并协议,则不要合并方式的选择及其税务筹划贴花,企业合并中涉及的财产所有权等转让合同需要贴花。合并时,国有 A 公司从香港地区 B 公司转入的实收资本,若香港地区 B 公司已贴花的不再贴花[③]。若合并时,国有 A 公司与香港地区 B 公司签订的产权转移书据免予贴花[④]。

(4) 企业所得税的税务规划。国有 A 公司若要采用按特殊重组业务进行税务处理,实现免税吸收合并,必须同时符合上述几项条件。根据对国有 A 公司基本情况的分析和评估,本次吸收合并是为了整合资源,具有合理的商业目的,且国有 A 公司将其资产和负债转让给香港地区 B 公司,符合文件中资产比例的规定;吸收合并后香港地区 B 公司并不改变重组资产原来的实质性经营活动,国有 A 公司投资方向香港地区 B 公司取得的股权支付金额也不会低于交易支付总额的 85%,并且在重组后 12 个月内也不会转让其所取得的股权。综合上述分析,香港地区 B 公司采用特殊性重组进行税务处理是可行的。

(5) 契税的税务规划。两个或两个以上的公司,依据法律规定、合同约定,组建 PPP 项目公司合并为一个公司,且原投资主体存续的,对其合并后的公司承受原合并各方的土地、房屋权属,免征契税[⑤]。

3) PPP 项目公司税费

若国有 A 公司支付的对价中涉及不动产,则应视为销售不动产,缴纳相应的增值税、城建税、教育费附加、印花税、土地增值税和企业所得税;若国有 A 公司支付的对价中涉及存货和设备,也应视为销售,缴纳增值税、城建税、教育费附加和企业所得税。

---

① 《关于土地增值税一些具体问题规定的通知》(财税字[1995]48 号)及《国家税务总局关于纳税人资产重组有关营业税问题的公告》(国家税务总局公告 2011 年第 51 号)文件。

② 《国家税务总局关于纳税人资产重组有关增值税问题的公告》(国家税务总局公告 2011 年第 13 号)。

③ 根据《财政部、国家税务总局关于企业改制过程中有关印花税政策的通知》(财税[2003]183 号)的规定,以合并或分立方式成立的新企业,其新启用的资金账簿记载的资金,凡原已贴花的部分可不再贴花,未贴花的部分和以后新增加的资金按规定贴花。合并包括吸收合并和新设合并。分立包括存续分立和新设分立。

④ 根据《财政部、国家税务总局关于企业改制过程中有关印花税政策的通知》(财税[2003]183 号)的规定,企业因改制签订的产权转移书据免予贴花。

⑤ 《财政部、国家税务总局关于企业事业单位改制重组契税政策的通知》(财税[2012]4 号)的规定。

(三）增值税税务规划

PPP 项目公司增值税规划主要发生在项目决策期，而增值税费的产生主要在建设期和运营期。

1. 纳税主体规划

1）企业投融资人立项建设

PPP 项目工程完工后经营一段时间，再移交项目公司，在该项目的各个阶段，按以下方法计税：

（1）建设阶段：投融资人建设期间取得的支出为取得该项资产的所有权成本，支出项目所含的进项税可以按规定申报抵扣。

（2）经营阶段：投融资人就其所取得的经营收入，按照其销售货物、劳务、服务适用的税率计税。

（3）移交阶段：投融资人按照合同约定将项目移交给业主的，于移交时按照销售不动产缴纳增值税。

2）项目公司立项建设

PPP 项目完工后经营一段时间，再移交给业主的，在该项目的各个阶段，按以下方法计税：

（1）建设阶段：与上同。

（2）经营阶段：与上同。

（3）移交阶段：投融资人按照合同约定将项目移交给业主的，于移交时按销售无形资产缴纳增值税。

从以上可以看出，PPP 项目初期立项的主体不同，移交阶段适用的增值税税率相差悬殊。项目立项在投融资人名下，移交阶段适用的税率按转让固定资产适用的税率 16% 计；项目立项在实际业主（政府方）名下，移交阶段适用的税率按销售无形资产适用的税率 6% 计，两种情况适用税率相差 10 个百分点，将对项目实际利润造成重大影响。因此，增值税税收筹划从项目初期就应该着手考虑。

2. 收入类型税务规划

PPP 项目全生命周期中涉及三种类型的收入模式，包括政府付费、政府可行性缺口补贴和使用者付费。它们均涉及增值税应纳增值税销项税额的问题。主要包括增值税销项税额是否计入建设投资、增值税进项抵扣和政府补贴与政府付费是否缴税三个方面的问题。

增值税是否计入建设投资：

建设投资是否含税对政府和社会资本方影响较大。营改增之后，国家发展改革委、住房和城乡建设部等项目投资管理部门之前发布的《建设项目经济评价方法与参数》（第三版）等相关指导文件尚未及时修订，加上 PPP 项目目前尚处于政策完善和探索实践之中，在项目实施方案编制和招标等阶段，建设投资是否含税问题操作上不尽相同，对政府付费影响较大。

PPP 项目付费机制包括政府付费、可行性缺口补助、使用者付费三种模式。使用者付费类项目运营、市场、测算风险等主要由社会资本方承担，是市场化行为，在此不作讨论。对于政府付费和可行性缺口补助类的项目，增值税的计算对项目能否顺利运营影响较大。

根据《政府和社会资本合作项目财政承受能力论证指引》,政府付费模式付费金额计算公式为:

$$当年运营补贴支出数额 = \frac{项目全部建设成本 \times (1+合理利润率) \times (1+年度折现率)^n}{财政运营补贴周期(年)}$$
$$+ 年度运营成本 \times (1+合理利润率)$$

可行性缺口补助模式政府补贴金额计算公式为:

$$当年运营补贴支出数额 = \frac{项目全部建设成本 \times (1+合理利润率) \times (1+年度折现率)^n}{财政运营补贴周期(年)}$$
$$+ 年度运营成本 \times (1+合理利润率) - 当年使用者付费金额$$

式中 n——代表折现年数;

财政运营补贴周期——是指我国政府可以为社会资本提供运营补贴的年数;

年度折现率——把同期地方财政债券收益率与发生当年财政补贴支出年份的收益率相结合考虑确定;

合理利润率——合理利润率的基准是在考虑了我国商业银行中长期贷款利率水平的基础上结合城市地下综合管廊项目的可用性付费、使用量付费、绩效付费的不同情况下,并综合考虑风险等因素确定。

两个计算公式中,基础设施项目全部建设成本即为《建设项目经济评价方法与参数》(第三版)中的建设投资,在PPP项目计算过程中,根据《财政部、国家税务总局关于调整增值税税率的通知》(财税〔2018〕32号)的规定,《住房城乡建设部办公厅关于调整建设工程计价依据增值税税率的通知》(建办标〔2018〕20号)的规定,建设项目工程造价以不含税工程造价的计算公式如下:

$$建设项目工程造价 = 税前工程造价 \times (1+建筑业增值税率10\%)$$

其中:10%为建筑业增值税税率,建设工程的材料费、机械使用费、组织措施费、企业管理费、安全文明施工费、建设工程竣工档案编制费、住宅工程质量分户验收费、总承包服务费,按规定调整后的进项税额扣减系数计算建设工程增值税进项税额,纳入工程建设投资"进项税额计算表"执行。

因此,PPP项目必须做到科学、合理的税务规划。

第一,PPP项目的建设投资规划。针对纳税主体所属属性不同,属于不含税造价,这直接影响到政府付费实现增值税销项税额与运营的进项税额安排抵扣问题;如果属于不含税造价,则要求政府和企业双方对实际发生的增值税进项税额、增值税销项税额在扣除后,需要双方确认支付金额。

同时,PPP项目公司从建设施工单位收到的增值税专用发票金额包括建设投资和增值税进项两方面的金额,其中,建设投资即为项目全部建设成本,政府根据设计好的付费机制给予资金成本和合理利润,增值税进项税额待项目进入运营期后由增值税销项税额进行抵扣。能否正常运营影响均较大。

第二,增值税进项税抵扣。PPP项目建设期一般由项目公司招标选择施工单位,或者直接与具有相关资质和能力的社会资本方签订工程承包合同,项目完成后由施工单位向项目公司开具增值税专用发票,该专用发票上的增值税金额为项目公司的进项税额。对于工程量较大的PPP项目,如公路、综合管廊、铁路、综合开发等项目,由于建设投资较大，加上建筑业增值税率为10%，可能会产生两个问题：一是增值税进项税额较大产生的资金成本对企业造成较大损失，二是增值税进项税额在项目合作结束时仍不能完全抵扣。

第三，资金成本结构。对于建设投资额较大的PPP项目，增值税进项税额较高，项目公司在建设期内均不会有运营收入，也不会产生相应的增值税销项税额，前期支付的进项税额较高、后期增值税销项抵扣时间较长将直接影响社会资本方的资金占用成本。

第四，抵扣不足问题。由于PPP项目增值税进项税额较大、进项税率和销项税率一般并不相同等原因，在项目合作期间可能存在增值税进项不能全部抵扣的问题。如，建筑业增值税率为10%，政府付费类项目销项税率按照6%计算，就可能产生上述问题，特别是对于免征增值税的PPP项目，进项税额不能抵扣的问题更加显著，需要相关部门明确处理方法。

第五，政府付费与政府补贴如何缴税。实务中，对于政府付费与可行性缺口补助类项目，由于涉及政府付费或财政补贴，该部分收入是否缴纳增值税并没有明确的政策规定，《国家税务总局关于中央财政补贴增值税有关问题的公告》（国家税务总局公告2013年第3号）指出，按照现行增值税政策，纳税人取得的中央财政补贴，不属于增值税应税收入，不征收增值税。但对于地方政府具有付费责任的PPP项目增值税处理没有明确规定。在项目实际操作中假设不征税、假设正常征税等各种处理办法都有，同一个项目不同机构测算的结果可能差异很大。如果对政府付费或政府补贴征税，则存在地方财政补贴中央的问题；如果不征税，又没有明确的法律依据，地方政府会面临一定的风险，这方面的问题需要有关部门进一步明确。

（四）所得税税务规划

PPP项目因生命周期长，整个合作周期中涉及的税种多而复杂。企业所得税作为PPP项目公司的主要税种，是影响公司或私人投资方回报的重要因素，将PPP项目过程中涉及的对项目收益影响较大的主要的企业所得税政策进行整理，见表5-12。

1. 纳税主体

纳税主体涉及企业投资人或PPP项目公司。PPP项目公司主要有三种形式，即公司制企业、合伙制企业和独资企业。从法律角度讲，公司企业属法人企业，独资企业和合伙企业是非法人企业。法人企业及其分支机构是按企业所得税缴税的纳税人，独资企业和合伙企业是非法人企业，按个人所得税缴税的纳税人。PPP项目投资者对项目公司组织不同的投资主体，其实质就是选择不同的纳税主体。

（1）主要有三类纳税主体选择。第一，组建企业投资人联合体，为国有独资组织形态，产生所得税税率较高，一般为25%；第二，组建企业投资人联合体，国有企业和民营企业联合，执行国有企业改制税收政策；第三，组建企业投资人联合体，为国有企业、民营企业和外资或境外企业联合体，可执行混合所有制政策或外资企业政策，税率为15%。

（2）PPP项目公司运营组织形式选择。PPP项目公司根据PPP项目运营与管理特点，可以设立下属子公司或专业服务公司，设立的子公司或专业服务公司是独立法人，纳税所得额不能并入项目公司利润，而是作为独立的纳税义务人单独缴纳企业所得税。当子公司或专业服务公司所在地税率较低时，子公司或专业服务公司能够合理合法地以较低所得税率缴纳企业所得税,从而降低项目公司整体税负。

(3) 用好高新技术企业的资质。对于创新型的企业,特别是有自主知识产权的高新技术产业,要利用好高新技术企业这个资质。享受企业所得税税率15%的优惠,研发费用按175%加计扣除的优惠。

2. 所得税优惠政策规划

PPP项目是国家公共项目,具有公益性、产业支持、财政支持和税收政策支持等特征。运用国家税法和税收优惠政策规划,是PPP项目所得税规划的重要方面。国家对基础设施投资领域、国家地区发展政策和产业行业支持政策等都将是税务规划的重点,目前国家支持的企业所得税优惠政策见表5-12。

基础设施PPP项目适用的企业所得税主要税收优惠政策 表5-12

税种	税收优惠政策
企业所得税	(1) 针对特定区域西部地区鼓励类产业企业税收减免政策
	(2) 国家重点扶持的公共基础设施项目企业所得税三免三减半政策
	(3) 企业所得税投资抵免政策
	(4) 境内居民企业股息、红利企业所得税免税优惠政策

1) 国家重点扶持的公共基础设施项目企业所得税"三免三减半"①

(1) 享受主体。从事国家重点扶持的公共基础设施项目的企业。

(2) 优惠内容。企业从事国家重点扶持的公共基础设施项目的投资经营的所得,自项目取得第一笔生产经营收入所属纳税年度起,第一年至第三年免征企业所得税,第四年至第六年减半征收企业所得税。

(3) 享受条件。

① 国家重点扶持的公共基础设施项目,是指《公共基础设施项目企业所得税优惠目录》规定的港口码头、机场、铁路、公路、城市公共交通、电力、水利等项目。

② 企业投资经营符合《公共基础设施项目企业所得税优惠目录》规定条件和标准的公共基础设施项目,采用一次核准、分批次(如码头、泊位、航站楼、跑道、路段、发电机组等)建设的,凡同时符合以下条件的,可按每一批次为单位计算所得,并享受企业所得税"三免三减半"优惠。

2) 农村电网维护费免征增值税②

(1) 享受主体。农村电管站以及收取农村电网维护费的其他单位。

(2) 优惠内容。

---

① 【政策依据】①《中华人民共和国企业所得税法》第二十七条第(二)项;②《中华人民共和国企业所得税法实施条例》第八十七条、第八十九条;③《财政部、国家税务总局 国家发展和改革委员会关于公布〈公共基础设施项目企业所得税优惠目录(2008年版)〉的通知》(财税〔2008〕116号);④《财政部、国家税务总局关于公共基础设施项目和环境保护节能节水项目企业所得税优惠政策问题的通知》(财税〔2012〕10号)第一条、第二条;⑤《财政部、国家税务总局关于公共基础设施项目享受企业所得税优惠政策问题的补充通知》(财税〔2014〕55号)第一条、第二条;⑥《国家税务总局关于实施国家重点扶持的公共基础设施项目企业所得税优惠问题的通知》(国税发〔2009〕80号)。

② 【政策依据】①《财政部、国家税务总局关于免征农村电网维护费增值税问题的通知》(财税字〔1998〕47号)第一条、第二条;②《国家税务总局关于农村电网维护费征免增值税问题的通知》(国税函〔2009〕591号)。

① 自 1998 年 1 月 1 日起，在收取电价时一并向用户收取的农村电网维护费免征增值税。

② 对其他单位收取的农村电网维护费免征增值税。

（3）享受条件。农村电网维护费包括低压线路损耗和维护费以及电工经费；对 1998 年 1 月 1 日前未征收入库的增值税税款，不再征收入库。

3）公共租赁住房建设和运营给予税收优惠①。

（1）享受主体。公共租赁住房经营管理单位。

（2）优惠内容。

① 对公共租赁住房建设期间用地及公共租赁住房建成后占地免征城镇土地使用税。

② 对公共租赁住房经营管理单位免征建设、管理公共租赁住房涉及的印花税。

③ 对公共租赁住房经营管理单位购买住房作为公共租赁住房的，免征契税、印花税。

④ 对公共租赁住房免征房产税。

⑤ 对经营公共租赁住房所取得的租金收入，免征营业税。

3. 销售收入的筹划

第一，PPP 项目纳税人如果能够推迟应纳税所得的实现，则可以使本期应纳税所得减少，从而推迟或减少所得税的缴纳。PPP 项目企业运营期间最主要的收入是使用者付费、政府付费和可行性财政补贴，企业销售商品的收入，因此，使用者付费和商品销售收入的实现是税务规划的重点。

第二，对于政府付费和财政补贴收入也是收入税务策划的空间。《中华人民共和国企业所得税法》规定，收入总额中的下列收入为不征税收入：财政拨款；依法收取并纳入财政管理的行政事业性收费、政府性基金；国务院规定的其他不征税收入。

《关于专项用途财政性资金有关企业所得税处理问题的通知》指出，企业取得的专项用途财政性资金凡同时符合以下条件的，可以作为不征税收入，在计算应纳税所得额时从收入总额中减除：企业能够提供资金拨付文件，且文件中规定了该资金的专项用途；财政部门或其他拨付资金的政府部门对该资金有专门的资金管理办法或具体管理要求；企业对该资金以及以该资金发生的支出单独进行核算。此外，还有《企业会计准则第 16 号——政府补助》（修订版）第二章确认和计量的相关要求。

4. 成本费用的分摊方法

分摊期限和分摊方法都不能自主选择的成本费用。这种成本费用只能按法规所规定的分摊方法和分摊期限进行分摊。

分摊期限可适当选择的成本费用。这种成本费用一般应严格按照法规所规定的方法进行分摊，但分摊期限可在不违反法规的前提下加以选择。如对无形资产的摊销，税法通常只规定最短的摊销期限。

分摊方法可自主选择的成本费用。这种成本费用在法规中一般规定有几种分摊方法，可供企业自主选择。

---

① 【政策依据】一、《国务院办公厅关于保障性安居工程建设和管理的指导意见》（国办发 [2011] 45 号）；二、《住房城乡建设部、财政部、国家税务总局等部门关于加快发展公共租赁住房的指导意见》（建保 [2010] 87 号）等文件；三、《财政部、国家税务总局等部门关于公共租赁住房税收优惠政策的通知》（财税 [2015] 139 号）。

第一，在盈利年度，应选择能使成本费用尽快得到分摊的分摊方法。其目的是使成本费用的抵税作用尽早发挥，推迟利润的实现，从而推迟所得税的纳税义务时间。例如，在盈利企业，对低值易耗品的价值摊销应选择一次摊销法。

第二，在亏损年度，分摊方法的选择应充分考虑亏损的税前弥补程度。在其亏损额预计不能或不能全部在未来年度里得到税前弥补的年度，应选择能使成本费用尽可能地摊入亏损能全部得到税前弥补或盈利的年度，从而使成本费用的抵税作用得到最大限度的发挥。

第三，在享受税收优惠政策的年度，应选择能避免成本费用的抵税作用被优惠政策抵消的分摊方法。例如，在享受免税和正常纳税的交替年度，应选择能使减免税年度摊销额最小和正常纳税年度摊销最大的分摊方法。

5. 资产重组型

（1）采用企业分立税务规则。利用企业所得税按照企业年应纳税所得额不同、税率不同的政策，将企业分立，实现合理税务规划。如，企业年应纳税所得额为 11 万元，企业所得税税率为 25%，应缴所得税为 36300 元。此时，如将企业分立为两个企业，分立出来的企业应纳税所得额为 4 万元，应纳企业所得税为 7200 元；原企业应纳税所得额为 7 万元，应纳企业所得税为 18900 元，两个企业共计纳税 26100 元。分离后与分离前相比企业节约所得税为 10200 元（36300—26100）。

（2）采用企业合并税务规则。如甲企业年应纳税所得额为 100 万元，乙企业累计亏损 91 万元，甲乙企业合并前分别纳所得税为 25 万元和 0 万元。现甲 PPP 项目企业兼并乙企业，根据我国税法规定盈利企业兼并亏损企业的累计亏损企业可以用亏损企业的累计亏损额抵减盈利企业的利润的政策，甲乙企业合并后应纳税所得额为 9 万元，应纳税所得率为 20%，应纳所得税为 24300 元，比合并前少纳税 305700 元。可见，选择适当的企业合并，可以大大地降低企业的税负，给企业带来很大的利润，达到税务规划的目的。

（五）物有所值税务规划

税收是影响企业投资人参与基础设施 PPP 项目较为重要的直接因素。合法取得税收优惠，是保证 PPP 项目经营者税后利益最大化的重要内容。然而，税收又是调节企业参与 PPP 项目、保证其获得合理收益而不是暴利的有效工具。因此，我国 PPP 项目的税务问题构成了物有所值评价，值得重视。

我国应该对 PPP 投资项目提供一个更好的税收优惠政策支持，以对企业投资人参与合作起到较好的吸引作用。不同观点以为应该对现行的相关税收政策保持稳定，防止税收中性的破坏和税收优惠政策的滥用，对市场产生新的扭曲效应，最终不利于 PPP 的健康发展。根据 PPP 项目物有所值评价原则，税费成本是构成 PPP 项目价值的重要组成部分，而物有所值评价中尚未将 PPP 项目涉及的所有税种纳入测算，这必然增加了企业合作者的税费成本风险，因此，根据企业投资者与政府之间是否应加大税收优惠力度支持投资者参与 PPP 项目的博弈模型，用于反映税收优惠激励程度降低投资者税负，从而提升 PPP 项目物有所值希望值，有助于提高投资者的投资期望概率。

企业投资者在参与基础设施 PPP 项目时，作为逐利者，仍保持着利益最大化的原则。对于政府，采用 PPP 物有所值评价的价值，应符合"经济人"的特点，考虑整体利益的最大化，例如节约项目建设财政支出、增加税收利益、提高 PPP 项目的公益性和社会效用等方面作用。基于此，构建一个政府对基础设施项目是否采取税收优惠政策降低企业投资者税负与企业投资者投资概率之间的博弈模型，以此达到判断PPP项目在税收优惠政策下，PPP项目物有所值对企业投资者的激励作用。

假设对于投资的PPP项目，企业投资者进行投资的概率为 p，则不投资的概率为 $(1-p)$。

政府对此类PPP项目不给予税收优惠政策即保持现行税收政策的概率为 q，则明晰PPP项目税收优惠政策的概率为 $(1-q)$。企业投资者投资该项目的税前收益为 R，则其在政府给予税收优惠政策的条件下的税后收益为 $R-Ty$。在政府不给予税收优惠政策的情况下企业投资者的税后收益为 $R-Yn$。政府在这两种情况下所获得的税收收益分别为 Ty、Tn。因此，可得出政府与企业投资者二者之间关于双方收益的博弈支付矩阵，见表5-13。

政府与企业投资者之间的简单博弈支付矩阵模型　　　　表5-13

		企业投资者	
		投资 p	不投资 $(1-p)$
政府	优惠 q	$(Tn, R-Tn)$	$(0, -R+Tn)$
	不优惠 $(1-q)$	$(Ty, R-Ty)$	$(0, -R+Ty)$

在博弈支付矩阵中，企业投资者的期望税后收益 π

$$= p \times [q \times (R-Tn) + (1-q) \times (R-Ty)] + (1-p) \times [q \times (-R+Tn) + (1-q) \times (-R+Ty)]$$

$$= (2p-1) \times [(R-Tn) - (Tn-Ty)/q]$$

式中　p——投资概率；
　　　q——不优惠概率；
　　　R——税前收益；
　　　T——所得税；
　　　y——给予优惠时间；
　　　n——不给予优惠时间。

通过化简，可知在其保持税收利益最大化的目标下，企业投资者的期望投资概率 $E(p) = p[q < (R-Tn)/(Tn-Ty)]$。可知，$(R-Tn)/(Tn-Ty)$ 密切影响着企业投资者的投资期望 $E(p)$。

由以上收益博弈模型可知，如果政府出台相应的税收激励政策，降低投资项目的税负，企业投资者的投资期望概率将会得到提高。如果在税前收益可预期的条件下，政府降低相应税收负担对吸引企业投资参与PPP项目有效，同时也会降低PPP项目的物有所值。特别是PPP项目中，由于公益性，其收益价格受到很多因素的影响，包括政府管制，企业投资该项目亏损的可能性较大，如果政府对此没有相应的税收支持或财政补贴，在吸引企业投资参与方面可能存在较大的困难，PPP项目物有所值需要重新评估。

项目税后收益折现模型构建和测算分析：

结合前文税收优惠政策对增强企业投资者投资PPP项目期望投资概率的有效性证明

结果，本部分主要分析在案例项目各项财务数据给定的情况下，通过测算在不同的所得税率影响下税后收益折现值的变化及敏感程度，来分析相应税收优惠对本类项目收益的影响，以及为后部分的税收政策性建议提供依据。

基于净现值折现原理，以某公路 PPP 项目为例的所得税测算收益折现模型如下：

$$NPV = \sum_{n=1}^{30} \frac{[(T_r+T_o+T_u)-(C_z+B_t+C_r+D\cdot i)]\cdot(1-T)}{(1+r)^n} - \sum_{n=1}^{t}\frac{D}{(1+r)^n} - \gamma \quad (5-1)$$

式中 T_r——运营补贴。在项目公司运营收益不能合理覆盖建设和运营成本的情况下，政府方将对项目公司进行合理补贴。

T_o——除车辆过路费以外的其他收入，包括路线沿线广告设施的运营收入、服务站收入及加油站运营收入等。按照可行性研究财务预测方案估算，该部分收入按项目公司车辆费收入的 20% 计算。

T_u——车辆过路费收入。

C_r——税金及附加占营收比率，按照可研报告数据为 5% 水平。

B_t——日常养护费。

C_z——运营管理费。以日常养护费的确定方法进行估算，运营期第一年为 725.00 万元，之后每年按照 3% 的比例在运营期内逐年增加。

其他：公路及各项设施大修费用，进入运营期后每五年进行一次大修，第一次大修费用为 10940.00 万元，之后每次大修费用也按 3% 逐次增长；D 为项目总融资中的借款部分，期限 10 年，每年末支付利息，期满支付本金部分；i 为借款资金的利率，享受银行较低的利率，暂为 5.15%；T 为所得税率，暂定为 25%；r 为本项目的折现率，结合经合理评估的项目资产类型的风险溢价拟定为 4.5%；n 为折现年限，PPP 项目的全生命周期为 33 年，运营期 30 年。

通过对项目在正常所得税政策下运营期内的净现值进行测算，按企业所得税率 25% 的条件，PPP 项目的净现值约为 1330.25 万元，与巨大的建设投资额相比收益甚小。根据企业投资决策，一般当项目的税后收益折现净现值 NPV 大于零时，该项目才具有一定的投资价值。通过以上对本项目在正常情况下税后收益净现值的折现可知，该项目的 NPV 大于零但绝对值小，对企业参与该项目投资的吸引力较小，见表 5-14。

税率 T 条件下的 PPP 项目净收益现值（NPV）（万元） 表 5-14

T	25%	24%	23%	22%	21%	20%
NPV	1330.25	10410.00	19489.75	28569.50	37649.25	46729.00
T	19%	18%	17%	16%	15%	14%
NPV	55808.75	64888.50	73968.25	83048.00	92127.75	101207.50
T	13%	12%	11%	10%		
NPV	110287.25	119367.00	128446.75	137526.50		

如表 5-13 所示，所得税税率 T 与 PPP 项目净现值 NPV 之间呈现线性关系，即随着税率下降，NPV 增加，表明所得税率 T 的变化将会引起净现值 NPV 的较大变化，即国家在所得税率 T 上的税收优惠措施越显著，PPP 项目物有所值也是越显著。根据经济学

税收弹性原理，一方面政府在PPP项目上所得税也应该保持弹性，运用税收弹性激励原则，才能在PPP项目建设和运营阶段实现PPP项目真正的物有所值；另一方面，企业投资人或项目公司应该遵从税法统一、稳定和公平的原则，在PPP项目的建设期和运营期遵从所得税税率25%，进一步合法和科学地做好税务规划，实现PPP项目实际的价值创造，达到项目物有所值的目的。

因此，企业投资人或PPP项目公司在合作时必须坚持以下原则：第一，建立系统性PPP项目税务规划制度；第二，所得税规划必须从组建企业联合体开始；第三，综合性地对PPP项目所得税展开规划；第四，充分运用政府已有的税收优惠政策。

四、公共立体停车库PPP项目税务规划方案案例

（一）基本概况

1. 政策背景

2014年起，国家提出并倡导了在公共基础设施领域开展政府和社会资本合作（PPP）模式的市场经济体制改革。主要包括：

《国务院关于创新重点领域投融资机制　鼓励社会投资的指导意见》（国发〔2014〕60号）；

《财政部关于印发〈PPP物有所值评价指引（试行）〉的通知》（财金〔2015〕167号）；

《国家发展改革委关于鼓励民间资本参与政府和社会资本合作（PPP）项目的指导意见》》（发改投资〔2017〕2059号）；

《国家发改委印发关于鼓励民间资本参与政府和社会资本合作（PPP）项目的指导意见》（发改投资〔2017〕2059号）；

《财政部关于推广运用政府和社会资本合作模式有关问题的通知》（财金〔2014〕76号）；

《财政部关于印发政府和社会资本合作模式操作指南（试行）的通知》（财金〔2014〕113号）；

《国家发改委等七部门联合印发关于加强城市停车设施建设的指导意见》（发改基础〔2015〕1788号）。

2. 公司概况

A车库设备股份有限公司创立于2005年，目前坐落于深圳大前海创新区——深业沙河U中心智慧园区，为国家级高新技术企业，广东省守合同重信用企业，该公司为深圳市百强中小企业。

2006年，A公司拥有100%自主知识产权的"智能化多出入口圆形塔式立体停车库"，中国智能立体停车库技术挺进了世界三甲之列；

2017年成功研发并建设以比亚迪K8作为试停样车的8层智能停车充电一体化公交车库；

2017年度荣膺中国高端智能立体停车设备十大品牌和政府采购立体停车设备十大品牌；

2018年A公司荣获第十九届中国专利优秀奖和广东省名牌产品称号。

公司注册资本1.5亿元，目前拥有多项专利技术，包含20多项发明专利，20多项实用新型专利，2项计算机软件著作权；现代化生产厂房7万余平方米，产品涵盖六大类28个品种。在全国范围内建立了覆盖广泛、体系健全的营销服务网络，产品销售区域覆盖内地除西藏以外的30个省、自治区、直辖市，除此之外，A公司的部分拳头产品还出口到

欧洲、非洲、东南亚、中东及美洲等地区。公司的技术研发、产能、销量等各项指标和综合实力，已位居行业前列。

公司参与了国家标准《机械式停车设备分类》《机械式停车设备术语》《起重机械检查与维护规程：机械式停车设备》及行业标准《升降横移类机械式停车设备》《简易升降类机械式停车设备》《平面移动类机械式停车设备》《巷道堆垛类机械式停车设备》《垂直升降类机械式停车设备》《汽车专用升降机》《停车设备链条》的起草和制定，高层液压式升降横移类机械式停车设备获中国机械工业科学技术奖二等奖（2011年）。

（二）项目简况

该项目位于某城市，采用"智能化组合塔式立体车库"，占地675m^2，停车楼最高约49.3m，387个泊位，出入口8个，外围道路出入口6个，如图5-9所示。

图5-9　某城市智能化方圆组合塔式立体车库

A公司作为行业内的领先企业，在运用PPP模式取得城市公共立体停车设施项目时也可以有针对性地进行税收筹划。

A公司采用"PPP"模式投资某市甲、乙、丙等三个立体车库（图5-1），总采购投资20亿元。其中，乙、丙立体车库财务效益相对较好，甲立体车库财务效益较差。预测运营期第8年乙立体车库项目盈利4000万元，丙立体车库项目盈利3000万元，甲立体车库项目亏损2000万元。若三个立体车库项目成立项目子公司，则当年共需要缴纳企业所得税1750万元（7000×25%）。

并且公司生产经营状况允许时，可以运用分公司的经营亏损充分发挥抵税效应，A公司应当建立一家项目分公司，三个立体车库项目作为内部核算单位。根据企业所得税法的相关规定，总分公司按照总公司一个纳税主体进行征收，因此，依照法律法规的要求，甲、乙、丙三个立体车库项目的经营利润和亏损可以合并计算企业所得税，在这种情况下，甲立体停车项目的亏损可以抵减另外两个立体停车项目的应纳税所得额2000万元，则三个立体停车项目仅需要缴纳企业所得税1250万元（5000×25%），仅通过选择合适的项目公司组织形式就为公司当年节税500万元。

此例中，A公司更注重总分公司经营亏损的抵税效应，从而选择了设立项目分公司的形式作为采购环节项目公司的设立形式，简化了该项目公司的组织管理机构，降低了A公司管理成本。

(三)税务规划方案

1. 项目建设管理

根据PPP建设项目效果,处于建设期间的项目基本不会产生增值税销项税额,因此A公司前期支付的进项税额及税率高低将直接影响整个项目的实际税负和资金的时间成本。

2. 在工程中采用EPC+PPP总承包模式

A公司针对不同的应税行为应当分别约定不同的价款。主要有在工程总承包合同中,将工程勘察、设计、采购、施工等费用加以区分。对于建设期间的利息支出,A公司应当合法合规适当延迟支付,充分利用货币的时间价值达到缩减成本的筹划目标。同时,A公司需要合理安排研发方式,使项目公司的研发费用可加计扣除或适用较低税率等。

3. 科技税务优惠

根据《关于完善研究开发费用税前加计扣除政策的通知》,科技企业研发费用加计扣除的范围大大扩大,A公司的"PPP智能化组合塔式立体车库"模式立体停车项目符合研发费用加计扣除的相关规定,A公司可以申请研发费用加计扣除优惠,直接带来企业所得税税前扣除项目额的增加,从而直接减少A公司企业所得税的应纳税额。

4. A公司报表

PPP立体停车项目建设期间的研发费用主要集中在人员费用、直接材料投入、折旧费用及无形资产摊销和其他费用等方面,进行税收筹划前,A公司该项目研发费用明细见表5-15。

A公司组合塔式立体停车库项目研发费用明细表(万元)　　表5-15

项目	综合电力控制系统	升降横移机控制系统	车库安全预警控制系统	智慧停车平台管理系统
内部研究开发额	506	1478	786	2398
其中:人员费用	159	495	109	304
直接材料投入	202	532	—	387
折旧费用与无形资产摊销	117	208	287	654
其他费用	28	243	390	1053
外部研究开发金额	—	—	—	—
研究开发金额	506	1478	786	2398

经过核实和研究后发现,该研发费用列支存在可优化的地方:

(1)通过查看"综合电力控制系统"的材料出库明细表得知,由于A公司仓储系统没有及时更新和导入生产经营数据,部分由A公司自行加工的归属于该项目所用的零部件没有归集进入"综合电力控制系统"项目,而是直接计入了生产成本——某型号控制器。这一错误会导致研发费用误计、错计入其他的会计科目,导致合理研发费用的减少,从而进一步影响了A公司企业所得税税前扣除项目的金额。经A公司根据研发费用归集明细表统计,由于没有对A公司研发的项目和产品进行区分,"综合电力控制系统"的部分研发费用混淆计入了产品的材料费用科目,这部分的金额为172万元。

(2) "车库安全预警系统"3月立项，根据立项时的时间要求，此系统4月开始正式研发流程，但是由于A公司工作人员的疏忽，"车库安全预警系统"的立项报告没有及时交送A公司的相关部门进行导入处理，导致A公司OA系统没有及时更新，材料出库人员在领用研发材料时，因为系统未更新的缘故，没有找到对应的"车库安全预警系统"名称，因此直接将该研发项目所用材料计入产品材料出库。通过A公司的统计数据发现，"车库安全预警系统"应当归集在研发费用支出的直接材料费用，增加金额为376万元。

(3) 通过对A公司四个研发项目人员费用核查后发现，对于同时进行几个项目研发的技术人员，并没有根据项目不同而在研发人员工作上进行严格的区分，此外，由于项目技术的特点，需要一些非专业技术人员参与到该项目的实际研发过程中，对于这部分人员，A公司对于研发费用上的误记、漏记情况比较严重。"升降横移机系统"项目中有A公司其他部门的相关非技术专业人员参与，这部分人员并非日常进行该系统的研究和开发，属于非专门从事研发的工作人员，其职工薪酬误计入制造费用，导致该项目职工薪酬少计307万元。

(4) 通过对A公司四个研发项目使用无形资产累计摊销额的调查和研究发现，A公司在项目研发过程中涉及了使用其他无形资产的部分和流程，但是由于项目研究和开发时并没有事先考虑到无形资产摊销额的对应归集处理，导致在该项研究开发费用发生时直接计入了"管理费用"，这一举措导致无形资产累计摊销少计1237万元，造成了A公司税前扣除额的极大损失。

在对A公司智能化组合塔式立体停车库项目研发费用进行上述优化调整后，结果见表5-16。

优化组合塔式立体停车库项目明细表（万元）　　　　表5-16

项目	综合电力控制系统	升降横移机控制系统	车库安全预警控制系统	智慧停车平台管理系统
内部研究开发额	678	2214	1467	2901
其中：人员费用	159	495	109	304
调整后增加人工	—	307	—	—
直接材料投入	202	532	—	387
调整后直接增加投入	202	532	—	387
折旧费用与无形资产摊销	117	208	287	654
调整后增加无形资产摊销费用	—	429	305	503
其他费用	28	243	390	1053
外部研究开发金额	—	—	—	—
研究开发金额	678	2214	1467	2901

调整前A公司PPP模式立体停车项目研发费用为5168万元，调整后A公司PPP模式立体停车项目研发费用为7260万元，直接降低应纳所得税额784.5万元（2092×25%×150%＝784.5）。

5. 所得税规划

根据《企业所得税法》《企业所得税法实施条例》等相关法律法规的规定：

（1）符合环保减税条件。企业购置并实际使用符合有关政策规定的环境保护、节能节水、安全生产等专用设备的，该专用设备的10%的投资额可以从企业当年的应纳税额中抵免，当年不足抵免的，可在以后5个纳税年度结转抵免。

（2）符合产业政策条件。根据《公共基础设施项目企业所得税优惠目录》的规定，A公司投资PPP项目符合该城市重点建设项目，享受"三免三减半"的企业所得税优惠。

（3）科技创新。A公司在PPP模式立体停车项目建设过程中专利研发和自行制造安全生产的专用设备、软件控制系统和环境预警设备等，所建设PPP项目符合《公共基础设施项目企业所得税优惠目录》。

6. 方案测算

A公司根据立体停车项目市场收益情况，在某省新建立体停车项目期间，其中安全生产专用设备投资额为5000万元（总抵免额为500万元），根据以往年度经验预计取得第一笔收入当年（第一年）的利润总额为3000万元，并且之后每年利润总额在前一年度基础上增加5%，A公司在主管税务机关同时备案申报"三免三减半"和投资抵免税收优惠政策，A公司未来六年预计收益及纳税情况见表5-17。

A公司税收优惠政策预期收益和纳税额（万元）　　　表5-17

项目	利润额	应纳所得税	"三免三减半"优惠	投资抵免优惠	实际缴纳所得税
第一年	3000	750	－750	无抵免	0
第二年	3150	788	－788	无抵免	0
第三年	3307	827	－827	无抵免	0
第四年	3472	868	－434	（减半征收）－434	（抵免）
第五年	3646	912	－390（减半征收）	66抵免	456
第六年	3829	957	－479（减半征收）	不适用	479

根据方案预测显示，A公司同时适用两项优惠政策，可以使A公司在PPP智能化组合塔式立体停车库项目建设完毕后，未来六年的总应纳所得税额降至935万元（456＋479），节税效果明显。相比未规划前的5102万元（750＋788＋827＋868＋912＋957）降低4167万元，通过对A公司税务规划，突显了税务科学管理的经济效益。

【习题与案例】

本章习题与案例见二维码5。

二维码5

第六章 国际工程项目税务管理

【学习指引】

A公司是我国大型国有国际建设—施工—运营等集团，A公司主要国际工程业务类型为EPC（即Engineering（设计）—Procurement（采购）—Construction（施工））承包项目。A公司国际工程主要分布在广大亚非拉地区，80余个国家，业务覆盖能源、水务、交通、矿产、房建等各领域。A公司在非洲某国承包了D水利工程项目，该国法律的企业基本所得税税率为30%，我国所得税税率25%；D工程项目总承包金额为3000万美元，毛利300万美元，其中设计部分500万美元（毛利50万美元），采购部分1000万美元（毛利100万美元），建造施工项目为1500万美元（毛利150万美元），A公司如何做好D国际工程项目的税务管理。

【学习目标】

本章通过学习国际工程税务管理基本原理、税务规划和国际工程税务案例分析，要求掌握国际工程税务管理的方案规划。

要求熟悉国际工程税务管理的基本概念、原则和原理；了解国际工程建设项目特征及工程税务管理特点；掌握国际工程税务管理内容和背景；熟悉国际工程税务管理的环境特点，理解国际工程税务管理的目标及其重要性；辨析国际工程的税务与税收、税收规划与税务管理，理解国际税法、国际税收协定和双边税收协定的相关概念、原则和内容；理解国际工程税务方案规划概念、原理和方法，掌握国际工程税务方案规划的实际内容；掌握国际工程税务方案风险评价原理和实际评价方法。

【重要术语】

国际工程；工程总承包；EPC；国际税务；国际税务风险；转让支付；国际工程税务管理；国际工程税务风险；税收协定；税务方案；税务规划；税收遵从原则

第一节 国际工程税务管理概述

一、国际工程承包概念及特征

国际工程就是指一个工程项目从咨询、融资、采购、承包、管理到培训等各个阶段的参与者来自不止一个国家，并且按照国际上通用的工程项目管理模式进行管理的工程。

工程总承包概念国际上尚未明确定义，我国建设部2003年颁布的《关于培育发展工程总承包和工程项目管理企业的指导意见》中对于工程总承包的定义如下："工程总承包是指，通过投标或议标的形式，接受业主委托，按照合同的规定，对项目的设计、采购、施工、试运行全过程实施承包，并对工程的质量、安全、工期与费用全面负责的一种项目建设组织模式。"

国际工程总承包是指按国际通行惯例，接受国外业主委托，运用国际上工程总承包的典型形式，例如"设计—建造（Design-Build）"模式与"设计—采购—施工"（EPC）模式，联合或单独使用"交钥匙"（Turnkey）这一术语。在实践中，"设计—建造"模式主要用于房屋建造与其他土木工程领域，"设计—采购—施工"模式一般用于含有大量非标生产设备的石油、化工、电力、电信、矿业等工程领域，"交钥匙"多用于设备供货与安装项目，如世界银行的"装置与设备供货和安装交钥匙合同"（Supply and Installation of Plant and Equipment under Turnkey Contrac）等。

国际工程总承包的业务范围主要包括：工程设计、技术转让、机械设备的供应角度、与安装、原材料和能源的供应、工程施工、资金管理、人员培训、技术指导、经营管理和税务管理等。

国际工程总承包的特征如下。

1. 国际性

国际工程项目最突出的性质在于其国际性。一般来说，国际工程承包项目往往能够涉及多个国家及地区的法律法规，包括了公司法、投资法、劳动法、金融法、外贸法、建筑法、社会保险法和各种税法等；从工程参与主体角度，包括国内外公司，既包括母公司，也包括子公司；从原材料、设备、技术采购供应角度，与各个国家及地区的合同、税务制度和征税流程等存在紧密关系；从工程人员角度，涉及不同国家及地区的管理、技术、施工、服务等的性质类别等。因此，做好国际工程承包的税务管理必须具备国际化的思维、组织、能力和专业人才。

2. 竞争性

国际工程项目通常是通过国际工程承发包市场，在全球范围内招标，各国际承包商通过激烈的竞争性投标完成总承包或项目分包。不过部分承包商依靠自身长处在竞标标准方面做手脚，造成实际难度提高。比如，西班牙的ABC工程承包公司、德国的豪赫蒂夫公司（Hochtief AG）、瑞典的斯勘斯卡公司（Skanska AB）、法国的万喜公司（VINCI）等。因此，国际工程承包不仅是工程技术实力的比较，更重要的是各项管理软实力的竞争，其中就包括国际工程税务管理方案、组织和人才的竞争。

3. 风险性

风险是损失的不确定性[1]，风险是活动或事件消极的、人们不希望的后果发生的潜在可能性[2]。美国项目管理协会（PMI）认为：项目风险是一种不确定的事件和条件，一旦发生，会对项目目标产生某种正面的或反面的影响[3]。

国际工程项目是在工程总承包公司以外的国家和地区进行，因而必然受到工程项目所在国家及地区的自然环境、政治环境、金融环境、市场环境、法律环境和税收环

---

[1] Rosenbloom. A Case Study in Study in Risk Management [M]. New York: Prentice Hall, 1972.
[2] 卢有杰，卢家仪. 项目风险管理 [M]. 北京：清华大学出版社，1998.
[3] PMI. A Guide to the Project Management Body of Knowledge (2000) [M]. New York: Mcgraw-Hill, 2000.

境等因素的影响，比国内总承包工程项目承担了更高的各类型风险。其中，工程税务风险与前面的风险均有必然联系，做好国际工程税务管理是总承包公司十分重要的工作。

4. 多样性

多样性是指国际工程项目功能和用途不同，工程承发包模式不同，特别是工程货币结算不同等，因而国际上承包商往往应借助国内外不同货币币种承担不同阶段、不同项目的各种成本，根据货币不同的汇率与利率，在工程项目实施地区应用货币杠杆承担起工程的各项成本与费用，实现工程价值结算等。国际工程承包开支通常情况下能够借助各种支付方式如现金、支票，也可以采用银行信用证、国际托收、银行汇付等具有优势的结算手段。这样便引起工程税务管理采取不同税务政策、时段和方式，实现国际工程中税负最优。

5. 复杂性

国际工程项目的工程技术、建造周期、原料、人工、设备安装和运营管理等都呈现出多元化和多维度。因而，对于工程税务管理必须依据项目所在国及地区的实际情况，对工程项目的投资阶段、融资阶段、建造阶段、竣工验收和项目运营等阶段，分别对工程发生的税务活动及形成的税务关系，进行判断、预测、规划和征缴，运用专业的税务管理实现工程价值的最优。

6. 协同性

国际工程项目承包单位，在工程全寿命周期中始终存在着国内母公司与项目子公司或项目部的税务协调关系，特别是国际工程中常用的法人居民身份认定，纳税人或主体和征税对象认证，国际双重征税等，可以合法、合理和适度地展开税务规划。同时，也能通过母子公司的优势展开税务管理，达到合理节税的目的。

二、国际工程税务管理目标

国际工程税务管理的目标是指国际总承包企业面对国外工程建设环境和条件，根据工程建设所在国及地区法律环境，运用科学的管理方法，依据工程承包合同对工程建设中发生的税务活动及形成的税务关系实施预测、计划、规划和有效控制，争取工程税务活动合法合规，税务关系和谐，实现工程盈利的目的。它决定了国际工程税务活动管理的根本任务，税务管理目标应基于工程建设的全寿命周期投融资、建造和运营管理活动，协调各契约关系主体的利益，提高工程项目经济效益、确保工程税负最优。

三、国际工程税务管理内容

根据国际惯例，从事国际工程承包的企业必须作为工程所在国及地区的纳税主体向该国及地区纳税。因此，在进行工程承揽的企业必须建立科学、专业和系统的国际税务管理组织与人才队伍。应准确掌握国际税收制度和了解所在国及地区税务法律、制度，包括征税对象、税种、税率、纳税程序、纳税方式、纳税时限、税收优惠政策及违规处置等。国际工程企业与国外业主签订建造合同时，形成税务注册、登记的责任，也具备了纳税条件，在整个工程建设和保持维修期间，都要按照工程所在国及地区的相关税收法规，履行纳税义务。

国际工程税务管理的内容是基于工程税务管理目标，实现工程税务管理职能，源于工程项目资金运动及其所表现的税务关系，表现为投融资、原料采购、建造活动、利益分配等过程中的税务管理效率与效益,主要包括:国际税制管理、税务规划(包括纳税预测、纳税决策、纳税计划、纳税控制、纳税分析等)和税务日常管理。

1. 税制管理

国际工程承包企业针对承包工程所在国及地区、其他国家及地区或国际通行税收协定,全面、系统的国际税法、政策和制度,对工程所涉及的所在国及地区税制、征税流程和公司税务管理进行有效管理的过程。

2. 税务规划

国际工程承包企业基于工程全寿命周期活动,依据所在国及地区税法、国际税收协定及所在国及地区征税规范,根据工程合同及形成的各种税务关系,按照工程活动内容开展的纳税预测、纳税决策、纳税计划、纳税控制、纳税分析等管理活动,主要有投资与融资税务规划、工程建造活动税务规划、原材料采购与设备税务规划、利润分配税务规划等。

3. 税务风险管理

国际工程承包企业的税务日常管理活动主要是建立企业与各方税务关系,协调税务利益,建立税务管理组织,培训税务管理人才,确保企业国际工程活动中降低税务成本,防范纳税风险,实现国际工程承包活动的最大效益。

四、我国国际工程发展阶段

中国从 1978~1979 年开始组建对外工程公司,进入国际工程承包市场,经过 40 多年的奋力开拓与拼搏,国际承包工程和劳务合作已扩展到 200 多个国家和地区。特别是 2014 年提出"一带一路"倡议,国际工程承包改变了传统的工程项目单一承包建设模式,进入了一个多元化、创新型和模式性的转变,即"建设旨在加强沿线国家的政策沟通、基础设施联通、贸易畅通、资金融通、民心相通,促进经济要素有序自由流动、资源高效配置和市场深度融合,共同打造开放、包容、均衡、普惠的区域经济合作架构"[①]。总体上经历了如下三个阶段。

1. 1997~2006 年

根据美国《工程新闻纪录》(Engineering-News Record,简称 ENR)周刊对国际市场 225 家最大承包商的统计,中国公司入围 225 强公司数量从 1997 年的 26 家增至 2006 年的 49 家,已占据了五分之一的席位。进入前 100 强最多的是 2002 年(15 家),其次是 2006 年(14 家)以及 1999 年和 2003 年(13 家),最少的是 1997 年(4 家)。从排名来看,2002 年占据中国公司排名榜首的是中国建筑工程总公司,排名是全球第 16 位,2006 年中国交通建设集团有限公司排名是全球第 14 位,见图 6-1、表 6-1。

(1) 2000~2001 年,由于美国受到"9·11"恐怖袭击,2001 年成为国际工程市场相对低迷的一年。

(2) 2008~2010 年,受全球金融危机影响,国际建筑市场从前几年的快速发展态势突然转入停滞状态。

---

① 中国一带一路网政策解释"一带一路融资指导原则"https://www.yidaiyilu.gov.cn/.

第六章 国际工程项目税务管理

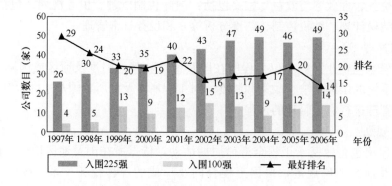

图 6-1 1997~2006 年期间,历年中国公司入围 225 强、100 强数量及最好排名

中国建筑公司全球排名企业表　　　　　　　　　　　　　　　　表 6-1

行业	最好排名	公司名称	排名时间
房屋建筑	第五位	中国建筑工程总公司	2006 年
制造	第二位	中国港湾工程有限责任公司	2000 年
水利	第三位	中国港湾工程有限责任公司	2003 年
交通	第七位	中国交通建设集团有限公司	2006 年
排水	第六位	中国港湾工程有限责任公司	2000 年
有害废物处理	第一位	中国路桥工程有限责任公司	2000 年
能源	第六位	中国机械工业集团有限公司	2002 年
电信	第五位	中国机械工业集团有限公司	2003 年

(3) 2013 年,受 ISIS 在中东肆虐和油价大幅下挫等国际政治经济环境波动的影响,国际承包市场的不确定性增加。

2. 2007~2010 年

2007~2010 年,受全球金融危机影响,国际建筑市场从前几年的快速发展态势突然转入停滞状态,大量建设项目停工或缓建,但从总体发展趋势看,国际工程承包市场营业额 16 年间上涨了近 4 倍。中国有 51 家公司入选国际最大 225 家承包商,营业总额为 226.78 亿美元,比 2006 年增长 39.2%,所占国际市场份额保持稳定。

3. 2011~2016 年

2011~2015 年,国际承包商 250/225 强中的中国国际工程企业数量持续增加,反映出中国承包商实力的不断增长,具体情况见表 6-2,取得了令人瞩目的成绩。

2011~2015 年进入国际承包商 250/225 强中国企业表　　　　　　表 6-2

年份	企业数量 (家)	前 100 强 企业数量	国际营业额 (亿美元)	比重(%)
2015 年	65(62)	20	936.7(934.10)	19.30(19.21)
2014 年	65(63)	21	896.8(893.90)	17.19(17.23)

续表

年份	企业数量（家）	前100强企业数量	国际营业额（亿美元）	比重(%)
2013年	62(56)	21	790.4(782.50)	14.53(14.48)
2012年	55(52)	23	671.7(666.90)	13.10(13.10)
2011年	52	22	627.1	13.84

注：表中2012~2015年括号内数据为相应指标225强的数据。

2011~2015年，中国国际工程承包企业在全球区域性市场获得的收入占海外市场收入总和的比重见表6-3。非洲、亚洲及中东市场持续保持中国品牌市场；拉丁美洲及加勒比地区市场的稳定增长；欧美市场，中国国际承包出现新的增长极。

2011~2015年ENR国际承包250/225强中国企业总收入市场构成表（%） 表6-3

年份	中东	亚洲	非洲	欧洲	美国	加拿大	拉丁美洲/加勒比地区
2015年	14.0	32.3	37.8	3.6	4.2	0.2	8.0
2014年	16.9	31.5	39.0	2.7	2.0	0.2	7.7
2013年	17.4	32.1	38.4	3.1	1.0	0.4	7.5
2012年	13.9	35.8	38.0	2.4	0.9	0.0	9.0
2011年	18.0	35.9	37.2	2.3	0.9	0.0	5.7

我国提出"一带一路"倡议后，沿线各国为响应此战略增加了基础设施建设投入，国际工程承包市场出现了前所未有的新局面。未来的国际工程承包市场呈现前10名企业的固化和激烈的竞争并存态势。2012~2016年度，国际承包商名列前茅者历年名次，见表6-4。

2012~2016年度国际承包商10强排名 表6-4

公司名称	2016年	2015年	2014年	2013年	2012年
西班牙ACS集团	1	1	1	1	2
德国霍克蒂夫公司	2	2	2	2	1
中国交通建设股份有限公司	3	5	9	10	10
法国万喜公司	4	4	4	4	3
美国柏克德集团公司	5	3	3	3	5
巴西奥迪布里切物公司	6	13	12	12	13
法国德希尼布集团	7	6	10	11	11
奥地利利斯特伯格公司	8	9	6	6	4
法国布依格公司	9	7	7	7	8
瑞典斯堪斯卡公司	10	8	8	9	9
意大利萨伊伯姆公司	12	10	11	8	6
美国福陆集团	15	12	5	5	7

五、国际工程税务管理知识

1. 国际税收协定

国际税收协定是指在两个或两个以上的主权国家之间为协调相互间处理跨国纳税人征税事务方面的税务关系，本着对等原则，通过政府间谈判所签订的其在国际税收分配中的关系具有的法律效力的书面协议或条约。它属于国际法中"条约法"的范畴，它只对当事国具有同国内法效力相当的法律约束力，对第三方国家没有签订协定的居民无法享受的。

2. 国际双重征税的缓解和消除

国际双重征税又称国际重复征税，是指两个或两个以上的国家各自依据自己的税收征管管辖权就同一税种对同一征税对象在同一纳税期内同时征税。表现了税收管辖权的冲突，国际重复征税作为一种特殊的经济现象，必然对国际经济合作与交易产生影响，而且是一种消极的做法，因此国际上都把解决国际重复征税作为一个极其重要的国际问题，并在世界范围内逐渐确立并减除国际重复征税。

3. 税收饶让原则

税收饶让是指居住国政府对其居民在国外得到减免税优惠的那一部分，视同已经缴纳，同样给予税收抵免待遇，不再按居住国税法规定的税率予以补征。例如，假设有一家A国公司在D国经营工程项目，并有所得100万元。已知D国所得税税率为30%，按税法规定，D国可对其所得征收30万元的所得税，但为了鼓励A国公司在D国的投资，D国给予税收减免，改为按15%的税率征收。A国政府在对该公司来源于D国的所得征税时，如果仍以30万元作为该公司实纳外国所得税进行税收抵免，而不对该公司在D国获得的15万元减税进行补征，即称为饶让。

4. 纳税主体和征税对象

国际工程项目纳税人包括负有跨国纳税义务的自然人和法人。自然人在税收法律界定上，依照各个国家不同的界定标准可分为个人居民和个人非居民。所在国可以采用居住地、居住时间、注册登记地等标准，由此界定出不同的税务责任。法人包括从事跨国经营活动的所有企业。

国际上大多数国家的对外工程承包合同均以母公司的名义签署，再由项目部经理具体承包业务。而不同的国家也不尽相同，例如马来西亚、坦桑尼亚等国则是要求深市机构或分公司为纳税主体，而埃塞俄比亚、阿尔及利亚等国家规定要以项目部为纳税主体。

5. 法人居民身份的认定

法人居民身份的认定关系到项目所在国的税收权益和纳税义务，被认定为法人居民身份的企业具有无限连带责任，对其承担其在全球的总收入纳税。由于国际工程承包是在世界范围内开展经济活动，随之产生了与跨国纳税有关的常设机构与联属企业问题。常设机构的认定关系到收入来源地国家的税收权益，而联属企业认定是母子公司利润调整的依据。

第二节 国际工程税制管理

一、国际工程税制差异

世界各国的税收制度是以国家主权确定的，各国的税收制度差异为我国国际工程税务管理提供了客观的基础。主要包括税收法律、征税制度、征税管辖权和税种设置等。世界各国税收制度的差异是存在的,主要包括税收管辖权差异、税率与税基差异和税种差异。

(一) 税收管辖权差异

1. 税收管辖权

国际税收是指两个或两个以上的主权国家或地区,各自基于其课税主权,在对跨国纳税人进行分别征税而形成的征税关系中,所发生的国家之间或地区之间的税收分配关系。这种分配关系的核心是税收的管辖权。税收管辖权属于国家主权在税收分配中的体现形式,是一个主权国家在征税方面的主权范围。按国际公认的做法,税收管辖权有属地管辖权原则和属人管辖权原则。

其中,属地管辖权原则是指以纳税人的收入来源地或经济活动所在地为标准,确定国家行使税收管辖权范围的一种原则,也称为属地主义或属地主义原则。属人管辖权原则是指以纳税人的国籍和住所为标准,确定国家行使税收管辖权范围的一种原则,也称属人主义或属人原则。

由于各个国家在税收领域行使征税管辖权力的原则不同,因此各自所确立的税收管辖权范围和内容也有所不同。目前,世界上的税收管辖权大致划分为三类:居民管辖权、地域管辖权和公民管辖权。

(1) 居民管辖权是指一个国家对凡是属于本国的居民取得来自范围的全部所得行使的征税权力。这种管辖权是按照属人权力确立的。各国税法对居民身份的确认方法不尽相同,有的是按照居住期限确定,也有的是依据是否有永久性住所确定。

(2) 地域管辖权又称为收入来源地管辖权,它是指一个国家对于发生于其领土范围内的一切应税活动和来源于或被认为是来源于其境内的全部所得行使的征税权力。这种管辖权是按照属地原则确立的。在地域管辖权下,通过确认所得的地域标志来确定该笔所得的来源地,一笔所得被地域化,从而纳入所在地域的国家税收管辖范围。这种按地域范围确定的管辖权体现了有关国家维护本国经济利益的合理性,又符合国际经济交往的要求和国际惯例,被各国公认为是一种较为合适的税收管辖权,并为绝大多数国家所接受。

(3) 公民管辖权是指一个国家依据纳税人的国籍行使税收管辖,对凡是属于本国的公民取得的来自世界范围内的全部所得行使征税权力。这种管辖权也是按照属人原则确立的。公民是指取得一国法律资格,具有一国国籍的人。需要指出的是国际工程税收中所使用的公民概念不仅包括个人,也包括团体、企业或公司,还包括公司所拥有的工程项目,是一个广义的公民概念。公民有时也称为国民,世界上多数国家使用的是公民概念,但是日本等少数国家也使用国民概念。

正是因为有了属人原则和属地原则,所以必然导致税收管辖权之间的矛盾,必然会发生重叠和交叉,因此,工程项目必然要进行税务管理。

2. 国际重复征税

国际重复征税是指两个或两个以上国家对同一跨国纳税人的同一征税对象所进行分别征税所形成的交叉重叠征税,又称为国际双重征税。

国际重复征税有广义、狭义之分。狭义的国际重复征税是指两个或两个以上国家对同一跨国纳税人的同一征税对象所进行的重叠征税,它强调纳税主体与课税客体都具有同一性。广义的国际重复征税是指两个或两个以上国家对同一或不同跨国纳税人的同一征税对象或税源所进行的交叉重叠征税,它强调国际重复征税不仅要包括因纳税主体与课税客体的同一性所产生的重复征税(狭义的国际重复征税),而且要包括因对同一笔所得或收入的确定标准和计算方法的不同所引起的国际重复征税。

国际重复征税一般包括法律性、经济性和税制性三种国际重复征税类型。

(1) 法律性国际重复征税是指不同的征税主体(即国家)对同一纳税人的同一种税源进行重复征税,它是由于不同国家在法律上对同一纳税人采取不同征税原则,因而产生了税收管辖权的重叠,从而造成了重复征税。

(2) 经济性国际重复征税一般是由于股份公司的经济组织形式不同所引起。股份公司的公司利润和股息红利所得属于同源所得,在对二者同时征税的情况下,必然会带来重复征税的问题。当这种情况中的征税主体是两个或两个以上的国家时,重复征税即称为经济性国际重复征税。

(3) 税制性国际重复征税是由于各国在税收制度上普遍实行复合税制所导致。在复合税制制度下,一国对同一税源课征多次相同或类似的税种,从而造成了税制性重复征税。国际税收中所指的国际重复征税一般属于法律性国际重复征税。

纳税人所得或收益的国际化和各国所得税制的普遍化是产生国际重复征税的前提条件。各国行使的税收管辖权的重叠是国际重复征税的根本原因。其中,最为主要的是有关国家对同一跨国纳税人的同一项所得同时行使收入来源地管辖权和居民管辖权造成税收管辖权的重叠。

(二) 各国税种差异

各国对工程劳务及个人提供劳务服务收入征收的流转税税种主要有增值税、商品或劳务税、营业税。德国、法国、奥地利、希腊、匈牙利、捷克、丹麦、芬兰、爱尔兰、日本、韩国、卢森堡、荷兰、新西兰、波兰、葡萄牙、西班牙、瑞典、英国等世界经济合作与发展组织(Organization for Economic Cooperation and Development,简称OECD)成员均实行增值税;澳大利亚、加拿大、新加坡对工程项目及劳务征收的是商品和劳务税;大部分发展中国家则实行的是营业税、劳务税等,如阿根廷实行的是营业税,巴西实行的是劳务税,埃及、印度等国家实行的是销售税,发展中国家对工程项目及劳务实行增值税的主要有中国、俄罗斯、菲律宾、南非和泰国等。

各国对工程项目施工劳务及个人提供劳务服务取得的所得在缴纳流转税的基础上,还需要缴纳企业所得税或公司所得税。

(三) 税率与税基差异

税率和税基共同决定了税负的大小。税率是税法的核心,它反映了税收负担的基本状况,税率上的差异具体表现在税率高低的差异和税率结构的差异两方面。"各国税率高低差异很大,发展中国家的宏观税负水平明显要低于发达国家,其差距平均为20多个百分点"[①],在其他条件不变的情况下,税率的高低决定了税收负担的高低,因此,产生了国际工程税务管理实践的原动力。世界各国的国情不同,出于国家特定时期的经济战略、货币战略和产业战略的需要,因而各国都在税法立法时根据其综合利益选择的目标,形成了

---

① 胡峰. 国际避税产生的动因分析 [J]. 云南财贸学院学报,2002 (2).

有的国家税率很高，税负很重，有的国家则税率较低，而税负相对较轻的情况，主要表现为四种类型。

1. 流转税税率差异

各国对工程项目劳务及个人劳务收入征税的税率差异很大，发展中国家税负较低，发达国家相对较高。大部分发达国家在20%左右，而发展中国家在5%～10%左右。如埃及为5%～10%，巴西为0.5%～10%，菲律宾为10%，新加坡为3%，泰国为1.5%～10%，南非为14%，中国为3%。

2. 公司所得税差异

税基是指某一税种的课税依据。在所得税中，税基为应税所得额，计算应税所得要对各项成本费用进行扣除，各国税法对应税所得计算的规定差异很大，一般来说，税收优惠越多，税基越小越窄；反之，税收优惠越少，则税基越大越宽。每个国家对公司的工程项目施工劳务所得征收所得税，不论工程项目所得所在地设立机构与否，大部分发达国家公司所得税税率在30%以上，一部分国家实行比例税率，另一部分国家实行累进税率。如奥地利的公司所得税率为34%的比例税率，比利时实行28%、36%、41%的累进税率；法国的公司所得税率为33.33%；希腊的公司所得税率为35%，且按注册地原则确定居民公司；意大利的所得税率为36%；墨西哥的所得税率为35%。

3. 个人所得税差异

各个国家对个人提供劳务的所得既要征收流转税，还要征收个人所得税和社会保障税。其中，个人所得税大部分国家是实行超额累进税率，但累进级次及税负率相差很大。社会保障税差异就更大，有的国家是由雇主支付或缴纳，有些国家是由雇主和雇员分别负担，而有的国家是雇员全部负担。

税率和税基的差异导致纳税人税收负担的不同，也造成了税后利润的不同，这就是工程税务管理的纳税人到税率和税基都对自己有利的地点开展业务的原因。

4. 其他差异

主要有政府的税收优惠政策。政府的税收优惠政策是各国根据社会经济发展、产业发展和财政政策主导不同，为吸引国外投资人所采取的阶段性、税率与税基方面的各种优惠条件，尤其是对投资人所提供的优惠，主要表现在国家或地区建立有保税区或工业园、自由贸易区、高新技术产业园区等。由于区内实行的优惠税率、低税率或零税率，成为各产业发展的集中地，其税收优惠政策成为国际工程税务管理重点考虑的内容。

二、国际工程税种管理

国际工程承包不仅是工程项目建设问题，还涉及工程建设中各种原材料、机械设备、资金的输出。因此，在国际经济合作中，国际工程总承包项目属于资金、技术、贸易的范围，国际工程总承包的纳税问题，不仅涉及技术与服务贸易方面的税收，也必然与货物贸易税收紧密联系。国际工程总承包项目的税务管理，受到本国税收制度和国际税收制度两方面的共同影响。对国际工程总承包展开税务管理，需要全方位、多视角和系统性地对国际工程税务的税收制度、政府政策、相关的国际税收准则、惯例或原则、规范等和国家间税收协定等方面实施科学管理。具体实施时，掌握国际工程中的各类税种是税务管理的重要内容，国际工程涉及的主要税种包括：流转税、所得税、资源税类、财产税和其他税五大类。

(一) 流转税类

1. 增值税

世界各国普遍实施征收增值税。增值税是法国经济学家 Maurice Lauré 于 1954 年所创立的。法国增值税从工业扩展到农业、商业、交通、服务等行业，在世界上率先建立了一套系统的消费型增值税制度，法国政府有 45% 的收入来自增值税。大多数国家将其称为增值税，但也有的国家将增值税赋予其他的称谓，如加拿大称为劳务及商品税，日本、蒙古称为消费税，斯里兰卡称为商品劳务税；澳大利亚、加拿大、新西兰、新加坡称为商品及服务税（Goods and Services Tax，GST）等。尽管其名称各异，但其实质都是针对工程劳务及商品生产、流通、销售和提供劳务等各个环节的增值部分所征收的税种。

国际工程税务管理中针对增值税应重点关注以下四点：增值税类型、课税范围、抵扣方法、出口退税制度。

1) 增值税类型

国际上增值税的主要类型有，消费型增值税、收入型增值税和生产型增值税三种。

消费型增值税的特点是指在征收增值税时，允许将固定资产价值中所含的税款全部一次性扣除。是以销售收入总额减去其他耗费的外购商品与劳务及购进固定资产后的余额作为增值额，就整个社会而言，是将生产资料都排除在征税范围之外所计算的增值税。该类型增值税的征税对象仅相当于社会消费资料的价值，因此称为消费型增值税。中国从 2009 年 1 月 1 日起，在全国所有地区试点消费型增值税，在 2016 年全国全行业实行消费型增值税。

收入型增值税的特点是指在征收增值税时，只允许扣除固定资产折旧部分所含的税款，未提折旧部分不得计入扣除项目金额。该类型增值税的征税对象大体上相当于国民收入，因此称为收入型增值税。

生产型增值税的特点是指以纳税人的销售收入减去用于生产、经营的外购原材料、燃料、动力等物质资料价值后的余额作为法定的增值额。征收增值税时，不允许纳税人扣除购进固定资产所负担的增值税，是以销售收入总额减去其耗用的外购商品与劳务（不包括纳税人购进固定资产）后的余额为课税征税依据所计算的增值税。

国际工程项目中一般固定资产投资、资本投入和各项原材料、机械设备等投入很大，因而在计算和缴纳增值税时，是否允许扣除固定资产所缴纳的增值金额，对工程税务管理有着重要的意义。总之，增值税是工程提供劳务及商品流通价格以外的价值，实行价外税，也就是由消费者负担，有增值才征税，没增值不征税。

2) 增值税征税范围

理论上，增值税的实施范围包括所有创造和实现价值增值的领域、行业和产业市场，即主要有农林牧业、制造业、采矿业、能源交通业、对外承包工程业、商业及劳务服务业等大类；从微观市场角度，主要包括原材料采购、产品制造、批发和零售商品各个环节。但是，由于增值税的技术操作、各国征管水平及财政需要程度不同，各国增值税的实施范围也是不同的。

国际工程税务管理中，应根据不同国家实施的增值税征收范围的规范，依法科学、合理和准确地实施增值税规划、征税风险规划和流程规划。

3）增值税的抵扣方法

增值税一般实行的是发票抵扣增值税计算和缴纳时的金额制度，即进项增值税减去销项增值税，因此增值税的发票管理是关键点。我国目前实行的是增值税五档税率制度，一般纳税人适用的税率有：17％、13％、11％、6％、0％等，适用17％税率的是销售货物或者提供加工、修理修配劳务以及进口货物和提供有形动产租赁服务。小规模纳税人实行的是征收率为3％。其发票为增值税普通发票和增值税专用发票，两者的区别是增值税专用发票可以抵扣进项税款。发票的主要关注点是开具的时限、内容、适用税率和范围等严格的规定，应详细掌握各国在增值税上的具体原则，按所在国的税法规定取得发票，达到符合抵扣的要求。

4）增值税出口退税制度

各国目前实施的增值税都是针对出口商品和劳务的制度，即出口商品和劳务在出口环节不缴纳增值税，同时对其在国内缴纳的增值税额予以部分或全部退还，即实行的是零税率制度。因此，我国企业应该充分地掌握我国及国际的增值税出口制度。

从2016年6月1日起实行的是出口退税制度，在办理工程项目税务管理时，应当全面掌握及时和补充的增值税信息，不仅充分了解国内的税务管理税种，而且清晰掌握增值税规则、准确计算和严格按流程完成。

我国增值税计税，包括一般计税和简易计税。一般纳税人发生增值应税行为适用一般计税方法计算增值税。一般纳税人发生财政部和国家税务总局规定的特定应税行为的，可以选择适用简易计税方法计税，但一经选择后36个月内不得变更。小规模纳税人发生应税行为的，适用简易计税方法计税。一般计税方法的应纳税额计算公式为：

$$应纳税额＝当期销项税额－当期进项税额$$

当期销项税额小于当期进项税额、不足抵扣时，其不足部分可以结转下期继续抵扣。

2. 关税

国际工程总承包属于技术和服务贸易范畴，其工程价款的纳税本身不在关税征税的范围。但是随着国际工程项目的建设，必然有施工原材料、机械设备、办公设备等的采购及输出，因此国际工程总承包项目纳税税种中必然包括了关税。在考虑关税对国际工程业务的影响时，有两个方面应需要特别关注：一是关税税则，二是关税减免政策。

1）关税税则

关税税则有单式和复式两种，大多数国家（包括我国）实行的是复式税则。复式税则是指同一个税目下有两个或以上的税率，即对不同国家的进口商品适用不同税率。从现实情况来看，各国对于关税税则的要求都非常细致，一般设有普通税率、最惠国税率、协定税率、特惠税率等。因此，国际工程总承包项目进口货物前，都必须对各国的海关规则事先进行详细了解，这样才能有机会合理利用（如利用不同货物原产地进口关税的差异）关税税则中更为优惠的税率规定。

2）关税减免政策

各国为了给予某些特定纳税人和征税对象特殊照顾与优惠，通常会制定一些关税减免的政策，比如法定/特定减免税及一部分临时的减免税政策。以我国为例，关税制度规定，对外承包工程施工项目经海关核准暂时进境的施工机械，可自进境之日起 6 个月免征关税，超过规定期限未出境的，须从进境之日起的 6 个月后补缴关税，补征关税应当按照该货物的完税价格和其在境内滞留时间与折旧时间的比例计算征收。在我国与一些国家（尤其是非洲国家）的双边税收协定中，经常有与上述规定相似的条款。因而，国际工程总承包商，完全可以合理运用工程项目所在国的相关关税减免政策。

按应征关税的计税标准，关税可以分为四种：

(1) 从价计征是以货物的价格为计算标准计征关税；

(2) 从量计征是以货物的计量单位（质量、数量、长度、重量、体积等）为计算标准计征关税；

(3) 复合关税是对同一货物同时采用从价与从量两种标准计征关税；

(4) 滑动关税是对某种进口货物规定其价格的上下限，按照国内货物涨落的情况，分别采用几种高低不同税率的关税。

按照运输货物的不同征税分类，关税可以分为以下两种：

(1) 加重关税：包括反倾销税、反补贴税、报复性关税；

(2) 优惠关税：包括互惠关税、特惠关税、最惠国待遇、普遍优惠制。

3. 营业税

从 2016 年 6 月 1 日起在我国全部取消该税种。但是在国际工程中必须考虑各国税法规定的实际情况，针对工程项目中的营业税税种实施税务管理活动及处理税务关系，包括国际工程性质、规模和工程功能等，例如非洲的一些国家对公益建筑、文化体育项目提供的劳务暂免征收营业税。对不同国家在营业税管理时应重点关注不同税率、计算方法和缴纳时限等。

(二) 所得税类

所得税是对所有以所得为课税对象的税种总称。国际税法规定，一国对收入、所得、投资、财产等行使征税权力只能依据属人原则和属地原则。

1. 公司所得税

1) 所得税征收依据

各国在实践中，对国际工程总承包项目征收企业或工程所得税主要有两个依据：一是根据在工程项目所在地设立机构的性质；二是根据收入来源地性质，即针对来自该国地域范围内的收入、所得、财产等。

2) 所得税征收方法

目前，各国征收所得税有两种基本的做法，一是外国税收抵免制度，即企业居住国政府在就纳税人来源于国内外的所有收入征收所得税时，允许将其在国外已经缴纳的所得税部分进行抵扣（抵扣限额一般为居住国税法下所应征收的所得税额）；二是税收饶让制度，即居住国政府对跨国纳税人在非居住国已经得到减免的那一部分税额，视同为已经缴纳，不再按本国的税率要求补征。对于公司来说，在一些已经与我国签订了避免双重征税的税收协定的国家开展国际工程时，在该国缴纳的企业所得税按照我国税法规定，在计算缴纳企业所得税时是可进行抵扣的。但在实际中，除非公司在非居住国缴纳的税款已经超过了按照居住国税法计算的应纳税额，否则其总体税负是不变的，因为我国在计算总税额时，对于按两国税法计征的差额部分是要求补足征收的。

3) 所得税税率

世界各国及地区的所得税税率是不尽相同的（表6-5），主要有以下几类：

巴哈马没有企业所得税，但是公司要缴纳其他形式的税赋。国际工程承包企业最终支付的实际税率介于5%～15%，具体因公司市值而定。

百慕大没有企业所得税，国际工程承包企业实际税赋税率平均为12%左右。

开曼群岛没有企业所得税，国际工程承包企业最终为它们在此地注册的业务部门所产生的利润支付约13%的税率。

在瑞士，其企业所得税税率是21%，本土公司的实际中位数税率为17%，国际工程承包企业为19%。

印度法定企业所得税税率为34%，但是国际工程承包企业实际支付的税率中位数仅为17%，本土公司则为22%。

中国台湾的企业所得税税率为25%，经过税收减免之后，本土公司缴纳的税率为20%，国际工程承包企业为18%。

瑞典的企业所得税税率为28%，比美国低，本土公司的实际税率仅为10%，国际工程承包为18%。

加拿大的企业所得税税率为36%，经过税收减免之后，国际工程承包企业的实际支付税率中位数降至21%，本土公司的实际税率中位数为14%。

澳大利亚的企业所得税税率为30%，经过税收减免后本土公司及国际工程承包企业的实际税率中位数降至22%。

法国企业的基准税率为35%，经过税收减免之后，本土公司支付的实际税率中位数为25%，国际工程承包企业的税率平均为23%。

德国本土公司及国际工程承包企业的法定所得税税率为37%，但实际税率中位数分别为16%和24%。

英国国际工程承包企业及本土公司的法定企业所得税税率是30%，经过税收减免之后，本土公司的总税收负担是20%左右，国际工程承包企业则是24%左右。

美国国际工程承包企业所得税税率是35%，但经过税收减免之后，本土公司支付税率的中位数为23%，而国际工程承包企业则是24%。

日本法定企业所得税税率为40%，本土公司的实际税率为37%，而大型国际承包企业的实际税率为38%，为全球最高。

世界各国及地区所得税税率　　　　　　　表6-5

国家或地区	企业法定所得税税率	本土公司所得税税率	国际工程承包企业所得税税率
巴哈马	0	—	5%～15%
开曼群岛	0	—	13%
百慕大	0	—	12%左右
瑞士	21%	17%	19%
印度	34%	17%	22%
加拿大	36%	14%	21%
澳大利亚	30%	22%	22%

续表

国家或地区	企业法定所得税税率	本土公司所得税税率	国际工程承包企业所得税税率
法国	35%	25%	23%
德国	37%	16%	24%
英国	30%	20%	24%
美国	35%	23%	24%
日本	40%	37%	38%
菲律宾	30%	25%	25%
中国台湾	25%	20%	18%
中国大陆	25%	22%	22%

资料来源：李铮. 国际工程承包与海外投资税收筹划实务与案例［M］. 北京：中国人民大学出版社，2017.51.

需要注意的是，国际工程总承包项目中涉及的所谓"预提所得税"并不是一个独立税种，而是按预提方式（由所得支付人为受益人代扣代缴）征收的一种所得税。在一国居民公司从境外取得股息、红利、特许权使用费等所得时，一般需要按预提税的方式缴纳所得税。

2. 个人所得税

国际工程承包项目中，无论是工程派驻境内员工到境外工作，还是工程必须聘用境外员工，都要涉及工程人工费用，其中个人所得税是必不可少的。我国个人所得税法规定，纳税义务人如果能够提供在境内、境外同时任职或者受雇及其工资、薪金标准的有效证明文件，可判定其所得是来源于境内和境外所得，应按《中华人民共和国个人所得税法》和《个人所得税法实施条例》的规定分别减除费用并计算纳税。纳税义务人从中国境外取得的所得，准予其在应纳税额中扣除已在境外缴纳的个人所得税税额。但扣除额不得超过该纳税义务人境外所得依照我国税法规定计算的应纳税额。

案例：假定A和B是跨国关联国际工程公司，A公司所在国的公司所得税税率为30%，B公司所在国的税率为40%，在某一纳税年度，A公司建造工程，工程建成后生产集成电路板10万张，全部要出售给关联的B公司，再由B公司向外销售。如果A公司按照每张15美元的价格将这批集成电路板出售给B公司，然后B公司再按每张22美元的市场价格将这批集成电路板出售给另一个非关联的客户（方案1），则A与B两公司的纳税总额为42万美元，税后利润为58万美元，但如果A公司按每张18美元的价格向B公司出售这批产品（方案2），则A公司的销售利润就会增加30万美元，B公司的销售利润则会相应下降30万美元，由于A公司位于低税国，而B公司位于高税国，因此A公司提高对B公司的转让价格会使两个公司的纳税总额下降6万美元（42万～36万），税后利润总额则从原来的58万美元增加到64万美元，相应也提高了6万美元。可见，A公司通过转让定价就可以轻而易举地把30万美元从B公司所在的高税国转移到A公司所在的低税国。在实践当中，出于转让价格可以合理合法节税的利益目的，跨国公司甚至可以让B公司出现亏损而把利润全部转移到A公司的账面上。如果A公司所在国不征所得税或税率很低，则这种转让定价策略就可以给跨国公司带来更大的税收利益，在取得税收收益时，注意考虑税收所在国与企业所在国的税收协定，同时考虑国际经济与贸易组织就国际法人课税规则,合法纳税。其税收效果见表 6-6、表 6-7。

国际工程结算比较利润表(方案 1,万元) 表 6-6

项目	A 公司	B 公司	A 公司＋B 公司
销售收入	150	220	370
销售产品成本	100	150	250
销售利润	50	70	120
其他支出	10	10	20
应纳税所得额	40	60	100
所得税(30％/50％)	12	30	42
税后利润	28	30	58

国际工程结算比较利润表(方案 2,万元) 表 6-7

项目	A 公司	B 公司	A 公司＋B 公司
销售收入	180	220	400
销售产品成本	100	180	280
销售利润	80	40	120
其他支出	10	10	20
应纳税所得额	70	30	100
所得税(30％/50％)	21	15	36
税后利润	49	15	64

资料来源:徐信艳. 国际税收学 [M]. 上海:立信会计出版社,2005.

(三)资源税类

国际工程中的资源税是世界各国普遍征收的一种税种。发达国家十分重视国家资源和环境资源的保护,其目的是减少绿色生态的破坏,减少资源的开采与污染,促进资源的科学与合理开发。

国际上资源税分为三种类型,即产出型资源税、利润型资源税和财产型资源税。

1. 产出型资源税

产出型资源税是指以开采矿石资源与加工过的矿产产品为课税对象,采取从量或从价的定额征收及税率征收的税源。

在美国、加拿大、澳大利亚等国家税收是以州立法,税收资源以州收取,自然资源越丰富,则税率相对越高,本州资源需要输送到其他州时,必须按从量征收跨州的自然资源税。

2. 利润型资源税

利润型资源税是指以开采自然资源为对象企业的利润为课税对象征收税额,亏损企业不征收此税。

3. 财产型资源税

财产型资源税是指以矿产这一财富作为课税对象,按该财富的价值从价征收。受财产价值的变动及未来的价格升降、开采成本和自然地理运输的困难程度等因素影响，其定价的准确性受到影响，从而影响到课税的征收。

4. 典型国家资源税简况

1）美国

美国是资源税种设立较早与完善的国家。各州政府拥有对资源税的自行制定权，州政府能够根据各地资源开采的实际情况，对资源税征收及时进行调整。美国目前已有38个州开征开采税，以实行对自然资源的保护性开采，利用资源和节约资源，促进经济有序推进。例如，俄亥俄州政府对煤炭、石油、天然气的开采税率分别定在9美分/t、10美分/桶、2.5美分/1000ft³；而在路易斯安那州则分别是10美分/t、12.5美分/桶和2.08美分/1000ft³。

美国资源税率有两种形式：一是定额税率；二是比例税率。

2）俄罗斯

俄罗斯资源税征收范围包括：土地、森林、草原、滩涂、海洋和淡水等资源。自然资源都属于资源税征收范围，做到专款专用。水资源税包括四种类型，使用地下水资源税、开采地下水矿物原料基地再生产税、工业企业从水利系统取水税和向水资源设施排放污染物税，作为水资源保护和开发费用。

以俄罗斯的林业税为例，列示动态税率的具体制定规则和效用。林业税是俄罗斯由国家林业资源使用者缴纳的税种，1998年列入《俄罗斯联邦税收法典》，并在法典中规定了林业税的最低税率。最低税率是保证合法开采林业资源使用者的实际税率，管理部门依据市场价格和生产费用的变化进行动态调整，运用动态税率调节林业资源使用者的积极性，保护林业资源的有效开发，促进经济的增长。

俄罗斯实行中央税，资源税采用从量税与从价税相结合的办法。

3）澳大利亚

澳大利亚是自然资源丰富的国家，其铁矿石储藏占全球铁矿出口的一半以上，形成了澳大利亚的支柱型产业。2012年澳大利亚通过了《矿产资源租赁税2011》法律草案，对利润超过0.75亿澳元的煤和铁矿石企业征收矿产资源租赁税，税率为30%。由于税率确立太高，导致澳大利亚经济受到重创，2013年第二季度经济增长低于3.7%，失业率上升到5.8%，几乎与全球金融危机时失业率5.9%的水平持平，为重振经济，2014年7月澳大利亚议会废除了2012年的碳税法案。

4）中国

我国税法规定，资源税是对在我国领域及管辖海域从事应税矿产开采和生产盐的单位和个人开征的一种税，属于对自然资源占用课税的范畴。我国自然资源征税主要有矿产品和盐两大类，具体包括原油、天然气、盐、黑色金属矿原矿、煤炭、其他非金属矿原矿共六种税目。

（四）财产税类

财产税是以法人和自然人拥有和归其支配的财产为对象所征收的一类税种。它以财产为文明生产对象，向财产的所有者征收。财产税是国际上最早形成的税收之一，但在社会经济发展中，财产税已经从国家主要税种退居到辅助税种。目前，各国都主要着力于建立一套多税种协调配合、功能健全、适合本国国情的财产课税制度。

1. 财产税特点

(1) 土地、房地产等不动产的位置固定,标志明显,作为课税对象具有收入上的稳定性,税收不易逃漏。

(2) 征收财产税可以防止财产过于集中于社会上的少数人,调节财富分配,体现社会的公平性。

(3) 纳税人的财产分布地不尽一致,当地政府易于了解,便于地方因地制宜进行征收,因此,财产税一般归属地方税。

2. 财产税的课税类别

按照课征方式不同,可将财产税分为综合财产税和特种财产税两类。综合财产税一般称为普通财产税,是针对纳税人全部财产实行综合征收。特种财产税称为个别财产税,对纳税人的特定财产进行课征,例如土地税、房产税、车辆税等。

各国在财产税设置上不尽相同,一般多选择综合财产税,普遍开征了遗产税和赠与税,代表国家有美国、加拿大和德国等,发展中国家一般以土地、房产为主课税。

3. 财产税的税制

(1) 课税主体。目前,多数国家都将财产税作为税制体系中的辅助税种,一般由地方政府征收,例如美国为保证地方政府收入,将此税种由地方政府征收。有的国家采取的是中央政府征收,如瑞典。

(2) 纳税主体。国际上各国对转让、占有和使用财产的税种,纳税人一般是财产所有者或使用者。转让财产交易行为的课税主体多数以卖方为纳税主体人;设置不动产或房地产购置税的国家,如韩国、日本,则是以买方为纳税人。

(3) 课税对象。从课税对象设置上,财产税可以对财产拥有课征,如财产税、土地税、净值税、房屋税等税种,也可以对财产转移课征,如遗产税和赠与税。

(4) 计税依据。各国财产税实践中,对财产税的计税依据大体上有三类:土地面积、市场价值、其他价值(如账面价值)。目前,市场经济发达的国家,一般以市场价值为计税依据,市场价值真实反映了土地、房屋作为经济资源的价值,它不仅包括了土地的级差收益,而且包括了土地、房产的时间价值。但是,以市场价值为依据,必须建立完善的市场评估机制,确保市场价值的公允性和信息的公开性。同时,税务管理部门必须建立完善的征管机构、具备高水平的征管管理和付出较高的征管成本。

(5) 税率。各国基本上采用的是比例税率,少数国家实行的是超额累进税率,个别国家采用的是定额税率。实行比例税率的是国家一般定在 1% 左右;实行超额累进税率的一般不超过 3%。在美国、加拿大,税率一般由地方政府确立,上级政府对设置税率实行限额规定。丹麦、日本和法国都实行中央政府确立地方政府税率限额的方式。

(五) 其他税类

1. 股息预提税

股息预提税是针对股票和债券投资所获得收益而预提所得税的简称,是按收入来源预先按税法规则扣缴的所得税。它不是一个税种,而是国际上对这种收益来源扣缴的所得税的习惯叫法,属于代扣代缴性质。

区分不同性质收入预扣预缴税的规定如下:

(1) 股息收入。居民企业向境外股东分配的利润(含股息)需要缴纳 5% 的利润预提税。税收协定另有规定的除外。

(2) 利息收入。居民企业向境外贷款机构支付的利息需要缴纳15%的最终预提所得税。税收协定另有规定的除外。

(3) 特许权使用费。非居民企业收到来自他国境外支付的特许权使用费必须缴纳15%的最终预提所得税（该特许权使用费不与常设机构有关）。税收协定另有规定的除外。

(4) 利润汇出税。境外承包商在所在国的常设机构向境外企业分派的利润，需要缴纳5%的利润汇出税。税收协定另有规定的除外。

(5) 服务性质收入。居民企业/非居民企业收到境外所在国企业支付的服务费（包括设计服务费、监理服务费等）通常需要缴纳15%的最终预提所得税。

2. 资本利得税

资本利得（capital gain）是资本所得的一种，它是指纳税人通过出售例如房屋、机器设备、股票、债券、商誉、商标和专利权等资本项目所获取的收益，减去购入价格以后的余额。一般常见的资本利得有如买卖股票、债券、贵金属和房地产等所获得的收益。但并不是所有国家都征收资本利得税。

1) 澳大利亚

澳大利亚对已经实现的资本利得收益征收资本利得税，某些条款也规定对延期收益债比如零息债券征收资本利得税。

2) 美国

在美国个人和企业都要为资本利得缴税。但是，对于个人来说，长期投资的资本利得（超过1年的投资）税率较低，2003年，长期投资的资本利得税率被调降到15%（对于归入最低和次低所得税缴纳人群的两类人，资本利得税率为5%）。短期投资的资本利得税率较高，与一般所得税税率相同。然而在2011年，所有被调降的资本利得税率将回复到2003年前的水平，即20%。

3) 法国

在法国无论收入水平如何，资本利得税率统一为27%。某些情况下，资本利得税可以被减免，比如出售自己的主要住房所获收益。

4) 瑞典

瑞典的资本利得税率为已实现的资本利得的30%。

5) 加拿大

在加拿大资本利得的50%按照一般所得税税率进行征税（另外50%不征税）。目前，资本利得税的征收对长期投资资本利得与短期投资资本利得不作区分。某些例外情况，比如出售自己主要居所（primary residence）所获收益，是不被征税的。

6) 免征资本预提税

如中国、新加坡、瑞士等大多数国家没有开征资本利得税。

三、国际工程税务环境

国际工程税务管理是随着我国改革开放和市场经济体制的建立而产生和发展起来的。如果把税务管理比作一个系统，那么国际工程所在国家的税务环境对企业税务管理的特性、状态、功能有着重要的影响。国际工程税务管理能否顺利开展并取得实效，一方面取决于税务管理是否科学、合理，另一方面取决于工程所在国税务环境是否优良和完善。不利的税务环境将限制税务管理的开展，良好的税务环境将使得企业税务管理行为更加科学。

总体上，国际工程税务管理环境大致划分为国家政策环境、法律环境和社会环境。

（一）税收政策环境

政策是国家或政府为了达到充分就业、价格稳定、经济增长、国际收支平衡等宏观经济政策的目标，为增进社会经济福利而制定的解决经济问题的指导原则和措施。

税收政策是指国家为了实现一定历史时期任务，选择确立的税收分配活动的指导思想和原则，它是经济政策的重要组成部分。经济政策主要包括以下几个方面：制定经济、社会发展战略和产业政策，以控制社会总供给和总需求的平衡；规划和调整产业布局；制定财政政策、货币政策、财政与信贷综合平衡政策，调节积累与消费之间的比例关系，实现社会财力总供给和总需求的平衡；控制货币发行，制止通货膨胀；制定收入分配政策，引导消费需求方向，改善消费结构，从而使积累基金与消费基金保持适当的比例关系。

税收政策环境的核心是国家经济主体的总体税收负担环境。在税收总体负担确定的情况下，各种纳税人具体的税收负担状况主要受经济发展与国家税制体制本身所规定的各种计税要素的影响。这些要素直接决定了谁是纳税人，应该负担多少税收。税收政策的具体实施主要通过如下方面来进行：一是确定课税对象，以确定谁是纳税人；二是确定税率的高低；三是确定计税依据；四是确定对谁减免税，怎么减免税；五是加重哪些纳税人或课税对象的税收负担。

税收政策可分为税收总政策和税收具体政策。税收总政策是根据国家在一定历史时期税收所发生的基本矛盾所确定的，例如2014～2017年我国实施的"营业税改增值税"的重大税收政策调整，明确地提出了"营改增"是推进国家供给侧结构性改革的重大举措，是近年来我国实施的减税规模最大的改革措施，也是本届政府推进财税体制改革的突破点，对于推动构建统一简洁税制和消除重复征税、有效减轻企业和群众负担，拉长产业链条，扩大税基，落实创新驱动发展战略，促进新动能成长和产业升级，带动增加就业，起到了一举多得的重要作用。因此，税收总政策是用以解决国家经济发展中基本矛盾的指导原则，称为"税制建立原则"。

税收具体政策是在税收总政策指导下，用以解决国家行业税收工作中比较具体的矛盾的指导原则。例如，在"营改增"中主要有四个方面：一是将实行营改增的纳税人，即销售服务、无形资产、不动产的单位和个人明确规定为增值税的纳税人；二是在增值税暂行条例规定的税率中相应增加销售服务、无形资产、不动产的税率，并根据已实施的简并增值税税率改革将销售或者进口粮食、食用植物油、自来水、图书、饲料等货物的税率由13%调整为11%；三是对准予从销项税额中抵扣的进项税额以及不得抵扣的进项税额作了相应调整；四是为保证增值税暂行条例与营改增有关规定以及今后出台的改革措施相衔接，规定纳税人缴纳增值税的有关事项，国务院或者国务院财政、税务主管部门经国务院同意另有规定的，依照其规定。

总之，税收总政策在一定历史时期内具有相对稳定性，税收的具体政策则要随经济形势和政治形势的变化而变化。因此，在国际工程税务规划时，应将所在国的政府税收政策全面、系统和有序地进行整理，根据政府的税收总政策和具体政策动态地调整税务管理方案，科学策划税务管理环节，充分利用政策的变化规避政策风险，拓展国际工程纳税环境和空间,充分利用税收优惠和税收弹性进行有效的税务规划,以减轻国际工程税收负担,从而获取资金时间价值,提高工程经济效益。

(二)税收法律环境

法律环境主要是法律意识形态及与之相适应的法律规范、法律制度、法律组织、法律设施以及执法行为所构成的有机整体。就国际工程税务管理方面而言,所面临的法律环境主要包括税收法律制度和税收执法环境。

在一个国家的税收法律制度体系中,税法对税务管理的影响无疑最大。税收本质上是国家凭借政治权利参与社会财富的分配,税法即是调整国家与纳税人之间这种利益分配关系的法律,也是国家进行宏观经济调控的手段之一。国际工程项目所在国的税法体系完善,对于国际工程投资与融资、工程采购与运输、工程建设与运营都能起到公平税负、税负遵从和合理纳税的作用。同时,税收优惠政策的存在实际造成了非完全统一的税收法制,这也为企业在国际工程承包中的税务规划与管理提供了客观条件,如图6-2所示。

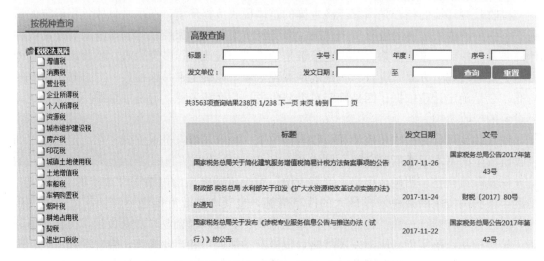

图6-2 中华人民共和国税务总局门户网站税法查询

一个国家的税法环境主要体现以下特点:

第一,公平与公开。一个较完善的税法制度表现特征是各类税法规则的公开性,这样促进投资者能够在政府的网站上充分地掌握税法信息,对所有的投资人体现了公平性。

第二,规范的代理制度。一般发达国家的税制十分复杂,非专业纳税人员很难全面掌握。必须依赖税务咨询机构完成复杂的税务制度梳理、税务环境分析、税务方案规划和严格的报税程序等。例如,美国建立了发达的税务代理业,普遍实行由注册税务师、税务代理机构等负责的代理制。因此,国际工程中应当运用所在国家的税务代理制度,开展国际工程税务规划与管理。

第三,社会化监控体系。一般税制完善的国家都建立了较完善的税制监督体系和制度,例如美国将公司和个人的纳税信息都采取提前申报制,推行了完善的社会保障号码制度,所有个人基础资料、工薪收入、信誉状况都记录在个人社会保障账号内,并与公司或个人信誉评级及商业信誉挂钩,这样促进了公司或个人遵从税法。

第四,健全的执法环境。税收执法环境,是指与税收法治活动相关的,直接或间接地影响或作用于税收执法活动的环境因素，它决定了执法的难易程度和最终落实程度。税收执法环境的好坏，直接关系国家税收法律法规的正确实施，直接影响税收发挥调节经济的重要作用。因而，税收执法环境的好坏对税收的影响至关重要。

（三）税收社会环境

社会环境是指国际工程项目所处国家的社会结构、社会风俗、习惯、信仰和价值观念、行为规范、生活方式、文化传统以及组织形态等因素的形成和变动。

经济发达国家的公民往往具有强烈的权利、义务观念，这是一种商品经济高度发达后培养出来的社会意识。一方面，他们重视个人信誉，守法纳税；另一方面，他们视税收征纳为平等的权利与义务交换，要求政府为社会服务，同时，积极进行税务规划，以维护公司与项目作为纳税人应享有的权益。国外税务代理制度是保证税务代理顺利推行和健康发展的必要条件。如今世界上大多数国家都实行了税务代理制度，建立专业化程度较高、代理市场较规范完善的税务管理模式，比如美国、德国、澳大利亚等国都具有相当完善的和健全的税务代理法律法规，日本建立的"税理士制度"等。在日本有85%的工商企业是通过委托税理士事务所代理其部分或全部纳税事宜，东京地区高达96%，美国企业中的85%以上是委托代理人代办的，个人所得税几乎都是委托税务代理人代办。

我国的《税收代理试行办法》规定了各种税务代理业务：

（1）办理税务登记、变更税务登记和注销税务登记手续；
（2）办理除增值税专用发票外的发票领购手续；
（3）办理纳税申报或扣缴税款报告；
（4）办理缴纳税款和申请退税手续；
（5）制作涉税文书；
（6）审查纳税情况；
（7）建账建制，办理账务；
（8）税务咨询、受聘税务顾问；
（9）税务行政复议手续。

四、国际工程税务流程管理

做好国际工程项目税务管理的流程如下。

（一）税务规划

国际承包企业在合同签订前后，应根据前期收集的税收及商业法规，同时结合商务合同条款开展税务规划与管理工作。税务规划方案应包括项目所在国法律、外汇及税务环境分析；工程项目适用的主要税种、税基和税率及税收优惠条件；工程项目所在国与中国是否签订避免双重税收协定以及协定中的有利和不利措施、是否存在饶让条款；工程项目的利润水平预测以及当地税法对涉税账务会计处理的具体要求，工程项目税务票据管理要求及流程；税务规划或支持的事项等。

（二）税务注册登记

税务注册登记是税务机关对纳税人实施税收管理的首要环节，也是征纳双方法律关系成立的依据。企业在工程开工之前，必须依照所在国家的法律规定，依法履行登记，及时获取纳税识别号码。一般来说，企业需要办理注册及获取纳税号码的主要有企业所得税、增值税、关税、个人所得税、社会保险等。

(三) 税收优惠申请

企业对于按照工程项目所在国税法、投资法、商务合同等规定能够享受税收优惠的（包括免税），应积极按规定程序予以办理。对于执法机关有较大定价权的非定率征收，企业应积极与其沟通，争取享受最优惠税率或价格进行完税。

在避免双重征税方面，为享受有关税收优惠待遇，企业应及时到国内主管税务机关申请开具《中国税收居民身份证明》，提交给项目所在国家税务机关，以申请在企业所得税、股息、利息、特许权使用费、独立劳务等方面享受税收协定规定的相关优惠待遇。

(四) 纳税申报工作

大多数国家对企业所得税实行年度申报清缴方式，但一些国家会要求企业进行预缴或采取随结算单预扣，在此情况下，企业应做好除年度汇算清缴以外的其他预缴、预扣工作。

1. 增值税

通常按月将进项、销项税额相抵后进行申报缴纳。在南美某些国家，采购方通常在购销业务发生时需按一定比例预扣增值税，同时向供货方提供预扣税凭证，该凭证既可作为增值税的缴税凭证，也可作为企业所得税的抵扣凭证。

2. 海关关税

通常在设备物资等进关时即申报缴纳。

3. 个人所得税和社会保险

除特殊情况下的免税外，原则上每个员工均需申报缴纳，并取得完税证明。在某些国家，海关移民等部门会将个税的完税与工作签证、离境签证等挂钩，在没有完税时不予签发离境签证，从而增加了纳税风险。

(五) 预扣税管理

1. 分包商预扣税管理

由于企业在履约前通常会在当地进行税务登记，而来自项目所在国家以外的跨国分包商可能会出于税务管理目的而不在当地设立机构，在此情况下企业应做好分包商的预扣税管理。

一般来说，税法会针对居民和非居民而规定不同的预扣税率，非居民公司的预扣税比例通常会高于居民公司。在某些国家，对非居民公司的预扣税比例甚至超过结算收入的25%。在此情况下，若企业没有履行该扣缴义务，则可能会给自身带来较大的税务风险。所以，企业在签订分包合同时，需在合同中对预扣税义务进行明确约定并在履约过程中严格执行。

2. 股息、利息、特许权使用费、汇款税的预扣税管理

对外承包工程企业从项目所在国家向境外汇出股息、利息、特许权使用费、独立劳务费等款项时，应按照项目所在国家税法及避免双重征税协定的规定按一定比例预扣税金。

3. 独立劳务的预扣税管理

对外承包工程企业在项目所在国家向其境外支付独立劳务费时，首先应查阅受益人所在国家是否与项目所在国家签订了避免双重征税协定，其次判断该独立劳务是否享受协定优惠，最后根据税法和协定的规定进行预扣税操作。若企业从中国境内代境外项目部支付

咨询费，则需代扣代缴 6％的增值税及 12％的城建税及其教育费附加。同时，若该项劳务被税务部门认定为特许权使用费，则需另外加扣 10％的所得税。

4. 其他需重点关注事项

某些国家预扣税比例较高（可能接近企业所得税水平）且该国没有与我国签订避免双重征税协定时，在该国内产生的费用，如独立劳务费（如鉴证咨询费、设计费等）、利息、保函费、保险费、办公费用等列入涉税账务时，由于存在日后审计时不被认可且不退还先前已缴纳的预扣税风险，所以企业对此应谨慎处理。

（六）员工及劳务的个人所得税及社会保险

除明确规定个人所得税适用免税外，对外承包工程企业应当对所雇佣的所有劳务，包括当地劳务、中国职员及劳务、其他第三国劳务等，按项目所在国税法规定进行个人所得税和社会保险的代扣代缴。

（七）税费返还

对于税费返还工作，由于各国政治、经济、文化和执法环境差异较大，所以可能存在制约税收返还的不利因素，如项目所在国家政局不稳，导致退还工作出现中断；税务机构税收管理的随意性，导致退税难度较大；项目签约主体与税收返还申请主体不一致，导致税务机关不受理等，企业对此应予以高度重视，制定详细工作方案，以保证返还工作的实现。

第三节　国际工程税务规划

一、工程税务规划案例

（一）工程项目概况

国内某 A 公司在 H 国正式签订某水电站 EPC 项目合同后，项目公司前期税务规划组赴 H 国展开工程税务方案规划。该公司提出了规划目标是遵守所在国法律、依法纳税、合法经营的原则，通过科学、系统和准确的规划依据和结论，为工程项目合理降低税负，建立和谐税务关系和防范税务风险，以保证公司在该国市场持续发展。

A 公司是我国大型国有国际建设—施工—运营等业务集团，A 公司的主要国际工程业务类型为 EPC（Engineering-Procurement-Construction，即设计—采购—施工）承包项目。A 公司国际工程主要分布在广大亚非拉地区，80 余个国家，业务覆盖能源、水务、交通、矿产、房建等各领域。A 公司在非洲某国承包了 D 水电站工程项目，该国法律的企业基本所得税税率为 30％，我国所得税税率为 25％；D 工程项目总承包金额为 3000 万美元，毛利为 300 万美元，其中设计部分为 500 万美元（毛利为 50 万美元），采购部分为 1000 万美元（毛利为 100 万美元）。建造施工项目为 1500 万美元（毛利为 150 万美元）。该 A 公司如何做好 D 国际工程项目的税务管理？

（二）H 国税制分析

1. 税制基本情况

H 国有较完善的税法体系，实行系统的税收征管体制，并与三级政府管理制度相适应，H 国的税收管理部门实行联邦政府、州政府和地方政府三级管理。项目期间，税收执行情况如下：

1）财政年度

每年1月1日至12月31日。

2）税收种类

主要有企业所得税、个人所得税、资材所得税、资本所得税、扣除税、增值税、教育税和其他税种。

3）税收体系

（1）个人所得税。根据税法要求，企业应依法从其雇用工作人员薪金中代扣缴个人所得税，具体包括月薪、周薪、津贴补贴，以及其他收入和劳动所得等，只要是个人收入所得，都要依法纳税。

个人减免：2012年颁布的新税法规定政府特许的最高个税应税收入扣除金额为2000000当地货币或个人收入的1%，另外加上20%的个人总收入可以税前抵扣。其他可以免税的项目有：政府住房公积金、政府健康保险计划缴款、个人人寿保险金、政府退休金、退职金和政府债券收入。表6-8中的税率适用于居民和非居民。

个人所得税累进税率　　　　　　　　　　　表6-8

应税所得（H国币）	税率（%）	税额（当地货币）	累计税额（当地）
300000	7	21000	21000
300001～600000	11	33000	54000
600001～1100000	15	75000	129000
1100001～1600000	19	95000	224000
1600001～3200000	21	336000	560000
3200001	24	—	—

即使扣除余额达到最低税额以下，也要适用1%的税率，即最低税率为总收入的1%。年应纳税所得金额为30000H国当地货币或以下的个人免去提交纳税申报表的义务。

（2）企业所得税。按H国法律规定，任何在H国的公司或企业，出现和得到的经营所得利润，其中包括分红、利息、折扣、专利权税以及与服务有关的经营费用、应付款和津贴补助等都应交纳企业所得税。

目前企业在H国的所得税税率为30%，对于年营业额不足500000当地货币，而且从事农业生产或固体矿产资源开发的企业，企业所得税税率为20%。对于上述企业所得税的让步、优惠，只限于企业开办的前5年。

（3）增值税。在H国境内从事经营活动时，提供商品和服务所取得的收入需要缴纳增值税，增值税税率为18%。该国对进口商品在进口环节征收增值税。

基于H国对水电站项目的政策支持导向，该国的增值税税法中有针对水电站项目的优惠措施，其中《增值税法案》第三百四十九条明确规定：“提供特种车辆、装置和机械；工程设计；可行性研究；咨询服务；以及水电、路桥建造、水利工程、农业、教育和保健行业有关的土建工程可免缴增值税”。

此外，之前《增值税法案》中还规定对水电站的货物供应和相关服务免征增值税。但是，2013年6月，政府对《增值税法案》进行了修订，其中第六条规定：“将水电站的货物供应和相关服务免征增值税的规定从《增值税法案》中剔除”。

（4）关税。多数进口货物应缴纳关税，进口商品的关税税率范围为0～60%。但特定的进口装置和机械可享受免税待遇。

（5）预提税。预提税是预提所得税的简称，是指源泉扣缴的所得税。H国政府机构及其授权的企业有代扣代缴预提税的义务。对于非居民企业和个人获得的源自H国的股息、利息、特许权使用费、租金、管理费、服务费等，均要征收预提税。对于非双边税收协定国家，预提税税率为15%。对于非双边税收协定居民企业和个人获得的源自H国的服务费、租金、管理费等，按6%征收预提税。对于进口货物须在进口环节缴纳6%的预提税。但是根据该国《所得税法案》第119页，第五十七（57款）条规定：对于进口的装置和机械可免征进口增值税。综述分析，项目若取得H国境外分包商提供的劳务，须代扣15%的预提税，但是取得当地分包商提供的劳务则只需代扣6%的预提税。

（6）其他税种。

利润回报税。对于非居民企业设在H国境内的分支机构，除按30%的税率征收企业所得税外，汇回总部的收入还须缴纳15%的税款。汇回来总部的收入并非按实际资金汇回的情况计算，而是按"年初净资产＋（当年净利润－当年的税费）－年末的净资产"的公式计算。

（7）印花税。印花税通常为契约总价的1%，包括雇佣采购协议、和解契据、租赁、物业交换、让与、转让、认股权、礼品，以及与抵押所有权有关的协议。

（8）财产税。财产税由地方税务局负责按年征收。地方税务局根据评估的财产价值的20%征收。

（9）环境税。进口已使用年限大于或等于8年的机动车辆，应按海关确定的车辆价值的20%缴纳机动车环境税。

2. 外汇管制情况

目前，H国外汇交易市场完全自由，公司可以在H国境内自由收支外汇。此外，公司在获得税务局的批准后还可以申报外币报表。

3. 双边协定情况

中国与H国签订了双边税收协定。

我国与H国税收协定规定所得税税率为20%，要获得优惠税率，支付方需要向H国税务局出示收款方居民证明，如无此证明收款方无权享受税收优惠，必须以30%的税率代扣代缴税款。

（三）H国税务环境分析

1. 税法环境

H国曾是英国的殖民地，现行的税法体系基本传承了英国的法律与税法体系，国家财税制度健全，税法对于工程项目资本弱化、利润转移都有严格的限制性条款，从财税角度规划空间狭窄。H国整体税负较重，税收监管严格，纳税申报基本上实现信息化、网络化管理。本水电站项目是H国政府重点项目，将由中央税务机关直接管理，税收监管力度强。

2. 税收优惠

本水电站项目合同条款使用的是该国标准合同，明确规定了合同价款中包括的所有税费，而且还有新增的对总包商的不利因素，这些因素可经过谈判争取优惠条款。例如，进口关税和增值税的免除条件，但是资本性货物如水电设备购买，该国是不予减免的。

3. 人工成本分析

H 国对个人所得税的征收范围较大，税基起点低，居民纳税人月收入到达约 164 美元就将适用最高一级税率 30%，基本上所有员工都将适用最高一级税率。此外，该国政府要求居民纳税人还需缴纳 15% 的社会保险基金，而项目的中国方面人员交纳的社会保险金，该国并不认同。

4. 企业所得税分析

H 国税法规定，非居民企业设在 H 国的分支机构，应按 30% 的所得税税率缴纳企业所得税金额，汇回公司本部的收入还应额外缴纳 15% 的税款。汇回本部收入是指项目将收入以货币资金形式汇入国内。根据该国税法规定列出的计算式，在项目的净资产只有未分配利润发生变动时，计提该税款的基数其实是当年账面转回总部的利润减去当年缴纳的各项税费。也就是说，不管是否存在真实的税收现金流量，税务机关都认为项目将利润转移国内，即便是 A 公司取得的工程款是直接由业主汇到国内，项目最终盈利不需要以资金形式汇回，也必须缴纳这项税款。

非居民企业是指在 H 国居住一年中不少于 183 天，并且不打算居住的个人，非居民纳税人在 H 国境内取得的收入，税率为 30%。第一，缴纳税方式，H 国所得税采取预扣预缴方式，即总承包商给下属分包商付款要为分包商代扣代缴。第二，税法规定，业主给总承包商付款时也要总承包商代扣代缴税时，预扣税可以在年底计算企业所得税时扣除，全年预扣税金大于年底应缴企业所得税时，可以累计入下一年度继续抵扣，但不能申请退税。第三，票据管理，企业法定扣缴义务人应按照分包商提供给我方的发票金额，根据分包商的性质向税务机关代扣代缴预提所得税，之后作为分包商完税的依据。第四，期限规定，支付方将其在规定的最迟于扣税款后的 30 天汇款到相关的税务局。

5. 关税分析

H 国相关关税规定，对于工程总承包商（EPC）在工程总承包建设中相关的机器或设备的关税税率范围通常是 10%～20%，具体适用税率根据进口设备对应的关税税号确定，而从事政府特许经营水电项目开发的公司进口的永久设备、符合条件的施工材料进口时按 1% 征收关税（同时免进口环节增值税），所以如果总承包商是为符合特殊减免税政策的项目提供服务，则可以考虑以业主即公司名义进口，从而享受减免税政策。

（四）税务规划方案制作

通过以上针对 EPC 工程项目所在国家的税制结构、税务法律、税务政策、税务管理等的有效分析，根据我国和所在 H 国签订的税收协定，所在 H 国各项法律规定，编制如下 EPC 项目的税务方案。

1. 注册纳税主体税务规划方案

国际工程税务方案中的纳税主体选择，是一个税务规划方案的重要内容，根据一般税法规定，纳税主体确认是确定目标纳税对象的前提。因而各国税法均重视企业如何设立。

由于各国对子公司、分公司和项目公司的税收法律政策差异较大，这就要求在对 H 国 A 项目税务方案规划时公司必须全面掌握工程所在国在公司注册形式方面的相关法律规定，结合公司的发展战略等实际情况，选择性地设立公司所在国的纳税注册形式。

注册公司的免税政策如下:

(1) H国的教育税:在本国注册企业或公司要缴纳应征利润的2%作为教育税,非H国当地注册的企业或公司,可以不予缴纳教育税。

(2) 中国与H国所签订的税收协定具有免税条款的可以不予缴纳。

(3) 政府优惠贷款普遍免增值税和关税。

(4) 该国对子公司、分公司和项目公司的规定:①注册子公司按所在国法人企业对待;②注册分公司按非法人企业对待,增值税由支付方所得税代扣代缴,所得税按收入的15%预缴;③注册项目公司作为税务部门临时登记,与法人同等对待。

公司对三类注册主体的预测见表6-9~表6-11。

A公司注册分公司纳税主体税额表（万美元） 表6-9

收入、税率和税	2009年	2010年	2011年	2012年	2013年	合计
营业收入	10000.00	15000.00	18000.00	20000.00	17000.00	80000.00
公司所得税税率	15%	15%	15%	15%	15%	15%
应缴纳所得税	1500.00	2250.00	2700.00	3000.00	2550.00	12000.00

A公司注册项目公司纳税主体税额表（万美元） 表6-10

收入、税率和税	2009年	2010年	2011年	2012年	2013年	合计
公司所得税税率	25%	25%	25%	25%	22%	
应纳所得额	1500.00	2500.00	2800.00	2000.00	1200.00	10000.00
应缴纳所得税	375.00	625.00	700.00	440.00	264.00	2404.00

A公司注册子公司纳税主体税额表（万美元） 表6-11

收入、税率和税	2009年	2010年	2011年	2012年	2013年	合计
应纳所得额	1500.00	1900.00	2300.00	2100.00	2000.00	9800.00
公司所得税税率	25%	25%	25%	25%	22%	
应缴纳所得税	375.00	475.00	575.00	462.00	440.00	2327.00
综合企业所得税税率	24%(2327/9800)					

根据以上三表所示结论和公司在该国以后持续运用EPC发展战略需要,A公司选择了注册子公司为纳税主体。

2. 国际工程合同拆分税务规划方案

根据工程项目合同管理规律和特征,大型工程项目往往可以按工程项目客观要求分为各种单位工程、分部分项工程和特殊项目工程合同。一般划分可以按工程建设基本流程分为采购、设计、建造和工程咨询等;另外,对土建工程也可分为基础工程、主体工程、附属工程和装饰工程等,根据工程承包合同的签署对象不同,实际上就是形成了缴纳税主体差异,所涉及的税法条款、税制、税基和税率也不同。因此,为国际工程税务规划提供了科学规划方案的必要前提。

A公司对EPC水电工程项目按工程承包合同分割进行了科学的测试,见表6-12、表6-13。

A公司EPC总承包应缴所得税额表（万美元） 表6-12

	设计部分	采购部分	工程施工	合计
公司所得税税率	35%	35%	35%	
应纳所得额	500.00	8500.00	1000.00	10000.00
应缴纳所得税	175.00	2975.00	350.00	3500.00

A公司EPC合同分包应缴所得税额表（万美元） 表6-13

	设计部分	采购部分	工程施工	合计
公司所得税税率	25%	25%	35%	
应纳所得额	500.00	8500.00	1000.00	10000.00
应缴纳所得税	125.00	2125.00	350.00	2600.00

注：依据充分协商和签署工程协议，设计部分由国内设计公司中标设计；采购部分根据双方货物贸易合同约定采购中国设备；暂未考虑采购部分中其他税测试。

由表6-12、表6-13比较可知，通过工程合同拆分方式，A公司依据所在国和中国税法相关规定，双方税收协定规则，可以科学地安排税务纳税方案，总体上降低缴纳所得税金额为900万美元，顺利完成EPC水电站工程建设与运营。

3. 应用国际税收协定规划税务方案

国际税收协定可以是国家与国家之间和区域组织之间签订的避免双重征税，免税和税收优惠的重要法规依据。因此，在国际工程建设、企业投资与融资和经营贸易活动中是十分重要的规划内容。

主要表现在以下几个方面：第一，工程机电设备采购；第二，工程投资与融资建设；第三，工程与所在国或其他国家及地区的税种、税率差异等方面。

例如，EPC模式国际工程承包中都存在机电设备采购的重要项目，不仅涉及机电采购项目的税种与税率问题，而且它们也是与工程项目建设相关的全过程的系统性经营管理问题。因而，从所涉税种角度包括了流转税的增值税税种，还有关税、所得税及其他税种；从设备交易的国家角度，不仅涉及所在国家的税率，也涉及区域贸易税收协定、国家间税收协定和国际组织之间税收协定等。例如，非洲经济共同体（英语：African Economic Community，简称：AEC；法语：Communaute Economique Africaine，简称：CEA）、欧洲共同体（European Communities）、东南亚国家联盟（Association of Southeast Asian Nations）、南美国家共同体（South American Community of Nations—CSN）等；我国与这些组织和国家还签订有税收协定，非洲国家与组织与欧洲共同体之间也有相关税收协定。这些税收协定有助于为工程项目建设、投资与融资和贸易中的税务规划提供法律依据。按这些协定与协议，同时非盟组织之间存在税收免税、减税和优惠税收等规定，非洲A国与英联邦国家的技术服务的预扣税具有0%～7%的优惠税率，远远低于正常税率的15%；中国与非洲A国签订的税收协定中对所在国政策支持水电站产业目录的设备可免征进口关税、增值税和预提税，贷款银行的贷款免征预提税。同时，接受境外分包商劳务须缴纳15%的预提税，用所在国劳务的仅须缴纳6%的预提税等。

A公司通过对非洲多个国家所得税的调研，发现各国所得税税率差异较大，如C国为22%，B国为35%，D国为32%，E国为25.75%，F国为40%等，而它们都是南部非洲发展共同体成员，共同体内国家贸易机电设备转移是免征关税的。因而A公司通过比较各国所得税税率，并根据我国与该国签订有税收协定，公司又在所在国注册纳税主体，劳务采用当地国家雇员，因而从中国采购本批机电设备既可以增加工程成本，同时也能通过不同国家间免征关税和指定贷款银行融资等。对通过转移定价法前后需要缴纳的所得税进行了对比，见表6-14。

A公司EPC合同工程应缴所得税额表（万美元） 表6-14

	永久性机电设备价格	采购部分	工程施工	合计
转移定价前	20000	35%	25%	
转移定价后	30000			1000.00

注：计算过程：(30000−20000)×(35%−25%)=1000（万美元）

通过不同国家所得税税率差异、免征税条件和转移定价法规划，该机电设备采购的所得税税率降低10%，所得税税额少缴1000万美元。从整体而言，机电设备紧密相关的关税、增值税预扣税和工程成本税务因素都得到规划。

4. 财务管理方法的税务规划方案

财税制度在各个国家都是相通的，一般财务会计准则依据的是国际会计准则基础上适合本国国情的会计准则，税法与会计准则之间存在着口径上和指标上的差异。从功能上会计起着规范会计信息质量的作用；税法则是从纳税主体角度起着强制缴纳各项税收的作用。

税务规划人员不仅是通晓税法的专家，同时也是财务管理专门人才，综合运用财税知识、方法和规则科学地实现税务规划方案。

国际工程项目财务管理制度中普遍采用《国际会计准则第11号——建造合同准则》确认工程项目完工进度的收入和费用，通常称为完工百分比法，即将合同收入与合同成本相配比，从而导致按完工百分比报告工程结算收入、结算成本和结算利润，为本期工程建造活动的范围和成果提供了法规的依据。表6-15为A公司通过与该国税务机关确认的完工百分比法确认成果和按工程量法确认税务方案规划。

A公司EPC财务管理方法应缴所得税额测算表（万美元） 表6-15

年度	按工程量法确认的应纳所得额	按工程量法确认的应纳所得税	按完工进度百分比法确认的应纳所得额	按完工进度百分比法确认的应纳所得税
2013年	13180.00	3393.65	900.00	231.00
2014年	540.00	139.05	2600.00	669.00
2015年	−3500.00	0.00	3000.00	772.00
2016年	−5400.00	0.00	3200.00	824.00
2017年	180.00	0.00	300.00	77.00
2018年	5000.00	0.00	0.00	0.00
合计	10000.00	3532.70	10000.00	2573.00

通过上表数据可以清楚知道，使用完工百分比法可以降低企业所得税税款为959.70万美元。因而财务管理计量方法的改变，在促进工程税收递减计量的同时，还能降低承包商工程资金的压力和规避汇率风险。

5. 应用财务合作伙伴规划税务方案

采用EPC工程总承包的目的是实现工程项目投融资、工程建设和项目经营管理的一体化，适应国际工程承包市场的开发需求，既可以顺利获得项目EPC承包合同，扩大投资规模，还能分散投资风险，提高国际投资能力，实现工程在所在国可持续经营，同时获得带资竞标的先发优势等。然而，如果EPC模式仅是单一投资企业，缺乏系统和长期有效的税务规划，其优势是不能充分发挥的，甚至导致税收成本很大。因此，EPC国际工程企业应寻求财务投资合作伙伴，构筑适应的财务投资伙伴股权最优结构，才能总体上保障税务成本最优。

1) 税务规划方案目的

在EPC项目投资所在国、企业所在母国、所在国与企业母国税收协定和国际税收优惠等合法前提下，在项目启动阶段形成新的投资企业，特别是财务合作伙伴，运用税务效率较高的运作模式和组织形式，可以优化或降低国际工程EPC总承包项目所需缴纳的海外所得税及中国所得税、关税、增值税及预提税等，改善工程项目的现金流状况，提高净现值和利润回报率。

2) 税务规划方案条件

（1）EPC工程所在国的税收基本环境，包括基本企业所得税税率、股息预提税率等；

（2）EPC工程所在国的相关税收优惠政策；

（3）EPC工程所在国与投资企业母国相关双边税收协定；

（4）EPC工程所在国如果利润返回母公司，需要考虑在控股比例上是否达到间接抵扣的要求；

（5）EPC工程投资企业对税收优惠地区兼融资平台的最佳选择，例如中国香港和新加坡等。

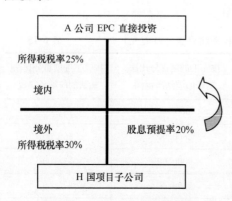

图6-3 H国A公司直接投资

大量成功的跨国投资经营企业都有一个共同特征：它们都有着设计良好的投资控股架构，通过设计层次不同的间接控股架构，不仅可以降低境外投资项目的整体税负，保持现金流在未来退出或转让时也更具有灵活性和弹性，而且兼有将利润在中间持股公司层面再投资滚动利用的优势。

3) 股权结构设计

H国的公司所得税税率为30%，与中国内地、新加坡的最低股息预扣税率皆为20%，与中国香港的最低协定股息预扣税率为5%，因而可考虑与W香港合资公司参股项目公司，如图6-3所示。（假定H国项目公司获得可分配税前利润1000万美元）

测算方案一：

A 公司 EPC 直接投资	H 国税收法律
a. 所得税税前利润	1000 万美元
b. 企业所得税税率	30%
c. 企业所得税	300 万美元
d. 企业税后利润	700 万美元
e. 税收协定	20%
f. 企业预提税	140 万美元
g. 股息汇款中国	0
企业整体税费	440 万美元

测算方案二：

A 公司 EPC 直接投资	H 国税收法律
a. 所得税税前利润	1000 万美元
b. 企业所得税税率	30%
c. 企业所得税	300 万美元
d. 企业税后利润	700 万美元
e. 税收协定	5%
f. 企业预提税	35 万美元
g. 股息汇款中国	0
企业整体税费	335 万美元

通过建立在香港地区子公司的财务投融资平台，如图 6-4 所示，应用优良的税收优惠优势，也是公司项目长期投融资基地，既起到优化税费的功效，同时也是 A 公司长期经营的合作伙伴。其税费差额为 105 万美元，公司减税 105 万美元。

因此，无论是理论上还是实践操作上，国际工程总承包项目所涉及的纳税人都包括负有跨国纳税义务的自然人和法人。按照自然人在不同国家税收法律中的不同界定标准，可分为居民个人和非居民个人两种。界定的标准主要有居住地、居住时间、注册登记地等。而法人则是指从事跨国经营活动的所有企业。

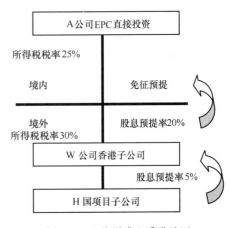

图 6-4 A 公司成立香港地区子公司间接投资

从法律上来说，分公司不构成独立法人，而从税务的角度子、分公司都需要在所在国缴纳所得税。在税法上，大多数国家对于外资企业在该国注册登记的子公司与设立的分公司有不同的规定。一般来说，子公司承担的是全面纳税义务，而分公司往往只承担有限纳税义务。此外，子/分公司在规定税率、优惠政策的享有等方面也有差异，如新加坡税法规定，只有子公司才能享受该国与世界各国签订双边税收协定中的税收优惠，从 A 公司长期经营和可持续发展战略的角度，通过成立在税收优惠地的子公司，不仅可以优化 A

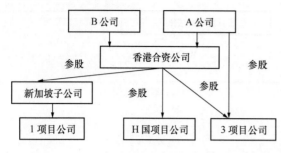

图 6-5 A 公司与 B 公司合作伙伴投资控股框架

企业实现 EPC 国际总承包项目总体股权结构,而且可促进公司在 H 国整体实现承包项目税费最优,如图 6-5 所示。

二、工程税务方案规划

(一)税务方案规划原理

通过以上案例,我们可以总结国际工程项目总承包税务方案规划的基本原理。

1. 国际工程税务方案规划概念

税务规划是指国际工程承包工程与经营的纳税义务主体,依据税法遵从的目的,利用各国税收法规的差异和国际税收协定,通过对国际工程的生产经营活动产生的税务活动及形成的税务关系进行科学、合理和制度化的税务方案安排,从而对自身纳税身份或税收管辖权归属进行选择,实现其税负缴纳的最优化目标。这些税负不仅指国际工程生产经营纳税主体开展业务活动所在国的当地税负,也包括其在国内及所涉及国家承担的所有税务活动的税负。

2. 税务方案规划目的

国际工程税务规划的总目标是依据所在国税法、所在国与中国签订的税收协定、区域间税收协定和国际上认可的税务惯例,全面、系统和科学地运用税务规划理论、财务学、经济学和管理学最优理论等知识,通过分析、测算和挖掘税务的最优环境,明晰所在国税制与管理流程,结合总承包企业投资经营战略,实现企业国际工程项目最优税务规划方案的目的。

3. 税务方案规划作用

(1) 税务方案规划是企业财务管理的重要组成部分,它贯穿于国际工程企业财务管理的全过程,服务于企业的财务目标,科学预测国际工程项目全生命周期建设、投融资和生产经营等税费量,有利于实现国际工程项目价值最大化。

(2) 税务方案规划是科学管理企业的重要工作,通过税务方案可以做到有效、合理地安排企业照章纳税,节约纳税成本,减轻税收负担;同时降低税务风险,提高国际工程建设经营效益。

(3) 税务方案规划是将企业各项资金根据税法、税收协定和纳税程序,科学地安排纳税,一方面实现纳税义务,另一方面纳税人通过税务方案规划也可以实现推迟(延缓)纳税,以获取资金的时间价值,相当于从政府取得一笔无息贷款,其金额越大、时间越长,企业获取的资金时间价值越大。

(4) 税务方案规划的根本目的是提高纳税人自觉纳税的意识,实现纳税遵从的目标,本质上区别于偷税、逃税、漏税、抗税等违法行为,促进企业纳税和所在国税法规定的行为与履行纳税义务保持一致。因此,确保纳税人积极主动依法纳税是国际工程项目开展税务方案规划的前提和基础。

(5) 税务方案规划是科学、合理和有效地均衡各方利益相关者的经济关系,明确各方经济责任和协调各方利益行为的指南。因此,维护国际工程中企业及其利益相关各方合法权益,纳税人应依法及时、足额地缴纳税款,但正如英国的"税务局长诉温斯特大公"一案，任何人都有权安排自己的事业，以依据法律获得少缴税款的待遇，不能强迫他多纳税。纳税人通过税务方案规划可以有效维护合法权益，实现税务责任与义务的共赢，从而达到维护利益相关者合法权益的目的。

(二) 税务方案规划原则

1. 合法性原则

企业开展税务方案规划活动必须依据明确的法律及税法条款，符合各国现有的法律规范，这就要求税务方案的筹划者不仅精通税收法知识，更要具备对税收紧密相关的财务准则、会计政策、金融法规、行业管理和国际贸易等知识背景的掌握和实际的职业经验，这样才能在税法遵从目标下，确立税务方案的法律基础。

2. 实践性原则

实践性原则是根据各国的实际情况，特别是国际工程项目所在国的税法体系、税制结构和纳税流程等实际规范的要求，将工程项目税务方案规划符合所在国社会、经济、政治和产业等实际环境需要，充分反映税务方案符合所在国税制实际情况，给所在国提供的经济利益、就业和推进社会可持续发展的优势，国际工程项目在税务规划活动的真实有效，依法纳税和客观纳税。

3. 科学性原则

工程税务方案规划是建立在工程项目客观活动和所在国现时环境基础之上，同时依据科学的经济学、财务学、税务学理论以及预测方法，对未来工程实践活动所产生的税收责任的预测。因此，必须应用科学的理论与方法，合理、系统和全面地对将要发生的工程经济管理活动及可能产生的经济利益、工程成本和不确定的风险因素进行充分的估计，对工程项目活动的业务过程和业务环节涉及的税种、税收优惠政策及税收法律和法规中存在的利用空间，作出具有说服力、证据充分的研究分析。

4. 成本效益原则

成本效益原则分为广义原则和狭义原则：狭义概念是指税务方案作出某个税务环节、特定税种和税务活动的纳税决策要以效益大于成本为基本原则，即工程项目的预期纳税效益大于其纳税成本时，税务方案是可行的；否则，则应放弃。广义概念则是根据国际工程项目建设与经营的特定国家环境、企业战略目标和整体利益需求，不仅对单项工程涉税活动、涉税税种、税率以及税务风险等因素成本与效益可行，还必须在工程项目全寿命周期、企业经营战略总体目标和市场可持续经营方面总体上实现成本与效益的最佳组合，实现工程项目和企业各方利益的成本与效益最优。即保证实现税务方案规划的具体目标，同时又做到通过税务方案制度安排的整体成本与效益组合。

5. 风险防范原则

税务方案规划从基本原则角度是在税收法律、法规和政策条款规定性的边缘进行的，这就意味着税务方案蕴含着很大的规划风险，主要包括法规风险、政策风险、实施风险、经济风险、环境风险和规划人知识风险等，如果无视这些风险，仅从自身利益出发进行税务规划，其结果往往事与愿违。因此，从遵从税法、政策和规则的基础上，既从单个税务方案利益比较，又从整体税务方案考虑；既从税务环节科学测算，又以全寿命周期整体利益比较；既考虑工程项目环节，又与利益相关者利益结合。从而化解各类税务风险影响，减少到较低程度，实现税务方案规划的最大效益。

(三) 税务方案规划方法

各国的税法体系存在较大差异,在具体实践中税务方案规划种类不同,规划目标不同,规划重点也不一样。但综合来看,常用的税务方案规划方法有以下几种。

1. 建立国际控股公司

建立国际控股公司对于跨国经营集团来说,是减轻税负、实现全球化经营利润最大化的一种有效方式。国际控股公司,也可称作导管公司。这种公司成立的目的并不是投资,而旨在控制。它的意义在于传导国际工程的财务资金。汇总国外子公司的所得,然后利用控制关系将这部分所得传递回母公司。选择恰当的国家或地区成立国际控股公司有可能获得以下几项税收利益:①减少利息、股息、特许权使用费这几项所得的预扣税;②享受更多避免双重征税协定;③将境外所得积累在低税负地区,可延迟汇回母公司以递延缴纳所得税,或者选择在低所得税管辖区集中利润再投资。

2. 利用税收优惠政策地

税收优惠,是指一国或地区的政府出于吸引外资、繁盛经济或者引进国外先进技术等目的,而在本国或者本国的特定区域内给予投资者不纳税或者少纳税的优惠待遇。通常来说,税收优惠往往有无税或相对低税率、稳定的货币、灵活的兑换制度、可充分利用税收条约、政治稳定、交通便利等条件,如自由贸易区、高新技术开发区、出口加工区等。现今,有不少跨国经营的企业选择在此地成立国际受控的保险公司,主要出于以下一些理由:①优惠地大多不征收或者以极低的税率征收企业所得税,同时存在众多的税收优惠条件;②将利润积累在优惠地,可达到延迟缴纳企业所得税的目的;③税收优惠区通常不征收预提税,方便企业将利润作为股息分配。

3. 运用国际税收协定

在两国之间签订的国际税收协定中,一般存在有一些优惠条款,如互相向对方国家的居民提供所得税尤其是预提所得税的优惠待遇。而这些条款是没有签订协定的第三国居民无法享受的。第三国居民可以利用另外两国之间签订的国际税收协定来获取其本来无法享受的税收优惠。跨国公司通过利用国际税收协定,往往可以达到较好的节税目的。举例来说:在大多数国家,本国居民企业向非居民企业支付股息红利时,一般要按一定的比例征收预提所得税,但在一些国家的双边税收协定中,这种预提税的税率可以降到正常比例以下甚至为免征。在这种情况下,第三国居民企业就可以在两协定国的其中一国设立一家子公司,并按照当地的税收法律规定,使其成为当地居民企业。这样一来,第三国居民企业就可以享受到另外两国税收协定中的优惠条件,之后该子公司将受益传递回母公司,从而使母公司间接得到甲乙两国税收协定的好处。

4. 转移定价

各国对转移定价都有严格的规定,因此在进行税收筹划时要注意不触犯税法规定的红线。在具体操作中,利用关联企业之间原材料、产品以及劳务的"高进低出"或"低进高出",可以达到将费用转移至高税负地区、将利润转移至低税负地区的目的。像无形资产和内部贷款都是较好的转移定价工具:无形资产这种没有市场参考标准的"商品",在价格转让时比有形的货物更加自由灵活;而总公司对下辖公司的内部贷款也是一项很好的价格转让工具,总公司在税法许可的限度内对税负不同的地区实行高低有别的贷款利率,便可实现利润的转移。

(四) 税务规划工作程序

依据国际惯例，编制工程税务规划方案基本上采用两种方式。一是企业自己编制，由本企业的税务管理部组织专业人员制定国际工程项目的税务规划方案；二是委托编制，由企业委托国际注册税务事务所或注册会计事务所为工程项目编制税务规划方案。国际工程承揽企业或项目公司，根据企业的实际情况和税务专业组织及人员的能力与素质，编制税务规划方案的成本与效益情况，工程项目所在国税务法律与制度规范等，选择工程项目税务规划方案。

企业自行编制工程项目税务规划方案的主要条件是：第一，建立规范的税务管理部，组织部门专业人员，会同企业财务部门、工程管理部和商务部等专业管理部门，组织强有力的规划组织；第二，应有各专业部门选出的专业人员，主要包括税务专业人员、财务专业人员、法务专业人员、工程技术人员和外语专业人员等，共同组成规划组织；第三，由于国际税务规划方案的专业性、复杂性和特殊性，因此规划组织必须制定科学的工作计划，主要包括规划目的、规划范围、规划内容、工作流程和工作时间表，确保国际工程税务规划工作的针对性、工作质量和工作效率，最大限度地节约工作成本。

企业采取委托国际注册税务事务所展开税务规划方案工作，同样必须做到以下几点：第一，成立确保税务方案的合作组织，即本企业的税务规划组织；第二，协调委托机构的工程、市场、税法和规划目的的实现；第三，委托单位的选择是关键，一般选择国际注册的税务事务所、国际知名的注册会计师事务所或律师事务所，也可以选择所在国权威的税务事务所或会计师事务所；第四，坚持成本与效益合理的原则，因为委托国际税务事务所编制一般费用较高，因而重点是税务规划方案的质量，也可以采取合作编制的方式，从而有效地提升规划方案效益。

三、工程税务规划工作

掌握国际工程项目税务规划方案的编制，一般遵循以下工作流程。

(一) 规划调查

国际工程税务规划调查工作是税务方案编制的基本前提，也是税务规划工作的质量保证。必须做好以下关于税务规划基本边界条件的工作：

(1) 了解工程项目所在国的工程环境；
(2) 掌握工程项目所在国的税制体系；
(3) 熟悉所在国对产业政策、财政政策、金融政策和外贸政策的优惠条件；
(4) 掌握工程项目所在国对工程项目的优惠政策；
(5) 熟悉所在国对工程项目全寿命周期各主要阶段的税法执行条件；
(6) 掌握所在国征税基本流程及其对纳税、缴税和补税的票据规定；
(7) 了解所在国与中国、其他各国和国际税收协定、自贸区域的要求；
(8) 熟悉中国税法规定与所在国税务关系等。

(二) 总体规划

总体规划是确保税务规划方案的总体边界，它要解决税务方案的根本性问题。主要是明晰规划目的、任务和意义、遵循的原则、内容和范围等，也包括税务规划方案结构、时间长短和规划对象。

1) 规划目的。明确国际工程税务规划实现的目标，运用的理论依据和实际完成的主要任务。

2) 规划任务。重点完成税务规划全局性的工作内容,包括规划对象、规划时间、规划内容和规划应完成的工作。

3) 规划意义。主要包括规划对工程项目全寿命周期的经济利益,对所在国的社会意义和税务意义等。

4) 规划结构。主要明确工程项目税务规划应包括的主要内容、组成方式,为具体的税务方案规划提供纲领性的规划依据。

一般主要包括:

(1) 工程项目基本概况;

(2) 所在国社会、经济、政治、人文和自然生态环境;

(3) 所在国税法与税制体系结构;

(4) 税收协定、区域税务环境分析;

(5) 所在国税收优惠及条件分析;

(6) 中国税法与所在国税制分析;

(7) 工程税务测算及分析;

(8) 工程项目税务风险测算及措施。

(三) 具体规划

具体税务规划是在总体税务规划的基础上,针对总体税务规划明确的目标、任务、原则和任务设计的要求,用文字和表格等形式作出的具体规划内容。

具体规划内容应根据工程项目税务管理的对象实施的具体税务规划方案而定,一般可以分为两类形式:第一,以税务规划的税种为对象实施税务方案规划;第二,按工程项目客观产生的经营规律从项目签约、建设到经营环节展开税务方案规划。

1. 以税种为对象具体规划

(1) 所得税规划方案;

(2) 流转税规划方案,包括增值税、营业税、关税等;

(3) 个人所得税规划方案;

(4) 预提税规划方案;

(5) 其他税种规划方案;

(6) 税收优惠规划方案等。

2. 按工程项目产生的经营流程具体规划

(1) 投融资阶段税务规划方案;

(2) 机器设备采购阶段税务规划方案;

(3) 工程建设施工阶段税务规划方案;

(4) 工程项目运营管理阶段税务规划方案等。

3. 税务管理组织规划

(1) 所在国纳税主体规划方案;

(2) 所在国税务缴纳流程规划方案;

(3) 所在国税务风险管理规划方案;

(4) 所在国税务票据管理规划方案;

(5) 公司税务组织方案。

(四) 组织实施规划

1. 建立公司税务管理组织

建立国际工程项目企业的税务管理组织是实施税务规划方案的必不可少的载体，税务管理组织可单独设置，也可以根据企业实际情况设置在财务部门或风险管理部门等，其组织模式如图 6-6 所示。

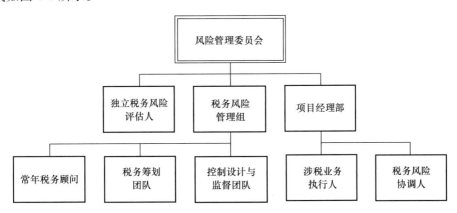

图 6-6　国际工程承包企业税务组织结构图

国际工程税务管理组织的职能与任务是在工程项目谈判阶段完成所在国税务税制、税务环境、税收体系和税务流程的调研；完成税务规划方案的制定；在税务管理方案实施阶段履行税务规划方案的职责；在工程项目经营管理阶段，协助财务管理部门负责所在国税务纳税、退税和税务票据管理工作。

2. 纳税申报

在国际工程项目所在国，EPC 总承包企业应做好以下工作：

(1) 税务登记：通常在工程项目开始之前就需要完成该项工作；

(2) 所得税申报：通常应按所在国税法规定按月、季或年度申报缴纳；

(3) 增值税申报：通常按所在国税法规定按月、季或年度申报缴纳；

(4) 关税申报：通常按所在国税法规定在货物和设备进口时申报缴纳；

(5) 个人所得税申报：每个国际工程项目核定人员均需要申报缴纳，并取得所在国完税证明，以抵扣中国个人所得税，特别是持有签证的中国雇员。

3. 退税申报

我国允许对外承包工程企业运用于在外承包工程项目的设备、原材料、施工机械等货物，出国施工相关人员等，在货物报关出口后，比照外贸企业出口货物退税办法，向当地主管机关申请增值税、所得税及关税等的出口退税。出口退税是国际工程承揽企业十分重要的税务管理工作，应当完成好专业化的、重要的管理工作。

(1) 重视出口退税管理工作。出口退税一方面是企业生产经营、对外投资融资和税务缴纳等经常性工作，同时对于个人所面临的所得税也是税务管理部门的工作之一。因此，在税务管理组织的统一安排下，必须对具体业务人员进行专业化教育，提高专业化管理效率。此外，出口退税涉及企业、个人和项目的各个环节，应主要做好三件事：第一，税务管理部门需要与财务部、工程部和商务部等工作协同;第二,内部各单位必须建立好相关工作流程,建立信息沟通渠道;第三,企业税务管理必须加强所在国税务部门与人员的正常工作程序,及时做好税务规划、税务处理和与所在国税务部门的沟通与联系,为企业创造良好的退税工作环境。

(2) 重视出口退税中视同销售工作的管理行为。一是针对我国税法相关规定,重视税收政策与退税管理的信息沟通;二是企业建立出口退税的运行工作机制;三是依据中国与所在国的税收条例测算准确的退税手续及工作流程;四是关注有效的退税内容和退税时间等;五是重视国家出口退税政策调整,及时应对、调整退税工作流程,从而保证企业退税利润。

(3) 个人所得税退税申报。每个中国员工取得境外收入均需要申报缴纳所得税,可以抵扣在国外缴纳的个人所得税。

4. 建立公司税务管理制度

国际工程承包企业内部税务管理制度应贯穿于整个工程项目全寿命周期的企业生产经营活动和财务制度的整个工作流程,具体应从以下几方面着手:

(1) 规范税务管理的内部环境,设立专门的企业税务管理部门和明确其岗位职责权限以及提高税务管理人员的综合素质。国际工程税务管理专业人员不仅应具备税务知识、技能和能力,更重要的是熟悉法律、财务、国际贸易、工程管理和熟练的外语等综合能力。

(2) 建立企业税务管理机制及制度。国际工程承包企业建立企业内部的税务管理制度和管理机制是科学规划税务方案的必要条件,重点是建立企业工程项目税务管理制度,主要包括企业税务管理制度、所得税管理制度、增值税务管理制度、投资与融资税务管理制度等,同时还应建立企业税务规划方案管理制度、企业委托税务管理制度,并根据以上制度理顺企业税务管理的机制,包括工程项目税务纳税机制等,从而提升企业对工程项目税务管理水平,实现企业税务管理目标。

(3) 建立企业税务风险管理制度。国际工程承包企业税务风险预警机制对工程项目面临的税务风险以及企业相应的风险承担能力具有充分预防性,企业可以根据历史的税务、财务和工程等统计资料及相关信息,运用科学方法测算,与税务规划方案对比,发现、感知和识别税务风险,从而分析工程及企业税务风险所处的状态,采用针对性的方法、工具、流程来防范、规避、降低、分散、转移税务风险。

(4) 完善税务代理制度。完善税务代理制度是降低企业税务风险的重要举措。国际工程税务管理事务中,聘请国外税务顾问可以提高企业的纳税遵从度,从而减少其企业及国际工程在税务管理中面临的各项税务风险。及时调整工程税务方案和工程项目全过程建设经营中的税务政策,征收税种和缴纳税费,及时避免和帮助协调与税务当局之间的税务争端等。

5. 税收优惠申请

国际工程承包企业一定要重点关注所在国的税收优惠政策和税法条款。例如所得税关注的内容有:

(1) 是否属于国家援助项目、重大基础设施、国际金融组织贷款等;

(2) 工程项目持续时间长短,时间短可能不构成常设机构,不在当地缴纳所得税;

(3) 是否存在相关的国际税收协定;

（4）是否为所在国创造大量的就业机会；

（5）是否投资于经济开发区，投资项目是否为所在国鼓励行业等。此外，各国对于国际工程承包企业按照税法规定一般对常设机构可享受所在国企业的税收优惠等，应及时办理税收优惠认定。

6. 税收抵免

国际工程承包企业应重视工程项目税收抵免的国内外税法规定，如果我国与境外承包工程项目所在国签订了税收饶让协定，并且境外承包工程项目享受减免所得税待遇，企业就应当积极取得相关依据或证明，在境外所得税收抵免时将减免税额视同已经缴纳税款进行抵免。

四、工程税务方案规划步骤

开展国际工程承包与海外工程投资项目税务方案规划步骤如下：

（1）建立专业组织。组建公司或项目部国际税务管理部，组成各专业业务人员，制订明晰的税务规划工作计划和工作流程，建立税务规划工作制度，在统一领导下有序地实施税务方案规划工作。

（2）综合环境分析。分析项目所在国与母国的工程业务流程，审阅其国内法和税收协定。在承包工程项目时，一定要精心组织、收集和分析所在国的政治、经济、社会、环境等综合情况，特别是针对所在国税收法律、法规、政策和执行流程等，对于首次涉及的国家，聘请国际或所在国知名的律师事务所或会计师事务所提供专业的评价报告。

（3）税务成本效益测算。运用成熟的财务、金融、税务理论与计算模型，对工程项目所产生的投资融资、原材料、机械设备采购、工程施工造价、运营管理费用等展开有效的测算，并对税务成本、财务成本、汇率成本和风险成本等专项报告。

（4）编制税务方案。通过以上各项分项报告的编制，根据工程项目全寿命周期原则、成本效益原则和风险可控原则等，正式编制工程项目税务规划方案。

（5）审查税收协定。坚持税法遵从的目标，对所在国和母国的税务条款进行综合分析后，尽量运用所在国税收优惠、减免和免征等条件，运用国际税收协定、双边税收协定等有利条件，准确测定出国际工程项目税务方案税额。

（6）税务风险评价。对税务风险进行评价是建立在税务方案、金融、环境等评价报告基础之后，所开展的一项重要工作。通过列示税务风险，建立税务风险应对策略和措施，做到及时发现问题，解决问题。

第四节　国际工程税务风险管理

截至 2016 年年底，中国已与 106 个国家和地区签署税收协定，其中有 54 个是"一带一路"沿线国家。这些税收协定就像一张地图，覆盖了中国主要对外国际承包工程和工程投资的目的地。企业到哪个国家承揽国际工程与投资兴业，就可以"按图索骥"，准确了解当地税务政策规定，该缴的税如何缴，该享的优惠是什么，从而防范国际工程投资的税务风险。近几年，国际上不少的国际化大公司因为对税务风险管理的认识、制度和防控不够科学与规范，出现了因税务活动及形成的税务关系造成了公司税务方案与行为上的违规，受到所在国税务部门稽查与调查，导致工程收益受损和财务亏损。因而国际工程税务风险管理是十分重要的内容。

一、国际税务管理风险概述

(一) 国际税务风险的概念

国际风险是指工程企业在针对他国工程项目建设中实施税务活动及处理税务关系过程中所导致的未来利益的可能损失。这里面包括国际经济风险、政治风险、环境风险、制度风险等。

其特征如下。

1. 经济性

税务风险出现首先表现为企业经济利益受损。无论是纳税人没有充分运用税收政策或者是运用税收规则规避措施失败,还是因经济活动环境的复杂性、多样性,以及纳税人管理认识的失误,都会导致企业付出经济损失,包括直接损失或间接损失。例如,超过纳税期限而被处以的罚款,或者企业被告之税务稽核暂停经营活动等。

2. 人本性

人本性是指企业在生产经营活动中,对经营活动及形成的经济关系处理不当,都会直接或间接地导致企业税务政策或行为上的过错,从而使企业经营利益受损。因而税务风险的出现是企业人为管理认识、制度和实施行为上的过失。企业是否开展科学的税务管理,是企业是否具有管理税务的人才以及各类经营管理决策的制度保障。

3. 制度性

税务风险的出现实际上是企业税务管理制度是否科学、健全和合理的结果。企业税务风险的出现不仅是税务管理制度的完善,而且还取决于企业的财务制度、管理制度和生产经营制度等方面。从制度的影响角度分为直接影响制度和间接影响制度,直接影响制度包括财务制度、会计制度、税务制度和决策制度等;间接影响制度包括生产经营制度、人力资源制度、环境保护制度等。

4. 政策性

政策性是指企业在处理涉税业务活动及形成的税务关系时,是否依据税法的遵从性原则,科学制定企业税务管理制度、机制和指导纳税行为。因而企业纳税是法定义务行为下科学的、合理的税务规划,从而正确地规范企业的纳税目的、纳税行为和纳税时效。

(二) 国际工程税务风险特征

1. 国际性

国际性主要表现在国际工程项目投资全部或部分由国外政府完成;工程环境的政治、经济、自然、人文和市场等环境属于跨国性;工程建设和交易活动具有全球性、地区性;工程涉税业务活动及形成的税务关系不仅与本国相关,而且重要的是涉及国际税收协定、所在国税法和多个国家税制等。

2. 差异性

差异性是指国际工程集咨询、投融资、设计、采购、施工、调试运行、投产和管理以及培训等各个方面和国家间商务交易活动于一体,因而面临着各国税法、税务环境、纳税规则、财务制度和政治制度的差异;同时国际工程税务管理不仅要考虑不同国家税收种类、税收优惠政策的差别,还需要考虑各个国家的综合国情以及税制、法律制度变动和财务会计制度等方面的变动。

3. 复杂性

国际工程税务风险管理的复杂性是指以下两方面：一是工程税务管理内容是一种系统性、全面性和科学性的预测与决策行为，因而工程税务的专业性是税务规划的局部系统。二是国际工程税务管理不仅涉及工程建设，还是关注国家间、企业间和经济利益的关系、政策与法律关系和自然与人文关系等，因此企业参与国际工程税务管理的税务专业人员，应该既能观察局部税务风险，又能把握全局的税务影响，才能有效地做好国际工程税务风险管理。

（三）国际工程风险内容

1. 工程风险管理

工程风险是指国际承包工程项目活动中发生的技术风险、业主风险、总包与分包以及设计、施工、采购、招标与投标以及工程合同等方面发生的不确定性。

（1）技术风险：是指国际工程投标和施工过程中的重要风险，可能造成重大不良后果，存在于技术能力、设计、施工、设备选型、标准规范等方面。技术能力是投标资格和履行合同的关键前提，包括设计能力和经验、施工能力和经验、设备和原材料性能、产量和能耗指标、运转率或使用效率指标等方面。国际工程承包商在投标前，需要对招标文件进行慎重研究，要判断自身是否具备相应的技术能力，如何组织技术与质量的要求，如果不具备就投标或接标，会直接导致工程质量事故，从而影响工程收益，导致工程税务成本增加。

（2）业主风险：是指因业主存在资格缺陷或越权承诺、对工程要求不明确、协助不利或对项目过度干预等因素而给承包商项目实施带来的危害，特别是业主的税务居民注册，是否与承包商共同就税务事宜达成相关协议。例如，2010年10月我国某企业基于EPC模式承包的沙特麦加轻轨项目，由于沙特业主对该项目的2010年运能需求较合同规定大幅提升、业主负责的地下管网和征地拆迁严重滞后、业主为增加新的功能使部分已完工工程重新调整等因素影响，导致项目工作量和成本投入大幅增加，计划工期出现阶段性延误[1]。

（3）投标风险：投标阶段大致可分为项目投标决策和编标报价两个过程。投标决策过程的风险因素有信息来源不确切、项目不落实、代理人不可靠、工程所在国情况不明、进入新市场决策风险、竞争对手现状不了解、投标决策失误（含业主评标有倾向性，业主资信差）等。编标报价过程的风险因素有业主前期工作不足、招标要求不清楚、设计基础资料短缺、招标文件分析不够、现场考察失误、对实施阶段预测有误（如对设计工作量估计不足）、投标报价失误等。

在投标阶段，最大的风险是投标报价失误。例如，我国某企业承包的沙特麦加轻轨项目，因未能充分估算沙特的政治、社会和自然等方面特殊因素，在投标报价时，该公司报价低于项目实际建设，对市场行情以及工程现场条件的了解十分有限，沙特业主对工程项目提供的资料粗略，未能充分预计沙特方提出的构想的设计与施工方案可能的变化，预估的工程量与实施工程量有较大的差异，对设备、材料、劳力费用上涨估计不足，施工中发生工程变更或出现不可预见情况，业主一再要求增加的工程量等，导致发生额外工程费用，项目最大亏损为13.85亿元。见第七章习题与案例（【阅读材料2】）。

---

[1] 中新网 http://www.chinanews.com/cj/2011/01-22/2805347.shtml.

2. 政治风险

国际工程的政治风险是指工程所在国由于政治事件发生重大变动，而带来的国际工程承包活动的利益的不确定性。一般事件包括：工程项目所在国的政局重大变动、国际关系影响、政府腐败行为、税法及政策制度不规范以及政府效率低等因素，导致工程项目无法正常实施或承包商利益受损。

(1) 政府政局变动。政局变动是指国家政权变更而引发政府政策、制度变化，带来承包国际工程税务成本或损失的不确定性。国际上不同国家的制度差异较大，国内各政党之间、政府与议会之间因政府领导人或政党反对，甚至爆发战争等，以致引发国际工程税务成本或损失增加。例如，伊拉克、利比亚战争阶段，政府政策、制度和相关税收法规变动，从而不仅使国际承包工程的税费产生了不确定性，而且原有合同不能执行与实施。因而从国际工程税务方面而言，国家政局成为非常关键的影响条件。

(2) 国际关系紧张风险。国家同周边地区的实际联系，同样为非常关键的影响因素。假如项目实施地区国际关系开始恶化，也许将造成各种制裁现象出现；假如不能和周边地区维持良好的联系，也许造成矛盾激化，出现恶性事件。上述现象会在项目方面造成严重的破坏，造成项目无法顺利进行，产生恶劣影响。

(3) 政策的不稳定性风险。因为国际项目通常规模庞大，比较耗时耗力，所以，假如政府政策无法有效保持稳定，项目公司会不能开展科学的衡量。拒付债务，部分国家在资金能力较差的前提下，在部分工程项目方面往往借助拒绝支付资金，造成了工程款无法顺利回笼。

(4) 国际税收歧视风险。现阶段全球范围内绝大部分国家积极贯彻经济开放政策，会使其他国家遭到破坏，产生极其恶劣的后果。不过部分国家依旧设置了较高的保护壁垒，对自身企业给予一定的"保护"，对其他国家企业实施税收歧视性政策。

(5) 权力机构之间的腐败风险。假如项目实施地区权力部门出现以权谋私情况，在工程项目控制方面违法乱纪，一定会造成公司内无法营造良好的竞争环境。

3. 财务风险

财务管理风险是指因承包商的财务管理能力不足、预算管理失误、流动资金不足、无法及时收汇等因素造成项目实施困难的风险。例如2014年由我国某公司大桥局中标承包的孟加拉国帕德玛大桥项目，大桥长6.15km，中标标价为1213亿塔卡（约合15.5亿美元），为公铁两用桥。承包商在建设中因短暂的资金短缺，导致国内进口的钢板滞留孟加拉港无法清关，失去利用美元订货获得机会效益，加之与业主未明确部分分项工程的付款方式，业主在实际支付时将银行手续费转嫁给承包商，使得承包商不得不承担支付拖延的利息损失和手续费用。因此，在国际工程承包中财务风险主要表现为以下特点：第一，承包商资金储备风险，特别是所在国用当地货币结算，而工程的设备机械用国际通用货币结算时，所在国业主信用更为重要。第二，汇率风险，国际工程中结算汇率是关键，主要是所在国货币与人民币之间面临的通货膨胀、汇率结算时间的影响。第三，融资渠道管理，主要是运用所在国国家银行融资，开展不动产抵押，同时充分引入当地保险机构开具各类保函，化解财务风险。

4. 环境风险

自然环境风险是指因项目所在国恶劣的自然气候条件或项目实施过程中出现的自然不

可抗力等因素，造成承包商实施项目困难的风险。例如，2014 年由我国某公司大桥局中标承包的孟加拉国帕德玛大桥项目，其称为亚洲单体海外最大桥梁。然而，孟加拉国帕德玛河是一条流速较快、河道泥泞、发生台风、暴雨、洪水等自然灾害，加之雨季时雨量过大，导致项目无法正常施工，给项目实施造成严重影响；同时，因该国相关管理缺失、人力用工规定和办事效率低下等因素影响，其承包方也存在前期缺失详细的、科学的和实际的判断，导致分别在 2018、2019 年两次申请逾期完工帕德玛大桥项目（见中国驻孟加拉国大使馆经济商务处网站：http://bd.mof.com.gov.cn/article/jmxw/201405/20140500573605.shtml）。

5. 法律及税法风险

法律环境风险是指因项目所在国相关法律制度不健全、法律规定差异或频繁变化等因素，给承包商项目实施带来的不利影响。国际工程项目从招标投标开始直至施工结束，都要受到各种法律法规的限制。这就涉及法律的适用问题，适用的法律法规与项目所在国或地区有关，各个国家或地区都有自己的有关工程建设方面的规定，某些国际组织也有自己的规定，如亚洲开发银行、非洲开发银行、日本协力基金等。解决合同的法律适用有两种方式：一是当事人意思自治，即在合同中选定；二是合同中没有规定，当事人直接向法院起诉或向仲裁机构申请仲裁。对于当事双方没有事先选择法律的情况下，世界上大多数国家的做法是适用与合同有最密切关系的国家的法律：①属人法，大陆法系一般规定适用于当事人国籍所属国的法律，英美法系以住所地为属人法；②行为地法，行为地包括合同缔结地、合同履行地、侵权行为地；③物之所在地法，即以法律关系的客体所在地的法律为依据。例如孟加拉大桥项目中，在项目实施期间项目所在国政府宣布禁止将外币汇到国外，导致承包商无法及时收回项目资金；在印度，电力项目中承包商对当地的法律体系进行了认真调研，包括当地的税法、劳工法、设备材料进口、环保、保险等相关法律与我国规定的异同，并主动熟悉当地的法律制度和执法方式，有效避免项目实施中可能引起的争议；在伊朗地铁项目中，因项目实施期间税收政策发生变化，政府大幅度提高外国人的个人所得税税率，对项目利润造成不利的影响；又如尼泊尔某电站项目中，由于事先未全面掌握行业法规政策等施工中的不允许夜间爆破作业，使得有效施工时间严重不足。

6. 滥用国际税收协定

所谓滥用国际税收协定（Tax Treaty Chopping），是指某个第三国的居民利用其他国家之间签订的国际税收协定获取其本不应得到的税收利益。在实践中，滥用税收协定的通常做法是跨国纳税人通过在某个国家设立中介公司，然后以该公司名义到与该国有税收协定的国家从事经济活动，从而享受到其直接投资不能享受到的协定优惠。主要包括建立直接管道公司和脚踏石导管公司。

直接导管公司是指介于两个公司之间能得到有关税收协定优惠的一个中介公司。

【例 6-1】假定甲国 A 公司在乙国拥有一个子公司，由此甲国 A 公司每年将获得来自乙国公司分配的股息收入，由于甲、乙两国之间没有签订税收协定，或虽有协定，但给予的税收优惠较少，乙国要对子公司汇往甲国的股息征收 30% 的预提所得税。由于乙国与丙国、甲国与丙国都签订有相互间按 5% 的税率征收股息预提税的税收协定，此时，如果甲国公司在丙国建立一个持股公司，通过丙国持股公司收取来自乙国公司的股息，丙国持股公司属于丙国的居民公司，按照丙乙两国的税收协定，仅在乙国负担 5% 的预提所得税。然后，再在享受甲、丙两国间税收协定优惠的条件下，将该所得转付给甲国公司，这样就使得甲国公司来源于乙国所得的总税负得以减轻。

"脚踏石"导管公司的设置，是在设立直接导管公司不能直接奏效的情况下，所采取的一种更为间接、更迂回的避税方式。在两个以上的国家建立中介公司来利用有关国家签订的税收协定，假定甲国公司打算在乙国拥有一公司，但甲国和乙国之间没有税收协定或协定条件不优惠，乙国要对乙国公司汇往甲国的股息征收较高的预提所得税，而乙国与丙国、甲国与丁国、丙国与丁国都签订有相互按低税率征收股息预提税的税收协定，此时甲国公司便可以在丁国建立一个持股公司，通过丁国持股公司在丙国建立一个持股公司，再通过丙国持股公司在乙国建立一个子公司。这样，甲国公司就可以减少其来自乙国公司的股息所得所承受的总纳税义务。

滥用税收协定已引起各国的高度重视，针对滥用税收协定避税问题的防范措施已相继出台。因此，许多国家从 20 世纪 80 年代初就开始把对付滥用税收协定列为防止国际逃避税务活动的重要议题，并采取强硬措施加以防范。

二、国际工程税务风险分类

国际工程税务风险管理建立在国际工程风险管理的基础之上，同时考虑国际工程中所在国税法及税务政策、制度和流程，进一步根据国家间国际税收协定等综合情况，主要分为六大类型。

（一）工程合同风险

工程合同管理风险是指承包商在合同订立和实施过程中因合同条款缺陷、合同管理不善等因素，导致承包商履约困难或造成不必要损失的风险。工程合同是项目纳税的基础，是辨别和划分征税范围的重要依据。各国的征税机关均会从工程合同中分析和判断项目涉税税种、纳税义务人、征税基础以及税率等。工程合同中工程承包商注册人、合同范围、价格和税务条款是最重要的依据，条款不清或条款不明，都不利于承包商产生额外的税务负担。例如，我国某工程企业承包孟加拉大桥项目中，承包商在项目前期对合同文件管理不重视，执行程序上出现很多问题，如有些文件承包商没有签字就发出、对建立信函回复不及时、信函简单陈述事实而没有引用合同条款、信函因为信息不对称造成的延误而失去时效性；某公司在孟巴矿项目中，承包商因合同条款遗漏，在当地供电不稳定的情况下，承包商无法从业主获得任何工期和费用的赔偿，同时项目采用的 10% 合同总价不可撤销的履约保函、有效期至全部工程的缺陷责任期结束、保函金额不予递减，这类保函格式无法规避业主后期无理没收保函的风险等；从而导致承包商不仅无法支付税款，反而增加了税务负担。

（二）政治风险

政治风险主要指工程项目所在国的政治制度、政党间力量对比，是否有国内政治动荡，国际关系变化造成政权更迭、政局不稳及政策改变，经济体制变动，致使项目的资产和收益受到不同程度的损失。政治风险的主要构成包括：政局的稳定程度，政策变动因素，项目公司所在国与东道国的贸易关系，如双边的贸易开放程度，是否有关税及贸易壁垒等。

（三）经济风险

经济风险是指工程项目所在国的经济发展规划，金融发展情况，包括货币自由兑换、外汇汇出、官方银行利率、信贷管理制度和市场通货膨胀等。

（1）汇率风险。一般在投标报价和合同执行时采用针对货币币种的商务处理办法可以减少或者从根本上完全化解汇率变动带来的风险。此外，还可以采用外汇交易来回避汇率风险。尽量提高报价中外汇的比率，并按招标文件规定将汇率固定下来（即采用投标截止日期前 28 天所在国国家银行公布的汇率）。

（2）通货膨胀风险。即原材料价格上涨风险。投标时如若合同条件中有价格调整条款，应认真研究，充分考虑各种影响因素，科学地填报价格调整公式中的有关指数和系数。另外，尽可能提早地执行合同，当然这还要根据实际情况区别对待，要看项目的整体进度安排是否允许，并且征得业主同意。

（四）法律及税法风险

法律风险是指由于工程项目所在国法律及税法制度的规范程度和变动情况给项目带来的风险，包括各类税法制度情况、涉税税种、税率和纳税模式等。如果合同规定项目所涉及的税收由总承包商承担，不同的国家税制不同；例如巴西国体实行联邦制，一是税收制度较复杂，税制分联邦税、州税和市税三级；二是税种繁多，多达 58 种；三是巴西税收制度变化较大，特别是州税和市税，从而工程项目从招标与投标开始到项目实施至运营执行后，工程税金可能高于按现行的税制所测算出的项目税额，这样就存在由于税收法律制度变化所造成的税务成本与税务风险。

（五）工程组织风险

国际工程承包组织是指工程承包商在项目所在国因承包工程而注册的承担纳税主体责任与义务的公司。由于国际工程项目投资金额巨大、建设周期长、税源显著，各国税法往往都依据税收管辖权要求，规定承包商在当地注册机构。如果未按规定注册机构，则承担的税务风险是很大的，有些国家甚至会提出一些惩罚措施，如安哥拉政府在 2011 年对未正式注册公司的境外工程承包商采取了冻结账户的措施。因此，注重各国税收管辖权制度，是注册工程组织或公司规避税务风险的重要内容。按前面所述，不同国家实行税收管辖权至少有四种类型，见表 6-16。

不同国家和地区税收管辖权实施情况 表 6-16

税收管辖权	国家或地区
同时行使地域税收管辖权和居民税收管辖权	中国内地、印度、阿富汗、孟加拉、斐济、日本、韩国、马来西亚、印度尼西亚、巴基斯坦、新西兰、新加坡、泰国、斯里兰卡、哥伦比亚、秘鲁、萨尔瓦多、洪都拉斯、奥地利、比利时、希腊、瑞士、瑞典、英国、卢森堡、土耳其、西班牙、摩纳哥、法国、荷兰、塞尔维亚、加拿大、俄罗斯
同时行使地域税收管辖权和公民税收管辖权	菲律宾、罗马尼亚
单一行使地域税收管辖权	中国香港、文莱、玻利维亚、阿根廷、巴西、多米尼加、厄瓜多尔、危地马拉、巴拉圭、委内瑞拉等
同时行使地域税收管辖权、居民税收管辖权和公民税收管辖权	美国、墨西哥

(六) 经营管理风险

经营管理风险是指项目公司在项目建造、经营和管理活动过程中，由于对所在国税收政策、制度、流程等税务环境的变化或项目经营管理者的行为疏忽，发生了不能享受税收协定优惠、工程合同备案、未能拿到免税批复和及时纳税申报等原因，直接影响到项目增加税务成本，形成税务风险。

(1) 税收协定优惠。截至 2016 年年底，中国已与 106 个国家和地区签署税收协定，其中有 54 个是"一带一路"沿线国家。税收协定覆盖了中国主要对外投资国家或地区，企业可以准确了解所在国税务政策规定，缴什么税、税如何缴和该享受什么税收优惠。税收协定又称避免双重征税协定，是两个或两个以上主权国家（或税收管辖区），为了协调相互之间的税收管辖关系和处理有关税务问题，通过谈判缔结的书面协议。税收协定主要是通过降低所得来源国税率或提高征税门槛，来限制其按照国内税收法律征税的权利，同时规定居民国对境外已纳税所得给予税收抵免，进而实现避免双重征税的目的。因而各国都要求税收协定国与国之间明确非居民身份证，即税收身份证，从而享受应有的税收优惠。

(2) 合同备案。按我国税法相关规定，居民企业与非居民企业签订工程承包作业、劳务、贷款、技术转让、财产转让、租赁等合同后，应在规定的时间内到主管税务机关进行合同备案。如未能履行备案义务，会面临相关行政处罚风险。对于年度关联企业购销金额 2 亿元以上或其他关联业务往来金额 4000 万元以上的企业，应按规定准备、保存并经要求及时提供同期资料，未能履行上述义务的企业会面临行政处罚、反避税调查、增加罚息等风险。

(3) 免税项目未能拿到免税批复。在签订 EPC 商务合同时，业主承诺该项目为免税项目，承包商可以不缴纳相关税费，并把相关内容写入合同，因而承包商就可以减少税务成本。在实际进程中，由于承包商缺乏相关的经验或由于种种原因尚未拿到免税批复，导致承包商最终缴纳这部分税费，因而引发工程项目受损。

(4) 未能及时纳税申报。各国纳税都必须准时申报，并且具有严密的申报程序、纳税程序和免税程序等，因而国际工程承包商应遵从税法和政府行政税务机关的制度要求，对于纳税过程中出现的少交税费、人为出现计算错误和超过纳税时间等行为，虽然会明确承担责任人或组织，但是最终纳税人和承担罚款的主体是国际工程承包商，不仅会影响到其税务诚信，还会受到税务调查，影响正常经营活动和与所在国政府机关的税务关系，从而导致以后工程的承包商地位。

例如，我国某公司第四航务工程勘察设计院有限公司，其国际工程业务涉足 50 多个国家或地区，其中不少是"一带一路"沿线国家，在中国税务部门的协助下，该公司办理了《中国税收居民身份证明》，先后完成了巴基斯坦瓜达尔深水港、安哥拉罗安达油码头等项目的勘察设计。2017 年公司在墨西哥设计某项目，因办理了《中国税收居民身份证明》，税收减免优惠近 1000 万元。公司在海外的一笔近亿元的专业服务费，及时向当地税务机关申请享受税收协定优惠，预计可享受当地税收优惠 4000 余万元[①]。

---

① 国家税务总局网站 http://www.chinatax.gov.cn/n810219/n810724/n1275550/c2569832/content.html。

三、国际工程税务风险规划与管理

国际工程项目税务规划与管理是指针对国际工程承包项目的工程活动及形成的税务关系展开合法、科学和针对工程全寿命周期税务方案预测、计划和组织管理的工作，主要包括税务方案的科学制定、税务风险的预测和税务日常工作等。

（一）国际工程税务风险规划

国际工程税务风险规划是指工程注册的公司纳税人，在遵从国际税收协定和所在国税法税制及相关法律的前提下，运用各国税收法规的差异和国际税收协定优惠政策，通过对工程全寿命周期建造与运营活动科学预测、计划和决策的制度安排，从而达成纳税义务身份或税收管辖权归属的选择，实现其工程税负最小化的目的。

1. 税务风险规划要素

国际工程风险与工程税务风险主要包括：

（1）国际工程风险要素结构，主要包括政治风险、环境风险、经济风险、工程风险、经营风险等；

（2）国际工程税务风险要素结构，主要包括工程合同、工程组织（EPC Model、CM Model、BOT、PPP）、工程环境、技术装备、招标投标等；

（3）国际税务风险要素结构，主要包括所在国法律及税法、税制结构、国际税收协定、纳税种类、税率结构、纳税流程等；

（4）企业组织要素结构，主要包括工程承包模式、企业信用、企业纳税注册人、企业税务政策等；

（5）税务关系，主要包括所在国政府关系、税务机构关系、合作伙伴关系、环境关系、人文关系和社会责任等；

（6）工程纳税人财务能力，主要包括资金流能力、债务承受能力、财务风险措施、财务调度、汇兑与汇率能力等；

（7）工程纳税人要素，包括税务管理组织、专业管理人员、税务政策与制度、税务规划能力等。

2. 税务风险规划流程

国际工程承包项目按全寿命周期一般可以划分为四个阶段：项目评估与决策阶段，项目设计与管理规划阶段，项目实施阶段和竣工验收阶段。其中，项目评估与决策阶段是承包商的工程项目重要的规划阶段，其目标是抓住市场机遇，对项目的机会进行充分的调研，正确地评估和决策，不仅在项目的竞标中获胜，而且要争得有利的合同条件，是税务风险预测的首要阶段。此阶段也是承包商履约阶段，工程范围已经确定，合同条件已经明确，业主和承包商的责任和义务清晰，承包商遵照合同要件履行责任和义务，实现工程目标，同时也是税务规划方案执行、调整和履约的重要时期，如图6-7所示。

工程税务风险规划流程主要包括：风险识别、风险预测、风险规划方案和风险预防措施。

1）风险识别

是指针对国际工程潜在的税务风险进行系统的归纳和全面的分析，以掌握其性质与特征，主要包括针对税务风险发生源、发生时段、发生程度和发生重要性展开定性判别，分析引起这些税务风险的主要因素和所产生后果的严重性，建立风险识别知识库，目的是明

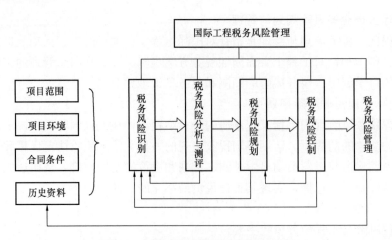

图 6-7 国际工程税务风险规划与管理

晰国际工程税务风险的具体情况。这个阶段是对税务风险进行定性分析的基础性工作。

(1) 税源：主要是指国际工程项目注册纳税人依据工程项目客观建造与经营流程，做出科学的税源发生流程，明确税源种类、税率、发生时段和处理方式等。

(2) 环境风险判断：主要包括国家宏观风险和微观风险发生的程度。

(3) 税务风险判断：税法及税制、纳税流程规则、优惠政策规则、合同规则等。

(4) 工程技术判断：主要包括土地拆迁、地基基础、结构、设备安装、材料采购、工程索赔等关键性节点。

(5) 工程经营判断：主要包括工程市场竞争、客户关系、财务能力、管理能力和人力资源结构等要素。

例如：

风险识别的主要成果是列出"工程项目税务风险来源清单"（风险来源一览表），进一步在风险来源清单中重点判别各类涉税风险识别的结果，即重要程度事项等，如：风险发生频率、发生的可能性、影响程度和经济得失的大小等。

2) 风险预测

税务风险预测是通过以上规范对所收集的大量资料进行分门别类的整理后，选择运用科学的数理工具分析、估计和预测税务风险发生的可能程度和损失幅度，以作为风险规划的依据。

列出国际工程税务风险分析估计的变化可能性，包括：

(1) 需求变化（来自业主或供应商、分包商的需求变化）；

(2) 设计错误、缺漏及误解（当设计由设计单位进行时）；

(3) 缺乏规定或任务和责任不清（合同条款或合同执行过程中）；

(4) 概预算估计不足（比如报价）；

(5) 员工技术与能力不足（包括技术、管理及人员素质方面的缺陷）。

对于每一个风险来源的描述通常应包括对以下事项的估计：

(1) 该来源引起风险的可能性；

(2) 可能后果的范围、得失的大小；

(3) 预计发生的时间；

(4) 预计此来源引起风险事件的频率。

国际工程税务风险预测流程如图6-8所示。

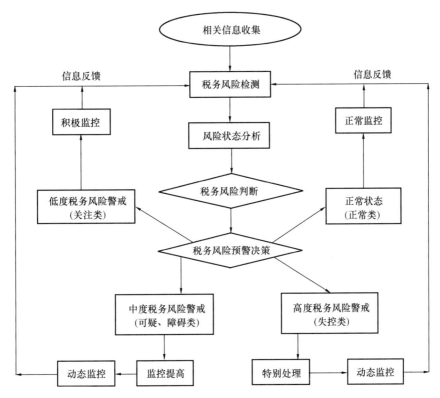

图6-8 国际工程税务风险预测流程

主要预测步骤：

(1) 建立指标体系。国际工程税务风险预测指标建立在风险要素识别的基础之上，遵循预测组成指标结构和指标的重要性、规范性、代表性和及时性四原则。重要性是指选取那些影响工程税务风险状况的重要指标；规范性是指按风险管理的科学性、规定性、标准性和法律约束性要求，科学选择组成；代表性是指从各主要风险要素的大量指标中筛选出具有标志影响意义的指标；及时性是指所选指标的数据能够在要求的时限内取得。

(2) 建立指标结构。主要包括工程财务指标、国际税务指标、工程技术指标、国内税务指标、企业管理指标和国际环境指标等指标结构。

① 工程财务指标：主要包括采购类如资金周转率（流动资产和固定资产）、坏账率、资本周转率、成本利润率、销售利润率、净利润等。

② 国际税务指标：所在国的税种、税率、税基和纳税流程、时间、地点等；他国相关利益方涉税税种、税率和税基等，以及进出口退税等。

③ 工程技术指标：主要是工程总量、范围、造价、工期、成本、质量、安全、机械与设备等，单位工程、分部分项工程的进度、质量、成本和安全等，特别是工程合同结构指标及合同资金结算时间、金额和条件等。

④ 国内税务指标：主要是工程国内所涉税种、税率、进出口退税和优惠政策等。

⑤ 企业管理指标：主要是政策完备率、人力资源结构、管理机制和管理措施等。

⑥ 国际环境指标：政治与国际关系、经济环境、自然环境、社会文化、税收环境等。

（3）构建预测模型。基于指标体系及具体指标的数据，运用数学模型及结合定性分析，构建国际工程税务风险辨析模型，通过运算与分析测算出风险预测区及影响重要性的结果，如图6-9所示。

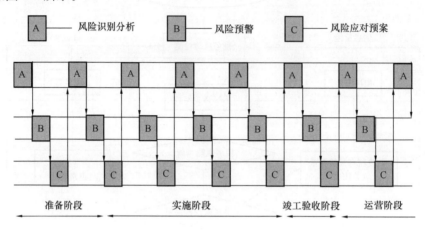

图6-9　国际工程税务风险预测流程与结点图

设企业税务风险状态为R，其各项检测指标记为向量$B=(B_1,\cdots\cdots,B_n)$，不妨设R是B的连续函数。于是企业的税务风险状况可用函数关系式近似地表示为：

$$R \approx F(B) = F(B_1, \cdots\cdots, B_n)$$

然后取定一串指标数值：$R_1<R_2<R_3<R_4<R_5<R_6$，设定$R_1<R<R_2$为正常区域，$R_2<R<R_3$为防范区域，$R_3<R<R_4$为警戒区域，$R_4<R<R_5$为危险区域，而到了$R_5<R<R_6$就是税务风险造成企业严重后果的特别处理区域。为了清楚表示企业的税务风险状况，可以采用一组交通信号标志形象、直观地反映其走势：可以用红色、橘红色、黄色、草绿色和绿色分别代表税务风险的特别区域、危险区域、警戒区域、防范区域和正常区域。

如图6-10所示：在监测时点1上，税务风险处于正常区域，在随后的监测中，税务风险先下降后上升，当上升到R_2位置时，企业开始防范税务风险，当进一步上升到R_3

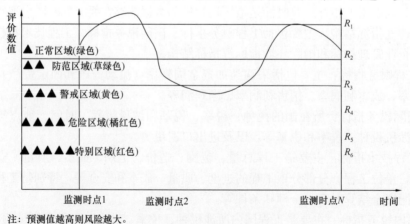

注：预测值越高则风险越大。

图6-10　国际工程税务风险预测结果图

位置时，进入警戒区域，在企业不断采用风险控制和转化手段之后，税务风险几经起伏和波动还是降到正常区域之内。

为便于对国际工程税务风险的综合评价，通过建立定量指标与定性指标间的转化关系，将预测影响重要程度数据植入对应的区间段与风险等级联系起来，见表6-17，更清晰地反映税务风险，为制订对策及措施提供明确的依据。

国际工程税务风险影响程度　　　　　　　　　　　　　表 6-17

评价数值	0～60	60～80	80～90	90～95	95～100
风险等级	特别区域	危险区域	警戒区域	防范区域	正常区域

3）风险规划

国际工程税务风险规划是指运用科学的理论与方法，在风险识别与风险预测的基础上，运用经济学、工程学、管理学、财务学和税务学等专业知识，对具体的国际承包工程项目在税务风险分门别类分析的基础上，构筑工程税务风险分析模型，通过比对优选最佳方案的过程，确保实现工程税务规划方案决策有效的目的。

主要步骤是：

(1) 工程全生命风险分析；

(2) 工程合同风险分析；

(3) 工程涉税税种风险分析；

(4) 构建规划方案分析模型；

(5) 计算不同税种风险指标经济性目标；

(6) 不同工程税务（税种）经济性方案比选；

(7) 组合最优税务方案。

4）税务风险评价与控制

表 6-18 列示相关税种风险影响。

按税种列示的税务风险控制　　　　　　　　　　　　　表 6-18

编号	税种	风险描述	风险性质	风险后果
1	增值税	国内出口退税率的变化	税务政策变化风险	项目实际税负增加
2	关税	出口关税税率的变化	税务政策变化风险	项目实际税负增加
3	企业所得税	境内外税制差异导致的境外纳税抵扣差异	税务政策风险	项目实际税负增加
4	企业所得税	合同纳税范围争议	税务争议	项目实际税负增加
5	企业所得税	常设机构的认定争议	税务争议	项目实际税负增加
6	企业所得税	国内外总分机构间关联交易的定价	税务争议	项目实际税负增加
7	个人所得税	境外收入未申报纳税	业务操作风险	项目实际税负增加

(二) 国际工程税务管理

国际承包企业的国际工程税务管理是指通过建立科学的税务管理制度、组织和集聚税务管理专业人才，完成对特定工程的税务制度体系、企业税务部门、税务流程和税务官员等的健全。

1. 国际税务制度体系的建立

国际税务制度体系主要包括国际税收协定制度体系，所在国际区域组织或国家税务制度体系和所在国税务管理制度体系。国内税务制度体系，主要包括我国的税务法律法规、政策及政策变动情况、税务管理流程及纳税制度体系。企业税务制度管理体系，主要包括企业依据国家法律法规，依据遵从度原则，以工程项目为客体构建企业的税务制度、税务纳税办法和纳税流程等。

2. 工程税务管理组织构建

工程税务组织是指要企业内部针对工程所在国情况及国际税收协定的影响，建立企业内部的税务管理组织形式及结构，可以为强化国际工程总承包项目的税务风险控制提供重要支撑。税务管理组织结构是控制环境的有机组成部分，也是对工程税务风险及税务规划方案开展风险评估、实施控制活动、促进信息沟通、强化内部监督的基础设施和平台载体。一个科学高效、分工制衡的组织结构，可以使总承包企业自上而下地对国际工程总承包项目中的税务风险进行识别分析，进而采取控制措施予以应对。

国际工程总承包项目税务管理组织结构设置应考虑以下几方面的问题：

(1) 专业化管理因素。由于国际工程税务管理与税务风险控制的职能是分散在工程项目建造的全寿命周期和实施工程管理的各个部门，因此如果无专人专职对税务风险的控制负责，则无法达到控制工程税务风险的目的。因此，必须建立专业化的工程税务风险管理部门。

(2) 国别及地域因素。由于国际工程项目很多涉税业务是发生在项目所在国，因此在税务组织结构设置时可以考虑按国际区域及所在国的税务管理要求。

(3) 国内外资源因素。对于国际工程总承包项目税务风险的控制，必然借助到国内外的专业资源。在组织结构中将工程资源纳入税务风险控制体系，会极大提高工程税务风险管理的效率。

(4) 管理职能因素。在税务管理职能分配时，将控制设计与监督职能及具体业务操作职能予以分离，以保证控制的有效性。

(5) 决策因素。在国际工程税务管理的组织结构中应有企业配置的税务官员专门参与部门决策，对于重大税务问题进行顶层设置，讨论税务规划方案的决策，以提高工程中重大税务风险的决策效率。

在考虑上述因素的基础上，可采用企业管理、财务管理和税务管理融合的集中式税务风险管理架构，对工程公司税务风险控制的组织结构做以下设计：

(1) 顶层设立工程风险管理委员会，专门对工程涉税事项的重大风险事项进行决策。

(2) 专业化税务风险管理，即在风险管理委员会下设立专门的税务风险管理组，负责对所有国际工程总承包项目的税务风险管理工作的指导。风险管理委员会除了接受税务风险管理组的汇报外，还会聘请独立的第三方机构，作为税务风险的独立评估人。

(3) 税务风险人才要求。国际工程税务风险管理部门一般由以下几方面的人员组成：公司在项目所在地聘请的常年税务顾问、税务风险、分析与筹划团队以及税务风险控制设计与监督团队，从整体上完善工程设计与监督项目税务风险的控制。

(4) 工程项目经理部设置或派遣专人负责。企业税务管理部门设置专业的税务官或专业涉税业务规划人员,以及设立税务风险协调人,专业税务事项用专业人才处理,即包括税务领导人员、税务规划人员和税务协调人员等,用以处理与协调政府及政策、纳税流程和分包商相关的税务活动及形成的税务关系、税务风险事项。

【习题与案例】

本章习题与案例见二维码6。

二维码6

第七章　工程税务方案设计案例

【学习指引】

为了将前面章节的税务管理知识、方法和理论运用于真实项目的税务管理实际方案的设计，我们以某集团建设的"××酒店项目"为对象模拟工程项目税务管理方案设计及应用。

【学习目标】

在学习前面相关章节知识、方法和理论的基础上，为了全面地掌握工程项目税务管理的运用和编制，提升项目部的工程税务管理综合能力，实际运用税务管理综合知识的能力，实现为工程项目创造价值的管理能力，我们提供了一套模拟工程项目全生命周期如何设计税务方案的实例及税务方案规划的全景图。希望通过综合案例提升工程管理人员的税务管理知识、智慧和能力。

【重要术语】

案例设计；房地产开发；税务方案；税务管理；酒店项目；建筑工程

成都××酒店项目

税务管理方案

项目经理：李××
项目副经理：郑××
税务专员：金××

编制单位：××酒店项目部
编制时间：2018年5月

摘　要

"成都××酒店项目"是某房地产集团开发的酒店商业地产项目。项目税务规划方案依据国家相关税法规范，为此项目全过程开展税务管理方案预测，目的是提升酒店项目价值创造，有效配置公司资金资源，明晰项目缴纳税费目标，最优化纳税方案，防范项目纳税风险，履行项目纳税义务。

税务规划方案是依据合法性原则、税收遵从原则、成本效益原则和创造价值原则，针对"成都××酒店项目"建设阶段中的涉税事项进行税务方案规划。重点规划项目涉及增值税、土地增值税、公司所得税、契税等主要税种。"成都××酒店项目"建设阶段增值税（进项税额）控制目标为3393475.96元、契税控制目标为2321922.24元、印花税控制目标为53560.66元、城镇土地使用税控制目标为422167.68元、项目公司所得税控制目标为2933450.33元。

第一节　方案指引

某集团成都公司开发的商业地产项目名称为"成都××酒店项目"（以下简称"××酒店项目"），为实现开发项目的科学税务管理，编制《成都××酒店项目税务管理方案》。

一、规划理念

本方案设计秉承着该集团"善待你一生"的经营理念，××酒店项目税务规划方案本着为工程项目创造价值的理念，旨在遵从税法的前提下，遵循市场经济规律，对项目建设阶段的涉税事项进行规划，以达到节约资源、提升利润、增强企业竞争力的目的。

二、规划目标

（一）实现价值创造

遵从税收法律、法规和政策规范，运用税务管理理论与方法，遵循市场配置资源原则，最大程度地利用科学测量方法、时间价值规律和税收优惠政策，结合企业优势，达到工程项目节税和优化税负。

（二）获取资金时间价值

在遵从税收法律、法规和政策规范，基于本企业财税相关制度，运用经济学时间价值原理，科学规划税种的基础上，按工程进度分期缴纳税款，实现递延纳税，获取税款资金的时间价值。

（三）做好项目税务管理

通过创新与改善项目税务规划管理，履行纳税义务，明晰税务管理流程，实现税务涉税零风险，避免发生非正常税务管理的项目经济损失。

三、规划依据

1. 工程建设依据

（1）《成都××酒店工程项目总承包合同》；

（2）《成都××酒店项目建筑设计方案》；

（3）《成都××酒店项目施工组织方案》；

(4)《成都××酒店项目施工总设计图》。

2. 国家相关法律及政策规范

1) 国家税法及相关政策

(1)《中华人民共和国税法》;

(2)《中华人民共和国税收征收管理法》;

(3)《中华人民共和国增值税暂行条例》(国务院令第538号);

(4)《中华人民共和国增值税暂行条例实施细则》(财政部国家税务总局第50号令);

(5)《财政部税务总局关于调整增值税税率的通知》(财税〔2018〕32号);

(6)《财政部国家税务总局关于全面推开营业税改征增值税试点的通知》(财税〔2016〕36号);

(7)《国家税务总局关于全面推开营业税改征增值税试点后增值税纳税申报有关事项的公告》(国家税务总局公告2016年第13号);

(8)《关于明确金融、房地产开发、教育辅助服务等增值税政策的通知》(财税〔2016〕140号);

(9)《国家税务总局关于进一步明确营改增有关征管问题的公告》(国家税务总局公告2017年第11号);

(10)《国家税务总局关于印花税若干具体问题的解释和规定的通知》(国税发〔1991〕155号)。

2) 地方政府相关政策规范

(1)《转发省发展改革委省财政厅关于调整成都市城市基础设施配套费标准的通知》(成发改收费〔2013〕21号);

(2)《四川省契税实施办法》(四川省人民政府令第109号);

(3)《四川省印花税核定征收管理办法》(川地税发〔2004〕48号);

(4)《企业所得税核定征收实施办法(试行)》(四川省税务局2017年第2号);

(5)《双流县人民政府关于明确房产税、城镇土地使用税征收范围的通知》(双府函〔2015〕87号);

(6)《双流县人民政府关于调整城镇土地使用税年税额标准的通知》(双府函〔2014〕43号)。

3. 企业依据

(1)《2019年某集团财务会计制度》;

(2)《2019年某集团税务管理制度》;

(3)《2019年某集团公司章程制度》。

四、规划原则

(一)合法性原则

合法性原则是指××酒店税务规划方案所有规划的内容都应以依法纳税为必要前提。

(二)预见性原则

预见性原则是指对××酒店建设全过程的纳税义务发生之前进行科学规划。通过对××酒店项目经济活动过程的规划,明确规划出纳税控制金额目标和规范税务管理流程。

（三）成本效益原则

成本效益原则是要求在进行××酒店税务规划时考虑投入成本和产出效益之比。项目应当权衡实施成本与预期效益，针对重要纳税业务、纳税税种和纳税流程制订科学的控制措施。

（四）时效性原则

时效性原则是指在进行××酒店项目规划时，关注与项目有关的税法政策变动，对方案及时进行调整。

五、项目税务预测目标

（一）规划范围

1. 时间范围

2018年6月1日～2019年7月31日。即，税务规划方案是"××酒店项目"的建设阶段。

2. 税种范围

根据税法规定，××酒店项目各建设阶段涉税事项见表7-1。

××酒店项目各阶段涉税事项　　　　　　　　　表7-1

序号	项目阶段	业务事项	涉及税种
1	前期准备阶段	取得土地使用权	契税
			印花税
			城镇土地使用税
		签订土建施工合同	印花税
2	建设阶段	主要材料采购合同	增值税
			城市维护建设税
			教育费附加
			印花税
		持有土地	城镇土地使用税
3	经营阶段	持有土地	城镇土地使用税
		酒店经营	增值税
			城市维护建设税
			教育费附加
			房产税
			企业所得税

项目经理：李×× 　　　编制人：金×× 　　　审核人：郑××、王××

××酒店项目共计涉及的税种有：契税、印花税、城镇土地使用税、增值税、城建税及教育费附加、房产税、企业所得税等，本阶段重点规划的税种是建设阶段应缴纳的增值税，同时，对项目其他涉税税种进行预测计算。

（二）税种控制总目标

1. 缴纳税总目标

按税种规划的××酒店项目的缴纳税额测算总目标，见表 7-2。

××酒店项目纳税总目标 表 7-2

税种	纳税金额（元）
一、开发建设阶段	
契税	2321922.24
印花税	53560.66
城镇土地使用税	422167.68
增值税（进项税额）	3393475.96
二、经营阶段（以第一年为例）	
城镇土地使用税	422167.68
增值税	1704580.48
城市维护建设税	119320.63
教育费附加	51137.41
房产税	471977.01
企业所得税	2933450.33

项目经理：李×× 　　　编制人：金×× 　　　审核人：郑××、王××

2. 规划目标

依据房地产项目增值税相关税收政策，重点预测××酒店项目建设阶段的增值税，预计实现节税总目标为 186459.11 元。

（三）税务规划流程

（1）了解酒店工程项目建设招标方案的基本情况，包括项目公司的组织形式、融资情况、成本目标、企业理念等。

（2）归集、整理××酒店项目的相关财税法规，包括国家税法规定和四川省成都市地方性税务政策规范。

（3）明晰公司财税制度和税务管理目标。

（4）科学设计本项目的税务管理程序，如图 7-1 所示。

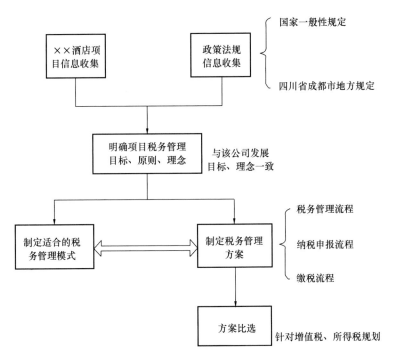

图 7-1　××酒店项目税务规划流程

第二节　××酒店项目概况

一、项目区位

本项目位于成都市绕城高速江安立交附近，工程区域交通方便，地形平坦，有利于施工，如图 7-2 所示。

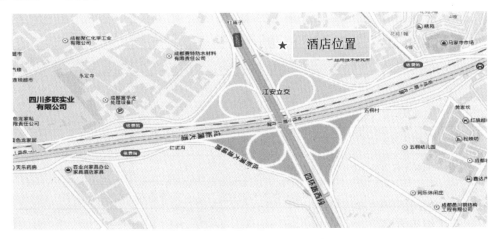

图 7-2　××酒店项目建设位置

二、项目功能

1. 功能结构

本项目功能定位为四星级酒店,其基本组成功能,见表7-3。

××酒店功能结构　　　　　　　　　　表7-3

房型	数量
标准单人间	140
标准双人间	80
商务单人间	32
商务双人间	32
普通套房	19
豪华套房	15
龙兴总统套房	1
御临总统套房	1

项目经理:李×× 　　编制人:李×× 　　审核人:金××、郑××

2. 建设指标(表7-4)

××酒店项目建设指标　　　　　　　　　　表7-4

总用地面积(m^2)	35180.64
总建筑面积(m^2)	55394.00
客房面积(m^2)	17126.70
餐饮面积(m^2)	1468.00
地下部分面积(m^2)	16285.00
建筑占地面积(m^2)	5853.00
绿地率(%)	30
容积率(%)	1.57
建筑密度(%)	16.6
酒店客房(间)	308
机动车停车位(个)	155

项目经理:李×× 　　编制人:李×× 　　审核人:金××、郑××

三、施工组织方案

根据本项目建筑设计方案、工程招标合同和工程施工合同,利用建筑BIM软件和工程预算软件,绘制本项目工程组织方案,如图7-3所示。

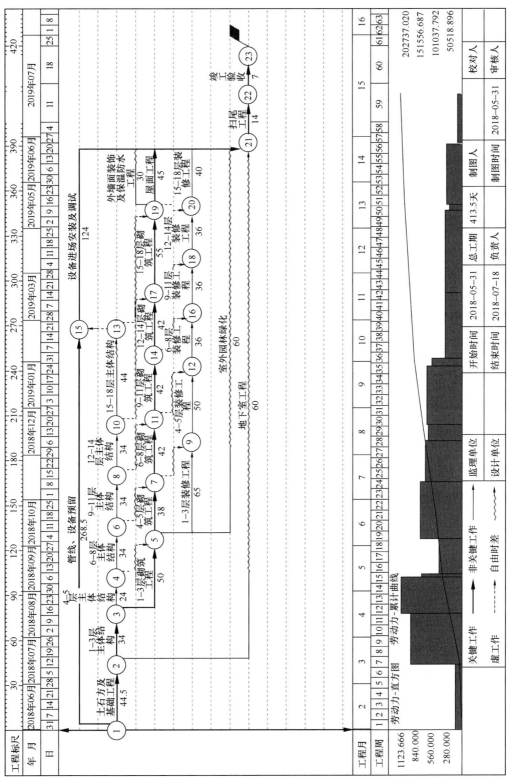

图 7-3 ××酒店项目施工组织方案

四、工程管理方案

本项目税务管理涉及工程投融资、工程成本控制和工程资金使用等方案目标，在依据"××酒店项目"的施工组织计划、工程资源计划、工程技术计划和各项工程承发包合同等的基础之上，开展××酒店项目的税务管理方案规划。

1. 工程投融资指标

××酒店项目投融资目标计划见表7-5。

××酒店项目融资计划　　　　　　　　　　　　　　　　表7-5

融资时间	融资项目	融资金额	融资来源
2016年10月	土地出让金及其税费	12700万元	公司债券融资
2016年10月	土地出让金及其税费	11379万元	公司自有资金投入
2018年6～7月	土石方及基础工程	430万元	公司自有资金投入
2018年7月～2019年2月	主体工程	1707万元	公司自有资金投入
2018年8月～2019年5月	砌筑工程	924万元	公司自有资金投入
2018年10月～2019年6月	装饰装修工程	1606万元	公司自有资金投入
2018年6月～2019年6月	税费	254万元	公司自有资金投入
2019年2～6月	装修及其他硬件投入	1800万元	公司自有资金投入
项目经理：李××	编制人：王××	审核人：金××、郑××	

注：数据来源于本项目融资预测计划。

2. 成本控制指标

××酒店项目成本控制方案，总成本目标见表7-6。即，项目总预算成本为59584857元，总控制目标为56187739元，成本降低额目标为3397118元，成本降低率为5.7%。

××酒店项目总目标成本（元）　　　　　　　　　　　表7-6

序号	成本项目	预算成本	目标成本	成本降低额	成本降低率
1	基础设施费	1040177	1040177	0	0
2	建筑安装工程费	44426265	42526291	1899974	4.3%
3	开发间接费	14118415	12621271	1497144	10.6%
	合计	59584857	56187739	3397118	5.70%
项目经理：李××		编制人：郑××		审核人：金××、王××	

注：1. 成本降低额＝预算成本－目标成本，成本降低率＝成本降低额/预算成本×100%。
　　2. 预算成本按照合同成本得出，目标成本考虑市场因素、该企业成本管理机制以及建筑方案综合确定。
　　3. 数据来源于本项目工程成本预测计划。

3. 资金使用指标

××酒店项目工程建设资金使用计划和工程进度款拨付计划,见表7-7、图7-4。

××酒店项目资金使用进度计划表　　　　　表7-7

序号	工程名称	完成进度	开始时间	结束时间	应付金额（元）	计划付款金额（元）	备注
1	土石方工程	1.49%	2018.05.31	2018.07.14	622856.25	498285.00	
2	基础工程	7.34%	2018.06.17	2018.07.10	3078503.79	2462803.03	
3	1～6层主体结构	14.62%	2018.07.14	2018.09.20	6130178.49	4904142.79	
4	1～6层砌筑工程	6.92%	2018.08.16	2018.11.22	2900873.7	2320698.96	
5	1～6层装饰装修工程	9.14%	2018.10.4	2019.02.07	3830048.67	3064038.94	
6	7～12层主体结构	16.67%	2018.9.20	2018.11.29	6986164.9	5588931.92	进度款支付统一按支八留二
7	7～12层砌筑工程	3.60%	2018.11.22	2019.02.14	1508855.56	1207084.45	
8	7～12层装饰装修工程	9.14%	2019.02.07	2019.04.18	3830048.67	3064038.94	
9	13～18层主体结构	14.37%	2018.11.29	2019.02.21	6025687.57	4820550.06	
10	13～18层砌筑工程	3.71%	2019.02.14	2019.05.16	1555507.82	1244406.26	
11	13～18层装饰装修工程	9.29%	2019.04.18	2019.06.20	3894958.15	3115966.52	
12	外墙面装饰及保温防水工程	2.21%	2019.05.16	2019.06.15	924563.72	739650.98	
13	屋面工程	1.51%	2019.05.16	2019.06.20	631657.6	505326.08	
14	工程竣工	—	—	2019.07.18	22651815.09	19842428.09	工程竣工结算后甲方支付工程款至结算价的95%

项目经理：李×× 　　　　编制人：王×× 　　　　审核人：金××、郑××

五、项目开发管理程序

本项目根据公司审定的房地产开发基本纲要,设计出税务规划的时间、内容、边界、目标需要的规范流程,如图7-5所示。

第七章 工程税务方案设计案例

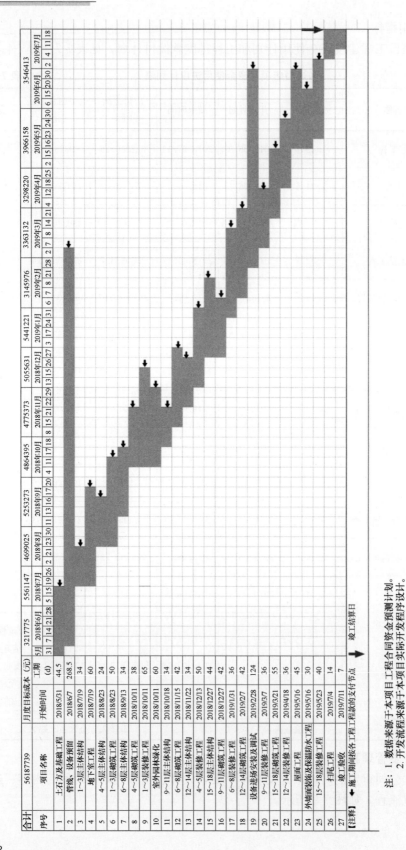

图 7-4 ××酒店项目工程款按进度支付方案

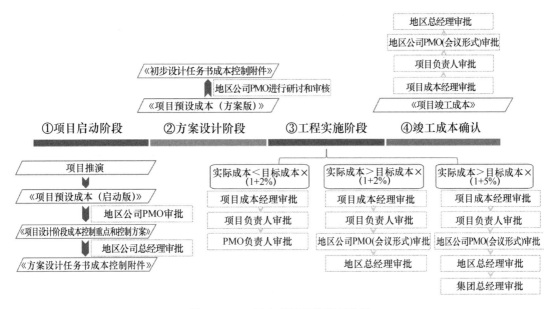

图 7-5 ××酒店项目开发管理流程

第三节 ××酒店项目营销方案

一、产品方案

（一）产品结构

××酒店定位于中高收入的成都市及周边城市人群及其家庭，游客。作为标准的四星级酒店，集餐饮、婚庆、会议、娱乐、商业、休闲等多功能为一体。主要产品有：

（1）客房——酒店建设规模整体规划为 308 间客房，共 20 层，其中包括标准单人间 140 间，标准双人间 80 间，商务单人间 32 间，豪华套房 3 间，标准套房 19 间，龙兴总统套房 1 间，御临总统套房 1 间。

（2）餐饮——包括：中菜馆、西餐厅、自助餐厅、咖啡厅、酒吧。

（3）康乐——包括：健身中心、水疗中心、室内游泳池、健身室等。

（4）娱乐——包括：茶室、棋牌室、KTV、儿童游乐、游客服务中心。

（5）特色服务——包括：户外活动、田园体验、茶艺品学、竹艺体验、亲子活动。

（二）产品策略

依据××酒店项目可行性研究方案，获得酒店项目产品需求层次，见表 7-8。

××酒店项目产品需求层次　　　　　表 7-8

产品名称	基本内容和需求
核心产品	保证客人基本的休息和睡眠需求
基础产品	床、床上用品、浴室、毛巾、卫生间、易耗品等有形的产品
期望产品	干净的床上用品、新的毛巾、先进的设施设备、安静的环境等
附加产品	凸显酒店自身特色的差异化服务或产品，赠送当地特色礼品等
潜在产品	整理客户资料，在客户生日或重大节日时给予客人意外惊喜和祝福礼物

项目经理：李×× 　　　　　编制人：李×× 　　　　　审核人：郑××

二、财务评价

(一) 财务评价依据

国家现行财税制度和地方的有关规定,结合国家发改委、住房和城乡建设部颁发的《建设项目经济评价方法与参数(第三版)》以及相关数据。

(二) 基础数据

(1) 项目财务评价计算期按 46 年计,其中建设期 1 年,生产期 45 年,第一年产能为 80%,第二年恢复到 100%。

(2) 本财务评价银行贷款年利率按现行 4.9% 执行,建设期只计息不还本,还款方式拟按最大偿还能力方式。

(3) 工程建设投资 31752 万元。

(4) 按酒店房间每晚预订价格计算法,本酒店预计每晚平均房间价为 393 元,平均房价增长率与其他配套设施(包括餐饮及其他)收入比例(占客房收入)按《2016 年中国饭店市场城市景气分析》数据,为 144%。

(5) 根据税法有关规定,城市维护建设税取 7%,教育费附加取 5%(地方 2%+国家 3%),所得税取 25%。

(三) 总收入测算

项目建成运营后生产期年营业收入为 120477825 元。

(四) 总成本测算

经测算,该项目经营期年均总成本为 95590772 元,其中:固定成本 7055969.067 元,年均可变成本 89428948 元。

(五) 利润测算

经测算,该项目经营期年均利润总额为 31048877 元,所得税后年均净利润为 23286657.57 元。

(六) 财务盈利能力分析

1. 总投资收益率(ROI)

总投资收益率 = 运营期内年均息税前利润(EBIT)/项目总投资 × 100%

= (31048877/317518608) × 100%

= 9.78%

2. 资本金净利润率(ROE)

资本金净利润率 = 运营期内年均净利润(NP)/项目资本金(EC) × 100%

= (23286657.57/217518608) × 100% = 10.71%

(七) 盈亏平衡分析

盈亏平衡点 = 年均固定成本/(年均总收入 − 年均可变成本)

= 7055969.067/(120477825 − 89428948) × 100%

= 22.73%

当入住率达到 22.73% 时,该项目就能保本,盈亏平衡点低,项目抗风险能力较强。

(八) 财务评价结论

项目建成投产后,年均创收 120477825 元,年均利润总额 31048877 元,年均净利润总额 23286657.57 元,总投资收益率 9.78%,资本金净利润率 10.71%。国家旅游局监督管理司 2017 年酒店业财务状况统计资料显示,成都酒店业平均净利润率是－3.96％,××酒店项目利润率相对较高,而从盈亏平衡分析看,项目具有较强的抗风险能力。

第四节 增值税规划方案

一、甲方供材料方案

（一）测算依据

甲供材料税务规划方案是根据"××酒店项目发包合同"的约定,由成都××酒店项目向施工企业方提供的主要材料的计划表,包括:

①资源配置计划;②工程结算价款合同;③甲供材料种类量表;④合同约定结算日,原材料款将每月 20 日按进货量结清,同时交付对应材料款项的进项税额。

（二）纳税计划

（1）根据甲供材料计划,对项目主要材料的增值税进项税额,见表 7-9。

××酒店项目建设阶段各项材料进项税额汇总表　　　　表 7-9

材料名称	材料占比	材料金额(元)	税率	进项税额(元)
商品混凝土	22.99％	5722538.15	3％	171676.14
钢筋	22.61％	5627950.74	16％	900472.12
多孔砖	9.44％	2349750.33	16％	375960.05
装饰石材	6.55％	1630388.21	16％	260862.11
水泥	4.66％	1159940.31	16％	185590.45
标准砖	2.86％	711894.70	16％	113903.15
锯材	2.29％	570013.59	16％	91202.17
复合木模板	2.44％	607350.72	16％	97176.12
其他材料	26.15％	6509107.11	16％	1041457.14
合计	100％	24888933.86	—	3238299.46

项目经理:李×× 　　编制人:金×× 　　审核人:郑××、王××

（2）编制项目增值税缴税计划,见表 7-10。

××酒店项目各月购进材料的进项税额汇总表　　　　表 7-10

时间	购进金额(元)	进项税额(元)
2018 年 6 月	2170008.46	135615.58
2018 年 7 月	4316629.14	397970.18
2018 年 8 月	2278644.57	328379.74
2018 年 9 月	2025612.02	291338.65
2018 年 10 月	2223984.39	332565.77
2018 年 11 月	2136241.58	313931.93
2018 年 12 月	2165379.04	318593.92
2019 年 1 月	2552285.33	347446.77

续表

时间	购进金额(元)	进项税额(元)
2019年2月	692590.10	102412.74
2019年3月	709209.66	104103.95
2019年4月	704602.49	103571.05
2019年5月	1037733.79	162213.71
2019年6月	1878502.53	300553.76
合计	24891423.10	3238697.75

项目经理：李×× 　　编制人：金×× 　　审核人：郑××、王××

其中，依据方案测算，××酒店项目需从小规模纳税人处购进商品混凝土，取得由小规模纳税人向主管国税机关申请代开的增值税专用发票（只能是申请代开，征收率为3%），经认证后才可以抵扣进项税额，未进行认证之前计入"待认证进项税"科目。

应交税费下的二级科目"待认证进项税"专栏是用于核算月底收到的采购增值税发票但未来得及拿到税务局认证的进项税额。次月待认证增值税项目票到税务局认证后，需要将对应的进项税额从该科目转到"进项税额"专栏。

编制按进度时间表的各月增值税额缴纳税计划，见表7-11。

××酒店项目按进度购入原材料纳税计划表　　　　表7-11

时间	原材料购进金额	一般纳税人	小规模纳税人	"进项税额"专栏金额	待认证进项税额
2018年6月	2170008.46	542425.59	1627582.87	86788.09	48827.49
2018年7月	4316629.14	2065163.87	2251465.27	379253.71	67543.96
2018年8月	2278644.57	2000156.93	278487.64	387569.07	8354.63
2018年9月	2025612.02	1773617.60	251994.42	292133.45	7559.83
2018年10月	2223984.39	2044971.04	179013.35	334755.20	5370.40
2018年11月	2136241.58	1921882.14	214359.45	312871.54	6430.78
2018年12月	2165379.04	1951019.60	214359.45	318593.92	6430.78
2019年1月	2552285.33	2083678.53	468606.80	339819.35	14058.20
2019年2月	692590.10	627961.80	64628.29	114532.09	1938.85
2019年3月	709209.66	637135.83	72073.83	103880.58	2162.21
2019年4月	704602.49	634099.82	70502.67	103618.19	2115.08
2019年5月	1037733.79	1008320.74	29413.04	163446.40	882.39
2019年6月	1878502.53	1878451.45	51.08	301434.62	1.53
2019年7月	—	—	—	1.53	
合计	24891423.10	19168884.94	5722538.16	3238697.74	

项目经理：李×× 　　编制人：金×× 　　审核人：郑××、王××

二、建筑服务费税务方案

（一）建筑服务付款时间

建筑服务是某建筑企业向××酒店项目提供施工建造应支付的价值代价。根据《××

酒店项目承包合同》约定，按更新的《商品和服务税收分类编码表》（国家税务总局2017年第45号公告）、《关于建筑服务等营改增试点政策的通知》（财税〔2017〕58号），建筑服务包括：工程服务、安装服务、修缮服务、装饰服务、其他建筑服务，其中：工程服务是指新建、改建各种建筑物、构筑物的工程作业，包括与建筑物相连的各种设备或者支柱、操作平台的安装或者装设工程作业，以及各种窑炉和金属结构工程作业。因此，××酒店项目在每项工程完工后支付工程总价的80%给乙方，于竣工结算时支付至工程总价的95%。

（二）建设纳税计划

根据××酒店项目分部分项成本控制计划和工程施工进度计划，编制所支付工程款产生的增值税进项税额以及付款时间，见表7-12。

××酒店项目按分部分项工程增值税进项税额汇总表（元）　　表7-12

序号	工程名称	支付工程款时间	应付金额	计划付款金额	进项税额
1	土石方工程	2018.7.14	622856.25	498285.00	14513.16
2	基础工程	2018.7.10	3078503.79	2462803.03	71732.13
3	1～6层主体结构	2018.9.20	6130178.49	4904142.79	142839.11
4	1～6层砌筑工程	2018.11.22	2900873.70	2320698.96	67593.17
5	1～6层装饰装修工程	2019.2.07	3830048.67	3064038.94	89243.85
6	7～12层主体结构	2018.11.29	6986164.90	5588931.92	162784.42
7	7～12层砌筑工程	2019.2.14	1508855.56	1207084.45	35157.80
8	7～12层装饰装修工程	2019.4.18	3830048.67	3064038.94	89243.85
9	13～18层主体结构	2019.2.21	6025687.57	4820550.06	140404.37
10	13～18层砌筑工程	2019.5.16	1555507.82	1244406.26	36244.84
11	13～18层装饰装修工程	2019.6.20	3894958.15	3115966.52	90756.31
12	外墙面装饰及保温防水工程	2019.6.15	924563.72	739650.98	21543.23
13	屋面工程	2019.6.20	631657.60	505326.08	14718.24
14	工程竣工	2019.7.18	22651815.09	19842428.09	577934.80
	合计				1554709.28
项目经理：李××		编制人：金××		审核人：郑××、王××	

第五节　所得税规划方案

一、收入的测算

根据××酒店项目销售计划，预测收入见表7-13（以下测算表皆以第一年为例进行计算）。

××酒店项目销售阶段收入测算表 表 7-13

收入构成	占总收入比例	金额(元)
客房收入	42.91%	20817073.84
会议宴会收入——会议场地部分	6.07%	2946850.87
会议宴会收入——会议餐饮部分	20.77%	10074830.62
餐饮收入——中餐大厅部分	7.07%	3430068.71
餐饮收入——中餐包房部分	—	—
餐饮收入——全日餐厅/咖啡厅/早餐厅部分	5.23%	2538393.35
餐饮收入——酒吧部分	1.73%	838083.04
餐饮收入——特色餐厅部分	1.11%	539207.18
餐饮收入——西餐厅部分	10.98%	5324702.11
商务中心收入	0.05%	24618.76
康体娱乐收入	—	—
其他	4.08%	1976975.38
合计	100.00%	48510803.86

项目经理：李×× 编制人：金×× 审核人：郑××、王××

二、成本的测算

根据××酒店项目销售计划，预测成本见表 7-14。

××酒店项目销售阶段成本测算表 表 7-14

成本构成	金额(元)
能耗成本	4856851.48
维修保养成本	1699898.02
市场推广费	728527.72
预订系统费	111295.80
核心培训费	121875.00
食物成本	5828221.77
酒水成本	169989.80
人力成本	16589954.30
运营费用	41873956.10
市场营销成本	2764992.38
管理费	414748.86
其他成本	663598.17
合计	75823909.40

项目经理：李×× 编制人：金×× 审核人：郑××、王××

三、经营税金测算

所得税=应纳税所得额×税率=(收入总额-不征税收入-免税收入-各项扣除-以前年度亏损)×税率,其中准予扣除的项目有成本、经营费用、管理费用和财务费用、税金以及损失。

现根据《销售服务、无形资产、不动产注释》(财税〔2016〕36号)确定酒店收入与成本使用的增值税税率,确定增值税后计算城建税及教育费附加,最终得出所得税税额。

首先确定销项税额:

(1) 酒店业住宿收入、餐饮收入、娱乐收入,按照6%的税率缴纳增值税;

(2) 会场的场租费为不动产租赁服务收入,按10%的税率计税;

(3) 若会议服务中还包含餐饮服务、住宿服务收入,应分别按照会议服务、餐饮服务、住宿服务征税。

××酒店经销方案增值税销项税额预测结构计算结果见表7-15。

××酒店项目经营阶段增值税销项税额测算表　　　　表7-15

总收入	金额(元)	增值税销项税率	增值税销项税额(元)
客房收入	20841838.87	6%	1250510.33
会议宴会——会议场地	2950356.59	10%	295035.66
会议宴会——会议餐饮	10086816.14	6%	605208.97
餐饮收入	12685527.81	6%	761131.67
商务中心收入	24648.05	6%	1478.88
其他	1979327.29	6%	118759.64
合计	48568514.75		3032125.15

项目经理:李×× 　　　　编制人:金×× 　　　　审核人:郑××、王××

其次确定进项税额:

(1) 能耗成本:自来水、暖气、冷气、热水、石油液化气、天然气适用13%的增值税税率;

(2) 维修保养成本:视为提供修配劳务,适用16%的增值税税率;

(3) 市场推广费:视为提供文化创意、广告业务,适用6%的增值税税率;

(4) 预订系统费:视为信息技术服务,适用6%的增值税税率;

(5) 核心培训费:视为提供咨询业务,适用6%的增值税税率;

(6) 食物成本:餐饮的原材料多为农产品,适用10%的增值税税率;

(7) 酒水成本:视为购销货物,适用16%的增值税税率;

××酒店经销方案增值税进项税额预测结构计算结果见表7-16。

××酒店项目经营阶段增值税进项税额测算表　　　　表7-16

成本构成	金额(元)	增值税进项税率	增值税进项税额(元)
能耗成本	4856851.48	13%	631390.69
维修保养成本	1699898.02	16%	271983.68
市场推广费	728527.72	6%	43711.66

续表

成本构成	金额(元)	增值税进项税率	增值税进项税额(元)
预订系统费	111295.80	6%	6677.75
核心培训费	121875.00	6%	7312.50
食物成本	5828221.77	10%	582822.18
酒水成本	169989.80	16%	27198.37
人力成本	16589954.30	—	—
运营费用	41873956.10	—	—
市场营销成本	2764992.38	—	—
管理费	414748.86	—	—
其他成本	663598.17	—	—
合计	75823909.40	—	1571096.83 |// 项目经理：李×× 编制人：金×× 审核人：郑××、王××

增值税＝销项税额－进项税额＝3032125.15－1571096.83＝1461028.32(元)

城建税及教育费附加＝1461028.32×(7%＋3%)＝146102.83(元)

土地使用税＝422167.68(元)

房产税＝471977.01(元)

税金及附加＝146102.8＋422167.68＋471977.01＝1040247.49(元)，该项税金可在所得税之前扣除。

所得税＝(48510803.86＋48568514.75－75823909.40－1040247.49)×25%
　　　＝5053790.43(元)

第六节　其他税种税务方案

一、契税

(一) 纳税时间

××酒店项目于2016年10月取得土地，于当月办理契税纳税申报。

(二) 计算公式

$$契税 = (土地成交价格 + 城市建设配套费) \times 3\%$$

(三) 纳税金额

计算契税数据来源于××酒店项目预算书中的工程数据以及《四川省契税实施办法》(四川省人民政府令［第109号］)、《四川省发展改革委省财政厅关于调整成都市城市基础设施配套费标准的通知》(成发改收费［2013］21号)，具体契税纳税金额见表7-17。

××酒店项目契税纳税计算表　　　　表7-17

税基		税率	纳税金额(元)
项目	金额(元)		
土地出让金	77397408.00	3%	2321922.24
城市配套设施费			

项目经理：李×× 编制人：金×× 审核人：郑××、王××

二、印花税

（一）纳税时间

××酒店项目每季度末（即2018年6月）汇总办理印花税纳税申报。

（二）计算公式

$$印花税＝合同价×印花税税率$$

（三）纳税金额

计算印花税数据来源于××酒店项目预算书中的工程价款数据以及《四川省印花税核定征收管理办法》（川地税发〔2004〕48号），具体纳税金额见表7-18。

××酒店项目印花税纳税计算表　　　　　表7-18

项目	合同价（元）	税基（元）	税率	纳税金额（元）
土地出让合同	69657667.20	69657667.20	0.5‰	34828.83
土建施工合同	42526291.00	42526291.00	0.3‰	12757.89
材料采购合同	24891423.00	19913138.40	0.3‰	5973.94
合计				53560.66
项目经理：李××	编制人：金××		审核人：郑××、王××	

三、城镇土地使用税

（一）纳税时间

城镇土地使用税采用按年计征、分期缴纳的纳税方式，××酒店项目自取得土地成本之后于每年5月、11月进行城镇土地使用税的纳税申报。

（二）计算公式

$$每年应缴纳城镇土地使用税＝总用地面积×12元/(年·m^2)$$

（三）纳税金额

计算城镇土地使用税数据来源于××酒店项目预算书中的工程数据以及《双流县人民政府关于明确房产税、城镇土地使用税征收范围的通知》（双府函〔2015〕87号）、《双流县人民政府关于调整城镇土地使用税年税额标准的通知》（双府函〔2014〕43号），具体纳税金额见表7-19。

××酒店项目城镇土地使用税纳税计算表　　　　　表7-19

税基		税率	纳税金额（元）
项目	面积（m²）		
实际占用土地	35180.64	12元/m²	422167.68
项目经理：李××	编制人：金××	审核人：郑××、王××	

四、房产税

（一）纳税时间

房产税采用按年计征、分期缴纳的纳税方式，××酒店项目自竣工验收之后于每年5月、11月进行房产税纳税申报。

（二）计算公式

$$每年应缴纳房产税＝房地产原值×(1－30\%)×1.2\%$$

（三）纳税金额

计算房产税数据来源于××酒店项目预算书中的工程数据以及《双流县人民政府关于明确房产税、城镇土地使用税征收范围的通知》（双府函［2015］87号），具体纳税金额见表7-20。

××酒店项目房产税纳税计算表　　　　　表7-20

税基		税率	纳税金额（元）
项目	金额（元）		
房屋原值	56187739	1.20％×（1－30％）	471977.01

项目经理：李×× 　　　编制人：金×× 　　　审核人：郑××、王××

第七节　税务管理机制

一、适用范围

"××酒店项目"税务管理方案措施规定了税务管理流程、纳税申报、缴纳税款管理内容及要求。控制流程适用于"××酒店项目"项目部。

二、税务管理流程

（一）税务管理相关职责

通过明确各岗位职责，可以更好地协调配合项目的税务管理工作，岗位职责见表7-21。

××酒店项目税务管理岗位职责表　　　　　表7-21

岗位	职责
税务专员	① 完善合同签订、发票收取、资金支付、物资验收； ② 正确计算各项税额，按时完成缴纳、汇总、上报等工作； ③ 向项目部汇总上报相关资料； ④ 积极参加各项税务培训，及时了解税收政策以及办理纳税事项的具体程序，准确、及时地报告税务信息
项目经理	① 审核合同签订、发票收取、资金支付、物资验收相关资料； ② 审核税务计算表、税务申报表和完税凭证； ③ 向公司总部汇总上报相关资料
公司财务部	① 提供税务咨询； ② 定期处理项目税务工作

项目经理：李×× 　　　编制人：金×× 　　　审核人：郑××、王××

（二）税务管理流程图

为了明确各项纳税业务的工作流程，更好地进行税务管理，制定税务管理流程图，如图7-6所示。

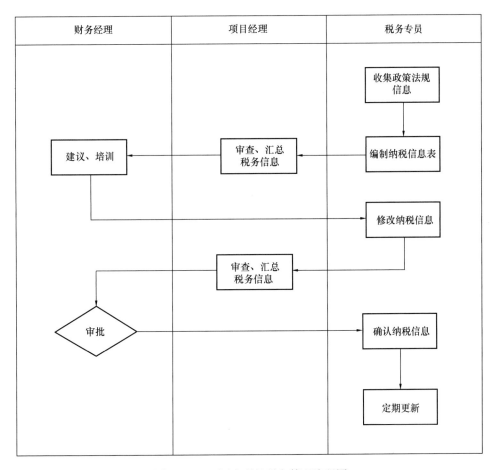

图 7-6 ××酒店项目税务管理流程图

税务管理流程描述:

(1) 收集政策法规。税务专员收集和保存国家有关纳税政策,主要包括辖区内:各项税收的计税依据、税率和计算方法;各项税收的申报方法和申报日期;关于税务政策、税务优惠的文件和批文,如关于退税和免税的税务局正式批准文件、当地适当调整的税率和扣除率等。

(2) 税务信息表。根据收集的政策法规,将区域内所需缴纳的税种分类,详列不同税种计算信息的来源、计税依据及税率和计算方法,对有地方性特别规定的税务优惠,必须列明有关的优惠内容以及税务文件、批文的编号。

(3) 审查、汇总税务信息。项目经理依据项目情况分析上报的纳税信息的完整性和正确性,如有明显差错,应通知税务专员进行进一步确认。

(4) 定期更新。税务专员应时刻关注区域内的有关税务法规,及时了解最新的税务政策,并及时上报项目经理及公司财务部。

三、纳税流程

(一) 申报流程

房地产开发项目进行纳税申报,依据国家税务总局《关于印发〈增值税一般纳税人纳税申报"一窗式"管理操作规程〉的通知》、《中华人民共和国企业所得税法》等相关税法、地方政府税务机关不断改革纳税申报的文件规定，在明晰所纳税税种、企业会计核算制度、企业税务管理制度和明确税种的基础上，设计其流程，如图7-7所示。

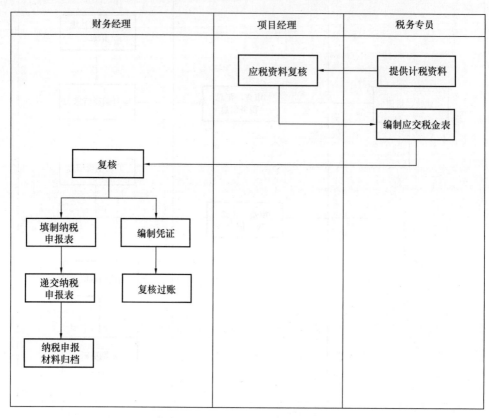

图7-7 ××酒店项目纳税申报流程

纳税申报流程描述：

（1）提供计税资料：准备计税需要的文件及财务资料，见表7-22。

××酒店项目计税资料责任表　　　　表7-22

税种	负责人	文件
增值税	总账会计	增值税专用发票/账簿
企业所得税	总账会计	利润表/纳税调节明细表
土地使用税	合同管理员	土地出让合同
城建税及教育费附加	总账会计	增值税申报表
印花税	合同管理员	合同清单/账簿
房产税	固定资产管理员	固定资产明细账/房屋购买合同
车船使用税	固定资产管理员	固定资产明细账/车辆所有权证
项目经理：李××	编制人：金××	审核人：郑××、王××

（2）复核：财务经理收到税金计算表后进行审核，如有错误，则退回税务专员进行修改，确认无误后入账。

（3）编制凭证：编制相应的会计分录并制作记账凭证，且将税金计算表打印作为附件。

（4）纳税申报：规定期限内向主管税务机提交纳税申报以及规定的其他资料。

（5）纳税申报材料归档：对税务申报表进行统一归档，记录申报表备查登记簿。

（二）缴税流程

本工程项目可依据地方税务机关网络征税系统，结合其完税计划，设计缴税流程，如图7-8、图7-9所示。

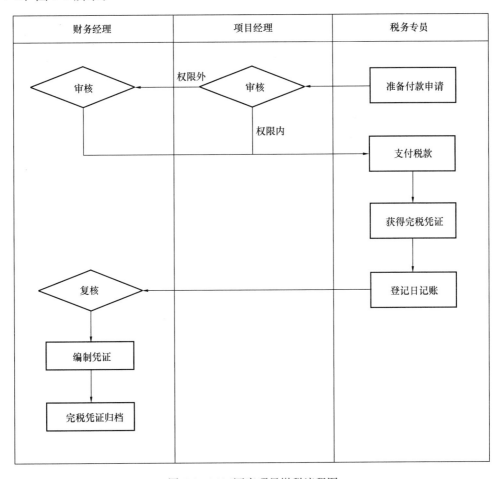

图7-8 ××酒店项目缴税流程图

××酒店项目缴税流程描述：

（1）准备付款申请：由税务专员根据规定缴款时间，向公司财务部提出付款申请。

（2）审批：项目经理核对付款申请金额与税单金额，批准后在付款申请单上签章。

（3）支付税款：项目部权限内的缴税付款申请，税务专员支付；对于超出项目部权限的部分，由公司财务部审核付款。

（4）获得完税凭证：在缴纳税款的同时在当地税务局或银行取得完税凭证。

第七章 工程税务方案设计案例

图 7-9　××酒店项目缴税流程

（5）登记日记账：登记日记账的同时将完税凭证和付款凭证作为附件。

四、增值税控制流程

1. 准确计算增值税

（1）本次设计项目部和所属财务部税收管理岗根据原始单据开具发票并且收集进项、销项税发票及其他流转税发票，财务部门会计核算岗填制销项税凭证、进项税凭证。

（2）财务部门稽核管理岗对涉税业务的记账凭证进行稽核并签章，包括增值税销项税、增值税进项税、增值税进项税额转出、金额是否正确、会计科目和记账时间是否正确。

（3）财务资产处税收管理岗每月根据财务信息系统"应交税金－应交增值税（进项税）明细账"与进项税发票进行核对，并对需要抵扣的进项税进行统计，报税务机关认证取得认证结果通知单。

（4）所属单位财务部门税收管理岗每月根据财务信息系统"应交税金－应交增值税（进项税）明细账"与进项税发票进行核对，并对需要抵扣的进项税进行统计，报税务机关认证，取得认证结果通知单，汇总缴纳的需报送项目部税务管理岗。增值税账务处理流程如图 7-10 所示。

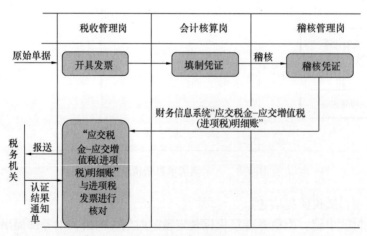

图 7-10　增值税账务处理流程图

2. 及时、准确进行纳税申报

（1）财务部门税收管理岗负责及时纳税申报。

（2）财务部门税收管理岗每月编制纳税申报表，财务部门负责人在规定申报的时间内审核签字。

（3）税收管理岗计算应交流转税，填写流转税纳税申请表，财务负责人在规定申报的时间内审核签字。审核后向税务机关申报，申报后缴纳税金。项目部将汇总后计算的应交增值税分解的明细表报财务负责人审核，审核通过后下划所属单位。

3. 准确编制会计凭证

（1）财务部门税收管理岗编制记账凭证，报稽核管理岗稽核。

（2）财务部门会计稽核管理岗对缴纳的税金进行稽核，并在记账凭证上签章。

4. 增值税账务处理

本次设计中项目部的增值税账务处理严格依照财政部文件：《财政部关于印发〈增值税会计处理规定〉的通知》（财会［2016］22号）。

五、所得税控制流程

《企业所得税核定征收实施办法》（四川省税务局2017年第2号），对申报纳税有以下规定：

（1）主管税务机关根据纳税人应纳税额的大小确定纳税人按月或者按季预缴，年终汇算清缴。预数方法一经确定各纳税年度内不得改变。

（2）纳税人应依照确定的应税所得率计算实际应缴纳的税额，进行预缴。按实际数额缴有困难的经主管税务机关同意，可按上一年度应纳税的1/12或1/14预缴，或者按经主管税务机关认可的其他方法预缴。

据此提出××酒店项目对所得税的控制流程：

（1）预提当期应缴税金：本项目财务部税收管理岗根据损益表初稿计提应缴增值税税金，会计核算岗根据计提税金编制当期应付税预提凭证。

（2）下期应付税预提冲转：会计核算岗在编制当期应付税预提凭证后，应编制下期应付税预提冲转凭证，如果对当期应付税预提交易作出修改，要谨记同时要对下期冲转交易作出修改。

（3）项目财务部主管对应付税预提金额作出审批。

（4）过当期应付税预提凭证账：项目财务部主管将当期应付税预提凭证过账，然后存档，再继续期末结账流程。

（5）过下期应付税冲转凭证：项目财务部主管完成期末结后将下期应付税凭证冲转。

（6）纳税申报：会计核算岗根据审核后的损益表填写《所得税申报表》。

（7）审批：项目财务部主管检查纳税申报文档是否准确无误。

（8）缴付税款：税收管理岗根据纳税申报数据上报缴款计划。

（9）编制税务付款凭证：会计核算岗按《税收缴款书》实际支出金额编制付款凭证。

（10）审批：项目财务部主管确认付款凭证数据的准确性，然后过账。

（11）归档：会计核算岗将纳税申报资料存档。

企业所得税账务处理流程如图7-11所示。

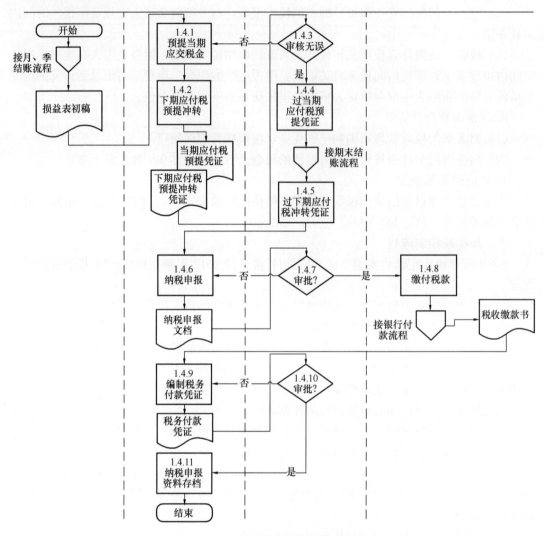

图 7-11 企业所得税账务处理流程图

第八节 税务方案设计说明

一、理论依据

(一) 概念解释

税务规划是纳税人的一种税收决策,当同时存在着多种纳税方案可选择时,纳税人需要在公司整体战略目标的指引下,在税法规定许可的范围内,依据成本效益原则,选择能使税负最轻化或税后利益最大化的方案,来安排生产经营活动和财务活动。

税务控制是指由企业董事会等管理、公司治理机构和全体员工共同实施,旨在合理保证企业实现"在防范税务风险的基础上,创造税务价值"这一目标的一系列控制活动,具体体现就是实施有效的税务管理。控制风险与创造价值,是现代企业税务管理的两大根本目标,二者相辅相成,一个目标不可能脱离了另一个目标的支持而得以实现。成功的税务管理应该既能够确保遵守税法，控制税务风险，又能够为项目提供优化的节税建议，创造税务价值。

（二）设计理念选择

设计理念是方案的灵魂，决定了设计的结构与目标，××酒店项目税务规划方案理念以"善待你一生"为指引，"创造税务价值"为宗旨。

（三）设计原则解释

成本效益原则是经济学中一个最基本的理性概念，表现为理性的经济人总是以较小的成本去获得更大的效益，一般也被认为是经济活动中的普遍性原则和约束条件。成本效益原则是财务管理中重要的一种决策判别工具，从"投入"与"产出"的对比分析来看待"投入（成本）"的必要性、合理性，即产生的收入大于为此发生的成本支出，则该项成本是有效益的，应该发生，否则就不应该发生。

在进行税务规划时，不能只考虑税收成本的降低，而忽略因该方案的实施引发的其他费用的增加或收入的减少，必须综合考虑采取该税收筹划方案是否能给企业带来绝对的收益。因此，在选择筹划方案时，必须遵循成本效益原则，才能保证税收筹划目标的实现。

二、增值税方案比选

在《财政部国家税务总局关于全面推开营业税改征增值税试点的通知》文件下发后，包括建筑行业在内的国内企业全面施行"营改增"税收政策，就目前来说，对于企业增值税的税收筹划还没有成熟，房地产行业的增值税税收筹划目前有下面几个思路：

（1）规范日常经营活动，合理获取增值税专用发票。

（2）准确划分新老房地产开发项目计税时间界限，测算本项目适用简易计税还是一般计税。

（3）测算甲供材、乙供材不同计税方式下增值税可抵扣额大小，确定供材方案，达到项目节税目的。

（4）采购材料时可以选择不同的供货商，供货商不同企业税负也不同。

结论：由于简易征收增值税适用于 2016 年 4 月 30 日开工建设的老项目，本次设计项目开工时间为 2017 年 3 月 1 日，不符合简易征收标准，且本次设计开发项目不考虑精装修，所以本次设计主要运用第 3、4 条思路对"××酒店项目"增值税进行税务规划。

（一）"甲供材"与"乙供材"的选择

规划思路：根据《财政部、国家税务总局关于全面推开营业税改征增值税试点的通知》（财税［2016］36 号）附件 2：《营业税改征增值税试点有关事项的规定》第一条第（七）项第 1 款规定："一般纳税人以清包工方式提供的建筑服务，可以选择适用简易计税方法计税。"建筑劳务服务的适用税率是 11%，而适用简易计税方法的计税税率是 3%。依据《财政部、国家税务总局关于全面推开营业税改征增值税试点的通知》（财税［2016］36 号）规定，我们对甲乙供材所带来的可抵扣进项税额进行比较，选择较节税方案。

首先找到两种方式的税负平衡点：

设可以抵扣 16% 进项税的甲供材为 X，建筑工程造价为 Y。则：$Y/(1+10\%)\times 10\% = X/(1+16\%)\times 16\% + (Y-X)/(1+3\%)\times 3\%$。

解得：$X=64.31\%Y$，$X/Y=64.31\%$。

即甲供材占到建筑工程造价的 64.31% 时两种方式税负相同，高于这个比例甲供材对房地产企业有利。

下面对供材方进行规划（数据来源于《××酒店项目工程招标文件》）。已知工程总造价为 56187739 元，全部材料价款为 24891423 元（不含税），材料采购部分进项税额适用税率 16%，剩余工程造价进项税额适用税率 3%。

方案一：甲供材料

所有材料除税价合计＝24891423(元)

除开材料总价后招标税前价合计＝56187739－24891423

＝31296316(元)

可抵扣进项税额＝24891423×16%＋31296316×3%

＝3982627.68＋938889.48

＝4921517.16(元)

方案二：乙供材料

可抵扣进项税额＝56187739×10%/(1＋10%)＝5107976.27(元)

结论：方案一甲供材料总共可抵扣进项税额为 4921517.16 元，方案二乙供材料可抵扣进项税额为 5107976.27 元；通过上述税收测算可以说明：本项目选择甲供材料对于增值税来说要更节税一些，故选择方案一甲供材料，相较于方案一节税 186459.11 元。

（二）材料供货商的选择

规划思路：一般纳税人在采购货物时，可以选择不同的供货商，供货商不同，企业税负也不同。一般纳税人从小规模纳税人处采购的货物不能拿到增值税专用发票，即不能抵扣进项税款，或只能抵扣 3%。但如果小规模纳税人在价格上给予一定优惠，便可以弥补损失。

首先找到小规模纳税人的价格折让临界点，假设企业的收入为 X，当供应商为增值税一般纳税人时购货成本为 A（除税价），当供应商为小规模纳税人时购货成本为 B（除税价），则从一般纳税人供应商处采购材料产生的销售利润为：

$X-A-(X×销售税率-A×增值税税率)×(城建税税率+教育费附加征收率)×(1-25\%)$

从小规模纳税人供应商处采购材料产生的销售利润为：

$X-B-(X×销售税率-B×征收率)×(城建税税率+教育费附加征收率)×(1-25\%)$

当城建税税率为 7%，教育费附加征收率为 3% 时，令两式相等后化简有：

$$B=(1-增值税税率×10\%)/(1-征收率×10\%)×A$$

若采购企业向小规模纳税人索取 3% 的专用发票购货时，只要小规模供货方给予一般纳税人供货商含税价 98.69% 的价格折让，采购企业所取得的净利润就不会减少，见表 7-23。

××酒店按纳税主体的价格折让临界点测算　　表 7-23

一般纳税人增值税税率	小规模纳税人征收率	价格折让临界点（除税）
16%	3%	98.69%
16%	0%	98.4%
项目经理：李××	编制人：金××	审核人：郑××、王××

该企业在今后采购原材料时可以依据上表进行比较，选择对自己有利的供应商。

下面以购进装饰石材为例（数据来源于《××酒店项目工程招标文件》），对供货商进行规划。已知从一般纳税人处购进装饰石材的总价（除税）为12574054.63元，从小规模纳税人处购进装饰石材的总价（除税）为12548906.52元，且该小规模纳税人可以拿到税务机关代开的增值税发票。比较应从哪个公司进货更有利。

1. 方案一：一般纳税人购进（表7-24）

一般纳税人购进装饰石材净利润计算表　　　　　　　　表7-24

项目	金额(元)
不含税收入	100000000.00
不含税价款	1630388.21
增值税税率	16%
增值税	260862.11
城建税及教育税附加	26086.21
所得税	24585881.40
净利润	73783730.40

项目经理：李××　　　编制人：金××　　　审核人：郑××、王××

2. 方案二：小规模纳税人购进（表7-25）

小规模纳税人购进装饰石材净利润计算表　　　　　　　　表7-25

项目	金额(元)
不含税收入	100000000.00
不含税价款	1627127.43
征收率	3%
增值税	48813.82
城建税及教育税附加	4881.38
所得税	24591997.80
净利润	73780874.77

项目经理：李××　　　编制人：金××　　　审核人：郑××、王××

结论：通过计算可知，材料质量一致的前提下，从小规模纳税人购进装饰石材，甲方可以获得较大的税务规划净利润。

三、所得税方案比选

在房地产企业的所有税种中，企业所得税所占比重较大，因此有必要对企业所得税进行科学筹划。企业所得税法对税前扣除项目和税收优惠的规定较多，弹性很大，房地产企业从税前扣除项目和税收优惠两方面进行考虑，将具有很大的纳税筹划空间。对于本次设计"××酒店商业项目"来说，其属性为自行开发的商业地产，因此不考虑所得税税收优惠的筹划，着重考虑税前扣除项目的筹划方法。可以运用的筹划方法有：

(1) 会计核算方法的选择。即存货计价方法的筹划及固定资产折旧的筹划。

(2) 职工薪酬的筹划。依据国家税务总局规定的税前予以扣除部分合理安排职工薪酬。

(3) 利息费用的筹划。

(4) 亏损的筹划。

(5) 利用税收优惠进行筹划。

结论：由于企业有既定的融资计划，所以不考虑利息费用的筹划及项目亏损的筹划；职工薪酬及"五险一金"为公司总部统一制定，是站在企业总部的角度进行规划，不适用于本次设计的项目主体。因此，本次设计主要运用方法（1）对"××酒店项目"的企业所得税进行税务规划。

依据《中华人民共和国企业所得税法实施条例》（国务院令第512号）的规定，固定资产只有使用直线法计算的折旧准予扣除，所以只有在折旧年限及净残值上进行筹划。（数据来源于某集团××酒店项目营销方案）

1. 方案一：本项目主楼作为固定资产折旧年限为45年，净残值忽略不计。

建筑物原值＝56187739（元）

年折旧额＝56187739/45＝1248616.42（元）

2. 方案二：本项目主楼折旧年限选择税法规定最低年限20年，净残值5%。

建筑物原值＝56187739（元）

年折旧额＝56187739×95%/20/12＝2668917.60（元）

结论：方案一有1248616.42元折旧额可以在税前扣除，方案二有2668917.60元可在税前扣除；合理设计固定资产的折旧年限，其每期计入成本的累计折旧金额越大，当期累计折旧金额计入成本的金额越合理，当期获得的应缴所得税节税效果就越好，这样可以递延所得税纳税时间，为企业节约更多的资金时间成本。方案二的折旧方法可以实现税费节约目标和递延纳税目标。因此，选择方案二对企业更有利。

【讨论】

1. 如果你是××项目部税务规划专员，请对××酒店项目建设全生命建设周期所涉及的重点税种作出税务规划方案，提出你的纳税规划观点及建议。

2. 请对成都××酒店项目的建设管理特点、工程合同、工程施工方案和经营策略进行评价，并对预测销售方案进行比较，选出最优方案。

3. 请对成都××酒店项目建设资源计划进行市场调研，并通过市场价格选定，提出材料采购、设备租赁和人员经营的最佳对象。

4. 请通过对成都××酒店项目施工方案的评价，提出税务规划方案的时间价值策略及建议。

5. 请通过对国家、四川省和成都市税收政策的归集、分析，确定成都××酒店项目的最优税收政策计划。

6. 请对该集团公司财税制度进行收集、梳理和分析，明晰公司税务政策、税务策略和纳税原则。

7. 请设计出成都××酒店项目的税务管理方案,包括税务制度、税务程序和税务缴纳计划。

8. 请针对成都××酒店项目未来涉税事项作出预测并进行评价,且提出建议。

第七章附件1 成都××酒店项目建筑材料资源控制目标

附表7-1

序号	施工阶段	材料类型	单位	数量	综合单价(元)	金额(元)	占总目比例
1	分部分项工程						
1.1	土石方工程	水	m³	434	2	869	0.00%
1.2	桩基工程	照明及安全费用	元	191	1	191	0.13%
		水	m³	22	2	43	
		商品混凝土	m³	106	464	49079	
		其他材料费	元	—	184	184	
		锯材	m³	1	1378	1801	
1.3	砌筑工程	水	m³	802	2	1605	12.82%
		标准砖,240mm×115mm×53mm	千块	119	480	57298	
		水泥砂浆(特细砂),M5	m³	36	139	5014	
		水泥,强度等级32.5	kg	23784	0	9038	
		特细砂	t	2001	25	50022	
		水	m³	823	2	1645	
		标准砖,200mm×95mm×53mm	千块	2218	480	1064646	
		混合砂浆(特细砂)M5	m³	1613	127	204508	
		水泥,强度等级32.5	kg	341114	0	102334	
		石灰膏	m³	274	70	19193	
		多孔砖	m³	4802	731	3509999	
		页岩空心砖	m³	256	229	58646	
		耐火泥	kg	1359	0	543	
		耐火砖	千块	6	1561	8764	
1.4	混凝土及钢筋混凝土工程	水	m³	14990	2	29980	54.91%
		锯材	m³	609	1378	838603	
		特细砂塑性混凝土,C20	m³	6805	168	1141873	
		水泥,强度等级32.5	kg	1944964	0	739086	
		特细砂	t	2786	25	69645	
		碎石,5~40mm	t	5648	25	141205	
		水	m³	1066	2	2132	

续表

序号	施工阶段	材料类型	单位	数量	综合单价（元）	金额（元）	占总目比例
1.4	混凝土及钢筋混凝土工程	其他材料费	元	—	265021	265021	54.91%
		商品混凝土	m³	18250	464	8468043	
		组合钢模板	kg	131855	4	589391	
		支撑钢管及扣件	kg	28965	2	64418	
		加工铁件	kg	120	3	378	
		复合木模板	m²	35085	26	906935	
		碎石，5～31.5mm	t	2076	25	51893	
		特细砂	t	8	25	197	
		碎石，5～40mm	t	32	25	809	
		特细砂塑性混凝土，C30	m³	39	223	8816	
		高效减水剂	kg	175	2	360	
		水泥砂浆（特细砂），1∶1	m³	1	358	442	
		特细砂塑性混凝土，C30	m³	29	222	6514	
		碎石，5～10mm	t	22	25	539	
		钢筋	t	3225	2600	8383933	
		电焊条	kg	12776	6	80490	
		螺纹套筒连接件，φ25mm以内	套	7853	4	27485	
1.5	屋面及防水工程	防水卷材	m²	31725	12	371178	2.22%
		胶粘剂	kg	2587	2	4191	
		水泥建筑胶浆，1∶0.1∶0.2	m³	3	4803	12530	
		水泥，强度等级32.5	kg	35088	0	13333	
		建筑胶	kg	280	41	11516	
		水	m³	19	2	37	
		其他材料费	元	—	148724	148724	
		水	m³	183	2	367	
		商品混凝土	m³	170	464	78839	
		建筑油膏	kg	3253	1	4317	
		水泥石屑浆，1∶2.5	m³	2	247	437	
		石屑	t	3	25	67	
		素水泥浆普通水泥	m³	6	586	3304	
		锯材	m³	0	1378	192	
		防水粉	kg	1098	5	5270	
		水泥砂浆（特细砂），1∶2	m³	40	248	9924	
		特细砂	t	50	25	1242	
		胶粘剂	kg	11826	2	20459	
		涂膜防水材料	kg	38937	5	194687	

续表

序号	施工阶段	材料类型	单位	数量	综合单价（元）	金额（元）	占总目比例
1.6	保温、隔热、防腐工程	水	m³	223	2	447	13.42%
		素水泥浆普通水泥	m³	5	586	2889	
		水泥，强度等级32.5	kg	79399	0	30171	
		水	m³	55	2	110	
		胶粘剂	kg	3499	2	6054	
		水泥砂浆（特细砂），1：2.5	m³	150	215	32284	
		特细砂	t	196	25	4891	
		聚苯保温板	m²	5444	956	5204764	
		界面砂浆	kg	17903	1	15128	
		胶粉聚苯颗粒浆料	m³	255	2	594	
		抗裂砂浆	kg	48086	1	33468	
1.7	楼地面装饰工程	水	m³	1160	2	2320	5.45%
		水泥砂浆（特细砂），1：2	m³	101	248	25107	
		水泥，强度等级32.5	kg	950448	0	361170	
		特细砂	t	2715	25	67867	
		水	m³	760	2	1520	
		TG胶素水泥浆，1：4：1.5	m³	5	6298	31520	
		TG胶	kg	1101	28	30928	
		其他材料费	元	—	4621	4621	
		材料费调整	元	0	1	0	
		素水泥浆普通水泥	m³	16	586	9187	
		特细砂塑性混凝土，C20	m³	73	184	13321	
		碎石，5～10mm	t	98	25	2448	
		水泥砂浆（特细砂），1：3	m³	1169	191	222782	
		水泥砂浆（特细砂），1：2.5	m³	752	215	162019	
		装饰石材	m²	13066	80	1045271	
		白水泥	kg	1287	1	817	
		地面砖	m²	1261	143	179885	
		建筑胶	kg	0	41	0	
		锯材	m³	3	1378	4260	
1.8	墙、柱面装饰与隔断、幕墙工程	水	m³	723	2	1446	7.35%
		锯材	m³	4	1378	4949	
		水泥砂浆（特细砂），1：2.5	m³	756	215	162866	
		水泥，强度等级32.5	kg	319993	0	95998	
		特细砂	t	3186	25	79652	

续表

序号	施工阶段	材料类型	单位	数量	综合单价（元）	金额（元）	占总目比例
1.8	墙、柱面装饰与隔断、幕墙工程	水	m³	874	2	1748	7.35%
		水泥砂浆（特细砂），1:3	m³	1603	191	305478	
		水泥，强度等级32.5	kg	741771	0	281873	
		建筑胶	kg	446	41	18320	
		白水泥	kg	3651	1	2318	
		界面剂	kg	1654	13	20868	
		滑石粉	kg	287	1	342	
		腻子胶	kg	79	1	102	
		外墙涂料	kg	787	20	15638	
		其他材料费	元	—	23036	23036	
		胶粘剂	kg	94219	2	152635	
		装饰石材	m²	17353	80	1388206	
		外墙面砖	m²	2771	22	60637	
		水泥砂浆（特细砂），1:1	m³	46	358	16530	
		内墙面砖	m²	5366	25	131509	
		电焊条	kg	71	6	449	
		钢筋	kg	5192	3	13500	
		铜丝	kg	367	35	12836	
		膨胀螺栓	套	28794	3	97323	
		铁件	kg	1646	3	5185	
		轻钢龙骨	m²	1817	12	21809	
		玻璃棉毡	m²	1880	4	6656	
1.9	顶棚工程	水	m³	32	2	64	1.97%
		锯材	m³	3	1378	3732	
		水泥砂浆（特细砂），1:2.5	m³	58	215	12394	
		水泥，强度等级32.5	kg	27569	0	8271	
		水泥砂浆（特细砂），1:3	m³	191	191	36444	
		水泥，强度等级32.5	kg	78618	0	29875	
		特细砂	t	332	25	8305	
		水	m³	91	2	182	
		锯材	m³	0	1378	97	
		电焊条	kg	280	6	1764	
		铁件	kg	8684	3	27353	
		轻钢龙骨，上人型（平面）	m²	22310	12	267714	
		矿棉板	m²	742	79	58631	

续表

序号	施工阶段	材料类型	单位	数量	综合单价（元）	金额（元）	占总目比例
1.9	顶棚工程	其他材料费	元	—	48051	48051	1.97%
		膨胀螺栓	套	27515	3	93002	
		石膏板	m²	22224	8	185347	
1.10	油漆、涂料、裱糊工程	白水泥	kg	17055	1	10830	1.13%
		滑石粉	kg	20750	1	24693	
		腻子胶	kg	5685	1	7391	
		内墙涂料	kg	16667	19	322846	
		其他材料费	元	—	12068	12068	
		防火涂料	kg	3555	20	71382	
2	措施项目费	脚手架钢材	kg	22451	3	60168	0.60%
		缆风桩木	m³	0	600	270	
		竹脚手板	m²	3429	25	85721	
		安全网	m²	3144	9	28204	
		钢丝绳，φ8	kg	55	5	274	
		防锈漆	kg	1682	7	11485	
		其他材料费	元	—	15581	15581	
		型钢	kg	3127	3	10854	
		水泥，强度等级32.5	kg	16340	0	6209	
		特细砂	t	41	25	1019	
		钢筋	t	2	2600	5148	
		碎石，5~60mm	t	69	25	1725	
		螺栓	kg	1120	9	9964	
		镀锌钢丝，8号	kg	101	4	377	
		草袋	m²	159	1	183	
		螺栓，M20	个	68	1	60	
		枕木	m³	0	1644	513	
		架线	次	4	390	1716	
合计						39731883	100%

项目经理：李×× 　　　　编制人：郑×× 　　　　审核人：郑××、王××

注：1. 综合单价是综合考虑了市场因素、企业成本管理的内部因素以及施工方的立场，最终确定的单价；目标成本＝综合单价×工程量。
　　2. 表中计算金额取整。

第七章附件2　成都××酒店项目人工资源控制目标

附表 7-2

施工阶段	人工类型	单位	数量	综合单价（元）	目标成本（元）
分部分项工程费					
土石方工程	土石方综合工日	工日	6958.13	72	500985.65
桩基工程	土石方综合工日	工日	90.48	72	6514.29
	综合工日	工日	109.3	62	6776.89
砌筑工程	综合工日	工日	14767.87	62	915607.82
混凝土及钢筋混凝土工程	综合工日	工日	72748.35	62	4510397.46
屋面及防水工程	综合工日	工日	5370.52	62	332972.15
保温、隔热、防腐工程	综合工日	工日	3546.16	62	219862.01
楼地面装饰工程	综合工日	工日	4942.33	62	306424.65
墙、柱面装饰与隔断、幕墙工程	综合工日	工日	26843.02	62	1664267.21
顶棚工程	综合工日	工日	8184.19	62	507419.64
油漆、涂料、裱糊工程	综合工日	工日	6463.46	62	400734.4
措施项目费	综合工日	工日	6568.86	62	407269.46
	超高降效人工费	工日	455625	1	455625
人工总目标成本					10234856.63

项目经理：李××　　　编制人：郑××　　　审核人：郑××、王××

注：表中综合单价取整。

第七章附件3　成都××酒店项目机械使用资源控制目标

附表 7-3

序号	施工阶段	机械	单位	数量	综合单价（元）	金额（元）	占总目标成本的百分比
1.1	土石方工程	履带式单斗液压挖掘机 0.6m³	台班	28	484	13583	13.60%
		履带式单斗液压挖掘机，1m³	台班	40	828	32794	
		履带式单斗液压挖掘机，1.6m³	台班	22	969	21735	
		履带式单斗液压挖掘机，2m³	台班	6	976	6049	
		电动夯实机，夯能 20~62N·m	台班	1824	22	40956	
		履带式推土机，105kW	台班	10	656	6543	
		自卸汽车，5t	台班	10	335	3493	
		自卸汽车，8t	台班	3	462	1542	

续表

序号	施工阶段	机械	单位	数量	综合单价（元）	金额（元）	占总目标成本的百分比
1.1	土石方工程	自卸汽车，12t	台班	14	672	9340	13.60%
		自卸汽车，15t	台班	12	749	8741	
		自卸汽车，18t	台班	4	841	3396	
		自卸汽车，20t	台班	1	930	1110	
		洒水车，4000L	台班	4	305	1221	
1.2	桩基工程	载重汽车，6t	台班	0	306	44	0.01%
		木工圆锯机，ϕ500	台班	3	21	63	
1.3	砌筑工程	灰浆搅拌机，200L	台班	279	112	31175	2.82%
1.4	混凝土及钢筋混凝土工程	载重汽车，6t	台班	343	306	105098	36.75%
		木工圆锯机，ϕ500	台班	43	21	924	
		单筒慢速电动卷扬机，50kN	台班	282	125	35341	
		电动夯实机，夯能20~62N·m	台班	1	22	11	
		电渣焊机，1000A	台班	122	160	19611	
		对焊机，75kVA	台班	128	98	12563	
		钢筋切断机，直径40mm	台班	329	37	12052	
		钢筋调直机，直径40mm	台班	12	34	396	
		钢筋弯曲机，直径40mm	台班	381	22	8280	
		灰浆搅拌机，200L	台班	6	112	716	
		螺纹车丝机，直径45mm	台班	365	20	7323	
		汽车式起重机，5t	台班	197	387	76359	
		双锥反转出料混凝土搅拌机，350L	台班	490	148	72596	
		直流弧焊机，32kW	台班	677	82	55322	
1.5	屋面及防水工程	灰浆搅拌机，200L	台班	1	112	88	0.01%
1.6	保温、隔热、防腐工程	灰浆搅拌机，200L	台班	79	112	8804	0.80%
1.7	楼地面装饰工程	灰浆搅拌机，200L	台班	333	112	37173	3.45%
		双锥反转出料混凝土搅拌机，350L	台班	7	148	1059	
		机械费调整	元	0	1	0	
1.8	墙、柱面装饰与隔断、幕墙工程	灰浆搅拌机，200L	台班	165	112	18414	1.77%
		电动空气压缩机，排气量（m³/min），小	台班	4	125	542	
		钢筋调直机，直径40mm	台班	2	34	80	
		钢筋切断机，直径40mm	台班	2	37	86	
		交流弧焊机，32kVA	台班	7	72	507	

续表

序号	施工阶段	机械	单位	数量	综合单价（元）	金额（元）	占总目标成本的百分比
1.9	顶棚工程	灰浆搅拌机，200L	台班	42	112	4722	0.57%
		交流弧焊机，32kVA	台班	22	72	1567	
2	施工技术措施项目	超高降效机械费	元	70405	1	70405	40.22%
		本机使用台班费	元	1450	1	1450	
		垂直运输通信费	元	19654	1	19654	
		单笼施工电梯，100m	台班	297	280	83319	
		回程费	元	8042	1	8042	
		机具摊销费	元	198808	1	198808	
		平板拖车组，40t	台班	2	1255	2509	
		平板拖车组，60t	台班	3	1430	4291	
		汽车式起重机，20t	台班	13	989	13247	
		汽车式起重机，16t	台班	5	852	3833	
		汽车式起重机，40t	台班	3	1533	5213	
		汽车式起重机，5t	台班	6	387	2321	
		汽车式起重机，8t	台班	3	543	1358	
		试车台班	台班	2	1000	2000	
		双锥反转出料混凝土搅拌机，350L	台班	2	148	289	
		载重汽车，6t	台班	57	306	17543	
		载重汽车，8t	台班	11	369	4062	
		载重汽车，15t	台班	8	729	5471	
		载重汽车，4t	台班	5	254	1272	
	目标成本合计					1106506	100%

项目经理：李×× 　　　　编制人：郑×× 　　　　审核人：郑××、王××

注：1. 综合单价是综合考虑了市场因素、企业成本管理的内部因素以及施工方的立场，最终确定的单价；目标成本＝综合单价×工程量。
2. 表中计算金额取整。

【习题与案例】

本章习题与案例见二维码7。

二维码7

参 考 文 献

[1] 彭夯,蒋懿,严晨智.企业税收筹划实务[M].北京:清华大学出版社,2003:45.
[2] 张永忠.税收筹划的一般方法[J].社科纵横,2003(1):45-47.
[3] 刘静.试论企业税收筹划的基本思路和方法[J].当代经济研究,2000(9):56-58.
[4] 陈炳瑞,罗淑琴.企业税收筹划的原则、方法及运用[J].财贸经济,1994(5):24-26.
[5] 黄凤羽.我国房地产市场的税收筹划[J].福建税务,2005(5):13-16.
[6] 殷华.房地产开发企业税收筹划分析[J].金融经济,2008(24):153-154.
[7] 黄贤红."营改增"后房地产企业的税务筹划[J].企业改革与管理,2016(5):121.
[8] 毛明清.基于营改增后的房地产企业税收筹划探析[J].中国经贸导刊,2016(17):56-57,63.
[9] 胡秋红,王学军.房地产企业税收筹划问题研究[J].会计之友,2014(26):92-94.
[10] 胡艳.房地产开发企业土地增值税税收筹划[J].辽宁工程技术大学学报(社会科学版),2014,16(4):360-366.
[11] 管程程.浅析"营改增"对房地产企业税收的影响及筹划对策[J].纳税,2018(5):36.
[12] 贺晶.营改增背景下房地产开发企业的税收筹划研究[J].中国国际财经(中英文),2018(3):263-264.
[13] 宋晓敏."营改增"对房地产税收的影响及其税收筹划分析[J].纳税,2018(4):27.
[14] 陈文杰.房地产企业"营改增"影响分析及税收筹划建议研究[J].中国集体经济,2018(3):101-102.
[15] 杨晓霞.我国房地产开发项目税收筹划研究[J].财经界(学术版),2018(2):131-132.
[16] 蒋晶,李晓宁.营改增对房地产开发企业的影响及对策探讨[J].财会学习,2018(1):152-153.
[17] 杨启海.房地产企业土地增值税的税收筹划[J].财会学习,2017(14):165-166.
[18] 王江寒.新形势下我国房地产企业税收筹划研究[J].商业会计,2017(14):73-76.
[19] 杨丹,王艳红.房地产开发企业土地增值税的税收筹划研究[J].时代金融,2017(18):168-169,178.
[20] 李让红.浅谈房地产企业租赁业务的税收筹划[J].中外企业家,2017(4):99-100,129.
[21] 房建林."营改增"背景下房地产企业新老项目税收筹划问题分析[J].财会学习,2017(2):171.
[22] 何玉兰.房地产企业营改增后的税收筹划分析[J].现代经济信息,2017(1):185-186.
[23] 葛柳燕.营改增背景下房地产开发企业的税收筹划研究[J].会计师,2016(23):69-72.
[24] 胡燕菁.关于房地产开发企业的税收筹划探讨[J].管理观察,2016(2):163-165.
[25] Michael J. C. The Effect of Tax Accounting Rules on Capital Structure and Discretionary Accruals[J]. Journal of Accounting and Economics,2000(30):1-31.
[26] Alan Schenk, Oliver Oldman. Value Added Tax: A Comparative Approach[M]. New York: Cambridge University Press, 2007.
[27] Keen Michael. The Anatomy of the VAT[J]. National Tax Journal, 2013(66):423-446.
[28] John Doyle. Corporate Tax-Planning Effectiveness: The Role of Incentive[J]. National Tax Journal, 1999(3):78-82.
[29] Hans Gribnau. Corporate Social Responsibility and Tax Planning[J]. Social & Legal Studies,

2015，24(2).

[30] Nor Shaipah Abdul Wahab, Kevin Holland. Tax Planning, Corporate Governance and Equity Value [J]. The British Accounting Review, 2012, 44(2).

[31] Yoram Margalioth, Eyal Sulganik, Rafael Eldor, et al. A Cost of Tax Planning[J]. Review of Law &Economics, 2011, 5(1).

[32] 计金标．税收规划[M]．7版．北京：中国人民大学出版社，2018．

[33] 贺新华．房地产企业税务管理的思路与方法[D]．武汉：华中科技大学硕士论文，2011．

[34] 陈健怡．中国房地产企业税务管理问题研究[D]．成都：西南财经大学硕士论文，2013．

[35] 余德梅．试论如何加强对房地产税务规划的风险控制[J]．纳税，2017(10)：14．

[36] 卢嘉祺．企业税务风险和会计规避之研究[J]．纳税，2018(2)：1-2．

[37] 李慕华．新形势下大型集团公司税务规划风险研究[J]．纳税，2018(1)：19．

[38] 李萌．企业财务风险与税务风险的比较研究[D]．天津：天津财经大学，2011．

[39] 胡林梅．重庆市建设行政管理风险防范与控制研究[D]．重庆：重庆大学，2013．

[40] 李艳超．建设项目工程变更对成本的影响研究[D]．重庆：重庆大学，2016．

[41] 任茹玉．营改增后合作建房的税收筹划分析[J]．注册税务师，2016(10)．

[42] 中国注册会计师协会．税法[M]．北京：中国财经出版传媒集团，2020．

[43] 马海涛．中国税制[M]．9版．北京：中国人民大学出版社，2017．

[44] 段九利，白秀峰．房地产企业全程纳税筹划[M]．北京：中国市场出版社，2011．

[45] 斗金标．税收筹划[M]．北京：中国人民大学出版社，2018．